Thomas Lösler

Compliance im Wertpapierdienstleistungskonzern

BrV 21

Schriftenreihe der Bankrechtlichen Vereinigung

herausgegeben von

Walther Hadding, Mainz
Klaus J. Hopt, Hamburg
Herbert Schimansky, Karlsruhe

Band 21

De Gruyter Recht · Berlin

Thomas Lösler

Compliance im Wertpapierdienstleistungskonzern

W DE G
RECHT

2003
De Gruyter Recht · Berlin

Dr. *Thomas Lösler,* Rechtsreferendar in Mainz

Gedruckt mit Unterstützung des Europäischen Rechtszentrums der Universität Würzburg sowie der Wissenschaftsförderung der Sparkassenfinanzgruppe e. V.

⊗ Gedruckt auf säurefreiem Papier, das die US-ANSI-Norm über Haltbarkeit erfüllt.

ISBN 3-89949-046-0

Bibliografische Information Der Deutschen Bibliothek

Die Deutsche Bibliothek verzeichnet diese Publikation in der Deutschen Nationalbibliografie; detaillierte bibliografische Daten sind im Internet über http://dnb.ddb.de abrufbar.

Printed in Germany
Datenkonvertierung/Satz: WERKSATZ Schmidt & Schulz GmbH, Gräfenhainichen
Druck und buchbinderische Verarbeitung: Hubert & Co., Göttingen
Umschlaggestaltung: Angela Dobrick, Hamburg

Meinen lieben Eltern

Vorwort

Die Arbeit hat im Sommersemester 2002 der Juristischen Fakultät der Bayerischen Julius-Maximilians-Universität Würzburg als Dissertation vorgelegen.

Guter Tradition folgend möchte ich an dieser Stelle denjenigen danken, die am Entstehen und Gelingen der Dissertation wesentlichen Anteil haben.

Zu großem Dank verpflichtet bin ich in erster Linie meinem Doktorvater, Prof. Dr. Günter Christian Schwarz. Er holte mich nach der ersten juristischen Staatsprüfung an seinen Lehrstuhl und ließ damit wahr werden, wovon ich schon seit frühen Studientagen träumte, nämlich als Wissenschaftlicher Mitarbeiter an der so ehrenwerten wie liebenswürdigen Julius-Maximilians-Universität Würzburg zu forschen und auch ein wenig zu lehren. Herrn Professor Schwarz verdanke ich zwei fruchtbare, manchmal anstrengende, aber immer schöne Jahre intensiver rechtswissenschaftlicher Arbeit sowie die Möglichkeit diese Zeit weitgehend nach meinem Verständnis von freier Wissenschaft gestalten zu können. Ich danke an dieser Stelle ganz besonders Frau Karin Schmiedel, der guten Seele des Lehrstuhls. Nur ihrem persönlichen Einsatz und ihrem Organisationstalent habe ich den dann doch recht zügigen Abschluss meines Promotionsverfahrens zu verdanken. Mit meinen Kollegen Dr. Jochen Heinzelmann und Dr. Susanne Semrau wurde die Zeit nie lang und auch das ist es wert, an dieser Stelle erwähnt zu werden. Herrn Prof. Dr. Christoph Weber danke ich für die Mühe der Zweitkorrektur und die in diesem Zusammenhang gegebenen Hinweise.

Sehr zu danken habe ich ferner Herrn Christoph Kirschhöfer, Chief Compliance Officer Private Banking für die Deutsche Bank Gruppe, der geduldig und ohne Rücksicht auf die Verdoppelung vereinbarter Zeitrahmen meine zahlreichen Fragen fachkundig und vor allem stets mit dem Bezug zur Compliance Praxis beantwortet und immer wieder auch telefonisch wertvolle Anregungen gegeben hat.

Das Europäische Rechtszentrum der Universität Würzburg hat das Forschungsprojekt mit einem großzügigen Förderbetrag unterstützt. Dafür sei dem Rechtszentrum und seinem Vorstand auch an dieser Stelle gedankt.

Der Wissenschaftsförderung der Sparkassen-Finanzgruppe e.V. bin ich für einen großzügigen Zuschuss zu den Kosten der Drucklegung zu Dank verpflichtet.

Ein Promotionsstipendium der Friedrich-Naumann-Stiftung ermöglichte es mir neben interessanten Einblicken in die Historie und die Gegenwart liberaler Geisteshaltung, mich auch nach meinem Fortgang aus Würzburg der Vollendung der vorliegenden Untersuchung widmen zu können.

Den Herausgebern – im Besonderen Herrn Prof. Dr. Walther Hadding – habe ich zu danken für die Aufnahme der Arbeit in die Schriftenreihe der Bankrechtlichen Vereinigung – Wissenschaftliche Gesellschaft für Bankrecht e.V.

Doch damit nicht genug. Die Grundlagen für das Entstehen der Arbeit sind an anderer Stelle gelegt worden. Und so danke ich ganz besonders meinen Eltern, Peter Lösler und Marianne Lösler, geborene Schomburg, die mir einfach ideale Studienbedingungen im schönen Mainfranken ermöglicht und auch in für mich schweren Zeiten unschätzbaren Halt geboten haben. Sie ließen sich geduldig über den Fortgang oder auch – aus heutiger Sicht natürlich stets überzogen dargestellten – Stillstand der Arbeit an der vorliegenden Untersuchung berichten und waren sich dabei wohl immer schon sicher, dass diese einen ordentlichen Abschluss finden wird. Es ist schon so: Ohne meine Eltern wäre diese Arbeit nicht geschrieben worden!

Das gilt in ebenso großem Maße für meine Kommilitonin und Frau, Dr. Annette Lösler, geborene Wohn. Sie hatte die Hauptlast einer Zeit zu tragen, in der mich alles interessierte und sich die Überlegungen in alle denkbaren Richtungen entwickelten, um dann – nervenaufreibend – teilweise verworfen zu werden. Ich erinnere mich an zahlreiche abendliche Aufstiege auf die Festung Marienberg, bei denen sie sich, selbst mitten in der Arbeit an ihrer herausragenden Dissertation zur Frage der rechtlichen Abstammung bei medizinischer Reproduktion steckend, kapitalmarktrechtliche Probleme angehört und diese mit mir diskutiert hat und mich immer wieder ermutigte, die Arbeit fortzusetzen – und irgendwann auch einmal abzuschließen. Ihr liebenswertes Wesen hat die insgesamt sieben Jahre in Würzburg zu den schönsten Jahren meines Lebens werden lassen.

Der kritische Leser möge an dieser Stelle bedenken, dass das Verb danken schwer durch Synonyme zu ersetzen ist.

Mainz, im Advent 2002 *Thomas Lösler*

Inhaltsübersicht

Inhaltsverzeichnis

Literaturverzeichnis

Abeltshauser, Thomas E. Leitungshaftung im Kapitalgesellschaftsrecht – Zu den Sorgfalts- und Loyalitätspflichten von Unternehmensleitern im deutschen und im US-amerikanischen Kapitalgesellschaftsrecht, Köln/Berlin/Bonn/München 1998

Altmeppen, Holger Besprechung von *Jungkurth*, Konzernleitung bei der GmbH, ZHR 164 (2000) 556ff.

Altmeppen, Holger Die Auswirkungen des KonTraG auf die GmbH, ZGR 1999, 291ff.

Altmeppen, Holger Die Haftung des Managers im Konzern, München 1998

Amstutz, Marc Konzernorganisationsrecht – Ordnungsfunktion, Normstruktur, Rechtssystematik, Bern 1993

Arendts, Martin Bankenhaftung – Kann Privatautonomie durch Aufklärungs- und Beratungspflichten erreicht werden?, in: Armbrüster, u.a. (Hrsg.) Privatautonomie und Ungleichgewichtslagen, Stuttgart 1996, S. 165 ff.

Arndt, Gottfried Die dynamische Rechtsnormverweisung in verfassungsrechtlicher Sicht – BVerfGE 47, 285, JuS 1979, 784 ff.

Assmann, Heinz-Dieter, Rechtsanwendungsprobleme des Insiderrechts, AG 1997, 50ff.

Assmann, Heinz-Dieter Insiderrecht und Kreditwirtschaft – Rechtsanwendungsprobleme des Insiderrechts in bezug auf die Organisation und die Geschäfte in den Kreditinstituten, WM 1996, 1337 ff.

Assmann, Heinz-Dieter Das neue deutsche Insiderrecht, ZGR 1994, 494 ff.

Assmann, Heinz-Dieter Das künftige deutsche Insiderhandelsrecht (I) AG 1994, 196 ff.

Assmann, Heinz-Dieter Das künftige deutsche Insiderhandelsrecht (II) AG 1994, 237 ff.

Assmann, Heinz-Dieter/Schneider, Uwe H. Wertpapierhandelsgesetz – Kommentar, 2. Aufl., Köln 1999 (zit.: *Bearbeiter*, in: Assmann/Schneider, WpHG)

Assmann, Dieter/Schütze, Rolf, A. Handbuch des Kapitalanlagerechts, München 1990 (zit.: *Bearbeiter*, in: Assmann/Schütze, Handbuch des Kapitalanlagerechts)

Assmann, Heinz-Dieter/Buck, Petra Europäisches Kapitalmarktrecht, EWS 1990, 110ff., 190ff., 210ff.

Bach, Albrecht Direkte Wirkung von EG-Richtlinien, JZ 1990, 1108ff.

Baden, Eberhard Dynamische Verweisungen und Verweisungen auf Nichtnormen, NJW 1979, 623ff.

Bälz, Ulrich Einheit und Vielheit im Konzern, in: Festschrift für Raiser, Tübingen 1970, S. 287ff.

Ballerstedt, Kurt Vertragsfreiheit und Konzentration, in: Arndt (Hrsg.) Die Konzentration in der Wirtschaft, Bd. I, Berlin 1971, S. 603ff.

Balzer, Peter Anlegerschutz bei Verstößen gegen die Verhaltenspflichten nach §§ 31ff Wertpapierhandelsgesetz (WpHG) ZBB 1997, 260ff.

Basten, Barbara, Zur Frage einer Konzernbildungskontrolle für Aktiengesellschaften als faktische Konzerntöchter, Köln 1993

Brandes, Helmut Die Rechtsprechung des BGH zur GmbH & Co. KG und zur Publikumsgesellschaft, WM 1987, Sonderbeilage 1, S. 7 ff.

Baumann, Horst Die Kenntnis juristischer Personen des Privatrechts von rechtserheblichen Tatsachen, ZGR 1973, 284ff.

Baumbach, Adolf/Hueck, Alfred GmbH-Gesetz, 17. Aufl., München 2000 (zit.: Baumbach/Hueck-*Bearbeiter*)

Baums, Theodor/Steck, Kai-Uwe Bausparkassen als Konzerntöchter, WM 1998, 2261ff.

Baur, Georg Die Wohlverhaltensrichtlinie des BAWe, Die Bank 1997, 485 ff.

Becker, Michael Verwaltungskontrolle durch Gesellschafterrechte – eine vergleichende Studie nach deutschem Verbandsrecht und dem amerikanischen Recht der corporation, Tübingen 1997

Benzler, Marc § 25a Abs. 2 KWG – Auslagerung von Bankdienstleistungen, in: Lange/Wall, Risikomanagement nach dem KonTraG, München 2001, § 4 Rn. 41–109, S. 326ff.

Bergles, Siegfried Prüfung der Mitarbeitergeschäfte – Umsetzung in der Bankenpraxis, ZBB 2000, 140ff.

Bernhard-Eckel, Stefan Der Just-in-Time Vertrag, Baden-Baden 1997

Beuthien, Volker Art und Grenzen aktienrechtlicher Haftung herrschender Unternehmen für Leitungsmachtmißbrauch, DB 1969, 1781ff.

Binder, Cristof U. Beteiligungsführung in der Konzernunternehmung, Köln 1994

Birnbaum, Günter Erläuterungen zur Richtlinie des Bundesaufsichtsamtes für den Wertpapierhandel zu Verhaltensregeln für Wertpapierdienstleistungsunternehmen, in: Kümpel/Ott, Kapitalmarktrecht: ergänzbares Rechtshandbuch für die Praxis, 631/1, S. 15ff.

Bliesener, Dirk Aufsichtsrechtliche Verhaltenspflichten beim Wertpapierhandel, Berlin/New York 1998

Blumberg,Phillip The Law of Corporate Groups – Volume I: Procederal Problems in the Law of Parent and Susidiary Corporations, Boston 1983

Böckenförde, Ernst-Wolfgang/Grawert, Rolf Sonderverordnungen zur Regelung besonderer Gewaltverhältnisse, AöR 95 (1970) 1ff.

Bohrer, Michael Anmerkung zu: BGH, Urteil vom 08.12.1989 – V ZR 246/87 – Wissenszurechnung bei Organen juristischer Personen, DNotZ 1991, 124ff.

Boos, Karl-Heinz/Fischer, Reinfrid/Schulte-Mattler, Hermann Kreditwesengesetz – Kommentar zu KWG und Ausführungsvorschriften, München 2000 (zit.: *Bearbeiter*, in: Boos/Fischer/Schulte-Mattler, KWG)

Bork, Reinhard Zurechnung im Konzern, ZGR 1994, 237 ff.

Bottke, Wilfried Das Wirtschaftsstrafrecht in der Bundesrepublik Deutschland – Lösungen und Defizite (2. Teil) wistra 1991, 52ff.

Brebeck, Frank/Hermann, Dagmar Zur Forderung des KonTraG-Entwurf nach einem Frühwarnsystem und zu den Konsequenzen für die Jahres und Konzernabschlussprüfung, Wpg. 1997, 381ff.

Brenner, Karl Betriebliche Aufsichtspflicht und ihre bußbare Verletzung, DRiZ 1975, 72 ff.

Brechmann, Winfried Die richtlinienkonforme Auslegung – zugleich ein Beitrag zur Dogmatik der EG-Richtlinie, München 1994

Buck, Petra Wissen und juristische Person – Wissenszurechnung und Herausbildung zivilrechtlicher Organisationspflichten, Tübingen 2000

Bülow, Stephan Chinese Walls: Vertraulichkeit und Effizienz, Die Bank 1997, 290 ff.

Bundesaufsichtsamt für das Kreditwesen Auslagerung von Bereichen auf ein anderes Unternehmen gemäß § 25a Abs. 2 KWG Rundschreiben vom 6. 12. 2001

Bundesaufsichtsamt für das Kreditwesen Rundschreiben zu den Mindestanforderungen an die Ausgestaltung der Internen Revision der Kreditinstitute (MaR) vom 17. 1. 2000

Bundesaufsichtsamt für das Kreditwesen/Bundesaufsichtsamt für den Wertpapierhandel Bekanntmachung des Bundesaufsichtsamtes für das Kreditwesen und des Bundesaufsichtsamtes für den Wertpapierhandel über Anforderungen an Verhaltensregeln für Mitarbeiter der Kreditinstitute und Finanzdienstleistungsinstitute in Bezug auf Mitarbeitergeschäfte vom 7. 2. 2000

Bundesaufsichtsamt für den Wertpapierhandel Richtlinie zur Konkretisierung der Organisationspflichten von Wertpapierdienstleistungsunternehmen gemäß § 33 Abs. 1 WpHG vom 25. Oktober 1999 (Bundesanzeiger Nr. 210 vom 6. November 1999, S. 18453)

Bundesaufsichtsamt für den Wertpapierhandel/Deutsche Börse Insiderverbote und Ad Hoc-Publizität nach dem Wertpapierhandelsgesetz, 2. Aufl., Frankfurt 1998

Bundesminister der Justiz (Hrsg.) Bericht über die Verhandlungen der Unternehmensrechtskommission, Köln 1980

Bürgi, Wolfhart Wandlungen im Wesen der juristischen Person in Staat und Wirtschaft, Festgabe zum 70. Geburtstag von Hans Nawiasky, Einsiedeln 1950, S. 259ff.

Bydlinski, Franz Juristische Methodenlehre und Rechtsbegriff, 2. Aufl., Wien 1991

Cahn, Andreas Die Haftung des GmbH-Geschäftsführers für die Zahlung von Arbeitnehmerbeiträgen zur Sozialversicherung – Besprechung der Entscheidung BGH WM 1997, 577, ZGR 1998, 367 ff.

Canaris, Claus-Wilhelm Bankvertragsrecht, in: Staub, HGB-Großkommentar, 4. Aufl., 10. Lieferung, Berlin/New York 1988

Canaris, Claus-Wilhelm Die Vertrauenshaftung im deutschen Privatrecht, Nendeln 1971

Claussen, Carsten Peter Die vier aktienrechtlichen Änderungsgesetze des 12. Bundestages, AG 1995, 163ff.

Claussen, Carsten Peter Neues zur kommenden Insidergesetzgebung (II) ZBB 1992, 267ff.

Commerzbank AG Compliance – Handbuch, Stand 1999

Dannhoff, Martin Der Entwurf des Zweiten Finanzmarktförderungesgesetzes, DZWir 1993, 521ff.

Decher, Christian E. Information und Vertraulichkeit der Aktionäre gem. § 131 Abs. 4 AktG, ZHR 158 (1994) 473 ff.

Dettling, Heinz-Uwe Die Entstehungsgeschichte des Konzernrechts im Aktiengesetz 1965, Tübingen 1997

Deutsch, Markus Datenschutz und Funktionsauslagerung, in: Hadding/Hopt/Schimansky (Hrsg.) Funktionsauslagerung (Outsourcing) bei Kreditinstituten, Berlin/New York 2001, S. 129 ff.

Deutsche Bank AG Compliance – Handbuch, Stand 1999

Di Fabio, Udo Richtlinienkonformität als ranghöchstes Normauslegungsprinzip? Überlegungen zum Einfluß des indirekten Gemeinschaftsrechts auf die nationale Rechtsordnung, NJW 1990, 947ff.

Dingeldey, Thomas Insider-Handel und Strafrecht, München 1983

Dingeldey, Thomas Das chinese wall-Prinzip im Bankrecht der Vereinigten Staaten, RIW 1983, 81ff.

Dingeldey, Thomas Die Verpflichtung der Banken zur Weitergabe von Insiderinformationen, DB 1982, S. 687 ff.

Dose, Stefan Die Rechtsstellung der Vorstandsmitglieder einer Aktiengesellschaft, 3. Aufl., Köln 1975

Drexl, Josef Wissenszurechnung im unabhängigen und Konzernunternehmen – Zivil-, gesellschafts- und bankrechtliche Überlegungen, in: Hadding/Hopt/Schimansky (Hrsg.), Neues Schuldrecht und Bankgeschäfte – Wissenszurechnung bei Kreditinstituten, Berlin/New York 2003, S. 85ff.

Drexl, Josef Wissenszurechnung im Konzern, ZHR 161 (1997) 491ff.

Druey, Jean Nicolas Aufgaben eines Konzernrechts, ZSR 1980 II, 273ff.

Drygala, Tim/Drygala, Anja Wer braucht ein Frühwarnsystem? Zur Ausstrahlungswirkung des § 91 Abs. 2 AktG, ZIP 2000, 297 ff.

Ebenroth, Carsten Thomas/Lange, Knut Werner Sorgfaltspflichten und Haftung des Geschäftsführers einer GmbH nach § 43 GmbHG, GmbHR 1992, 69 ff.

Ehricke, Ulrich Gedanken zu einem allgemeinen Konzernorganisationsrecht zwischen Markt und Regulierung, ZGR 1996, 300ff.

Eisele, Dieter Verhaltensregeln und Compliance, in: Schimansky/Bunte/Lwowski, Bankrechts-Handbuch, 2. Aufl., München 2001, S. 3437 ff.

Eisele, Dieter Chinese Walls: Theorie und/oder Realität?!, International Bankers Forum/Pattis III – Konferenz am 9. Mai 1996 in Frankfurt am Main (unveröffentlichter Vortrag)

Eisele, Dieter Insiderrecht und Compliance, WM 1993, 1021 ff.

Emmerich, Volker Besprechung von BGH v. 15.4.1997 – XI ZR 105/96, JuS 1997, 845 f.

Emmerich, Volker Besprechung von BGH v. 2.2.1996 – V ZR 239/94, JuS 1996, 747 f.

Emmerich, Volker Das Konzernrecht der Personengesellschaften – Rückblick und Ausblick, in: Festschrift für Stimpel, Berlin/New York 1985, S. 743 ff.

Emmerich, Volker/Habersack, Mathias Aktien- und GmbH-Konzernrecht – Kommentar, 2. Aufl., München 2001

Emmerich, Volker/Sonnenschein, Jürgen Konzernrecht, 6. Aufl., München 1997

Engisch, Karl Empfiehlt es sich die Strafbarkeit der juristischen Person gesetzlich vorzusehen?, in: Verhandlungen des 40. Deutschen Juristentages, Tübingen 1954

Erbguth, Wilfried Normkonkretisierende Verwaltungsvorschriften, Rechtsdogmatische Grundlagen einer originären Rechtserzeugung durch die Exekutive, DVBl 1989, 473 ff.

Erman, Walter Handkommentar zum Bürgerlichen Gesetzbuch, 1. Band §§ 1 – 853 BGB, 9. Aufl., Münster 1993 (zit.: Erman/*Bearbeiter*)

Ernst, Christoph/Seibert, Ulrich/Stuckert, Fritz KonTraG, KapAEG, StückAG, EuroEG (Gesellschafts- und Bilanzrecht) Textausgabe mit Begründungen der Regierungsentwürfe, Stellungnahmen des Bundesrates mit Gegenäußerungen der Bundesregierung, Berichten des Rechtsausschusses des Deutschen Bundestages, Düsseldorf 1998

Everling, Wolfgang Zur direkten innerstaatlichen Wirkung von EG-Richtlinien, in: Festschrift für Carstens, Band I, Köln/München 1984, S. 95 ff.

Everling, Wolfgang Konzerne und rechtseinheitliche gegliederte Unternehmungen, DB 1981, 2549 ff.

Eyles, Uwe Funktionsauslagerung (Outsourcing) bei Kredit- und Finanzdienstleistungsinstituten – Bank- und wertpapieraufsichtsrechtliche Rahmenbedingungen, WM 2000, 1217 ff.

Faßbender, Christian A. Die Berücksichtigung innerbetrieblichen Wissens am Beisipel bankrechtlicher Aufklärungspflichten, Berlin/New York 1998

Feddersen, Dieter/Hommelhoff, Peter/Schneider, Uwe H. Corporate Governance, Köln 1996

Feick, Carl-Peter Die Wahrnehmung öffentlich-rechtlicher Pflichten im konzernfreien und im konzernverbundenen Unternehmen, Herdecke 1999

Findeisen, Michael Outsourcing der Funktion des Geldwäschebeauftragten und anderer wesentlicher Pflichten des Geldwäschegesetzes, WM 2000, 1234ff.

Fischer, Frank Entlastung von Vorständen bei Personenidentität in Konzerngesellschaften – Auswirkungen des Urteils des LG Köln vom 17.12.1997, NZG 1999, 192ff.

Fleck, Hans-Joachim Schuldrechtliche Verpflichtungen einer GmbH im Entscheidungsbereich der Gesellschafter, ZGR 1988, 104 ff.

Fleischer, Holger Konzernrechtliche Vertrauenshaftung, ZHR 163 (1999) 461ff.

Fleischer, Holger Konzernvertrauenshaftung und corporate advertising – ein aktueller Streifzug durch die schweizerische Spruchpraxis zum Konzernaußenrecht, NZG 1999, 685ff.

Flume, Werner Allgemeiner Teil des Bürgerlichen Rechts, 1. Band/2. Teil, Die Juristische Person, Berlin/Heidelberg/New York/Tokyo 1983

Flume, Werner Allgemeiner Teil des Bürgerlichen Rechts, 2. Band, Das Rechtsgeschäft, 3. Aufl., Berlin/Heidelberg/New York/Tokyo 1979

Forum Europaeum Konzernrecht Konzernrecht für Europa, ZGR 1998, 672 ff.

Frankfurter Kommentar zum Gesetz gegen Wettbewerbsbeschränkungen, 3. Aufl., Köln 1994 (zit.: *Bearbeiter,* in: Frankfurter Kommentar zum GWB)

Frankfurter Wertpapierbörse Jahresbericht 1971

Franta, Rudolf Die Verfassung der Aktiengesellschaft nach dem Referentenentwurf eines neuen Aktiengesetzes, DB 1958, 1347ff.

Fülbier, Andreas/Aepfelbach, Rolf R. GwG – Kommentar zum Geldwäschegesetz, 4. Aufl., Köln 1999

Gälweiler, Aloys Grundlagen der Divisionalisierung, ZfO 1971, 55ff.

Gerhardt, Michael Normkonkretisierende Verwaltungsvorschriften, NJW 1989, 2233ff.

Gessler, Ernst Einberufung und ungeschriebene Hauptversammlungszuständigkeiten, in: Festschrift für Stimpel, Berlin/New York 1985, S. 771ff.

Gessler, Ernst/Hefermehl, Wolfgang/Eckhardt, Ulrich/Kropff, Bruno Kommentar zum Aktiengesetz, Band II, §§ 76–147, München 1973; Band VI, §§ 291–410, München 1994 (zit.: *Bearbeiter*, in: Gessler/Hefermehl/Eckhardt/Kropff, Aktiengesetz)

Gierke, Otto von Deutsches Privatrecht, I. Band, Allgemeiner Teil und Personenrecht, 1895, Neudruck 1936

Göhler, Erich Gesetz über Ordnungswidrigkeiten, 11. Aufl., München 1995

Göhler, Erich/Buddendiek, Hans/Lenzen, Karl Lexikon des Nebenstrafrechts, 2. Aufl. 1967

Götz, Heinrich Leitungssorgfalt und Leitungskontrolle der Aktiengesellschaft hinsichtlich abhängiger Unternehmen, ZGR 1998, 324ff.

Götz, Heinrich Die Überwachung der Aktiengesellschaft im Lichte jüngerer Unternehmenskrisen, AG 1995, 337ff.

Grohnert, Stephan Rechtliche Grundlagen einer Compliance-Organisation und ausgewählte Fragen der Umsetzung, Hamburg 1999

Großfeld, Bernhard Aktiengesellschaft, Unternehmenskonzentration und Kleinaktionär, Tübingen 1968

Großkommentar Aktiengesetz, Band 3, §§ 291–410 AktG, EGAktG, 3. Aufl., Berlin/New York 1971; 10. Lieferung: §§ 15–22 AktG, 4. Aufl., Berlin/New York 1999; 14. Lieferung: §§ 118–120 AktG, 4. Aufl., Berlin/New York 1999 (zit.: *Bearbeiter* in: Großkommentar zum AktG)

Grundmann, Stefan EG-Richtlinie und nationales Privatrecht – Umsetzung und Bedeutung der umgesetzten Richtlinie im nationalen Privatrecht, JZ 1996, 274ff.

Grundmann, Stefan Richtlinienkonforme Auslegung im Bereich des Privatrechts – insbesondere: der Kanon der nationalen Auslegungsmethoden als Grenze?, ZEuP 1996, 399ff.

Grunewald, Barbara Wissenszurechnung bei juristischen Personen, Festschrift für Beusch, Berlin/New York 1993, S. 301ff.

Grunewald, Barbara Neue Regeln zum Insiderhandel, ZBB 1990, 128ff.

Hachenburg, Max Gesetz betreffend die Gesellschaften mit beschränkter Haftung – Großkommentar, Band 2, §§ 35–52, 8. Aufl., Berlin/New York 1997; Band 3, §§ 53–85, 8. Aufl., Berlin/New York 1997 (zit.: Hachenburg/*Bearbeiter*)

Hagemeister, Hans-Otto Die neue Bundesanstalt für Finanzdienstleistungsaufsicht, WM 2002, 1773 ff.

Hardach, Fritz-Wilhelm Die einheitliche Leitung von Konzernen, ZfhF 1961, 713ff.

Harms, Wolfgang Konzerne im Recht der Wettbewerbsbeschränkungen, Köln/Berlin/Bonn/München 1968

Hausmaninger, Christian Organisatorische Maßnahmen zur Verhinderung mißbräuchlicher Verwendung oder Weitergabe von Insiderinformationen nach BörseGNov 1993, ÖBA 1993, 847ff.

Hausmaninger, Christian/Kretschmer, Werner/Opitz, Martin Insiderrecht und Compliance ein Leitfaden für die Praxis, Wien 1995

Haussmann, Fritz Grundlegung des Rechts der Unternehmenszusammenfassungen, Mannheim/Berlin/Leipzig 1926

Haussmann, Fritz Die Tochtergesellschaft, Berlin 1923

Hayder, Roberto Neue Wege der EG-Rechtsangleichung?, RabelsZ 53 (1989) 622ff.

Heinsius, Theodor Anlageberatung durch Kreditinstitute, ZHR 145 (1981) 177ff.

Hennrichs, Joachim Funktionsauslagerung (Outsourcing) bei Kreditinstituten, WM 2000, 1561ff.

Herfs, Achim Einwirkungen Dritter auf den Willensbildungsprozeß der GmbH, Baden-Baden 1994

Herling, John The Great Price Conspiracy, Washington 1962

Hermanns, Ferdinand/Kleier, Ulrich F. Grenzen der Aufsichtspflicht in Betrieben und Unternehmen – Zur Bedeutung des § 130 OWiG in der Praxis, Köln/Berlin/Bonn/München 1987

Hill, Hermann Normkonkretisierende Verwaltungsvorschriften, NVwZ 1989, 401ff.

Hirte, Heribert Gesellschaftsrechtliche Fragen des Outsourcing – Grenzen und Folgen der Auslagerung der Datenverarbeitung, CR 1992, 193 ff.

Höche, Thorsten Neues Instrumentarium zur Geldwäschebekämpfung, Die Bank 1998, 618 ff.

Hoeren, Thomas Selbstregulierung und Insiderrecht – Die Mitteilung des Centralverbandes des Deutschen Bank- und Bankiergewerbes vom 12.10.1908, ZBB 1993, 112 ff.

Hoffmann, Thomas Rechtliche Schranken interner Informationsflüsse in Kreditinstituten, Stuttgart 1998

Hoffmann-Becking, Michael Zur rechtlichen Organisation der Zusammenarbeit im Vorstand der AG, ZGR 1998, 497ff.

Hoffmann-Becking, Michael Der Aufsichtsrat im Konzern, ZHR 159 (1995) 325ff.

Hoffmann-Becking, Michael Arbeitsdirektor der Konzernobergesellschaft oder Konzernarbeitsdirektor?, in: Festschrift für Werner, Berlin/New York 1984, S. 301ff.

Hofmann, Edgar Zur Beweislastumkehr bei Verletzung vertraglicher Aufklärungs- oder Beratungspflichten, NJW 1974, 1641ff.

Hofmann, Gerhard Outsourcing und Bankenaufsicht, in: Hadding/Hopt/Schimanksy (Hrsg.) Funktionsauslagerung (Outsourcing) bei Kreditinstituten, Berlin/New York 2001, S. 41ff.

Hommelhoff, Peter Der Einfluß der Banken in der Aktiengesellschaft, Festschrift für Zöllner, Köln/München 1998, S. 235ff.

Hommelhoff, Peter Zivilrecht unter dem Einfluß europäischer Rechtsangleichung, AcP 192 (1992) 71ff.

Hommelhoff, Peter Empfiehlt es sich, das Recht faktischer Unternehmensverbindungen – auch im Hinblick auf das Recht anderer EG-Staaten –

neu zu regeln?, Gutachten G für den 59. Deutschen Juristentag, in: Verhandlungen des 59. DJT, Band I, München 1992

Hommelhoff, Peter Gesellschaftsformen als Organisationselemente im Konzernaufbau, in: Mestmäcker/Behrens (Hrsg.) Das Gesellschaftsrecht der Konzerne im internationalen Vergleich, Baden-Baden 1991, S. 91ff.

Hommelhoff, Peter Produkthaftung im Konzern, ZIP 1990, 761ff.

Hommelhoff, Peter Konzernmodelle und ihre Realisierung im Recht, Druey (Hrsg.) Das St.Galler Konzernrechtsgespräch, Bern Stuttgart 1988, S. 107ff.

Hommelhoff, Peter Zur Anteils- und Beteiligungsüberwachung im Aufsichtsrat, in: Festschrift für Stimpel, Berlin/New York 1985, S. 603ff.

Hommelhoff, Peter Die Konzernleitungspflicht – Zentrale Aspekte eines Konzernverfassungsrechts, Köln/Berlin/Bonn/München 1982

Hommelhoff, Peter Unternehmensführung in der mitbestimmten GmbH, ZGR 1978, 119ff.

Hommelhoff, Peter/Mattheus, Daniela Risikomanagement im Konzern – Ein Problemaufriß, BfuP 2000, 217ff.

Hommelhoff, Peter/Mattheus, Daniela Corporate Governance nach dem KonTraG, AG 1998, 249ff.

Hommelhoff, Peter/Schwab, Martin Zum Stellenwert betriebswirtschaftlicher Grundsätze ordnungsgemäßer Unternehmensleitung und -überwachung im Vorgang der Rechtserkenntnis, in: *v. Werder* (Hrsg.) Grundsätze ordnungsmäßiger Unternehmensführung (GoF) für die Unternehmensleitung (GoU), Überwachung (GoÜ) und Abschlussprüfung (GoA) Düsseldorf/Frankfurt 1996, S. 149ff.

Hopt, Klaus J. Übernahmen, Geheimhaltung und Interessenkonflikte: Probleme für Vorstände, Aufsichtsräte und Banken, ZGR 2002, 333 ff.

Hopt, Klaus J. Einführung in die Thematik, in: Ein Konzernrecht für Europa – Symposion, Bonn 1999

Hopt, Klaus J. Europäisches Gesellschaftsrecht – Krise und neue Anläufe, ZIP 1998, 96 ff.

Hopt, Klaus J. Die Haftung von Vorstand und Aufsichtsrat – Zugleich ein Beitrag zur Corporate Governance Debatte, in: Festschrift für Mestmäcker, Baden-Baden 1996

Hopt, Klaus J. Grundsatz- und Praxisprobleme nach dem Wertpapierhandelsgesetz, ZHR 159 (1995) 135ff.

Hopt, Klaus J. Zum neuen Wertpapierhandelsgesetz – Stellungsnahme für den Finanzausschuß des Deutschen Bundestages, in: Festgabe für Hellner, WM-Sonderheft 1994, 29ff.

Hopt, Klaus J. Funktion, Dogmatik und Reichweite der Aufklärungs-, Warn- und Beratungspflichten der Kreditinstitute, in: Festschrift für Gernhuber, Tübingen 1993, S. 169ff.

Hopt, Klaus J. Insiderwissen und Interessenkonflikte im europäischen und deutschen Bankrecht, in: Festschrift für Heinsius, Berlin/New York 1991, S. 289ff.

Hopt, Klaus J. Europäisches und deutsches Insiderrecht, ZGR 1991, 17 ff.

Hopt, Klaus J. Der Kapitalanlegerschutz im Recht der Banken, München 1975

Hopt, Klaus/Will, Michael R. Europäisches Insiderrecht, Stuttgart 1973

Horchler, Hartmut Outsourcing – Eine Möglichkeit zur Wirtschaftlichkeitsoptimierung der Unternehmensfunktionen und Unternehmensprozesse, Köln 1996

Horn, Norbert Die Haftung des Vorstands der Aktiengesellschaft nach § 93 AktG und die Pflichten des Aufsichtsrats, ZIP 1997, 1129ff.

Horn, Norbert Wertpapiergeschäfte von Innenseitern, ZHR 136 (1972) 269 ff.

Huber, Peter Zur Notwendigkeit normkonkretisierender Verwaltungsvorschriften – Grundsätzliche Überlegungen am Beispiel des Mietspiegels, ZMR 1992, 469ff.

Hulle, Karel van Aktuelle Entwicklungen im europäischen Gesellschaftsrecht, in: Scheuing/Schwarz/Wollenschläger (Hrsg.) Europäisches Unternehmensrecht, Baden-Baden 2001, S. 81ff.

Hüffer, Uwe Aktiengesetz, 5. Aufl., München 2002

Hüffer, Uwe Organpflichten und Haftung in der Publikums-Personengesellschaft – Besprechung der Entscheidungen BGH BB 1980, 546 und BGHZ 75, 321, ZGR 1981, 348ff.

Ihering, Rudolf von Geist des römischen Rechts auf den verschiedenen Stufen seiner Entwicklung, 4. Aufl., Leipzig 1888

Immenga, Ulrich/Mestmäcker, Ernst-Joachim Kommentar zum GWB, 2. Aufl., München 1992

Immenga, Ulrich/Schäfer, Frank A. Die Schaffung eines europäischen Bankenmarktes, WM 1985, 1ff.

Isay, Rudolf Das Recht am Unternehmen, Berlin 1910

Jagenburg, Walter Erste Erfahrungen mit dem neuen Aktiengesetz, DB 1967, 1399ff.

Jentsch, Werner Die EG-Wertpapierdienstleistungsrichtlinie – Entstehungsgeschichte und Inhalt, WM 1993, 2189ff.

Jungkurth, Frank Konzernleitung bei der GmbH – Die Pflichten des Geschäftsführers, Berlin 2000

Jütten, Herbert Compliance-Richtlinie schließt Regelungslücke, Die Bank 1999, 126ff.

Karlsruher Kommentar, Gesetz über Ordnungswidrigkeiten, 2. Aufl., München 2000 (zit.: *Bearbeiter*, in: Karlsruher Kommentar)

Kindler, Peter Unternehmerisches Ermessen und Pflichtenbindung – Voraussetzungen und Geltendmachung der Vorstandshaftung in der Aktiengesellschaft, ZHR 162 (1998) 101 ff.

Kion, Hans-Jürgen Die Haftung des GmbH-Geschäftsführers, BB 1984, 864ff.

Kleindiek, Detlef Strukturvielfalt im Personengesellschafts-Konzern, Köln 1991

Kölner Kommentar zum Aktiengesetz Band 1, §§ 1–75 AktG, 2. Aufl., Köln/Berlin/Bonn/München 1988; Band 2, §§ 76–117 AktG, 2. Aufl., Köln/Berlin/Bonn/München 1988; Band 6, §§ 291–328 AktG, 2. Aufl., Köln/Berlin/Bonn/München 1987 (zit.: *Bearbeiter*, in: Kölner Kommentar zum AktG)

Kommission der Europäischen Gemeinschaft Vollendung des Binnenmarktes, Weißbuch der Kommission an den Europäischen Rat, KOM (85) 310 endg.

Köndgen, Johannes Wieviel Aufklärung braucht ein Wertpapierkunde?, ZBB 1996, 361ff.

Koppensteiner, Hans-Georg Definitionsprobleme im Konzerngesellschaftsrecht, SAG 1985, 74 ff.

Körner, Harald Hans/Dach, Eberhard Geldwäsche – Ein Leitfaden des geltenden Rechts, München 1994

Kort, Michael Die Änderung der Unternehmenspolitik durch den GmbH-Geschäftsführer, ZIP 1991, 1274ff.

Krimphove, Dieter Das zweite Finanzmarktförderungsgesetz. Ein Beitrag zur „Europäisierung“ des Wertpapierrechts, JZ 1994, 23ff.

Kromschröder, Bernhard/Lück, Wolfgang Grundsätze risikoorientierter Unternehmensüberwachung, DB 1998, 1573ff.

Kronstein, Heinrich Die abhängige juristische Person, München Berlin Leipzig 1931

Kropff, Bruno Der GmbH-Beherrschungsvertrag: Voraussetzung für den Vorrang von Konzerninteressen?, in: Festschrift für Semler, Berlin/New York 1993, S. 517ff.

Kropff, Bruno Zur Konzernleitungpflicht – zugleich Besprechung von *Hommelhoff*, Die Konzernleitungpflicht, ZGR 1984, 112ff.

Kropff, Bruno Aktiengesetz – Textausgabe des Aktiengesetzes 1965 und des Einführungsgesetzes zum Aktiengesetz 1965 mit Begründung des Regierungsentwurfs und Bericht des Rechtsausschusses des Deutschen Bundestags, Düsseldorf 1965

Kropff, Bruno Das Konzernrecht des Aktiengesetzes, BB 1965, 1281ff.

Kübler, Friedrich Anlageberatung durch Kreditinstitute, ZHR 145 (1981) 204 ff.

Kümpel, Siegfried Bank- und Kapitalmarktrecht, 2. Aufl., Köln 2000

Kümpel, Siegfried Wertpapierhandelsgesetz – Eine systematische Darstellung, Berlin 1996

Kümpel, Siegfried Insiderrecht und Ad hoc-Publizität aus Bankensicht, WM 1996, 653ff.

Kümpel, Siegfried Die allgemeinen Verhaltensregeln des Wertpapierhandelsgesetzes, WM 1995, 689ff.

Kümpel, Siegfried Die neuen Sonderbedingungen für Wertpapiergeschäfte, WM 1995, 137ff.

Kust, Egon Zur Sorgfaltspflicht und Verantwortlichkeit eines ordentlichen und gewissenhaften Geschäftsleiters, WM 1980, 758ff.

Lamberti, Hermann-Josef Funktionsauslagerung und deutsche Bankenpraxis, in: Hadding/Hopt/Schimanksy (Hrsg.) Funktionsauslagerung (Outsourcing) bei Kreditinstituten, Berlin/New York 2001, S. 59ff.

Larenz, Karl Methodenlehre der Rechtswissenschaft, 6. Aufl., Berlin u.a. 1991

Levitt, Arthur Remarks Before the Securities Industry Association's Legal and Compliance Seminar, in Boca Raton, Florida, April 13, 1999

Limbach, Jutta Die Feststellung von Handelsbräuchen, in: Berliner Festschrift für Hirsch, Berlin 1968, S. 77ff.

Limmer, Peter Die Haftungsverfassung des faktischen GmbH-Konzerns – Haftungsrechtliche Konsequenzen von Konzernleitung und -organisation, Köln 1992

Linklater, William J./McElyea, John R. Die Auswirkungen von „Corporate Compliance Codes“ auf die strafrechtliche Haftung eines Unternehmens unter den US-amerikanischen „Federal Sentencing Guidelines“, RIW 1994, 117ff.

Lösler, Thomas siehe *Schwarz, Günter Christian*

Lutter, Marcus Haftung und Haftungsfreiräume des GmbH-Geschäftsführers – 10 Gebote an den Geschäftsführer, GmbHR 2000, 301ff.

Lutter, Marcus Gesellschaftsrecht und Kapitalmarkt, in: Festschrift für Zöllner, Köln München 1998, S. 363 ff.

Lutter, Marcus Haftungsrisiken des Geschäftsführers einer GmbH, GmbHR 1997, 329ff.

Lutter, Marcus Europäisches Unternehmensrecht, 4. Aufl., Berlin/New York 1996

Lutter, Marcus Die Auslegung angeglichenen Rechts, JZ 1992, 593ff.

Lutter, Marcus Zur Aufgabe eines Konzernrechts: Schutz vor Mißbrauch oder Organisationsrecht?, in: Druey (Hrsg.) Das St.Galler Konzernrechtsgespräch, Bern/Stuttgart 1988, S. 225 ff.

Lutter, Marcus Stand und Entwicklung des Konzernrechts in Europa, ZGR 1987, 324ff.

Lutter, Marcus 100 Bände BGHZ: Konzernrecht, ZHR 151 (1987), 444ff.

Lutter, Marcus Organzuständigkeiten im Konzern, in: Festschrift für Stimpel, Berlin/New York 1985, S. 825ff.

Lutter, Marcus Die zivilrechtliche Haftung in der Unternehmensgruppe, ZGR 1982, 244 ff.

Lutter, Marcus Zur Binnenstruktur des Konzerns, Festschrift für Westermann, Karlsruhe 1974, S. 347ff.

Lutter, Marcus Teilfusionen im Gesellschaftsrecht, in: Festschrift für Barz, Berlin/New York 1974, S. 199 ff.

Lutter, Marcus Die Rechte der Gesellschafter beim Abschluss fusionsähnlicher Unternehmensverbindungen, DB 1973, Beilage 21

Lutter, Marcus/Hommelhoff, Peter GmbH-Gesetz, 15. Aufl., Köln 2000

Lutter, Marcus/Overrath, Hans-Peter Das portugiesische Konzernrecht von 1986, in: Lutter (Hrsg.) Konzernrecht im Ausland, Berlin/New York 1994, S. 229ff.

Lutz, Helmuth Strafrechtliche Verantwortung bei Verstößen gegen das Kartellgesetz, WuW 1976, 69ff.

Mack/Streck/Schwedhelm Steuer-Journal, AG 2000, 40f.

Martens, Klaus-Peter Die Organisation des Konzernvorstandes, in: Festschrift für Heinsiuss, Berlin/New York 1991, S. 523ff.

Martens, Klaus-Peter Der Grundsatz gemeinsamer Vorstandsverantwortung, in: Festschrift für Fleck, Berlin/New York 1988, S. 191ff.

Martens, Klaus-Peter Das Arbeitsrecht der leitenden Angestellten, Wiesbaden 1982

Maurer, Hartmut Allgemeines Verwaltungsrecht, 12. Aufl., München 1999

Mayer, Franz Allgemeines Verwaltungsrecht, 3. Aufl., Stuttgart München 1972; 4. Aufl., Stuttgart München 1977

Mayer, Franz/Kopp, Ferdinand Allgemeines Verwaltungsrecht, 5. Aufl., Stuttgart München 1985

Mc Vea, Harry Financial Conglomerates and the Chinese Wall, Oxford 1993

Mecke, Thomas Konzernstruktur und Aktionärsentscheid, Baden-Baden 1992

Medicus, Dieter Interne Geschäftsverteilung und die Außenhaftung von GmbH-Geschäftsführern, GmbHR 1998, 9 ff.

Medicus, Dieter Probleme der Wissenszurechnung, Karlsruher Forum 1994, S. 4 ff.

Megede, Friedrich-Carl zur Insidergeschäfte, in: Assmann, Heinz-Dieter/Schütze, Rolf A., Handbuch des Kapitalanlagerechts, München 1990, S. 386 ff.

Merkt, Hanno US-Amerikanisches Gesellschaftsrecht, Heidelberg 1991

Mertens, Hans-Joachim Verpflichtung der Volkswagen AG, einen Bericht gemäß § 312 AktG über ihre Beziehungen zum Land Niedersachsen zu erstatten, AG 1996, 241ff.

Mertens, Hans-Joachim Die Haftung wegen Mißbrauchs der Leitungsmacht nach § 309 AktG aus schadensersatzrechtlicher Sicht, AcP 168 (1968) 225 ff.

Mestmäcker, Hans-Joachim Recht und ökonomisches Gesetz. Über die Grenzen von Staat, Gesellschaft und Privatautonomie, Baden-Baden 1978

Mestmäcker, Hans-Joachim Zur Systematik des Rechts der verbundenen Unternehmen im neuen Aktiengesetz, in: Festgabe für Kronstein, Karlsruhe 1967, S. 129ff.

Mestmäcker, Hans-Joachim Verwaltung, Konzerngewalt und Rechte der Aktionäre, Karlsruhe 1958

Meyer-Cording, Ulrich Die Rechtsnormen, Tübingen 1971

Möllers, Thomas M. J. Rechtsgüterschutz im Umwelt- und Haftungsrecht: präventive Verkehrspflichten und Beweiserleichterungen in Risikolagen, Tübingen 1996

Möllers, Thomas M. J./Ganten, Ted Die Wohlverhaltensrichtlinie des BAWe im Lichte der neuen Fassung des WpHG – Eine kritische Bestandsaufnahme, ZGR 1998, 773ff.

Mülbert, Peter O. Funktionsauslagerung bei Kreditinstituten aus gesellschafts- und konzernrechtlicher Sicht, in: Bankrechtliche Vereinigung (Hrsg.) Funktionsauslagerung (Outsourcing) bei Kreditinstituten, Berlin/New York 2001, S. 3 ff.

Mülbert, Peter O. Unternehmensbegriff und Konzernorganisationsrecht – Bemerkungen zum BGH-Beschluss vom 17.3.1997 – II ZB 3/96 (VW/Niedersachsen), ZHR 163 (1999) 1ff.

Mülbert, Peter O. Aktiengesellschaft, Unternehmensgruppe und Kapitalmarkt, 2. Aufl., München 1996

Müller, Friedrich Juristische Methodik, 7. Aufl., Berlin 1997

Müller-Graff, Peter-Christian Europäisches Gemeinschaftsrecht und Privatrecht, NJW 1993, 13ff.

Münchner Handbuch des Gesellschaftsrechts, Band 4, Aktiengesellschaft, herausgegeben von Hoffmann-Becking, 2. Aufl., München 1999 (zit.: MünchHdb.AG/*Bearbeiter*)

Münchner Handbuch des Gesellschaftsrechts, Band 3, GmbH, herausgegeben von Priester/Mayer, München 1996 (zit.: MünchHdb.GmbH/*Bearbeiter*)

Münchner Kommentar zum Aktiengesetz, 2. Auflage des Gessler/Hefermehl/Eckhardt/Kropff, München 2000 (zit.: *Bearbeiter*, in: Münchner Kommentar zum AktG)

Münchner Kommentar zum BGB, Band 1, §§ 1–240 BGB, 4. Aufl., München 2000 (zit.: *Bearbeiter*, in: Münchner Kommentar zum BGB)

Münchner Kommentar zum HGB, Band 3, §§ 161–237, Konzernrecht, München 2001; Band 4, §§ 238–342a HGB, München 2001 (zit.: *Bearbeiter*, in: Münchner Kommentar zum HGB)

Nagel, Bernhard/Ries, Birgit/Theiss, Gisela Der faktische Just-Time-Konzern – Unternehmensübergreifende Rationalisierungskonzepte und Konzernrecht am Beispiel der Automobilindustrie, DB 1989, 1505ff.

Nell-Breuning, Oswald von Unternehmensverfassung, Festgabe für Kronstein, Karlsruhe 1967, S. 47ff.

Nell-Breuning, Oswald von Grundzüge der Börsenmoral, 1928
Nobbe, Gerd Die Wissenszurechnung in der Rechtsprechung des Bundesgerichtshofs, in: Hadding/Hopt/Schimansky (Hrsg.), Neues Schuldrecht und Bankgeschäfte – Wissenszurechnung bei Kreditinstituten, Berlin/New York 2003, S. 121 ff.
Ossenbühl, Fritz Rechtsquellen und Rechtsbindungen der Verwaltung, in: Erichsen (Hrsg.) Allgemeines Verwaltungsrecht, 11. Aufl., Berlin/New York 1998, S. 127 ff.
Ossenbühl, Fritz Die verfassungsrechtliche Zulässigkeit der Verweisung als Mittel der Gesetzgebungstechnik, DVBl 1967, 401 ff.
Ott, Claus Recht und Realität der Unternehmenskorporation – Ein Beitrag zur Theorie der juristischen Person, Tübingen 1977
Palandt, Otto Bürgerliches Gesetzbuch, 60. Aufl., München 2001 (zit.: Palandt/Bearbeiter)
Pananis, Panos Insidertatsache und Primärinsider, Berlin 1998
Peltzer, Martin Besprechung von Assmann/Schneider, Wertpapierhandelsgesetz, 1. Aufl. Köln 1996, NJW 1996, 2783 ff.
Pennington, Robert How Conflicts of Interests may arise, in: Goode (ed.) Conflicts of Interests in the changing financial World, London 1986, p. 1 ff.
Poser, Norman S. Chinese Walls or Emperor's New Clothes? Regulating Conflicts of Interest of Securities Firms in the U.S. and the U.K., 9, Michigan Yearbook of International Legal Studies 1988, 91 ff.
Pottmeyer, Klaus/Sinnwell, Wolfram, A. Der Ausfuhrverantwortliche im Außenwirtschafts- und Kriegswaffenkontrollrecht, DWiR 1991, 133 ff.
Prentice, Dan D. Das Recht der Gesellschaftsgruppe in Großbritannien, Lutter (Hrsg.) Konzernrecht im Ausland, Berlin/New York 1994, S. 93 ff.
Priester, Hans-Joachim Satzungsänderung und Satzungsdurchbrechung – Voraussetzungen und Grenzen satzungsdurchbrechender Beschlüsse, ZHR 151 (1987) 40 ff.
Pulte, Peter Betriebsbeauftragte in der gewerblichen Wirtschaft, 2. Aufl., Köln 1992
Rehbinder, Eckard Andere Organe der Unternehmensverfassung – Die institutionelle Vertretung diffuser Interessen im Unternehmen unterhalb der Gesellschaftsorgane, ZGR 1989, 305 ff.
Rehbinder, Eckard Besprechung von *Hommelhoff,* Die Konzernleitungspflicht ZHR 147 (1983) 464 ff.
Rehbinder, Eckard Zum konzernrechtlichen Schutz der Aktionäre einer Obergesellschaft Besprechung der Entscheidung BGHZ 83, 122 „Holzmüller", ZGR 1983, 92 ff.
Rehbinder, Eckard Konzernaußenrecht und allgemeines Privatrecht, Bad Homburg v.d.H., Berlin Zürich 1969
Reich, Norbert Informations-, Aufklärungs- und Warnpflichten beim An-

lagengeschäft unter besonderer Berücksichtigung des „execution-only-business" (EOB), WM 1997, 1601 ff.

Rest, Alfred Neue Mechanismen der Zusammenarbeit und Sanktionierung im internationalen Umweltrecht, NuR 1994, 271 ff.

Richardi, Reinhard Die Wissensvertretung, AcP 169 (1969) 385 ff.

Rittner, Fritz Wettbewerbs- und Kartellrecht, 6. Aufl., Heidelberg 1999

Rittner, Fritz Konzernorganisation und Privatautonomie (Besprechung von *Hommelhoff*, Die Konzernleitungspflicht, 1982), AcP (183) 1983, 293 ff.

Rogall, Klaus Dogmatische und kriminalpolitische Probleme der Aufsichtspflichtverletzung in Betrieben und Unternehmen (§ 130 OWiG), ZStW 98 (1986) 573 ff.

Roth, Günther H./Altmeppen, Holger Kommentar zum GmbH-Gesetz, 3. Aufl., München 1997 (zit.: *Bearbeiter*, in: Roth/Altmeppen, GmbHG)

Rössner, Michael-Christian/Arendts, Martin Die Haftung wegen Kontoplünderei durch Spesenschinderei (Churning), WM 1996, 1517 ff.

Rowedder, Heinz Kommentar zum GmbH-Gesetz, 3. Aufl., München 1997 (zit.: Rowedder/*Bearbeiter*, GmbHG)

Rümker, Dietrich Zur Auslegung der Insiderhandelsrichtlinien, BB 1972, 1208 ff.

Sanio, Jochen Outsourcing aus aufsichtsrechtlicher Sicht, Vortrag anläßlich der betriebswirtschaftlichen Tagung für Sparkassenvorstände des Rheinischen Sparkassen- und Giroverbandes am 17. April 2002 in Wesel, veröffentlicht unter www.bafin.de

Savigny, Friedrich Karl v. System des heutigen Römischen Rechts, Band I, Berlin 1840

Schäfer, Frank A. Materielle Aspekte der EG-Richtlinie über Wertpapierdienstleistungen, AG 1993, 389 ff.

Scharpf, Marcus Alexander Corporate Governance, Compliance und Chinese Walls, Regensburg 2000

Scharrenberg, Wolfgang Die Umsetzung des Insiderrechts und der Verhaltensregeln des WpHG in den Compliance-Organisationen der Banken und Sparkassen, in: Claussen/Loistl, Das neue Kapitalmarktrecht in Frage und Antwort, Dreieich 1995

Scheffler, Eberhard Konzernleitung und Konzernüberwachung, SzU 56 (1995) 147 ff.

Scheffler, Eberhard Die Überwachungsaufgabe der Geschäftsführung, SzU 56 (1995) 79 ff.

Scheffler, Eberhard Konzernmanagement – betriebswirtschaftliche und rechtliche Grundlagen der Konzernführungspraxis, München 1992

Scheffler, Eberhard Zur Problematik der Konzernleitung, in: Festschrift für Goerdeler zum 65. Geburtstag, Düsseldorf 1987, S. 469 ff.

Schenke, Wolf-Rüdiger Die verfassungsrechtliche Problematik dynamischer Verweisungen, NJW 1980, 743 ff.

Scheuch, Silke Wissenszurechnung bei GmbH und GmbH & Co, GmbHR 1996, 828 ff.

Schiessl, Maximilian Gesellschafts- und mitbestimmungsrechtliche Probleme der Spartenorganisation (Divisionalisierung), ZGR 1992, 64 ff.

Schilken, Eberhard Wissenszurechnung im Zivilrecht – Eine Untersuchung zum Anwendungsbereich des § 166 BGB innerhalb und außerhalb der Stellvertretung, Bielefeld 1983

Schimansky/Bunte/Lwowski Bankrechts-Handbuch, Bände I bis III, München 1997 (zit.: *Bearbeiter*, in: Schimansky/Bunte/Lwowski, Bank-Rechtshandbuch)

Schlüter, Uwe Wertpapierhandelsrecht, München 2000

Schmidt, Karsten Konzernunternehmen, Unternehmensgruppe und Konzern-Rechtsverhältnis – Gedanken zum Recht der verbundenen Unternehmen nach §§ 15 ff., 291 ff. AktG, in: Festschrift für Lutter, Köln 2000, S. 1167 ff.

Schmidt, Karsten Handelsrecht, 5. Aufl., Köln/Berlin/Bonn/München 1999

Schmidt, Karsten Gesellschaftsrecht, Köln/Berlin/Bonn/München 1997

Schmidt, Karsten Abhängigkeit, faktischer Konzern, Nichtaktienkonzern und Divisionalisierung im Bericht der Unternehmensrechtskommission, ZGR 1981, 455 ff.

Schneider, Uwe H. Internationales Kapitalmarktrecht – Regelungsprobleme, Methoden und Aufgaben, AG 2001, 269 ff.

Schneider, Uwe H. Das Recht des konzernweiten Cash-Managements, in: Lutter/Scheffler/Schneider (Hrsg.) Handbuch der Konzernfinanzierung, Köln 1998, S. 805 ff.

Schneider, Uwe H. Die kapitalmarktrechtlochen Offenlegungspflichten von Konzernunternehmen nach §§ 21 ff. WpHG, in: Festschrift für Brandner, Köln 1996

Schneider, Uwe H. Anwendungsprobleme bei den kapitalmarktrechtlichen Vorschriften zur Offenlegung von wesentlichen Beteiligungen an börsennotierten Aktiengesellschaften (§§ 21 ff. WpHG), AG 1997, 81 ff.

Schneider, Uwe H. Die „Supergun-Entscheidung" – oder: Zur Verhinderung des Exports von Kriegswaffen durch Tochtergesellschaften, Editorial in EuZW 14/1997

Schneider, Uwe H. Die Überlagerung des Konzernrechts durch öffentlich-rechtliche Strukturnormen und Organisationspflichten – Vorüberlegungen zu „Compliance im Konzern", ZGR 1996, 225 ff.

Schneider, Uwe H. Gesellschaftsrechtliche und öffentlich-rechtliche Anforderungen an eine ordnungsgemäße Unternehmensorganisation – Zur Überlagerung des Gesellschaftsrechts durch öffentlich-rechtliche

Verhaltenspflichten und öffentlich-rechtliche Strukturnormen, DB 1993, 1909 ff.

Schneider, Uwe H. Die Wahrnehmung öffentlich-rechtlicher Pflichten durch den Geschäftsführer – Zum Grundsatz der Gesamtverantwortung bei mehrköpfiger Geschäftsführung in der konzernfreien GmbH und im Konzern, in: Festschrift 100 Jahre GmbH-Gesetz, Köln 1992

Schneider, Uwe H. Der Konzern als Rechtsform für Unternehmen – Zum Regelungsgegenstand eines Konzernverfassungsrechts, in: Mestmäcker/ Behrens (Hrsg.) Das Gesellschaftsrecht der Konzerne im internationalen Vergleich, Baden-Baden 1991

Schneider, Uwe H. Die vertragliche Ausgestaltung der Konzernverfassung – Zur Anpassung von Gesellschaftsverträgen, Geschäftsordnungen, Stimmbindungsverträgen und Konsortialverträgen an die Konzernlage, BB 1986, 1993 ff.

Schneider, Uwe H. Haftungsmilderung bei fehlerhafter Unternehmensleitung?, Festschrift für Werner zum 65. Geburtstag, Berlin/New York 1984, S. 295 ff.

Schneider, Uwe H. Konzernleitung als Rechtsproblem – Überlegungen zu einem Konzernverfassungsrecht, BB 1981, 249 ff.

Schneider, Uwe H. Konzernbildung, Konzernleitung und Verlustausgleich im Konzernrecht der Personengesellschaften, ZGR 1980, 511 ff.

Schneider, Uwe H. Die Personengesellschaft als Konzernunternehmen, BB 1980, 1057 ff.

Schneider, Uwe H. Die Personengesellschaft als herrschendes Unternehmen im Konzern, ZHR 143 (1979) 485 ff.

Schneider, Uwe H. Die Mitverwaltungsrechte der Gesellschafter in der verbundenen GmbH – Überlegungen zu einer Binnenordnung im Konzern, in: Der GmbH – Konzern, (Gesellschaftsrecht, Rechnungslegung, Mitbestimmungsrecht, Kartellrecht, Steuerrecht), Köln 1976

Schneider, Uwe H. Die Personengesellschaft als verbundenes Unternehmen – Prolegomena zu einem Konzernrecht für Personengesellschaften, ZGR 1975, 253 ff.

Schneider, Uwe H./Burgard, Ulrich Scalping als Insiderstraftat, ZIP 1999, 381 ff.

Scholz Kommentar zum GmbH-Gesetz, I. Band, §§ 1–44, 9. Aufl., Köln 2000 (zit.: Scholz/*Bearbeiter*)

Schön, Michael Verhaltensregeln für Wertpapierdienstleistungsunternehmen nach dem Zweiten Finanzmarktförderungsgesetz, Hamburg 1998

Schönke, Adolf/Schröder, Horst Strafgesetzbuch, 26. Aufl., München 2001 (zit.: *Bearbeiter*, in: Schönke/Schröder, Strafgesetzbuch)

Schröter, Jürgen Wissenszurechnung aus der Sicht der kreditwirtschaftlichen Praxis, in: Hadding/Hopt/Schimansky (Hrsg.), Neues Schuldrecht und Bankgeschäfte – Wissenszurechnung bei Kreditinstituten, Berlin New/York 2003, S. 163 ff.

Schroth, Hans-Jürgen Unternehmen als Normadressaten und Sanktionsobjekte, Gießen 1993
Schüler, Wolfgang Wissenszurechnung im Konzern, Berlin 2000
Schulte-Frohlinde, Mark-Olaf Art. 11 Wertpapierdienstleistungsrichtlinie und seine Umsetzung durch das Wertpapierhandelsgesetz, Frankfurt 1999
Schultz, Wolfgang Die Bedeutung der Kenntnis des Vertretenen bei Vertreterhandeln für juristische Personen und Gesellschaften, NJW 1996, 1392 ff.
Schultz, Michael Zur Vertretung im Wissen, NJW 1990, 477ff.
Schwark, Eberhard Spartenorganisation in Großunternehmen und Unternehmensrecht, ZHR 142 (1978) 203 ff.
Schwark, Eberhard Kapitalanlegerschutz im deutschen Gesellschaftsrechts, ZGR 1976, 271ff.
Schwark, Eberhard Insidergeschäfte auf dem Wertpapiermarkt, DB 1971, 1605ff.
Schwarz, Günter Christian Europäisches Gesellschaftsrecht – Ein Handbuch für Wissenschaft und Praxis, Baden-Baden 2000
Schwarz, Günter Christian/Lösler, Thomas Das Recht der Europäischen Aktiengesellschaft – Ein Überblick, NotBZ 2001, 117 ff.
Schweizer, Thilo Insiderverbote, Interessenkonflikte und Compliance, Berlin 1996
Semler, Johannes Leitung und Überwachung der Aktiengesellschaft, 2. Aufl., Köln/Berlin/Bonn/München 1996
Semrau, Susanne Die Dritteinflussnahme auf die Geschäftsführung von GmbH und Personengesellschaften, Köln 2001
Singhof, Bernd Zur Weitergabe von Insiderinformationen im Konzern, ZGR 2001, 146 ff.
Soergel, Hans Theodor Kommentar zum Bürgerlichen Gesetzbuch, Band 1, §§ 1–240 BGB, 13. Aufl., Stuttgart/Berlin/Köln/Mainz 1999 (zit.: Soergel/*Bearbeiter*)
Spindler, Gerald Unternehmensorganisationspflichten: zivilrechtliche und öffentlich-rechtliche Regelungskonzepte, Köln/München 2001
Stafflage, Axel Die Anlageberatung der Banken – das Kreditinstitut im Spannungsverhältnis zwischen Informationspflicht und Insiderhandelsverbot, Berlin 1996
Staub, Hermann Großkommentar Handelsgesetzbuch, 12. Lieferung: §§ 105–113, 4. Aufl., Berlin/New York 1989
Staudinger Kommentar zum Bürgerlichen Gesetzbuch, Einführungsgesetz zum Bürgerlichen Gesetzbuche/IPR, Internationales Gesellschaftsrecht, bearbeitet von Bernhard Großfeld, 13. Aufl., Berlin 1998 (zit.: Staudinger/*Großfeld*, BGB, Internationales Gesellschaftsrecht)
Stein, Ursula Konzernherrschaft durch EDV? – Gesellschaftsrechtliche und konzernrechtliche Probleme der EDV-Auslagerung auf ein konzernverbundenes Unternehmen, ZGR 1988, 163ff.

Stein, Ursula Das faktische Organ, Köln/Berlin/Bonn/München 1984
Steiner, Udo Technische Kontrolle im privaten Bereich – insbesondere Eigenüberwachung und Betriebsbeauftragte, DVBl. 1987, 1133ff.
Stich, Rudolf Die Betriebsbeauftragten für Immissionsschutz, Gewässerschutz und Abfall, GewA 1976, 145ff.
Strub, Andreas J. Bankdienstleistungen im Binnenmarkt – Die Verwirklichung des Europäischen Binnenmarkts der Bankdienstleistungen, München 1994
Sünner, Eckart Aktionärsklage zur Kontrolle des Vorstands- und Aufsichtsratshandelns, ZHR 163 (1999) 364 ff.
Taupitz, Jochen Anmerkung zu BGH, Urteil vom 17.05.1995 – VIII ZR 70/94, JZ 1996, 734 ff.
Taupitz, Jochen Wissenszurechnung nach englischem und deutschem Recht, Karlsruher Forum 1994, S. 16ff.
Teubner, Gunther Unitas Multiplex – Das Konzernrecht in der neuen Dezentralität der Unternehmensgruppen, ZGR 1991, 189ff.
Teubner, Gunther Der Beirat zwischen Verbandssouveränität und Mitbestimmung – Zu den Schranken der Beiratsverfassung in der GmbH, ZGR 1986, 568ff.
Than, Jürgen Die Umsetzung der Verhaltensnormen der §§ 31ff. WpHG in den Kreditinstituten, in: Hadding/Hopt/Schimansky, Das zweite Finanzmarktförderungsgesetz in der praktischen Umsetzung, Berlin 1996, S. 135 ff.
Thiemann, Werner Aufsichtspflichtverletzung in Betrieben und Unternehmen, Bochum 1976
Timm, Wolfram Minderheitenschutz und unternehmerische Entscheidungsfreiheit im Mutterunternehmen, ZHR 153 (1989) 60 ff.
Timm, Wolfram Die Aktiengesellschaft als Konzernspitze, Köln/Berlin/Bonn/München 1980
Timm, Wolfram Hauptversammlungskompetenzen und Aktionärsrechte in der Konzernspitze – zugleich Überlegungen zum Urteil des LG Hamburg vom 1.10.1979, AG 1980, 171ff.
Tippach, Stefan U. Das Insiderrecht und die besonderen Rechtspflichten der Banken, Köln 1995
Torabzadeh/Davidson/Assar The Effect of the Recent Insider-Trading Scandal, (8) Journal of Business Ethics 1989, 299ff.
Troberg, Peter Europäisches Bankaufsichtsrecht: System oder Wildwuchs?, WM 1991, 1745 ff.
Troberg, Peter Europäische Aufsicht über das Kreditwesen, Frankfurt am Main 1979
Tröndle, Herbert/Fischer, Thomas Strafgesetzbuch und Nebengesetze, 50. Aufl., München 2001

Ulmer, Peter Die Aktionärsklage als Instrument zur Kontrolle des Vorstands- und Aufsichtsratshandelns, ZHR 163 (1999) 290ff.

Ulmer, Peter Begriffsvielfalt im Recht der verbundenen Unternehmen als Folge des Bilanzrichtlinien-Gesetzes – Eine systematische Analyse, in: Festschrift für Goerdeler, Düsseldorf 1987

Ulmer, Peter Der Gläubigerschutz im faktischen GmbH-Konzern beim Fehlen von Minderheitsgesellschaftern, ZHR 148 (1984) 391ff.

Ulmer, Peter Aktienrechtliche Beherrschung durch Leistungsaustauschbeziehungen, ZGR 1978, 457ff.

Volk, Klaus Scalping strafbar?, ZIP 1999, 787 ff.

Volk Klaus Die Strafbarkeit von Absichten im Insiderhandelsrecht, BB 1999, 66.

Waltermann, Raimund Zur Wissenszurechnung – am Beispiel der juristischen Personen des privaten und öffentlichen Rechts, AcP 192 (1992) 181ff.

Watter, Rolf Chinese Walls bei Universalbanken?, SJZ 1991, 109 ff.

Weber, Martin Deutsches Kapitalmarktrecht im Umbruch, NJW 1994, 2849 ff.

Weiss, Ulrich Compliance-Funktion in einer deutschen Privatbank, Die Bank 1993, 136 ff.

Wendeling-Schröder, Ulrike Divisionalisierung, Mitbestimmung und Tarifvertrag, Köln München 1984

Werder, Axel von Grundsätze ordnungsmäßiger Unternehmensführung (GoF) – Zusammenhang, Grundlagen und Systemstruktur von Führungsgrundsätzen für die Unternehmensleitung (GoU), Überwachung (GoÜ) und AbSchlussprüfung (GoA), in: *ders.* (Hrsg.) Grundsätze ordnungsmäßiger Unternehmensführung (GoF) für die Unternehmensleitung (GoU), Überwachung (GoÜ) und Abschlussprüfung (GoA) Düsseldorf Frankfurt 1996

Werner, Gerhard Bekämpfung der Geldwäsche in der Kreditwirtschaft, Freiburg 1996

Werlauff, Erik EC – Company Law – the common denomiator for business undertakings in 12 states, Copenhagen 1993

Westphalen, Friedrich Graf von Ausgewählte arbeits- und datenschutzrechtliche Fragen beim „Outsourcing“ im Rahmen von § 25a Abs. 2 KWG, WM 1999, 1810ff.

Wiedemann, Herbert Die Unternehmensgruppe im Privatrecht, Tübingen 1988

Wiedemann, Herbert Gesellschaftsrecht, Band I, Grundlagen, München 1980

Wiedemann, Herbert Verbandssouveränität und Außeneinfluß – Gedanken zur Errichtung eines Beirats in einer Personengesellschaft, in: Festschrift für Schilling, Berlin/New York 1973, S. 105ff.

Wilhelm, Jan Kapitalgesellschaftsrecht, Berlin/New York 1998

Wilhelm, Jan Rechtsform und Haftung bei der juristischen Person, Köln/Berlin/Bonn/München 1981

Witt, Carl-Heinz Die Änderungen der Mitteilungs- und Veröffentlichungspflichten nach §§ 21ff. WpHG durch das geplante Wertpapiererwerbs- und Übernahmegesetz, AG 2001, 233ff.

Zerwas, Herbert/Hanten, Mathias/Bühr, Oliver Outsourcing bei Instituten in Deutschland, ZBB 2002, 17 ff.

Zerwas, Herbert/Hanten, Mathias Outsourcing bei Kredit- und Finanzdienstleistungsinstituten – Zum neuen § 25a Abs. 2 KWG, WM 1998, 1110 ff.

Zerwas, Herbert/Hanten, Mathias Zulassung zum Geschäftsbetrieb für Kredit- und Finanzdienstleistungsinstitute, BB 1998, 2481ff.

Einleitung

A. Problemstellung

I. Gesellschaftsrecht und Kapitalmarktrecht

Unternehmen bewegen sich heute in einem rechtlichen Rahmen, der schon lange nicht mehr allein durch das Gesellschaftsrecht bestimmt wird. Zunehmend wirken andere Rechtsgebiete in das Gesellschaftsrecht hinein. Gesellschaftsrechtliche Fragen sind verzahnt mit solchen des öffentlichen Rechts, des Wirtschaftsaufsichtsrechts, des Umweltrechts, des Kartell- und Wettbewerbsrechts sowie des Steuer- und Sozialversicherungsrechts. Hinzu kommen Fragen des Verfassungsrechts[1] und immer stärker des europäischen Gemeinschaftsrechts.[2]

Die Regeln dieser Rechtsgebiete modifizieren die (gesellschafts-)rechtlichen Anforderungen an eine ordnungsgemäße Unternehmensorganisation, an die Verantwortlichkeit der Organe und an die Organisation auf der Leitungsebene sowie an die Finanz- und Haftungsordnung der Unternehmen. Öffentlich-rechtliche Strukturnormen überlagern das Gesellschaftsrecht[3] und durch zahlreiche Verhaltensvorschriften wird das unternehmerische Ermessen der Leitungsorgane eingeschränkt.[4]

Schließlich sei hier beispielhaft für den Bereich des Kreditwesens noch auf § 33 Abs. 2 KWG hingewiesen. Zum Geschäftsleiter eines Kredit- oder Finanzdienstleistungsinstitutes darf danach nur bestellt werden, wer in ausreichendem Maße theoretische und praktische Kenntnisse in den betreffenden Geschäften sowie Leitungserfahrung hat.[5] Eine solche Einschränkung gibt es im „klassischen" Gesellschaftsrecht nicht.

---

1 Vgl. zum Gesellschaftsrecht im Spiegel des Verfassungsrechts die nach wie vor zentrale „Feldmühle"-Entscheidung BVerfGE 14, 263. Aus neuerer Zeit BVerfG AG 1999, 566ff.; AG 2000, 40ff.; AG 2000, 7 ff.; AG 2000, 74ff.

2 *Schwarz* Europäisches Gesellschaftsrecht, Rn. 1ff.

3 Im Ausnahmefall geht dies bis zur Vorgabe der Rechtsform, in welcher Geschäfte nur betrieben werden dürfen. So dürfen etwa nach § 7 Abs. 1 VAG Lebensversicherungen nur in der Rechtsform der Aktiengesellschaft, des Versicherungsvereins auf Gegenseitigkeit oder als öffentlich-rechtliche Wettbewerbsunternehmen zugelassen werden.

4 Zur Überlagerung des Gesellschaftsrechts durch das öffentliche Recht *Karsten Schmidt* Gesellschaftsrecht, § 1 II, S. 9 ff.; *Uwe H. Schneider* ZGR 1996, 225 ff.; *ders.* in: Festschrift 100 Jahre GmbHG, 473ff.

5 Näher dazu *Zerwas/Hanten* BB 1998, 2481.

Von herausragender Bedeutung für die Unternehmen ist aber vor allem und in immer stärkerem Maße das Recht des Kapitalmarktes. Für dieses im Wachsen begriffene Rechtsgebiet ist eine einigermaßen fassbare Systematisierung bisher nicht gelungen. Über Zweck und Gegenstand des Kapitalmarktrechts besteht daher heute noch gar keine Klarheit. Mit zahlreichen und vielfältigen neuen Regeln und Zielen richtet sich das Kapitalmarktrecht an die im Markt agierenden Unternehmen. Hinzu kommt die überwiegend gemeinschaftsrechtliche Prägung der neuen kapitalmarktrechtlichen Regeln. Mit der Angleichung der einzelnen europäischen Rechtsordnungen, werden verschiedene Rechtskulturen miteinander verbunden. Im Ergebnis entsteht dadurch ein zwar harmonisiertes, jedoch vielfach sehr unterschiedliches nationales Recht.[6] So wie es (noch) kein europäisches Gesellschaftsrecht gibt, kann auch von einem europäischen Kapitalmarktrecht (noch) nicht die Rede sein.[7] Ohne die Beachtung der unterschiedlichen Herkunft der Normen bei der Rechtsanwendung wird eine bruchlose Einfügung in die gewachsenen nationalen Regelungsbereiche jedoch nicht gelingen. In diesem Zusammenhang ist die europarechtskonforme Auslegung harmonisierten nationalen Rechts von hoher Bedeutung.

Zwar herrscht an den Rändern noch mehr oder minder große Unklarheit darüber, welche Regelungsbereiche zum deutschen, europäischen und internationalen Kapitalmarktrecht zu zählen sind und welche nicht.[8] Fest steht aber, dass zum Kern des deutschen Kapitalmarktrechts jedenfalls die Vorschriften des Wertpapierhandelsgesetzes (WpHG) gehören, das als Art. 1 des Zweiten Finanzmarktförderungsgesetzes[9] am 1. August 1994 in Kraft getreten ist. Mit diesem Gesetz wurde eine neue Ära in der rechtlichen Ordnung des nationalen Kapitalmarktes eingeläutet. Mit dem WpHG vollzog sich die Hinwendung zu einer marktbezogenen Regelung des Kapitalmarktes. Demgegenüber herrschte zuvor ein eher rechtsform- und institutionenbezogenes Regelungskonzept.[10] Entsprechend dieser früheren Perspektive auf eine be-

---

6 *Uwe H. Schneider* AG 2001, 269.

7 Allgemein zur Unterscheidung europäisches Gesellschaftsrecht und Europäisierung des Gesellschaftsrechts *Schwarz* Europäisches Gesellschaftsrecht, Rn. 1 ff. Auch die nach langen Kämpfen Anfang 2001 verabschiedete Verordnung über eine Europäische Aktiengesellschaft, schafft bei Licht besehen keine einheitliche europäische Rechtsform. Dazu *Schwarz/Lösler* NotBZ 2001, 117, 119.

8 Kurzer Überblick über die bisherige Begriffsbildung bei *Uwe H. Schneider* AG 2001, 269, 270 f.

9 Gesetz über den Wertpapierhandel und zur Änderung börsenrechtlicher und wertpapierrechtlicher Vorschriften (Zweites Finanzmarktförderungsgesetz) vom 26. 7. 1994, BGBl. I 1994, S. 1749 ff.

10 Dazu *Assmann* in: Assmann/Uwe H. Schneider, WpHG, Einl. Rn. 2 ff.

stimmte Anlageart oder das Anlageangebot des in einer bestimmten Rechtsform organisierten Emittenten, bestand das deutsche Kapitalmarktrecht früher aus dem Aktien- und Börsenrecht und Teilen des Bankrechts.[11] Heute wird man dagegen in einem viel umfassenderen Verständnis alle die Regeln zum Kapitalmarktrecht zu zählen haben, die für Investoren und kapitalsuchende Unternehmen mit Blick auf den Kapitalmarkt von Bedeutung sind.[12]

II. Gesellschaftsrecht und Compliance

Die erwähnten Einflüsse auf die Struktur, die Organisation und die Verantwortlichkeit der von den Vorschriften des WpHG erfassten Unternehmen und ihrer Organe finden sich auch und gerade im WpHG. Das betrifft etwa die Regeln zur Ad-hoc-Publizität gemäß § 15 WpHG, die für *Marcus Lutter* „ganz und gar symptomatisch für das Überlagerungsphänomen" sind.[13] Danach hat der Vorstand einer börsennotierten Aktiengesellschaft, die für den Börsenkurs relevanten Daten unverzüglich zu veröffentlichen.

Für Wertpapierdienstleistungsunternehmen schreiben die §§ 31 ff. WpHG allgemeine und besondere Verhaltensregeln sowie Organisationspflichten vor, die auf gemeinschaftsrechtlichen Vorgaben basieren und an deren Schaffung und Durchsetzung nach Auffassung des Gesetzgebers wegen der großen Bedeutung funktionierender Wertpapiermärkte für die gesamte Volkswirtschaft ein öffentliches Interesse besteht.[14]

Die gesellschaftsrechtlichen Vorgaben über die Struktur, die Organisation und die Verantwortung des Unternehmens und seiner Organe werden vor allem durch die in § 33 Abs. 1 WpHG geregelten Organisationspflichten beeinflusst und modifiziert. Danach ist das Wertpapierdienstleistungsunternehmen im Einklang mit den Vorschriften des WpHG zu organisieren. Diese Organisationspflichten werden auch als Compliance-Pflichten, nach dem englischen Ausdruck „to comply with" (= einhalten), bezeichnet. Sie sollen gewährleisten, dass das Wertpapiergeschäft nur unter Beachtung der kapitalmarktrechtlichen Vorschriften betrieben wird. Die Organisationspflichten dienen damit der ordnungsgemäßen Erbringung der Wertpapierdienstleistung im Hinblick auf die Interessen der Kunden, des Unternehmens und

---

11 *Assmann* in: Assmann/Uwe H. Schneider, WpHG, Einl. Rn. 1.

12 *Uwe H. Schneider* AG 2001, 269, 271: Kapitalmarktrecht als Methode.

13 *Lutter* in: Festschrift für Zöllner, S. 363, 364.

14 Beschlussempfehlung und der Bericht des Finanzausschusses zum Entwurf eines Wertpapierhandelsgesetzes, BT-Drucks. 12/7918, S. 97.

des Kapitalmarktes. Zur Erfüllung der im Gesetz inhaltlich nicht besonders spezifizierten Pflichten, hat sich in der Praxis die Schaffung von Compliance-Strukturen herausgebildet. Deren Kernelement ist die Installation so genannter Chinese Walls, durch die eine organisatorische Trennung einzelner Geschäftsbereiche voneinander erreicht wird. Die Separierung der verschiedenen Geschäftsbereiche dient vor allem der Prävention gegen Insiderhandelsgeschäfte. Diese sind nach § 14 WpHG ausdrücklich verboten. Das Bekanntwerden verbotener Insidergeschäfte kann zudem einen erheblichen Ansehensverlust des betroffenen Unternehmens auf dem Kapitalmarkt nach sich ziehen.[15]

B. Inhalt der Untersuchung

I. Gegenstand der Untersuchung

Den Gegenstand dieser Arbeit bilden die Probleme und Fragen, die sich an den Schnittstellen zwischen den kapitalmarktrechtlichen Compliance-Pflichten und den für Wertpapierdienstleistungsunternehmen geltenden gesellschafts- und konzernrechtlichen Regeln stellen. Sie resultieren ganz überwiegend aus der lediglich knappen gesetzlichen Regelung der Organisationspflichten, die zudem unter Verwendung unbestimmter Rechtsbegriffe formuliert worden sind. Hier bedarf es unter Rückgriff auf die kapitalmarktrechtlichen Zielsetzungen und mit Blick auf Vorgaben des Gesellschaftsrechts einer Konkretisierung.

15 Der bloße – wenn in diesem Zusammenhang auch falsche – Vorwurf nicht wirksam funktionierender Chinese Walls kann bis zum Verlust wertvoller Geschäftsbeziehungen führen. So reagierte die Deutsche Telekom AG in einer ersten Stellungnahme auf einen von der Deutschen Bank AG im Kundenauftrag ausgeführten Verkauf von 44 Mio. T-Aktien, auf dessen Bekanntwerden der Kurs der Aktien erheblich einbrach, mit der Drohung, die Geschäftsbeziehungen zur Deutschen Bank AG zu beenden. Hintergrund war die zwei Tage vor der Transaktion in einem Research-Bericht der Deutschen Bank ausgesprochene Kaufempfehlung für die T-Aktie. Vgl. Frankfurter Allgemeine Zeitung Nr. 182 vom 8. 8. 2001, S. 23; Financial Times Nr. 183 vom 9. 8. 2001, S. 1. Das BAWe hat später festgestellt, dass kein Verstoß gegen das WpHG vorlag, vgl. Frankfurter Allgemeine Zeitung vom 8. 11. 2001, S. 29.

II. Probleme und Fragen im Überblick

Für eine inhaltliche Konturierung der Compliance-Pflichten bedarf es zunächst der Erinnerung an die kapitalmarktrechtliche Entwicklungsgeschichte. Die Herausbildung von Regeln für die Organisation von Interessenkonflikten beim Wertpapiergeschäft und für die Bekämpfung des Insiderhandels, ist in Europa und in Deutschland stark von der schon zu Beginn des 20. Jahrhunderts einsetzenden Entwicklung in den USA beeinflusst worden. Erst Ende der 1980er, Anfang der 1990er-Jahre – zwischenzeitlich mangelte es allerdings nicht an Versuchen, des Phänomens durch Empfehlungen und mittels freiwilliger Selbstverpflichtung Herr zu werden – schufen die Europäer normative Regelungen, insbesondere die EG-Insiderrichtlinie[16] und die EG-Wertpapierdienstleistungsrichtlinie.[17] Als deren nationale Umsetzung wurde in Deutschland das WpHG erlassen.

Angesichts der nur allgemeinen Vorgaben des § 33 Abs. 1 WpHG für die innere Unternehmensorganisation und vor dem Hintergrund des gesellschaftsrechtlich weiten Leitungsermessens ist zu untersuchen, ob und in welchem Umfang ein Wertpapierdienstleistungsunternehmen überhaupt zur Ergreifung bestimmter Compliance-Maßnahmen verpflichtet ist oder ob es ausreicht, dass es in dem Unternehmen nicht zu Verstößen gegen das WpHG kommt; und zwar unabhängig davon, wie die Unternehmensleitung dies gewährleistet.

Mit Blick auf die Verantwortung der Unternehmensleitung stellt sich die Frage, ob bei mehrgliedrigen Leitungsorganen alle Organmitglieder für die Umsetzung der Compliance-Pflichten verantwortlich sind oder ob eine Zuweisung an ein einzelnes Organmitglied im Rahmen einer Ressortverteilung zulässig ist. Ferner ist die Zulässigkeit einer Delegation der Compliance-Pflichten auf nachgeordnete Leitungsebenen näher zu beleuchten.

Die Einhaltung der Compliance-Pflichten wird von der Bundesanstalt für Finanzdienstleistungsaufsicht (BAFin) überwacht. Auch dies beeinflusst in der Praxis die Organisations- und Verantwortungsstruktur eines Wertpapierdienstleistungsunternehmens nicht nur unerheblich. Ungeklärt sind bislang aber noch der rechtlich zulässige Umfang und die Intensität dieses Einflusses. Konkret ist nach der Rechtsnatur behördlicher Vorgaben und nach dem Grad ihrer Verbindlichkeit für die Organisation eines Unternehmens zu fragen. Das betrifft für die hier interessierenden Compliance-Pflichten die Richtlinien, welche die BAFin gemäß § 35 Abs. 6 WpHG im Rahmen ihrer Marktaufsicht erlässt.

16 Richtlinie 89/592/EWG, ABl.EG Nr. L 334 vom 18. 11. 1989, S. 30ff.

17 Richtlinie 93/22/EWG, ABl.EG Nr. L 141 vom 11. 6. 1993, S. 27ff.

Die meisten Wertpapierdienstleistungsunternehmen haben in der Praxis und mit Blick auf die Vorgaben der BAFin besondere Compliance-Abteilungen eingerichtet. Sie sollen die Einhaltung der Compliance-Pflichten gewährleisten. Der rechtliche Status dieser Abteilungen und ihrer Mitarbeiter, ihre Verantwortung sowie ihre hierarchische Verankerung ist im WpHG aber nicht geregelt. Im Gegensatz dazu kennen andere öffentlich-rechtliche Regelungsbereiche durchaus besondere, vom Unternehmen zu bestellende, Verantwortliche oder Beauftragte. Dazu gehört zum Beispiel der Geldwäschebeauftragte nach dem GeldwäscheG.

Noch nahezu undiskutiert ist auch die Frage, welche rechtlichen Wirkungen eine Compliance-Organisation entfaltet. Zu untersuchen ist hier insbesondere, ob die von den Unternehmen errichteten Chinese Walls hinsichtlich des im Unternehmen anfallenden Wissens eine Unterbrechung der Wissenszurechnung bewirken. Das ist vor allem vor dem Hintergrund strafrechtlicher und zivilrechtlicher Sanktionen bei Verstößen gegen das Insiderhandelsverbot und angesichts der umfassenden Informationspflichten eines Wertpapierdienstleistungsunternehmens im Rahmen des Wertpapiergeschäfts von Bedeutung. Denn eine Zurechnung von Kenntnissen der einzelnen Bereiche an das Unternehmen, kann für dieses im Verhältnis zu seinen Kunden schwere Interessenkonflikte und für die Mitarbeiter den nur schwer widerlegbaren Vorwurf von Insiderhandelsgeschäften zur Folge haben.

§ 33 Abs. 2 WpHG erlaubt die Auslagerung bestimmter Bereiche des Wertpapiergeschäfts auf andere Unternehmen (Outsourcing). Mit Blick auf Compliance stellt sich die Frage, ob auch die Überwachung der Compliance-Pflichten auf ein anderes Unternehmen ausgelagert werden kann. Hier ergeben sich bislang kaum diskutierte gesellschafts- und konzernrechtliche Probleme. Diese resultieren aus den besonderen aufsichtsrechtlichen Voraussetzungen für eine Auslagerung einerseits und aus der Einbindung vieler Wertpapierdienstleistungsunternehmen in Konzernstrukturen mit den daraus folgenden gesellschafts- und konzernrechtlichen Regeln andererseits.

§ 33 Abs. 1 WpHG adressiert seinem Wortlaut zufolge nur an Wertpapierdienstleistungsunternehmen im Sinne des § 2 Abs. 4 WpHG. Das wirft die Frage auf, ob auch außerhalb des Anwendungsbereichs des WpHG, also für am Kapitalmarkt agierende Nicht-Wertpapierdienstleistungsunternehmen, entsprechende gesellschaftsrechtliche Organisationspflichten bestehen und aus welcher Rechtsgrundlage sich solche Pflichten ergeben.

Das WpHG berücksichtigt schließlich mit Blick auf die Compliance-Pflichten nicht, dass viele Wertpapierdienstleistungsunternehmen in einen Konzern eingebunden sind. Das unterscheidet sich von anderen kapitalmarktrechtlichen Regelungsbereichen. Dort finden sich durchaus Vorschriften, welche die Konzerneinbindung eines Unternehmens betreffen. Zu untersuchen ist daher, welche Folgen sich hinsichtlich der Unternehmensorganisation und der Verantwortlichkeiten, die aus der Stellung eines Unternehmens als Mutter- oder Tochtergesellschaft innerhalb eines Konzernverbunds folgen, für die inhaltliche Ausfüllung der Compliance-Pflichten ergeben. Hier stellen sich unter Berücksichtigung der Besonderheiten eines Unternehmensverbundes ähnliche Fragen, wie sie soeben für das konzernfreie Unternehmen aufgeworfen wurden. Zu untersuchen ist, ob die aus § 33 Abs. 1 WpHG folgenden Compliance-Pflichten konzerndimensional auszulegen sind. Von besonderer Bedeutung ist hierbei das zugrunde gelegte Konzernverständnis und die daraus abzuleitende konzernrechtliche Pflichtenverfassung. Betrachtet man den Konzern als eine besondere Rechtsform für ein Gesamtunternehmen im wirtschaftlichen Sinne, so folgen daraus ganz bestimmte konzernorganisationsrechtliche Leitungs-, Legalitäts- und Organisationspflichten der Konzerngesellschaften und ihrer Leitungsorgane. Fraglich sind die Auswirkungen dieser Pflichtenverfassung auf die Compliance-Pflichten innerhalb eines Konzerns. Dazu zählt etwa die Frage nach der Verantwortung des herrschenden Unternehmens für die Beachtung der kapitalmarktrechtlichen Organisationspflichten durch seine Tochterunternehmen sowie die rechtliche Einordnung der in der Praxis überall eingerichteten Stelle, die konzernweit für die Erfüllung der Compliance-Pflichten verantwortlich ist, des Group Compliance Officers.

C. Gang der Untersuchung

Die Untersuchung gliedert sich entsprechend der vorstehend skizzierten Überlegungen in sechs Teile.

Zunächst werden im ersten Teil die Grundlagen von Compliance skizziert. Im Anschluss an die Entwicklung von Compliance sollen die verschiedenen Rechtsgrundlagen dargestellt und auf ihre systematische Stellung, die Anforderungen an ihre europarechtskonforme Auslegung und – im Falle der von der Bundesanstalt für Finanzdienstleistungsaufsicht im Rahmen ihrer Marktaufsicht gemäß § 35 Abs. 6 WpHG zu erlassenden Richtlinien – auch auf ihre Rechtsnatur untersucht werden.

Anschließend ist im zweiten Teil der Untersuchung zu fragen, ob eine kapitalmarktrechtliche Verpflichtung zur Implementation eines bestimmten Compliance-Systems überhaupt besteht. In diesem Zusammenhang ist auch der Frage nachzugehen, ob sich eine solche Pflicht aus dem Recht der Ordnungswidrigkeiten ableiten lässt.

Von den aus § 33 Abs. 1 WpHG folgenden Organisationspflichten werden dem Wortlaut nach nur Wertpapierdienstleistungsunternehmen im Sinne des § 2 Abs. 4 WpHG erfasst. Im dritten Teil soll daher für das konzernfreie

Unternehmen untersucht werden, ob sich eine Pflicht zur Ergreifung bestimmter Compliance-Maßnahmen auch außerhalb des WpHG nach den Regeln und Grundsätzen des Gesellschaftsrechts und damit für alle Unternehmen begründen lässt. Ferner stellen sich Fragen der unternehmensinternen Zuständigkeit für die Umsetzung und Überwachung einer Compliance-Organisation. Zu analysieren ist die Verantwortung der Unternehmensleitung einerseits sowie andererseits die unternehmensinterne Stellung und Verantwortlichkeit der in der Praxis eingerichteten Compliance-Abteilungen und ihrer Mitarbeiter.

Die nach § 33 Abs. 2 WpHG zulässige, aber an besondere aufsichtsrechtliche Vorgaben gebundene Auslagerung von Funktionen und Bereichen wirft bislang nur wenig diskutierte gesellschafts- und konzernrechtliche Probleme auf. Das betrifft vor allem Fragen des zwischen dem Outsourcer und dem Funktionsübernehmer zwingend zu vereinbarenden Weisungsrechts. Zuvor ist jedoch der Frage nachzugehen, ob die Compliance-Pflichten überhaupt zu den Bereichen gehören, die aufsichtsrechtlich zulässig auslagerungsfähig sind. Diesen Fragen widmet sich der vierte Teil der vorliegenden Untersuchung.

Schließlich ist Gegenstand des fünften Teils die Pflichtenverfassung im Wertpapierdienstleistungskonzern. Nach der Herausarbeitung des allgemein zugrunde zu legenden Verständnisses des Phänomens Konzern, werden die rechtlichen Folgen für die Compliance-Verantwortung im Falle einer Konzerneinbindung des Wertpapierdienstleistungsunternehmens beleuchtet. Zu untersuchen ist insbesondere, ob das herrschende Unternehmen für die Beachtung der Compliance-Pflichten durch das abhängige Unternehmen verantwortlich ist.

Die im Rahmen der vorliegenden Untersuchung herausgearbeiteten Ergebnisse werden im sechsten Teil noch einmal zusammengefasst und in einigen abschließenden Thesen verdeutlicht.

Erster Teil:

Grundlagen einer Compliance-Organisation

A. Grundlagen von Compliance

I. Compliance – Begriff und Funktion

Compliance ist vor allem als Bestandteil des Kapitalmarktrechts bekannt. Darunter wird zunächst die Gesamtheit der Präventivmaßnahmen in Unternehmen verstanden, welche sicherstellen, dass die Gesetze, Regeln und Usancen im Wertpapiergeschäft eingehalten, insbesondere Interessenkonflikte vermieden und Insiderinformationen nicht unlauter verwendet werden.[1] Der Begriff enstammt der englischen Banksprache und leitet sich von „to comply with" (= einhalten) ab, bedeutet also Verhalten in Übereinstimmung mit dem geltenden Recht.

In diesem Verständnis beschreibt Compliance eine Managementfunktion, nämlich die bewusste Steuerung der sich aus dem Wertpapiergeschäft ergebenden Risiken.[2] Solche drohen sowohl strafrechtlich als auch zivilrechtlich. Die unternehmensinternen Abläufe im Zusammenhang mit dem Wertpapiergeschäft sollen folglich mit dem geltenden Recht in Übereinstimmung gebracht werden.[3]

Aus dieser Risikosteuerungsfunktion erschließt sich eine weitere Bedeutung von Compliance. Das Insiderrecht des WpHG setzt die Wertpapierdienstleistungsunternehmen, namentlich die Kreditinstitute, bestimmten straf- und zivilrechtlichen Haftungsrisiken aus. Compliance soll daher schon im Vorfeld ansetzen und Insiderverstöße verhindern. Das soll vor allem durch organisatorische Maßnahmen erreicht werden. Diese Schutzwirkung[4] von Compliance soll dem Wertpapierdienstleistungsunternehmen und dessen Mitarbeitern zugute kommen, indem die Einhaltung der kapitalmarktrechtlichen Normen Schadensersatzansprüche gegen das Unternehmen schon im Vorfeld abwehrt und dieses sowie seine Organe und Mitarbeiter vor straf- und bußgeldbewehrten Folgen schützt.[5]

Ferner kann das Einhalten kapitalmarktrechtlicher Vorschriften kausal für das *standing* der Kreditinstitute sein. Diese verstehen Compliance denn

---

1 *Eisele* in: Schimansky/Bunte/Lwowski, Bankrechts-Handbuch, § 109 Rn. 1.

2 *Eisele* in: Schimansky/Bunte/Lwowski, Bankrechts-Handbuch, § 109 Rn. 1.

3 *Weiss* Die Bank 1993, 136, 137.

4 *Eisele* in: Schimansky/Bunte/Lwowski, Bankrechts-Handbuch, § 109 Rn. 4, unterscheidet für Compliance eine kunden- und eine unternehmensschützende Funktion.

5 Das Bundesaufsichtsamt für den Wertpapierhandel beobachtete im Jahre 2001 eine deutliche Zunahme von Insiderverstößen und Kursmanipulationen – vor allem an dem damals bestehenden Neuen Markt, vgl. Frankfurter Allgemeine Zeitung Nr. 141 vom 21. 6. 2001, S. 25.

auch als Umschreibung der „ethischen Grundlagen“ ihres bankgeschäftlichen Handelns.[6] In dieser Sicht ist Compliance auch als berufsständische Verhaltensethik anzusehen.[7] Nicht nur der geschäftliche Erfolg steht im Vordergrund der Interessen der Kreditinstitute, sondern auch ihre Integrität im Licht der Öffentlichkeit.[8] Dies ist schon vor dem Hintergrund publik gewordener spektakulärer Insiderverstöße unmittelbar einsichtig. Seriös begründete wissenschaftliche Studien weisen darüber hinaus nach, dass es einen Zusammenhang zwischen Insidervergehen und dem Aktienkurs der betroffenen Banken gibt.[9] Bei aller Vorsicht, in den Insidervergehen innerhalb der untersuchten Banken den singulären Grund für die erheblichen Kursverluste zu sehen,[10] kommen die Autoren einer empirisch angelegten Studie zu dem Ergebnis, dass der Markt in dem Zeitpunkt, in welchem Klarheit über das Ausmaß der Insiderverstöße herrschte, nach unten abfiel. Danach wird das Vertrauen der Anleger in die Integrität des betroffenen Hauses durch (erhebliche) Insiderverstöße erschüttert.[11] Die Etablierung präventiv wirkender Compliance-Organisationen liegt folglich im primären Interesse der Bankaktionäre. Compliance dient so verstanden der Herstellung und Vertiefung des Vertrauens der Kunden und des Marktes in die Integrität des Bankgeschäfts.[12]

Compliance-Maßnahmen können bei der Frage nach Einhaltung der durch das WpHG vorgeschriebenen Wohlverhaltensregeln zum Maßstab werden. Zwar ist § 33 Abs. 1 WpHG nach überwiegender Ansicht kein Schutzgesetz im Sinne des § 823 Abs. 2 BGB. Jedoch hat eine ordnungsgemäße Organisation Auswirkung auf die Strenge der Verhaltensanforderungen nach §§ 31 und 32 WpHG. Leichtfertige oder bewusste Vernachlässigung von Organisationspflichten kann darüber hinaus zu Schadensersatzansprü-

---

6 *Weiss* Die Bank 1993, 136, 137; *Tippach* Das Insiderhandelsverbot und die besonderen Rechtspflichten der Banken, S. 212; *Eisele* in: Schimansky/Bunte/Lwowski, Bankrechts-Handbuch, § 109 Rn. 6.

7 *Tippach* Das Insiderhandelsverbot und die besonderen Rechtspflichten der Banken, S. 223.

8 Die Pflege des guten Rufs ist Vorstandspflicht, vgl. *Kümpel* Bank- und Kapitalmarktrecht, Rn. 16.540.

9 Vgl. *Torabzadeh/Davidson/Assar* (8) Journal of Business Ethics 1989, 299 ff.

10 Dieses methodische Problem empirischer Untersuchungen war den Autoren sehr wohl bewusst, vgl. *Torabzadeh/Davidson/Assar* (8) Journal of Business Ethics 1989, 299, 302.

11 *Torabzadeh/Davidson/Assar* (8) Journal of Business Ethics 1989, 299, 302f. Vgl. auch Frankfurter Allgemeine Zeitung Nr. 141 vom 21. 6. 2001, S. 25.

12 *Deutsche Bank AG* Compliance-Richtlinien, Einführung, S. 4.

chen aus § 826 BGB der Kunden gegen das Wertpapierdienstleistungsunternehmen führen.[13]

In der vorliegenden Untersuchung wird ein enger Compliancebegriff zugrunde gelegt. Unter Compliance wird hier nur die Beachtung der Organisationspflichten des WpHG durch ein Wertpapierdienstleistungsunternehmen – das heißt die unternehmensinterne Organisation in Übereinstimmung mit den Vorschriften des WpHG – verstanden. Das steht im Einklang mit der insiderrechtlichen Herkunft des kapitalmarktrechtlichen Compliance-Begriffs.

Der Begriff Compliance begegnet jedoch nicht nur im Bereich des Kapitalmarktrechts bzw. des Wertpapiergeschäfts. Das folgt zwangsläufig aus seiner sprachlichen Offenheit. So findet sich zunehmend der Begriff Compliance im Zusammenhang mit der Ausrichtung der unternehmensinternen Organisation an den öffentlich-rechtlichen Struktur- oder Verhaltensanforderungen anderer Rechtsgebiete, zum Beispiel des Umweltrechts.[14] Nicht zuletzt bezeichnet der Begriff Compliance in der Medizin die Beachtung ärztlicher Anweisungen durch den Patienten (Patientencompliance).

II. Entwicklung

Der hinter dem Compliance-Konzept stehende Gedanke präventiver interner Verhaltensregeln ist nicht neu und rückte vor allem nicht erst mit der gemeinschaftsrechtlichen Verpflichtung zur Umsetzung der Wertpapierdienstleistungsrichtlinie[15] in das Bewusstsein des Gesetzgebers bzw. der betroffenen Wertpapierdienstleistungsunternehmen.

1. Entwicklung in den USA

Die Aufstellung moderner präventiver Verhaltensregeln und ihre Implementation in die Organisation eines Unternehmens entwickelte sich erstmals und schon zu Beginn des zwanzigsten Jahrhunderts in den USA.[16] Antrieb dieser

13 Vgl. nur *Koller* in: Assmann/Uwe H. Schneider, WpHG, § 33 Rn. 1.

14 Vgl. *Uwe H. Schneider* ZGR 1996, 225 ff.; *Feick* Die Wahrnehmung öffentlich-rechtlicher Pflichten im konzernfreien und im konzernverbundenen Unternehmen, S. 76. Auch die Zusammenarbeit der Staaten bei der Überwachung von völkerrechtlichen Verträgen im Bereich der Umwelthaftung wird als Compliance-Verfahren bezeichnet, dazu *Rest* NuR 1994, 271 ff.

15 Richtlinie 93/22/EWG, ABl EG Nr. L 141 vom 11. 6. 1993, S. 27 ff.

16 Ausführlich zur US-amerikanischen Entwicklung von Corporate Compliance Codes *Linklater/McElyea* RIW 1994, 117 ff.

Entwicklung war die im amerikanischen Rechtssystem anerkannte strafrechtliche Verantwortlichkeit von Kapitalgesellschaften (corporations). Anders als im deutschen Recht,[17] in dem juristische Personen im Strafrecht als handlungsunfähig angesehen werden,[18] haften nach US-amerikanischer Rechtsprechung Kapitalgesellschaften für die von ihren Angestellten begangenen kriminellen Handlungen.[19] Diese Haftung gründet sich auf die zivilrechtliche „respondeat superior"-Lehre, die in den strafrechtlichen Bereich übertragen worden ist. Zivilrechtlich haftet eine Gesellschaft für einen durch das schuldhafte Verhalten eines Angestellten verursachten Schaden, wenn dieser im Rahmen seines Beschäftigungsverhältnisses und zum beabsichtigten Nutzen des Arbeitgebers handelte.[20] Zwar ist die Übertragung dieser zivilrechtlichen Lehre in den strafrechtlichen Bereich auch in der US-amerikanischen Literatur nicht unumstritten.[21] Dennoch wenden die Strafgerichte sie bis heute an, um Geldstrafen und Auflagen über Kapitalgesellschaften zu verhängen.[22]

Um diesen Rechtsfolgen zu entgehen bzw. schon im Vorfeld strafbaren Handlungen ihrer Angestellten vorzubeugen, führten amerikanische Unternehmen in der Folge einer breit angelegten strafrechtlichen Verfolgung wettbewerbsrechtlicher Straftaten im Jahre 1960 („Electrical Cases")[23] so genannte Corporate Compliance Codes ein. Diese unternehmensinternen Richtlinien sollten die Einhaltung der gesetzlichen Vorschriften durch die Angestellten der Gesellschaft sichern und so für die Gesellschaft selbst präventiv die strafrechtliche Verantwortung ausschließen oder zumindest strafmildernd wirken.[24] Diese Hoffnung erfüllte sich jedoch erst, als in den

---

17 Dies gilt gleichermaßen für die meisten europäischen Rechtsordnungen, vgl. *Linklater/McElyea* RIW 1994, 117.

18 Vgl. RGZ 16, 121, 123; 34, 374, 377 f.; 57, 190, 191. Das deutsche Strafrecht ist von einer individualistischen Sozialethik geprägt, in welcher die Strafbarkeit eines Verbandes keinen Platz findet. Vor allem mit Blick auf die wachsende Wirtschaftskriminalität wird über diesen Grundsatz seit langem heftig gestritten. Vgl. *Engisch* in: Verhandlungen des 40. DJT II, Teil E, 1953, S. E 7ff. Überblick bei *Schroth* Unternehmen als Normadressaten und Sanktionsobjekte, S. 18ff.

19 *Linklater/McElyea* RIW 1994, 117.

20 *Linklater/McElyea* RIW 1994, 117, 118.

21 Vgl. die Nachweise bei *Linklater/McElyea* RIW 1994, 117, 118.

22 *Linklater/McElyea* RIW 1994, 117, 118.

23 Die „Electrical Cases" waren die Folge wettbewerbswidriger Preisabsprachen, Gebietsaufteilungen und betrügerischer Handlungen im Zusammenhang mit öffentlichen Ausschreibungen und führten zu hohen Freiheits- und Geldstrafen. Vgl. dazu umfassend die Dokumentation von *Herling* The Great Price Conspiracy, 1962.

24 *Linklater/McElyea* RIW 1994, 117, 118.

USA legislativ Federal Sentencing Guidelines eingeführt wurden, welche die Gerichte bei der Strafzumessung binden und das Vorhandensein eines Corporate Compliance Programms strafmildernd berücksichtigen.[25]

2. Entwicklung in Deutschland

a) Insiderregeln auf freiwilliger Basis

Die Entwicklung präventiver Maßnahmen gegen den Insiderhandel reicht in Deutschland bis zum 19. Jahrhundert zurück. Sie ist auch hier zunächst eine Geschichte freiwilliger Selbstregulierung.[26] Schon im Jahre 1908 regelte eine Mitteilung des Centralverbandes des Deutschen Bank- und Bankiergewerbes Teilaspekte des Insiderproblems.[27] Darin werden Bankangestellten bestimmte Wertpapiergeschäfte nur nach Absprache mit der Geschäftsleitung erlaubt, um Interessenkollissionen mit den Geschäften des Kreditinstituts im Vorfeld zu vermeiden[28] sowie die Anleger vor missbräuchlichen Geschäften zu schützen und den Kapitalmarkt funktionsfähig zu halten.[29] Diese frühen Anfänge selbstregulatorischer Insiderregeln wurden dann aber lange nicht weiter entwickelt.[30]

Erst Ende der 60er-Jahre stieg die Akzeptanz eines Regelungsbedürfnisses für das Insiderproblem.[31] Am 13. November 1970 beschloss die Börsensachverständigenkommission beim Bundesminister für Wirtschaft „Empfehlungen zur Lösung der Insider-Probleme".[32] Diese Empfehlungen (nachfolgend Insiderregeln) enthielten die Insiderhandels-Richtlinien und die Händler- und Beraterregeln. Dabei handelte es sich zunächst um berufsständische Vorschriften auf freiwilliger Basis.[33] Ergänzende Erläuterungen der Arbeitsgemeinschaft der deutschen Wertpapierbörsen und der beteiligten

---

25 *Linklater/McElyea* RIW 1994, 117, 119ff.

26 Vgl. nur *Hopt/Will* Europäisches Insiderrecht, S. 19 m.w.N.; *zur Megede* in: Assmann/Schütze, Handbuch des Kapitalanlagerechts, § 14 Rn. 11 ff.

27 Der Text der Mitteilung des Centralverbandes ist abgedruckt bei *Hoeren* ZBB 1993, 112, 113.

28 So das primäre Ziel des Centralverbandes.

29 *Hoeren* ZBB 1993, 112, 114. Vgl. allgemein zu den Zielen des Insiderhandelsverbots *Grunewald* ZBB 1990, 128 ff.

30 Ebenso unbeachtet blieb ein Aufruf *von Nell-Breunings* an die Börsenmoral aus dem Jahre 1928 in: Grundzüge der Börsenmoral, S. XVIIIf.

31 *Kümpel* Bank- und Kapitalmarktrecht, Rn. 16.51.

32 Vgl. dazu den Jahresbericht 1971 der Frankfurter Wertpapierbörse, S. 30.

33 *Assmann* AG 1994, 196, 197.

Spitzenorganisationen der Wirtschaft[34] sollten die praktische Wirksamkeit durch Antworten auf zu erwartende Zweifelsfragen und Hilfestellungen bei der Auslegung sichern. Daneben wurde eine Verfahrensordnung[35] für die bei den Börsen zur Durchführung der Insiderhandels-Richtlinien und der Händler- und Beraterregeln bestellte Prüfungskommission erstellt.[36] Die Verfahrensordnung sah als Entscheidungsinstanz für eventuelle Verstöße gegen die Insiderregeln bei jeder Börse eine Prüfungskommission unter Leitung eines in Handelssachen erfahrenen Richters und vier Beisitzern von Unternehmen der gewerblichen Wirtschaft vor. Diese Insiderregeln sind dann aufgrund praktischer Erfahrungen in den Jahren 1976 und 1988 überarbeitet worden.[37]

Die Insiderregeln bezweckten im Rahmen der Selbstverwaltung der Wirtschaft den Missbrauch von Insiderinformationen durch Regelungen auf freiwilliger Basis zu unterbinden. Vorstands- und Aufsichtsratsmitgliedern sowie Angestellten mit besonderem Einblick in die Unternehmen wurde untersagt, bestimmte Informationen, die sie kraft ihrer Stellung erhalten hatten, für sich oder andere Personen auszunutzen. An Kreditinstitute und Anlageberater erging das Verbot, Kunden durch nachteilige Empfehlungen zu übervorteilen oder aus der Kenntnis von Kundenaufträgen eigenen Nutzen zu ziehen.

Als Empfehlungen einer das Bundesministerium für Wirtschaft- und Finanzen beratenden Kommission fehlte den Insiderregeln allerdings die rechtliche Verbindlichkeit. Für den einzelnen Insider[38] sind sie erst dadurch

---

34 Dies waren der Bundesverband der Deutschen Industrie, der Bundesverband des Deutschen Groß- und Außenhandels, der Bundesverband der Deutschen Volks- und Raiffeisenbanken, der Bundesverband deutscher Banken, der Deutsche Sparkassen- und Giroverband, der Gesamtverband der Deutschen Versicherungswirtschaft, die Hauptgemeinschaft des Deutschen Einzelhandels sowie der Verband öffentlich-rechtlicher Kreditanstalten.

35 Die Börsensachverständigenkommission stimmte den Insiderregeln und der Verfahrensordnung am 15. November 1971 zu.

36 Diese sind abgedruckt in WM 1988, 1110.

37 Letzte Fassung in WM 1988, 1105.

38 Insider im Sinne der Insiderregeln der Börsensachverständigenkommission war nur ein eng umrissener Kreis von Personen. Als Insider wurden durch die Insiderregeln definiert die Vorstandsmitglieder einer AG und die persönlich haftenden Gesellschafter einer KGaA sowie Aufsichtratsmitglieder und Angestellte dieser Gesellschaften, welche in dieser Eigenschaft Kenntnis von Insiderinformationen zu erlangen pflegen. Auch die Vorstandsmitglieder (die persönlich haftenden Gesellschafter) einer mit der Gesellschaft im Sinne von § 15 AktG verbundenen AG (KGaA) sowie die entsprechenden Aufsichtsratsmitglieder und Angestellten so weit sie Kenntnis von Insiderinformationen zu haben pflegen, definierten die

verbindlich geworden, dass sie zum Gegenstand seines mit der Gesellschaft geschlossenen Vertrages gemacht wurden. Der Mitarbeiter unterwarf sich diesem Selbstregulierungsverfahren der Wirtschaft also durch eine privatrechtliche Erklärung.[39]

Als Sanktion enthielten die Insiderregeln die Feststellung eines Verstoßes und die Verpflichtung, die aus einem Insidergeschäft erzielten Gewinne an die Gesellschaft abzuführen.

Die bei den Wertpapierbörsen zu bestellenden Prüfungskommissionen[40] wurden auf privatrechtlicher Ebene im Auftrag der Spitzenverbände tätig. Sie standen außerhalb des öffentlich-rechtlichen Bereiches der Börsen. Die Prüfungskommissionen hatten hauptsächlich die Aufgabe zu entscheiden, ob aufgrund ihnen bekannt gewordener Tatsachen, welche einen hinreichenden Verdacht verbotenen Insiderhandels nahe legten, ein Verfahren eingeleitet werden soll. Die sachliche Nachprüfung erfolgte entweder durch einen Abschlussprüfer, einen Depotprüfer oder ein Gesellschaftorgan des betroffenen Emittenten. Diese teilten der Kommission das Ergebnis ihrer Untersuchungen mit. Der Kommission oblag dann die endgültige Entscheidung, ob ein Verstoß gegen die Insiderregeln vorlag.[41] War dies der Fall, stand den Gesellschaften ein vertraglich vereinbarter Zahlungsanspruch in Höhe des durch das Insidergeschäft erzielten Gewinns zu.

In diesem kurzen Überblick wird das System der Insiderregeln der Börsensachverständigenkommission von 1970 deutlich. Auf der Basis der Selbstverwaltung der Wirtschaft sollte das Insiderproblem durch freiwillige Unterwerfung unter Verhaltensregeln im Wertpapiergeschäft gelöst werden.

Insiderregeln als Insider. Dazu näher *Schwark* DB 1971, 1605, 1608 f.; *Rümker* BB 1972, 1208.

39 *Schwark* DB 1971, 1605, 1608. Dies war auch erforderlich, da die Insiderregeln rechtlich weder als Rechtsnormen noch als Handelsbrauch zu qualifizieren waren, vgl. *Kümpel* Bank- und Kapitalmarktrecht, Rn. 16.52.

40 Rechtsinstitutionell war unklar, um was es sich bei den Prüfungskommissionen genau handelte. Einig war man sich in der Ablehnung einer Qualifizierung als Schiedsgericht, da es bereits an zwei sich vor der Kommission gegenüberstehenden streitenden Parteien fehlte. Auch die Einordnung als Schiedsgutachtergremium kam nicht in Betracht, da die Kommission nicht Tatbestandselemente feststellte, welche dann zu bestimmten Rechtsfolgen führten.

41 Der schwerwiegenste Einwand gegen die Empfehlungen der Börsensachverständigenkommission und das Verfahren durch eine Prüfungskommission war die mangelnde gerichtliche Überprüfbarkeit der Entscheidung dieser Kommission. Denn es handelt sich um eine zwischen Insider und Prüfungskommission vertraglich vereinbarte Überprüfung bestimmter Geschäftsvorfälle und nicht um eine (Schieds-) Gerichtsentscheidung. Vgl. *Schwark* DB 1971, 1605, 1609 zu den Möglichkeiten der von nicht sorgfältiger Prüfung Betroffenen.

Zuständig für die Überwachung waren zentrale Prüfungskommissionen, die bei den deutschen Wertpapierbörsen gebildet wurden. Die Kontrolle der Einhaltung der Insiderregeln war außerhalb der jeweiligen Unternehmen angesiedelt. Um überhaupt Wirksamkeit entfalten zu können, mussten die Insiderregeln von den Unternehmen anerkannt und ihre Geltung für die Mitarbeiter des Unternehmens mit diesen in Anstellungsverträgen individuell vereinbart werden. Die Voraussetzungen eines Prüfungsverfahrens waren allerdings sehr vage, weil nicht klar erkennbar war, welche Tatsachen der Kommission bekannt sein oder ihr vorgetragen werden müssen, damit sie ein Prüfungsverfahren überhaupt einleitete.[42]

b) Compliance auf freiwilliger Basis

Zu Beginn der 90er-Jahre kam es in Deutschland zu einem Insider-Skandal, der zu einem für längere Zeit rückläufigen Handelsvolumen an der Frankfurter Wertpapierbörse und in den beteiligten Banken zu zahlreichen Entlassungen führte.[43] Zu Entlassungen kam es zum Beispiel auch bei der Deutschen Bank AG, obwohl die Prüfungskommission der Frankfurter Börse für die betroffenen Mitarbeiter zu dem Ergebnis kam, es lägen keine Insiderverstöße vor.[44]

Aufgrund dieser Erfahrungen und des – aus der fehlenden staatlichen Wertpapieraufsicht resultierenden – schlechten Images der deutschen Börse im Ausland,[45] ergriffen einzelne Kreditinstitute freiwillige Maßnahmen zur Vermeidung von Insiderhandel durch Mitarbeiter des eigenen Hauses. Primäres Ziel dieser Bemühungen war die Erhaltung der Wettbewerbsfähigkeit der deutschen Banken, denen wegen des schlechten Ansehens des deutschen Kapitalmarkts wertvolle Geschäftsmöglichkeiten zu entgehen drohten. Der Weg dorthin führte nach Überzeugung des deutschen Kreditgewerbes über die Anwendung der allgemein gültigen Standards.[46] Zu diesen wurde die international, vor allem im angelsächsischen Raum, längst übliche

---

42 Kritisch daher *Schwark* DB 1971, 1605, 1609.

43 Vgl. *Ulrich* Manager Magazin 1992 (Heft 6) S. 177ff.

44 Vgl. zum Verfahren der Prüfungskommission der Frankfurter Börse die Verfahrensordnung, ZIP 1988, 877ff. Die zugrunde gelegten freiwilligen Insiderregeln sind abgedruckt in ZIP 1988, 873ff.

45 Eine konkreter Wettbewerbsnachteil, der aus dem schlechten Image des deutschen Kapitalmarkts mit seinem im Ausland als völlig unzureichend angesehenen Aufsichtssystem resultierte, war zum Beispiel das Verbot des Aufstellens von Bildschirmen der Deutschen Terminbörse in einigen ausländischen Märkten, *Weiss* Die Bank 1993, 136.

46 So *Weiss* Die Bank 1993, 136.

Einrichtung eines unternehmensinternen Compliance-Systems gerechnet. Als erstes deutsches Kreditinstitut hat die *Deutsche Bank AG* im April 1992 ein solches Compliance-System im Verantwortungsbereich des Personalvorstands eingeführt. Für die Einrichtung solcher Compliance-Systeme besteht gerade im deutschen Universalbankensystem, mit vielen verschiedenen Geschäftsbereichen unter einem Dach, ein besonderens Bedürfnis.[47]

Wie gesehen war die Idee, an die Mitarbeiter Verhaltensregeln in Bezug auf den Insiderhandel zu richten, nicht neu. Faires, sachgerechtes und neutrales Handeln im Interesse des Kunden galt seit jeher als Handlungsmaxime im Kreditgewerbe.[48] Nur gaben die Vorfälle und der Zustand des deutschen Kapitalmarktes begründeten Anlass zu der Sorge, dass dies nicht überall beachtet worden ist. Neu waren indes die organisatorische Verankerung der Überwachung der Einhaltung der Verhaltensregeln in den Unternehmen und die nunmehr systematisch erfolgende Aus- und Weiterbildung sowie die insiderrechtliche Bewusstseinsbildung bei den Mitarbeitern.[49] Für diese Aufgaben wurden spezielle Abteilungen (Compliance Office) geschaffen.

c) Zweites Finanzmarktförderungsgesetz

Mit dem Zweiten Finanzmarktförderungsgesetz vom 26. Juli 1994[50] und dem darin als Kernstück enthaltenen Art. 1, dem Wertpapierhandelsgesetz (WpHG), wurde das deutsche Kapitalmarktrecht auf eine umfassende gesetzliche Grundlage gestellt und den Rechtslagen in den USA, Belgien, Frankreich und Großbritannien, mithin internationalen Standards, angepasst.[51] Das Zweite Finanzmarktförderungsgesetz enthielt eine Regelung des Kapitalmarktes als solchem und nicht nur einzelner Elemente des Kapitalmarktes.[52] Ziel des Zweiten Finanzmarktförderungsgesetzes und mit ihm des neu eingeführten WpHG, war es, durch die Sicherstellung marktgerechter Kurse und das Kundeninteresse wahrender Verhaltensstandards, für alle

---

47 *Kümpel* Bank- und Kapitalmarktrecht, Rn. 16.516.

48 *Weiss* Die Bank 1993, 136, 137.

49 Vgl. *Eisele* in: Schimansky/Bunte/Lwowski, Bankrechts-Handbuch, § 109 Rn. 6 zu den Änderungen, welche das WpHG mit sich brachte.

50 Gesetz über den Wertpapierhandel und zur Änderung börsenrechtlicher und wertpapierrechtlicher Vorschriften (Zweites Finanzmarktförderungsgesetz) vom 26. 7. 1994, BGBl. I 1994, S. 1749ff.

51 *Eisele* in: Schimansky/Bunte/Lwowski, Bankrechts-Handbuch, § 109 Rn. 7.

52 Zum Zweiten Finanzmarktförderungsgesetz vgl. den Überblick bei *Weber* NJW 1994, 2849 ff.; *Assmann* in: Assmann/Uwe H. Schneider, WpHG, Einl. Rn. 1.

Marktteilnehmer das Vertrauen der Anleger zu gewinnen[53] und damit die Rahmenbedingungen der Finanzmärkte so zu modernisieren, dass sie international wettbewerbsfähig bleiben und „ihre volkswirtschaftlichen Funktionen zu jeder Zeit erfüllen“ können.[54]

Diese Angleichung an die Rechtslagen anderer bedeutender Finanzplätze geschah nicht ohne äußeren Druck. Denn das Zweite Finanzmarktförderungsgesetz ist stark gemeinschaftsrechtlich geprägt. Es setzt in seinen vier wesentlichen Abschnitten bindende EG-Richtlinien zur Schaffung eines einheitlichen europäischen Kapitalmarkts in nationales Recht um. Hierbei handelt es sich um die Umsetzung der Transparenzrichtlinie,[55] der Insiderrichtlinie[56] sowie die partielle Umsetzung der Wertpapierdienstleistungsrichtlinie.[57]

Der in dieser Untersuchung besonders interessierende 5. Abschnitt des WpHG richtet sich an Wertpapierdienstleistungsunternehmen als der dritten am Kapitalmarkt auftretenden Gruppe neben Emittenten und Anlegern und dient als deren Bindeglied. Das WpHG enthält in den §§ 31 bis 34 Wohlverhaltensregeln für das Wertpapiergeschäft der Wertpapierdienstleistungsunternehmen.

III. Wertpapierdienstleistungsunternehmen

Die Vorschriften des fünften Abschnitts des WpHG (§§ 31ff.) adressieren an Wertpapierdienstleistungsunternehmen. Der Begriff wird in § 2 Abs. 4 WpHG definiert. Danach sind Wertpapierdienstleistungsunternehmen Kreditinstitute, Finanzdienstleistungsinstitute und nach § 53 Abs. 1 Satz 1 KWG tätige Unternehmen, die Wertpapierdienstleistungen allein oder zusammen mit Wertpapiernebendienstleistungen gewerbsmäßig oder in einem Umfang

53 Das Vertrauen der Marktteilnehmer in den Kapitalmarkt ist die grundlegende Voraussetzung für das Funktionieren des Marktes überhaupt. Dazu instruktiv der frühere Chairman der U.S. Securities & Exchange Commission (SEC) *Arthur Levitt* in: Remarks Before the Securities Industry Association's Legal and Compliance Seminar, in Boca Raton, Florida, April 13, 1999 (abrufbar unter www.sec.gov) „Despite all the tumultuous change, at it's most basic level, any market is built around an agreement between a buyer and a seller. For that market to flourish, those two people must trust that the agreement will be honored and, if need be, enforced.“

54 BT-Drucks. 12/6679, S. 33.

55 Richtlinie 88/627/EWG, ABl.EG Nr. L 348 vom 17. 12. 1988, S. 62ff.

56 Richtlinie 89/592/EWG, ABl.EG Nr. L 334 vom 18. 11. 1989, S. 30ff.

57 Richtlinie 93/22/EWG, ABl.EG Nr. L 141 vom 11. 6. 1993, S. 27ff.

erbringen, der einen in kaufmännischer Weise eingerichteten Geschäftsbetrieb erfordert.

Die Querbezüge zwischen den funktionalen Bestimmungen des WpHG zu Wertpapierdienstleistungen und Wertpapiernebendienstleistungen (§ 2 Abs. 1 bis 3 WpHG) einerseits und dem institutionalen Bezug auf das KWG (Kreditinstitute, Finanzdienstleistungsinstitute) auf der anderen Seite, lässt die Vorschrift reichlich kompliziert geraten. Dies ist auf die unterschiedlichen Regelungsziele dieser Gesetze zurückzuführen. Während das KWG die Regelung der institutionellen Aufsicht über die Finanzintermediäre zum Ziel hat, verfolgt das WpHG den – auf einen sehr viel weiter gefassten Marktteilnehmerkreis angelegten – Regelungszweck der Beaufsichtigung der Märkte und des Verhaltens seiner Akteure.

Institutionales Merkmal der Definition eines Wertpapierdienstleistungsunternehmens ist der Begriff des Kreditinstituts bzw. des Finanzdienstleistungsinstituts. Kreditinstitute definieren sich über den Begriff der Bankgeschäfte im Sinne des § 1 Abs. 1 Satz 2 Nr. 1–12 KWG. Finanzdienstleistungsunternehmen werden nach § 1 Abs. 1a Satz 1 KWG dadurch definiert, dass sie, ohne Kreditinstitute zu sein, Finanzdienstleistungen im Sinne des § 1 Abs. 1a Satz 2 Nr. 1–7 KWG erbringen. Als Wertpapierdienstleistungsunternehmen kommen weiterhin Zweigstellen ausländischer Unternehmen in Betracht, die Bankgeschäfte betreiben oder Finanzdienstleistungen erbringen und daher nach § 53 Abs. 1 Satz 1 KWG als Kreditinstitute bzw. Finanzdienstleistungsinstitute gelten.[58]

Notwendiges funktionales Merkmal nach § 2 Abs. 4 WpHG ist die Erbringung von Wertpapierdienstleistungen im Sinne von § 2 Abs. 3 WpHG.[59] Erbringt ein Unternehmen allein Wertpapiernebendienstleistungen gemäß § 2 Abs. 3a WpHG,[60] so ist es kein Wertpapierdienstleistungsunternehmen. Das folgt aus der gesetzlichen Formulierung „allein oder zusammen" in § 2 Abs. 4 WpHG. Ferner setzt § 2 Abs. 4 WpHG für die Qualifizierung eines Kredit- oder Finanzdienstleistungsunternehmens als Wertpapierdienstleistungsunternehmen voraus, dass es Wertpapierdienstleistungen entweder „gewerbsmäßig oder in einem Umfang erbringt, der einen in kaufmännischer Weise eingerichteten Geschäftsbetrieb erfordert". Damit wird in Anlehnung an § 1 Abs. 1 KWG zum Ausdruck gebracht, dass nur solche Unternehmen zur Einhaltung der kapitalmarktrechtlichen Verhaltens- und Organisationspflichten verpflichtet sein sollen, die dauerhaft Wertpapier-

58 Näher *Assmann* in: Assmann/Uwe H. Schneider, WpHG, § 33 Rn. 91. Zum Kollisionsrecht in diesem Zusammenhang *Bliesener* Aufsichtsrechtliche Verhaltenspflichten beim Wertpapierhandel, S. 35f.

59 Dazu *Assmann* in: Assmann/Uwe H. Schneider, WpHG, § 2 Rn. 41ff.

60 Dazu *Assmann* in: Assmann/Uwe H. Schneider, WpHG, § 2 Rn. 68ff.

dienstleistungen erbringen und dies als eine fortlaufende Haupt- oder Nebeneinnahmequelle[61] nutzen bzw. deren Geschäft einen gewerblichen Betrieb erfordert.[62]

In erster Linie sind Kreditinstitute Wertpapierdienstleistungsunternehmen, wenn sie neben ihren Bankgeschäften auch mit diesen nicht identische Wertpapierdienstleistungen allein oder zusammen mit Wertpapiernebendienstleistungen im vorgenannten Umfang erbringen.[63] Schlagwortartig hat *Hopt* formuliert: Wertpapierdienstleistungsunternehmen sind „vor allem Banken".[64] Der Katalog der Finanzdienstleistungen in § 1 Abs. 1a Satz 2 Nr. 1–7 KWG entspricht überwiegend dem der Wertpapierdienstleistungen in § 2 Abs. 3 WpHG und der Kreis von Finanzinstrumenten in § 1 Abs. 11 KWG ist überwiegend identisch mit dem Kreis der in § 2 Abs. 1, 1a und 2 WpHG aufgeführten Instrumente.[65] Folglich sind Finanzdienstleistungsinstitute praktisch zugleich Wertpapierdienstleistungsunternehmen.[66]

B. Ordnungsgemäße Compliance-Organisation

I. Überblick

§ 33 Abs. 1 Nr. 1 WpHG[67] verpflichtet das Wertpapierdienstleistungsunternehmen zu einer angemessenen betrieblichen Organisation des Wertpapiergeschäfts. Das Wertpapierdienstleistungsunternehmen hat seinen Betrieb so

---

61 Vgl. Begründung zum Regierungsentwurf eines Gesetzes zur Umsetzung von EG-Richtlinien zur Harmonisierung bank- und wertpapieraufsichtsrechtlicher Vorschriften, BT-Drucks. 13/7142 vom 6. 3. 1997, S. 62.

62 Zur Frage, wann die Dienstleistungen einen in kaufmännischer Weise eingerichteten Geschäftsbetrieb erfordern, ist auf die handelsrechtlichen Grundsätze zurückzugreifen. Grundsätzlich gilt, dass die für §§ 2, 4 Abs. 1 HGB a.F. entwickelten maßgeblichen Kriterien auch für die Auslegung des durch die Handelsrechtsreform 1998 neugefassten § 1 Abs. 2 HGB zu berücksichtigen sind, Begründung zum Regierungsentwurf eines Handelsrechtsreformgesetzes, BT-Drucks. 13/8444, S. 47f.; *Assmann* in: Assmann/Uwe H. Schneider, WpHG, § 2 Rn. 88.

63 *Assmann* in: Assmann/Uwe H. Schneider, WpHG, § 33 Rn. 89.

64 *Hopt* ZHR 159 (1995) 135, 136. Vgl. auch *Eisele* Chinese Walls: Theorie und/oder Realität?!, S. 1.

65 Die einzige Abweichung betrifft Devisentermingeschäfte. Von § 1 Abs. 2 Nr. 2 WpHG werden im Gegensatz zu § 1 Abs. 11 Satz 4 Nr. 3 KWG, nur solche Devisentermingeschäfte erfasst, die an einem organisierten Markt gehandelt werden. Vgl. dazu *Assmann* in: Assmann/Uwe H. Schneider, WpHG, § 2 Rn. 37.

66 *Assmann* in: Assmann/Uwe H. Schneider, WpHG, § 2 Rn. 80.

67 Die Vorschrift entspricht § 33 WpHG vor der Einfügung eines Abs. 2 durch das

zu organisieren, dass eine Schädigung der Kunden nach Möglichkeit ausgeschlossen ist.[68] Dazu hat das Unternehmen die für eine ordnungsgemäße Durchführung der Wertpapierdienstleistungen notwendigen Mittel und Verfahren vorzuhalten und diese wirksam einzusetzen. Hierzu gehören vor allem eine sachlich und personell hinreichende Ausstattung an Mitteln und (insbesondere finanziellen) Ressourcen zur Beherrschung der Geschäfte auf den internationalen Wertpapier- und Terminmärkten. Dabei trägt § 33 Abs. 1 dem Umstand Rechnung, dass zum Wertpapierhandel sowohl Geschäfte mit erhöhten Anforderungen an eine angemessene Unternehmensorganisation, so beispielsweise Aktien- und Finanztermingeschäfte, als auch weniger organisationsaufwendige Geschäfte, wie der Verkauf von Bundesanleihen, Pfandbriefen oder Kommunalobligationen, gehören.[69]

Aus § 33 Abs. 1 Nr. 2 WpHG folgt für die Wertpapierdienstleistungsunternehmen ferner die Pflicht, ihre Aufbau- und Ablauforganisation so zu gestalten, dass Interessenkonflikte zwischen dem Unternehmen und seinen Kunden oder Interessenkonflikte zwischen verschiedenen Kunden des Unternehmens möglichst gering sind.

Vorgegeben ist durch § 33 Abs. 1 Nr. 3 WpHG schließlich die Einrichtung angemessener interner Kontrollverfahren, um möglichen Verstößen gegen die Vorschriften des WpHG präventiv entgegenzuwirken.

II. Rechtsgrundlagen

Die den Wertpapierdienstleistungsunternehmen durch das WpHG auferlegten Organisationspflichten entstammen dem europäischen Wertpapieraufsichts- oder allgemeiner dem europäischen Kapitalmarktrecht. Die Rechtsgrundlagen mit ihren jeweiligen Regelungszielen sowie der Anwendungsbereich und die Auslegung der WpHG-Vorschriften sind daher stets mit Blick darauf zu hinterfragen bzw. zu bestimmen, dass es sich um gemeinschaftsweit angeglichenes Recht handelt.

§ 33 Abs. 1 WpHG setzt Art. 10 EG-Wertpapierdienstleistungsrichtlinie[70] um. Diese steht im Kontext einer Reihe von die Kapitalmärkte und das

---

Gesetz zur Umsetzung von EG-Richtlinien zur Harmonisierung bank- und wertpapieraufsichtsrechtlicher Vorschriften vom 22. 10. 1997 (BGBl. I 1997, 2518).

68 So die Beschlussempfehlung und der Bericht des Finanzausschusses zum Entwurf eines § 30c (heute § 33 Abs. 1) WpHG, BT-Drucks. 12/7918, S. 105. Dazu auch *Eisele* in: Schimansky/Bunte/Lwowski, Bankrechts-Handbuch, § 109 Rn. 49; *Koller* in: Assmann/Uwe H. Schneider, WpHG, § 33 Rn. 1.

69 Beschlussempfehlung und Bericht des Finanzausschusses zum Entwurf eines § 30c (heute § 33 Abs. 1) WpHG, BT-Drucks. 12/7918, S. 105.

70 Richtlinie 93/22/EWG, ABl. Nr. L 141 vom 11. 6. 1993, S. 27ff.

Kreditwesen betreffenden Richtlinien und Rechtssetzungsmaßnahmen der EG.[71] Eine Auslegung der Wertpapierdienstleistungsrichtlinie und des diese umsetzenden WpHG sowie der verfolgten Regelungsziele ist nur vor dem Hintergrund dieses Gesamtprogramms möglich.[72]

1. Herkunft und Inhalt europäischer Organisationspflichten für den Effektenhandel

a) Ziel: Einheitlicher europäischer Kapitalmarkt

Die in § 33 Abs. 1 WpHG niedergelegten Organisationspflichten ergänzen die umfassenden allgemeinen und besonderen Verhaltenspflichten der §§ 31 und 32 WpHG. Eine ordnungsgemäße Organisation des Wertpapierdienstleistungsunternehmens soll die Einhaltung der Wohlverhaltensregeln im Wertpapiergeschäft garantieren. Die Entwicklung der im Zusammenhang mit der Erbringung von Wertpapierdienstleistungen und Wertpapiernebendienstleistungen bestehenden Organisationspflichten ist daher eng mit der Herausbildung einheitlicher europäischer Wohlverhaltenspflichten bei Erbringung solcher Dienstleistungen verknüpft.

Erstmals nannte der *Segré*-Bericht[73] aus dem Jahre 1966 die Integration und Erweiterung der nationalen Kapitalmärkte sowie die Harmonisierung der Rahmenbedingungen für den Ausgleich von Kapitalangebot und Kapitalnachfrage als Zielvorgaben zur Schaffung eines einheitlichen europäischen Kapitalmarktes. Dieser Vorschlag zur Angleichung der Strukturen der Kapitalmärkte wurde dann 1972 in einem Papier der Kommission wieder aufgegriffen.[74] Für den Bereich des Bankrechts schlug die Kommission darin eine einheitliche europäische Finanzaufsicht über Banken und Wertpapierfirmen vor. Zugrunde lag die Idee eines großen Wurfs zur Vereinheitlichung des Kapitalmarktrechts: eine Art „europäisches KWG".[75] Dieser Vorschlag wurde jedoch nach dem Beitritt Großbritanniens zur EG bereits ein Jahr

---

71 Zu den verschiedenen Rechtsetzungs- und Handlungsmöglichkeiten der EG durch Verordnungen, Richtlinien und Entscheidungen sowie Empfehlungen und Stellungnahmen, vgl. *Schwarz* Europäisches Gesellschaftsrecht, Rn. 64.

72 So existieren allein 22 EG-Richtlinien zu den Regelungsbereichen Banken, Börsen und sonstige Wertpapiermärkte. Vgl. http://europa.eu.int/eur-lex/de/lif/ind/de_analytical_index_06.html.

73 *Kommission* Der Aufbau eines einheitlichen Kapitalmarkts, S. 15ff., 39ff. Der Bericht ist benannt nach *Segré*, dem Vorsitzenden des von der EWG-Kommission eingesetzten Sachverständigengremiums zur Untersuchung der Funktionsfähigkeit des europäischen Kapitalmarktes.

74 Vgl. *Troberg* WM 1991, 1745; *Immenga/Schäfer* WM 1985, 1.

75 *Jentsch* WM 1993, 2189, 2190.

später mangels realistischer Chance auf politische Durchsetzbarkeit wieder zurückgezogen. Großbritannien kannte zu diesem Zeitpunkt keine staatliche Bankenaufsicht und sah hierfür auch kein Bedürfnis. Dessen ungeachtet sind die tragenden Überlegungen des *Segré*-Berichts, also das Konzept der Marktintegration durch Markterweiterung sowie der gegenseitigen Marktdurchdringung durch Strukturangleichung bei Kapitalangebot und -nachfrage, zur Grundlage des überwiegenden Teils der seitdem verabschiedeten EG-Richtlinien zum Kapitalmarktrecht geworden.[76] Über eine Vereinheitlichung des Anlegerschutzes soll ein einheitlicher europäischer Binnenkapitalmarkt geschaffen werden. Der einheitliche Schutz der Anleger ist kapitalmarktrechtliche Voraussetzung für die gegenseitige Marktdurchdringung durch Marktzugangserleichterungen sowie für gemeinschaftsweite Kapitalmarktbewegungen.[77]

Die Kommission zog aus dem Scheitern ihres Vorschlags zur Schaffung eines einheitlichen Finanzaufsichtsrechts die Konsequenz, dass nur ein schrittweises Vorgehen auf der Grundlage der Verpflichtung zur Marktintegration nach dem EGV sowie den im EG-Vertrag garantierten Grundfreiheiten – hier namentlich der Niederlassungs- und der Dienstleistungsfreiheit – erfolgreiche Harmonisierung verspricht. Ein erster „kleinerer" Schritt war die Erste Bankrechtskoordinierungsrichtlinie aus dem Jahre 1977 mit Regelungen der Voraussetzungen für die erste Zulassung eines Kreditinstituts und die Errichtung einer Niederlassung in einem anderen Mitgliedstaat.[78]

Neue Impulse ergaben sich Mitte der achtziger Jahre mit einem neuen Integrationskonzept der Kommission, nämlich der Idee „Europa 1992".[79] Im Weißbuch zur Vollendung des Binnenmarktes[80] unterbreitete die Kom-

---

76 Dazu *Assmann/Buck* EWS 1990, 110 ff., 190 ff., 210 ff.

77 *Assmann/Buck* EWS 1990, 110, 112; *Schäfer* AG 1993, 389, 390.

78 Richtlinie 77/780/EWG, ABl.EG Nr. L 322 vom 17.12.1977, S. 30ff. Zu dieser Richtlinie näher *Lutter* Europäisches Unternehmensrecht, S. 308ff. Vgl. auch *Troberg* Europäische Aufsicht über das Kreditwesen.

79 Dazu *Schwarz* Europäisches Gesellschaftsrecht, Rn. 38ff.

80 *Kommission* Vollendung des Binnenmarktes, Weißbuch der Kommission an den Europäischen Rat, KOM (85) 310 endg., S. 27f. Die Vorlegung des Weißbuchs läutete eine neue Phase des Intergrationsprozesses auf allen Gebieten des Rechts ein. Die Kommission verabschiedete sich darin von der Vorstellung einer flächendeckenden Harmonisierung und entwickelte eine neue, vor allem realistischere Strategie mit dem Ziel der Gleichwertigkeit und gegenseitigen Anerkennung nationaler Vorschriften. Tatsächlich führte dies zum Aufbruch der noch kurz zuvor bestehenden Stagnation der Rechtsangleichung. Der neue programmatische Ansatz fand 1987 Eingang in die Einheitliche Europäische Akte. Vgl. allgemein *Hayder* RabelsZ (53) 1989, 622, 632f. Für das Gebiet des Gesellschaftsrechts umfassend *Schwarz* Europäisches Gesellschaftsrecht, Rn. 38; *Hopt* ZIP 1998, 96, 97.

mission 1985 für den Finanzdienstleistungsbereich den Vorschlag, den Binnenmarkt durch gegenseitige Anerkennung der Marktzutrittserlaubnis („europäischer Pass") und eine Mindestangleichung der Rahmenbedingungen für die Geschäftstätigkeit von Finanzintermediären zu entwickeln. Die 1989 verabschiedete Zweite Bankrechtskoordinierungsrichtlinie[81] diente im Zusammenwirken mit der Eigenmittelrichtlinie[82] und der Solvabilitätsrichtlinie[83] der Herstellung der vollen Niederlassungs- und Dienstleistungsfreiheit im Bereich des Kreditwesens durch Schaffung der europaweit geltenden Lizenz. Für die Wertpapierfirmen brachte die Wertpapierdienstleistungsrichtlinie[84] die gegenseitige Anerkennung der Marktzulassung.

Für den Bereich des Wertpapiergeschäfts waren die Bemühungen der Kommission von Beginn an auf eine schrittweise Harmonisierung gerichtet.[85] Sie konzentrierte ihre Anstrengungen zunächst nur auf den Börsensektor und hier auf den Handel mit amtlicher Notierung. Hier sind die Richtlinie über Börsenzulassungsbedingungen,[86] die Börsenzulassungsprospektrichtlinie[87] und die Halbjahresberichtsrichtlinie zu nennen.[88]

b) Empfehlung der Kommission für Europäische Wohlverhaltensregeln

Allerdings erkannte die Kommission frühzeitig, dass zwingende Richtlinien zur Regelung des Wertpapiergeschäfts im Ministerrat nicht mehrheitsfähig waren und veröffentlichte daher am 25. Juli 1977 eine Empfehlung betreffend europäische Wohlverhaltensregeln für Wertpapiertransaktionen.[89] Diese waren an die Mitgliedstaaten gerichtet, hatten jedoch keine verbindliche Rechtswirkung, Art. 249 Abs. 5 EGV (früher Art. 189 Abs. 5 EGV).[90] In den Wohlverhaltensregeln wurden „Allgemeine Grundsätze" und „Ergänzende Grundsätze" aufgestellt.[91] Nach den Allgemeinen Grundsätzen sollten die Anleger zuverlässige, zutreffende, klare, ausreichende und recht-

---

81 Richtlinie 89/646/EWG, ABl.EG Nr. L 386 vom 30.12.1989, S. 1ff. Dazu umfassend *Strub* Bankdienstleistungen im Binnenmarkt.
82 Richtlinie 89/299/EWG, ABl.EG Nr. L 124 vom 5.5.1989, S. 16ff.
83 Richtlinie 89/647/EWG, ABl.EG Nr. L. 386 vom 30. 12. 1989, S. 14ff.
84 Richtlinie 93/22/EWG, ABl.EG Nr. 141 vom 11.6.1993, S. 27ff.
85 *Jentsch* WM 1993, 2189, 2190.
86 Richtlinie 79/279/EWG, ABl.EG L 66 vom 16.3.1979, S. 21ff.
87 Richtlinie 80/390/EWG, ABl.EG Nr. L 100 vom 17.4.1980, S. 1ff.
88 Richtlinie 82/121/EWG, ABl.EG Nr. L 48 vom 20.2.1982, S. 26 ff.
89 Empfehlung Nr. 77/354/EWG, ABl.EG Nr. L 212 vom 20.8.1977, S. 37ff.
90 Siehe Begründung der Kommission, Ziffer 13, ABl.EG Nr. L 212 vom 20.8.1977, S. 40.
91 Dazu *Koller* in: Assmann/Uwe H. Schneider, WpHG, Vor § 31 Rn. 1f.

zeitige Informationen[92] ohne Bevorzugung einer Personengruppe[93] erhalten. Die Empfehlungen enthielten ein Anlegergleichbehandlungsgebot an alle Emittenten und die Vorgabe an Finanzintermediäre, Interessenkonflikte untereinander und mit ihren Kunden sowie zwischen verschiedenen Kunden zu vermeiden. Eventuelle Interessenkonflikte sollten danach unter Wahrung des Kundeninteresses gelöst werden.[94] Die Allgemeinen Grundsätze wurden in den Ergänzenden Grundsätzen konkretisiert und teilweise erweitert. Finanzintermediäre sollten sich so verhalten, dass das Vertrauen der Anleger gestärkt wird. Handlungen, die das normale Marktfunktionieren verfälschen, sollten unterlassen werden. Anzustreben war die bestmögliche (vorzugsweise auf einem geregelten Markt erfolgende) Ausführung der Kundenaufträge[95] und Empfehlungen sollten nur in diesem Sinne ausgesprochen werden dürfen. Ferner betrafen die wichtigsten Leitsätze für das Marktverhalten der Finanzintermediäre die Handhabung von Insiderinformationen, um betrügerische Kursmanipulationen zu verhindern. Unter dem Aspekt der Manipulation wurde ein Verbot des Churning festgeschrieben. Darunter versteht man häufigen Umschlag eines Anlagekontos, der durch das Interesse des Kunden nicht gerechtfertigt ist und durch den der Broker oder der Vermittler oder beide zusammen sich zu Lasten der Gewinnchancen des Kunden Provisionseinnahmen verschaffen.[96] Diese Empfehlung der Kommission blieb weitgehend unbeachtet.[97]

In ihrem Arbeitsprogramm zum neuen programmatischen, unter der Leitidee „Europa 1992“ stehenden Ansatz führte die Kommission im Abschnitt „Finanzdienste“ detaillierte Vorhaben nur für den Bereich der Kreditinstitute auf. Für den Wertpapierbereich waren lediglich die (verabschiedungsreife) Investmentrichtlinie,[98] die (bereits als Vorschlag vorliegende) Emissionsprospektrichtlinie[99] sowie die Transparenzrichtlinie[100]

---

92 Allgemeine Grundsätze, Nr. 2 (Informationspflicht).

93 Allgemeine Grundsätze, Nr. 4 (Loyalitätspflicht).

94 Allgemeine Grundsätze, Nr. 6.

95 Ergänzende Grundsätze, Nr. 4.

96 So die Definition des Churning in BGH NJW 1995, 1225, 1226 = WM 1995, 100, 102. Anschaulich das Bild zur korrekten Übersetzung von Churning (nämlich „buttern“) bei *Rössner/Arendts* WM 1996, 1517 „Die Milch (das Anlagekonto) wird beim Churning so oft bewegt, dass die Butter (die Gebühren) entnommen werden kann, während dem Anleger nur noch Magermilch (ein erheblich reduziertes Konto) bleibt“.

97 *Jentsch* WM 1993, 2189, 2190.

98 Richtlinie 85/611/EWG, ABl.EG Nr. L 375 vom 31. 12. 1985, S. 3ff.

99 Richtlinie 89/298/EWG, ABl.EG Nr. L 124 vom 5. 5. 1989, S. 8ff.

100 Richtlinie 88/627/EWG, ABl.EG Nr. L 348 vom 17. 12. 1988, S. 62ff.

genannt. An eine Richtlinie über die Zulassung und Beaufsichtigung von Wertpapierdienstleistungsunternehmen wurde zu diesem Zeitpunkt nicht gedacht.

2. Entstehung der Wertpapierdienstleistungsrichtlinie

a) Bedürfnis nach Harmonisierung

Erst später ergab sich das Bedürfnis nach einer Harmonisierung auch des Wertpapiergeschäfts, sprich nach einer Wertpapierdienstleistungsrichtlinie. Dazu führten insbesondere Entwicklungen, welche zum Zeitpunkt der Erarbeitung des neuen Programms für die Schaffung eines gemeinsamen Binnenmarkts bis 1992, das heißt Mitte der achtziger Jahre, noch nicht absehbar waren. Auslöser der unter anderem von der Wertpapiergeschäftsbranche geforderten Harmonisierungsbemühungen waren vor allem die völlige Herstellung der Kapitalverkehrsfreiheit, die Einführung der Dienstleistungsfreiheit für Kreditinstitute sowie die Gründung der International Organization of Securities Commissions (IOSCO).

Im Einzelnen: Die Dritte Liberalisierungsrichtlinie[101] beseitigte alle noch bestehenden Hemmnisse im Bereich des innergemeinschaftlichen Kapitalverkehrs. Damit wurde die im EWG-Vertrag garantierte Dienstleistungsfreiheit auch im Wertpapierbereich Realität.[102] Das verstärkte denn auch den Wunsch der das Wertpapiergeschäft betreibenden Unternehmen nach gemeinschaftsweiter Betätigung auf der Basis einer gemeinschaftsweit geltenden Zulassung (Europass). Diese europaweit geltende Lizenz brachte wie erwähnt die Zweite Bankrechtskoordinierungsrichtlinie.[103] Jedoch waren davon nur Kreditinstitute betroffen, die das Einlagen- und Kreditgeschäft betrieben. Nicht von der Zweiten Bankrechtskoordinierungsrichtlinie erfasst wurden andere Finanzinstitute, also gerade nicht die Wertpapierfirmen. Für diese brachte die Zulassung durch die heimatliche Aufsichtsbehörde auch weiterhin nicht automatisch die Möglichkeit der Betätigung in anderen Mitgliedstaaten mit sich. Die Folge waren klare Wettbewerbsnachteile der Wertpapierunternehmen im Vergleich zu Kreditinstituten, welche nun aufgrund ihrer Heimatzulassung gemeinschaftsweit alle im Anhang der Bankrechtskoordinierungsrichtlinie genannten Geschäfte, darunter auch das Wert-

101 Richtlinie 88/361/EWG, ABl.EG Nr. 178 vom 8. 7. 1988, S. 5ff.

102 *Jentsch* WM 1993, 2189, 2190.

103 2. Richtlinie zur Koordinierung der Rechts- und Verwaltungsvorschriften über die Aufnahme und Ausübung der Tätigkeit der Kreditinstitute und zur Änderung der Richtlinie vom 12. 12. 1977, ABl.EG Nr. L 386 vom 30. 12. 1989, S. 1.

papiergeschäft, betreiben konnten. Das führte zu der „paradoxen Situation“,[104] dass ein auf das Wertpapiergeschäft spezialisiertes Wertpapierunternehmen sich nur in seinem Heimatland betätigen konnte, hingegen ein Universalkreditinstitut diesen Geschäftszweig als einen unter vielen anderen europaweit anbieten konnte.[105]

Auch die Bemühungen um eine internationale Koordinierung der Tätigkeit der Wertpapieraufsichtsbehörden verlieh den Forderungen nach einer Harmonisierung der Regeln über das Wertpapiergeschäft Nachdruck. Diese führten, vorangetrieben vor allem durch die USA und Großbritannien, zur Gründung der IOSCO. In diesem Rahmen warb die amerikanische Aufsichtsbehörde SEC für eine Harmonisierung der Aufsichtsregeln. Vorrangig ging es um die Harmonisierung der Vorschriften über eine angemessene Eigenkapitalausstattung, welche nach Ansicht der SEC für Kreditinstitute und Wertpapierunternehmen unterschiedlich ausgestaltet sein sollten. Denn das Wertpapiergeschäft sei mit anderen Risiken verbunden als das (klassische) Bankgeschäft.

b) Vorschläge der Kommission

Der ursprüngliche, in Anlehnung an die Zweite Bankrechtskoordinierungsrichtlinie konzipierte Vorschlag der Kommission für eine Wertpapierrichtlinie aus dem Jahre 1989[106] enthielt bewusst noch keine umfassenden Wohlverhaltensregeln. Dies beruhte auf den sehr unterschiedlichen Regelungen von kundenbezogenen Verhaltenspflichten für Finanzintermediäre in den verschiedenen Mitgliedstaaten.[107] Die Kommission war der Ansicht, dass dem Anlegerschutz am besten die Anwendung der für die Tätigkeit des Wertpapierdienstleistungsunternehmens jeweils innerstaatlich geltenden Regeln gerecht würde. Die Kommission schlug lediglich eine Harmonisierung von Organisationspflichten vor. Dies betraf insbesondere die Trennung

---

104 *Jentsch* WM 1993, 2189, 2190.

105 Andererseits stellte sich die Zweite Bankrechtskoordinierungsrichtlinie aus Sicht der reinen Wertpapierdienstleistungsunternehmen wiederum als Wettbewerbsvorteil dar. Denn als nicht von dem engen Bankenbegriff erfasste Unternehmen, unterfielen sie auch nicht den die Bankrechtskoordinierungsrichtlinie flankierenden Vorschriften über Jahresabschlüsse, Eigenkapitalausstattung und Solvabilität. Vgl. dazu *Assmann/Buck* EWS 1990, 190, 192; *Schäfer* AG 1993, 389, 390.

106 Vorschlag 89/C 43/10, ABl.EG Nr. C 43 vom 22. 2. 1989, S. 7ff.

107 KOM [1988] 778 endg.-SYN 176, S. 3f.; *Koller* in: Assmann/Uwe H. Schneider, WpHG, Vor. § 31 Rn. 3.

von Kunden- und Eigenvermögen, Aufzeichnungspflichten sowie Pflichten zur Eindämmung von Interessenkonflikten.[108]

c) Stellungnahme des Rates und des WSA

In seiner Stellungnahme zu dem Vorschlag der Kommission orientierte sich der vom Rat angerufene Wirtschafts- und Sozialausschuss ausdrücklich an der oben erwähnten Empfehlung der Kommission aus dem Jahre 1977 und forderte eine verbindliche europäische Regelung von Verhaltenspflichten.[109] Zur Sicherstellung des Vorrangs des Kundeninteresses, der bestmöglichen Ausführung von Kundenaufträgen und der Information des Kunden sollten der Wertpapierfirma die Einziehung hinreichender Informationen über Art, Qualität und Risiken der Effekten und Märkte auferlegt werden. Gleiches schlug der Wirtschafts- und Sozialausschuss – im Rahmen der Anlageberatung – hinsichtlich der Information über die persönlichen und finanziellen Verhältnisse des Kunden vor.[110]

Auch im geänderten Vorschlag der Kommission[111] waren keine Verhaltenspflichten enthalten. Die Kommission berücksichtigte die Anregungen des Wirtschafts- und Sozialausschusses nicht. Ebenso wenig finden sich offizielle Stellungnahmen des Europäischen Parlaments in der ersten Lesung im Jahre 1989[112] noch in der zweiten Lesung im Jahre 1993.[113] Dennoch hat der Rat an seiner Überzeugung von der politischen Notwendigkeit einheitlicher Verhaltensregeln festgehalten und in der Sitzung des ECOFIN-Rates am 29. Juni 1992 die Aufnahme von Wohlverhaltensregeln in die geplante europäische Wertpapierdienstleistungsrichtlinie beschlossen und im Gemeinsamen Standpunkt des Rates vom 21. Dezember 1992 endgültig festgelegt.[114] Letzterer bildete die Grundlage für den endgültigen Richtlinientext.

---

108 Art. 9 1. Spiegelstrich Vorschlag 89/C 43/10, ABl.EG Nr. C 43 vom 22. 2. 1989, S. 10.

109 Stellungnahme des Wirtschafts- und Sozialauschusses zum Vorschlag für eine Richtlinie des Rates über Wertpapierdienstleistungen vom 27. 9. 1989, ABl.EG Nr. C 298 vom 27. 11. 1989, S. 6 ff.

110 Vorschlag des Wirtschafts- und Sozialauschusses, Punkt 2.19.5, ABl.EG Nr. C 298 vom 27. 11. 1989, S. 6, 14.

111 Kommission, Geänderter Vorschlag 90/C 42/06 für eine Richtlinie des Rates über Wertpapierdienstleistungen, ABl.EG Nr. C 42 vom 22. 2. 1990, S. 7 ff.

112 Protokoll der Sitzung des Europäischen Parlaments vom 25. 10. 1989, ABl.EG Nr. C 304 vom 4. 12. 1989, S. 39 ff.

113 Protokoll der Sitzung des Europäischen Parlaments vom 8. 3. 1993, ABl.EG Nr. C 115 vom 26.4.1993, S. 18 ff.

114 Gemeinsamer Standpunkt des Rates vom 21. 12. 1992 im Hinblick auf den Erlass

3. Verabschiedung und Umsetzung der Wertpapierdienstleistungsrichtlinie

Die Wertpapierdienstleistungsrichtlinie ist am 10. Mai 1993 erlassen worden.[115] Art. 31 Abs. 1 der Richtlinie gab den Mitgliedstaaten ihre Umsetzung in nationales Recht bis zum 1. Juli 1995 vor. Nach Art. 31 Abs. 2 Wertpapierdienstleistungsrichtlinie sollten die nationalen Vorschriften spätestens zum 31. Dezember 1995 in Kraft treten.

In Deutschland traten zum 1. Januar 1995 lediglich einige Vorschriften, darunter auch die durch das WpHG national eingeführten, in Art. 10 und 11 Wertpapierdienstleistungsrichtlinie festgelegten, Organisations- und Verhaltenspflichten („rules of conduct") in Kraft. Die übrigen Anpassungen des nationalen Rechts an die gemeinschaftsrechtlichen Vorgaben durch die Wertpapierdienstleistungsrichtlinie, sind mit dem Umsetzungsgesetz erst zum 1. Januar 1998 in Kraft getreten. Nachfolgend soll der Gang der Gesetzgebung in Deutschland in gebotener Kürze skizziert werden.[116]

Das die Art. 10 und 11 Wertpapierdienstleistungsrichtlinie umsetzende Wertpapierhandelsgesetz (WpHG) war das Kernstück des Zweiten Finanzmarktförderungsgesetzes, mit dem die rechtlichen Grundlagen des deutschen Kapitalmarkts grundlegend umgestaltet wurden, und bildete dessen Art. 1.[117]

Ein erster Diskussionsentwurf eines Zweiten Finanzmarktförderungsgesetzes wurde den betroffenen Wirtschaftsverbänden im Juli 1993 zugesandt.[118] Die daraufhin ergehenden Stellungnahmen führten zu einem zweiten Diskussionsentwurf, aus welchem im Besonderen die im ersten Entwurf noch enthaltenen Wohlverhaltensregeln herausgenommen waren. Sie sollten in einem späteren Gesetzgebungsverfahren umgesetzt werden. Dieser zweite Diskussionentwurf bildete die Grundlage für den Gesetzentwurf der Bundesregierung vom 3. November 1993.[119] Vor allem die Expertenanhörungen[120] und die Beratungen und Anhörungen im Finanzausschuss

---

einer Richtlinie über Wertpapierdienstleistungen, Dokument 10465/1/92, REV 1 ADD 1, EF 66.

115 Richtlinie 93/22/EWG, ABl. Nr. L 141 vom 11. 6. 1993, S. 27 ff.

116 Umfassend und mit allen Nachweisen dokumentiert den Gesetzgebungsgang *Assmann* in: Assmann/Uwe H. Schneider, WpHG, Einl. Rn. 12 ff. Vgl. auch *Bliesener* Aufsichtsrechtliche Verhaltenspflichten beim Wertpapierhandel, S. 13 f.

117 BGBl. I 1994, S. 1749. Zur Zielsetzung des Zweiten Finanzmarktförderungsgesetzes *Weber* NJW 1994, 2849 ff.

118 Vgl. dazu *Dannhoff* DZWir 1993, 521 ff.

119 BR-Drucks. 793/93 vom 5. 11. 1993. Dazu *Krimphove* JZ 1994, 23 ff.

120 Vgl. zum Beispiel die Stellungnahme von *Hopt* in: Festgabe für Hellner, WM-Sonderheft 1994, S. 29.

des Deutschen Bundestages[121] führten zur Wiederaufnahme der Wohlverhaltensregeln in den endgültigen Gesetzentwurf in der Fassung der Beschlussempfehlung des Finanzausschusses.[122] In dieser Fassung ist das Wertpapierhandelsgesetz am 1. Januar 1995 in Kraft getreten.

Dabei fällt im Hinblick auf die hier interessierenden Wohlverhaltensregeln und Organisationspflichten auf, dass Verhaltenspflichten sowohl auf europäischer Ebene als auch im Rahmen der deutschen Gesetzgebung in den Entwürfen von Kommission und Bundesregierung nicht enthalten waren. Erst auf Druck der angehörten Experten fanden sie schließlich jeweils normative Verankerung. Das gilt im Falle des deutschen Gesetzgebungsverfahrens auch für die mit dem Wertpapierhandel verbundenen Organisationspflichten. Diese allerdings waren von der Kommission von Anbeginn für die Wertpapierdienstleistungsrichtlinie vorgesehen.

III. Wohlverhaltenspflichten nach dem WpHG

Die Vorgaben des Art. 10 Wertpapierdienstleistungsrichtlinie sind in § 33 Abs. 1 WpHG umgesetzt.[123] Bei den in § 33 Abs. 1 WpHG niedergelegten Pflichten handelt es sich um unternehmens- bzw. institutsbezogene Organisationspflichten, welche von den transaktionsbezogenen Verhaltenspflichten der §§ 31 und 32 WpHG abzugrenzen sind. Diese setzen Art. 11 Wertpapierdienstleistungsrichtlinie um.[124] Die transaktionsbezogenen Verhaltenspflichten aus §§ 31 und 32 WpHG sind zwar nicht Gegenstand dieser Untersuchung. Gleichwohl stehen die im 5. Abschnitt des WpHG geregelten Pflichtenkreise nicht berührungslos nebeneinander, sondern korrespondieren einander zur Erreichung der Ziele des WpHG. Dieser Zusammenhang soll zunächst herausgearbeitet werden. Die Darstellung der transaktionsbezogenen Verhaltenspflichten der §§ 31 und 32 WpHG beschränkt sich dabei auf einen Überblick.

---

121 BT-Drucks. 12/7918 vom 15. 6. 1994, S. 94 f.

122 BT-Drucks. 12/7918 vom 15. 6. 1994, S. 1, 7 ff. Dazu der Bericht der Abgeordneten *Fell, Ebert, Rind,* a.a.O., S. 92, 103 ff.

123 Zu § 33 Abs. 2 WpHG, der entgegen der gesetzgeberischen Begründung offensichtlich nicht auf der Wertpapierdienstleistungsrichtlinie basiert, vgl. unten S. 204 f.

124 Zu diesen ausführlich *Schön* Verhaltensregeln für Wertpapierdienstleistungsunternehmen nach dem Zweiten Finanzmarktförderungsgesetz; *Bliesener* Aufsichtsrechtliche Verhaltenspflichten beim Wertpapierhandel.

1. Transaktionsbezogene Verhaltenspflichten

Das WpHG statuiert in den §§ 31 und 32 allgemeine und besondere Verhaltensregeln für das Wertpapiergeschäft von Wertpapierdienstleistungsunternehmen. Sie präzisieren die privatrechtlichen Aufklärungs- und Beratungspflichten der Kreditinstitute und sonstiger Wertpapierdienstleister. Die Verhaltenspflichten nach §§ 31 und 32 WpHG stellen Verhaltensstandards für die Durchführung des Wertpapierdienstleistungsgeschäfts auf und regeln die Kommunikation zwischen dem Wertpapierdienstleistungsunternehmen und seinen Kunden.[125] Es handelt sich dabei um transaktionsbezogene Pflichten, da sie spezifisch die Beziehung des Wertpapierdienstleistungsunternehmens zu seinen Kunden regeln und damit den direkten Kundenkontakt im Auge haben. Eine aufsichtsrechtliche Konkretisierung erfahren die in §§ 31 und 32 WpHG aufgestellten Pflichten durch Richtlinien der Bundesanstalt für Finanzdienstleistungsaufsicht – BAFin – gemäß § 35 Abs. 6 WpHG.[126]

§ 31 WpHG normiert die Pflicht zur anlegergerechten Information.[127] Mit § 31 Abs. 1 WpHG wird eine allgemeine Sorgfalts- und Interessenwahrungspflicht aufgestellt, wie sie im privaten Bankrecht seit langem anerkannt ist.[128] Diese Pflicht deckt sich weitgehend mit der in § 384 Abs. 1 HGB statuierten Pflicht des Kommissionärs, ein übernommenes Geschäft mit der Sorgfalt eines ordentlichen Kaufmanns auszuführen und dabei insbesondere die Interessen des Kommittenten wahrzunehmen. Mit der Regelung sollen ausweislich der Gesetzesmaterialien die grundsätzlichen Elemente einer Wertpapierdienstleistung festgelegt werden.[129] Normativ besonders hervorgehoben wird dabei die Pflicht zur Vermeidung oder Minimierung von Interessenkonflikten, § 31 Abs. 1 Nr. 2 WpHG. Das Wertpapierdienstleis-

---

125 *Bliesener* Aufsichtsrechtliche Verhaltenspflichten beim Wertpapierhandel, S. 208.

126 Vgl. Richtlinie zur Konkretisierung der §§ 31 und 32 WpHG für das Kommissions-, Festpreis- und Vermittlungsgeschäft der Kreditinstitute vom 26. Mai 1997 (Bundesanzeiger Nr. 98 vom 3. Juni 1997, S. 6586). Zur Rechtsnatur und näher zu den Richtlinien des BAWe nach § 35 Abs. 6 WpHG vgl. unten S. 39ff. im Zusammenhang mit der Richtlinie zur Konkretisierung der Organisationspflichten von Wertpapierdienstleistungsunternehmen gemäß § 33 Abs. 1 WpHG vom 25. Oktober 1999 (Bundesanzeiger Nr. 210 vom 6. November 1999, S. 18453).

127 Diese Pflicht hatte bereits BGHZ 123, 126 ff. = ZIP 1993, 1148 ff. „Bond" formuliert.

128 Vgl. näher *Kümpel* WM 1995, 689, 691 f. mit umfangreichen Rechtsprechungsnachweisen; *Bliesener* Aufsichtsrechtliche Verhaltenspflichten beim Wertpapierhandel, S. 219.

129 Vgl. Beschlussempfehlung und Bericht des Finanzausschusses des Deutschen Bundestages, BT-Drucks. 12/7918, S. 103.

tungsunternehmen wird dazu angehalten, bei unvermeidbaren Interessenkonflikten, die sich zum Beispiel aus gegenläufigen Interessen anderer Kunden[130] oder des Unternehmens selbst ergeben können,[131] dafür zu sorgen, dass die Effektenorder unter gebotener Wahrung des (jeweiligen) Kundeninteresses ausgeführt wird.

§ 31 Abs. 2 WpHG statuiert in Nr. 1 eine besondere Nachfrage- oder Erkundigungspflicht des Wertpapierdienstleistungsunternehmens im Hinblick auf die Anlageerfahrenheit bzw. -unerfahrenheit des Kunden.[132] Das Wertpapierdienstleistungsunternehmen muss sich über die mit der Anlage verfolgten Ziele des Kunden und seine finanziellen Verhältnisse informieren. Diese allgemeine Verhaltenspflicht nach § 31 Abs. 2 Nr. 1 soll damit den individuellen Zuschnitt einer Anlageempfehlung nach den persönlichen Verhältnissen des Kunden ermöglichen.[133] Dazu hat das Wertpapierdienstleistungsunternehmen dem Kunden nach § 31 Abs. 2 Nr. 2 alle zweckdienlichen Informationen, das heißt die für die jeweilige Anlageentscheidung wesentlichen Einzelheiten, insbesondere die mit der Entscheidung verbundenen Risiken, vollständig mitzuteilen. Diese Informationspflicht besteht allerdings mit der Einschränkung, dass das Wertpapierdienstleistungsunternehmen ihr nur insoweit nachzukommen braucht, wie dies zur Wahrung des Kundeninteresses und im Hinblick auf Art und Umfang des beabsichtigten Geschäfts erforderlich ist, § 31 Abs. 2 Nr. 2 letzter Halbsatz.[134]

---

130 Zur Konkurrenz mehrerer Effektenkunden ausführlich *Hopt* Der Kapitalanlegerschutz im Recht der Banken, S. 484ff.

131 Unvermeidbare Interessenkonflikte ergeben sich u.a. im Falle überzeichneter Emissionen oder dem Verlangen institutioneller Anleger bzw. von Großkunden nach einer besonderen Behandlung durch das Unternehmen. Vgl. auch *Kümpel* WM 1995, 689.

132 Dabei sind zwei Interpretationen des Normzwecks denkbar. Zum einen könnte die Frage- oder Erkundigungspflicht dazu dienen, den Kunden vor einer Überinformation zu schützen, indem die für ihn zweckdienlichen Informationen erfragt werden (Fragepflicht als Element der Verbraucherinformation). Zum anderen könnte die Erkundigungspflicht dem Schutz des anlageunerfahrenen Kunden vor objektiv ungeeigneten Anlageentscheidungen dienen. Näher *Koller* in: Assmann/Uwe H. Schneider, WpHG, § 31 Rn. 80f. mit Nachweisen zum Meinungsstand.

133 Beschlussempfehlung und Bericht des Finanzausschusses des Deutschen Bundestages, BT-Drucks. 12/7918, S. 103.

134 Hier kann das Wertpapierdienstleistungsunternehmen den Grad der Professionalität des Kunden berücksichtigen, vgl. *Koller* in: Assmann/Uwe H. Schneider, WpHG, § 31 Rn. 96ff.; *Kümpel* WM 1995, 689, 690f.; *Bliesener* Aufsichtsrechtliche Verhaltenspflichten beim Wertpapierhandel, S. 318ff.

Die besonderen Verhaltenspflichten nach § 32 WpHG ergänzen die allgemeinen Verhaltensregeln des § 31 WpHG. Sie zielen auf den Kern der Beratungsleistung, nämlich die Abgabe einer speziellen Anlageempfehlung durch das Wertpapierdienstleistungsunternehmen. Die Empfehlung als das Ergebnis eines Entscheidungsprozesses,[135] signalisiert dem Kunden, wie sein Berater an seiner Stelle handeln würde.[136] Verboten sind nach § 32 Abs. 1 Nr. 1 WpHG die Empfehlung zum An- und Verkauf von Wertpapieren, wenn und so weit die Empfehlung mit den Interessen des Kunden nicht übereinstimmt. Darunter fallen insbesondere Empfehlungen, um den eigenen Bestand in diesen Wertpapieren zu erhöhen, das sog. *scalping*.[137] Verboten sind ferner Empfehlungen zum Zweck, für Eigengeschäfte des Wertpapierdienstleistungsunternehmens oder mit ihm verbundener Unternehmen,[138] Preise in eine bestimmte Richtung zu lenken. Ebenfalls verboten ist gemäß § 32 Abs. 1 Nr. 3 WpHG das sog. *front running*,[139] also das Eindecken mit Wertpapieren, wenn danach Kauforders ausgeführt werden sollen, die steigende Kurse erwarten lassen.[140]

2. Unternehmensbezogene Organisationspflichten

Bei den in § 33 Abs. 1 WpHG festgeschriebenen Organisationspflichten[141] handelt es sich um unternehmensbezogene Pflichten. Sie beeinflussen die interne organisatorische Ausgestaltung des Wertpapierdienstleistungsunternehmens und seines Geschäftsbetriebes und sollen so die ordnungsgemäße Durchführung der angebotenen Wertpapierdienstleistung gewährleisten.

Die Wertpapierdienstleistungsunternehmen müssen mit Rücksicht auf die Vielzahl von Finanzinnovationen personell und sachlich so ausgestattet sein, dass eine ordnungsgemäße Durchführung der Wertpapierdienstleistung gewährleistet ist (§ 33 Abs. 1 Nr. 1 WpHG).[142] Ferner muss die Organisation des Wertpapierdienstleistungsunternehmens sicherstellen, dass das Risiko

135 *Kümpel* Wertpapierhandelsgesetz, S. 167.

136 *Koller* in: Assmann/Uwe H. Schneider, WpHG, § 32 Rn. 3.

137 Dazu *Hopt* Der Kapitalanlegerschutz im Recht der Banken, S. 486f. Zur Strafbarkeit von scalping vgl. die Kontroverse zwischen *Schneider/Burgard* ZIP 1999, 381ff. und *Volk* ZIP 1999, 787 ff.; *ders.* schon BB 1999, 66 ff.

138 Dazu *Koller* in: Assmann/Uwe H. Schneider, WpHG, § 32 Rn. 1a.

139 Dazu *Hopt* Der Kapitalanlegerschutz im Recht der Banken, S. 486 f.

140 *Kümpel* Bank- und Kapitalmarktrecht, Rn. 16.486.

141 Allgemein dazu auch *Spindler* Unternehmensorganisationspflichten: zivilrechtliche und öffentlich-rechtliche Regelungskonzepte, S. 222ff.

142 Beschlussempfehlung und Bericht des Finanzausschusses des Deutschen Bundestages, BT-Drucks. 12/7918, S. 105.

von Interessenkonflikten zwischen dem Wertpapierdienstleistungsunternehmen und seinen Kunden bzw. zwischen verschiedenen Kunden möglichst gering ist (§ 33 Abs. 1 Nr. 2 WpHG). Diese Organisationspflicht betrifft sowohl die Aufbau- als auch die Ablauforganisation. Schließlich muss das Wertpapierdienstleistungsunternehmen angemessene interne Kontrollverfahren zur Vermeidung von Verstößen gegen das WpHG vorhalten (§ 33 Abs. 1 Nr. 3 WpHG). Zunächst soll herausgearbeitet werden, in welchem Verhältnis die transaktionsbezogenen Verhaltens- zu den unternehmensbezogenen Organisationspflichten stehen.

3. Systematisches Verhältnis der beiden Pflichtenkreise

Ein Wertpapierdienstleistungsunternehmen ist bei seiner Tätigkeit vielfältigen Interessenkonflikten ausgesetzt. Dabei handelt es sich um Interessenkonflikte, die sowohl zwischen dem Wertpapierdienstleistungsunternehmen und seinen Kunden als auch zwischen verschiedenen Kunden eines Wertpapierdienstleistungsunternehmens auftreten, kurz: um Konflikte im Spannungsfeld zwischen Kundeninteressen, Eigeninteressen und Drittinteressen.[143] Interessenkonflikte treten dabei schon bei der Tätigkeit des Wertpapierdienstleistungsunternehmens für einen einzigen Kunden (Zweipersonenverhältnis) auf und verstärken bzw. häufen sich bei Geschäftsbeziehungen zu mehreren Kunden.[144]

Die im Wertpapiergeschäft auftretenden Interessenkonflikte gefährden potentiell das Vertrauen der Anleger in die Funktionsfähigkeit des Kapitalmarkts. Dies kann zur Störung der Allokationseffizienz des Kapitalmarkts führen, wenn mangelndes Vertrauen der Anleger den Fluss von Investitionskapital vom Anleger zum Kapitalnehmer behindert.[145] Die Erhaltung des Vertrauens der Anleger in das Funktionieren des Kapitalmarktes bildet folglich auch aus diesem Grund ein herausragendes Ziel der Regulierung von Verhaltenspflichten im Effektenhandel. Dem dient das Zusammenspiel der transaktionsbezogenen Verhaltens- und unternehmensbezogenen Orga-

---

143 Vgl. näher *Hopt* in: Festschrift für Heinsius, S. 289, 314; *Bliesener* Aufsichtsrechtliche Verhaltenspflichten beim Wertpapierhandel, S. 166 ff.

144 Das Interesse des Wertpapierdienstleistungsunternehmens an Vergütung seiner Leistung kollidiert hier mit dem Interesse des Kunden nur für die Leistung zu zahlen, die seinen Interessen auch optimal entspricht. Vgl. *Koller* in: Assmann/Uwe H. Schneider, WpHG, § 31 Rn. 30; *Hopt* in: Festschrift für Heinsius, S. 289, 316. Dazu auch *Pennington* in: *Goods*, Conflicts of Interest in the changing financial World, S. 1 ff.

145 Vgl. näher zu ökonomischen Zielen der Regulierung von Verhaltenspflichten *Bliesener* Aufsichtsrechtliche Verhaltenspflichten beim Wertpapierhandel, S. 43 ff.

nisationspflichten. Sie sollen das Wertpapierdienstleistungsunternehmen in die Lage versetzen, auftretende Interessenkonflikte selbständig zu beherrschen.[146] Wie erwähnt stehen die beiden Pflichtenkreise dabei in einem korrespondierenden Nebeneinander. Zusammen bilden sie die rechtliche Grundlage für ein wirksames Interessenkonfliktmanagement.[147] Jeder Pflichtenkreis für sich allein genommen würde dem nicht gerecht werden. Selbst wenn die Mitarbeiter, die mit dem Kunden direkt in Verbindung treten, die das einzelne Geschäft betreffenden Verhaltenspflichten einhalten würden, ergäben sich rechtliche Probleme, die aus der Organisation des Wertpapierdienstleistungsunternehmens in der Rechtsform einer Personen- oder Kapitalgesellschaft resultieren. Personen- und Kapitalgesellschaften wird das Wissen ihrer Gesellschafter und Organe sowie ihrer rechtsgeschäftlichen Vertreter zugerechnet.[148] Ohne weitere organisatorische Einrichtungen, die den Wissenstransfer in rechtlich anerkannter Weise zu unterbinden in der Lage sind, wäre allein das Einhalten allgemeiner und besonderer Verhaltenspflichten nicht ausreichend, um die an die Wissenszurechnung geknüpften Rechtsfolgen zu vermeiden. Denn Wissen fällt in jedem Fall an. Umgekehrt kann allein die Einhaltung der aufsichtsrechtlich vorgegebenen Organisationsstrukturen nicht von den im einzelnen Kundenkontakt erforderlichen Verhaltenspflichten befreien. Transaktionsbezogene Verhaltens- und unternehmensbezogene Organisationspflichten sind daher unmittelbar aufeinander bezogen.[149]

Die Organisationspflichten nach § 33 Abs. 1 WpHG lösen sich anders als die transaktionsbezogenen Verhaltenspflichten vom Einzelfall des Wertpapiergeschäfts. Sie knüpfen an die verschiedenen Tätigkeitsbereiche eines Wertpapierdienstleistungsunternehmens und die damit einhergehenden verschiedenen Funktionen an, welche die in den jeweiligen Bereichen tätigen Mitarbeiter wahrnehmen.[150] Die einzelnen konfliktintensiven Bereiche sollen dabei als selbständige Einheiten ausgestaltet werden, und damit die Wissenszurechnung zwischen den informationssensiblen Bereichen zumindest erschweren.[151]

Die dem Wertpapierdienstleistungsunternehmen in § 31 Abs. 1 Nr. 1 WpHG auferlegte Sorgfaltspflicht wird durch die Organisationspflicht zur Vorhaltung angemessener sachlicher und personeller Mittel ergänzt, wie sie

146 *Bliesener* Aufsichtsrechtliche Verhaltenspflichten beim Wertpapierhandel, S. 171.
147 Vgl. *Bliesener* Aufsichtsrechtliche Verhaltenspflichten beim Wertpapierhandel, S. 170.
148 Dazu ausführlich unten S. 97ff.
149 *Bliesener* Aufsichtsrechtliche Verhaltenspflichten beim Wertpapierhandel, S. 173.
150 *Bliesener* Aufsichtsrechtliche Verhaltenspflichten beim Wertpapierhandel, S. 171.
151 Dazu unten S. 94ff.

§ 33 Abs. 1 Nr. 1 WpHG vorgibt.[152] Erst mit diesen strukturellen Voraussetzungen wird das Wertpapierdienstleistungsunternehmen in die Lage versetzt, das Wertpapiergeschäft nach den durch das WpHG normierten Regeln zu betreiben und Interessenkonflikte wirksam zu beherrschen.

Die Separierung konfliktträchtiger Funktionsbereiche innerhalb eines Wertpapierdienstleistungsunternehmens in Vertraulichkeitsbereiche mittels sog. *Chinese Walls* reduziert den Adressatenkreis der transaktionsbezogenen Verhaltenspflichten für den Geschäftsverkehr mit den in diesem Vertraulichkeitsbereich betreuten Effektenkunden. Das führt dazu, dass das Wertpapierdienstleistungsunternehmen seiner aufsichtsrechtlichen Pflicht zur Wahrung des Kundeninteresses schon nachkommt, wenn es dem Kunden nur solche Informationen gibt, die in dem Vertraulichkeitsbereich zugänglich sind, in welchem er gerade betreut wird, ohne auf evtl. im Gesamtunternehmen weitergehende Informationen zurückzugreifen.[153] Allerdings darf dabei nicht vernachlässigt werden, dass dem Kunden die Vorteile aus Arbeitsteilung und multifunktionaler Geschäftstätigkeit des Wertpapierdienstleistungsunternehmens nach §§ 31 und 32 WpHG zugute kommen müssen. Daher ist im Einzelfall die Durchbrechung der strengen Separierung der Vertraulichkeitsbereiche (das sog. *wall crossing*) nach dem need-to-know-Prinzip zu gewährleisten.[154] Das gilt zum Beispiel für den Informationsfluss hinsichtlich öffentlich bekannter Informationen. Denn die arbeitsteilige Zusammenarbeit soll durch die Organisationspflichten nicht unverhältnismäßig behindert oder gar vollständig unterbunden werden. Gerade hier zeigt sich die Interdependenz der transaktionsbezogenen Verhaltenspflichten, aus denen die Pflicht zur anlegergerechten Information, und der unternehmensbezogenen Organisationspflicht, aus der die Pflicht zur Separierung folgt.

Verhaltens- und Organisationspflichten stehen auch insoweit in einem Abhängigkeitsverhältnis, als der Umfang der nach § 33 Abs. 1 Nr. 2 WpHG erforderlichen organisatorischen Strukturmaßnahmen, den Umfang bzw. die Reichweite der im Einzelfall an die Einhaltung der Verhaltenspflichten zu stellenden Anforderungen bedingt. Denn die ordnungsgemäße Wahrnehmung der gegenüber dem Kunden bestehenden Informationspflicht hängt von der dem Wertpapierdienstleistungsunternehmen bzw. seinem Mitarbeiter zur Verfügung stehenden Information ab. Ist der (umfassende) Informationsfluss zu dem Anlageberater aber durch aufsichtsrechtlich ge-

152 *Koller* in: Assmann/Uwe H. Schneider, WpHG, § 31 Rn. 46.

153 *Koller* in: Assmann/Uwe H. Schneider, WpHG, § 33 Rn. 17; *Tippach* Das Insiderhandelsverbot und die besonderen Rechtspflichten der Banken, S. 253ff.; *Stafflage* Die Anlageberatung der Banken, S. 97ff.

154 Dazu *Eisele* in: *Schimanski/Bunte/Lwowski*, Bankrechtshandbuch, § 109 Rn. 80.

botene organisatorische Maßnahmen verhindert, so bestimmt die Menge an Informationen, die der Berater selbst zur Verfügung hat, den Umfang der an den Kunden weiterzugebenden Informationen. Bei Empfehlungen an den Kunden kann der Berater mit anderen Worten nur das Wissen zugrunde legen, welches er in seinem Vertraulichkeitsbereich zur Verfügung hat. Er verstößt damit nicht gegen die anlegergerechte Informationspflicht, auch wenn im Wertpapierdienstleistungsunternehmen insgesamt mehr Informationen zur Verfügung stehen und diese zu einem anderen Inhalt der Empfehlung führen würden. Letztlich bestimmt damit das Maß an aufsichtsrechtsgemäßer Organisationsstruktur des Wertpapierdienstleistungsunternehmens die Reichweite der Informationspflicht.[155] Auch dies gilt hingegen nicht grenzenlos. Im Einzelfall kann die Abwägung der verschiedenen Interessen ergeben, dass das Wertpapierdienstleistungsunternehmen das Interesse eines Kunden als schutzwürdiger ansehen kann und muss als dasjenige eines anderen Kunden. Dann kann dem schutzwürdigeren Interesse der Vorzug zu geben sein, was letztlich zu einer Aufklärungspflicht über bestehende Interessenkonflikte führen kann.[156]

IV. Compliance-Richtlinie der BAFin nach § 35 Abs. 6 WpHG

1. Bundesanstalt für Finanzdienstleistungsaufsicht

Die BAFin übt als selbständige Bundesoberbehörde im Geschäftsbereich des Bundesministeriums für Finanzen[157] gemäß § 4 Abs. 1 WpHG die Aufsicht nach den Vorschriften des WpHG aus.[158] Oberste Aufgabe ist die

155 Ähnlich *Bliesener* Aufsichtsrechtliche Verhaltenspflichten beim Wertpapierhandel, S. 174.

156 Ein denkbarer Fall ist das Wissen der Kreditabteilung über wirtschaftliche Schwierigkeiten eines Emittenten, die auf Rechtsverstößen, Betrug oder Insiderhandel des Managements beruhen. Dazu näher *Bliesener* Aufsichtsrechtliche Verhaltenspflichten beim Wertpapierhandel, S. 363f.

157 § 3 Abs. 1 WpHG

158 Die durch das Gesetz über Bundesanstalt für Finanzdienstleistungsaufsicht vom 22. April 2002 (BGBl I, S. 1310ff.) zum 1. Mai 2002 gegründete Bundesanstalt für Finanzdienstleistungsaufsicht vereint die Geschäftsbereiche der ehemaligen Bundesaufsichtsämter für das Kreditwesen (Bankenaufsicht), für das Versicherungswesen (Versicherungsaufsicht) sowie für den Wertpapierhandel (Wertpapieraufsicht/Asset-Management) in sich und führt diese weiter. Diese einheitliche

Sicherstellung der Funktionsfähigkeit der Märkte für Wertpapiere und Derivate. Daraus ergeben sich die Ziele für die Aufsichtstätigkeit der BAFin, nämlich der Schutz der Anleger, die Markttransparenz sowie die Marktintegrität.

Das BAFin führt eine Marktaufsicht über die Wertpapierdienstleistungsunternehmen durch.[159] Diese umfasst die Bekämpfung von Insidergeschäften, die Kontrolle der Ad-hoc-Publizität, die Überwachung der Mitteilungs- und Veröffentlichungspflichten der Stimmrechtsanteile an börsennotierten Gesellschaften, die Überwachung der Einhaltung der Verhaltensregeln, die Überwachung des Erbringens von Wertpapiernebendienstleistungen im Zusammenhang mit den Verhaltensregeln und die Überwachung der Hinterlegung von Verkaufsprospekten gemäß VerkaufsprospektG.[160] Die Befugnisse der BAFin erstrecken sich auf die laufende Überwachung der Einhaltung des WpHG und auf die Eingriffsbefugnisse zur Durchsetzung der Gesetzesaufträge gegenüber den zu Beaufsichtigenden.[161] Bei Missständen[162] ist die BAFin gemäß § 4 Abs. 1 WpHG zum Einschreiten befugt. Die dafür zur Verfügung stehenden aufsichtsrechtlichen Maßnahmen sind Anordnungen, also der Erlass von Rechtsverordnungen,[163] Verwaltungsakten sowie die Selbstvornahme gemäß § 29 Abs. 3 WpHG.[164] Für die Durchführung der

---

Allfinanzaufsicht soll die Funktionen und Aufgaben der bisherigen Aufsichtsämter wahrnehmen. Seitdem existiert in Deutschland eine staatliche Aufsicht über Kreditinstitute, Finanzdienstleistungsinstitute und Versicherungsunternehmen, die sektorübergreifend den gesamten Finanzmarkt umfasst. Damit wurde die Finanzmarktaufsicht nicht zuletzt an europäische Entwicklungstendenzen angepasst. So hatte Großbritannien mit dem Financial Services and Markets Act 2000 die Funktionen und Aufgaben verschiedener Aufsichtsbehörden bei der Financial Services Authority zu einer einheitlichen Finanzmarktaufsicht zusammengefasst. Die hier interessierenden Aufgaben und Befugnisse des ehemaligen Bundesaufsichtsamtes für den Wertpapierhandel (BAWe) wurden von der BAFin übernommen. Vgl. auch *Hagemeister* WM 2002, 1773 ff.

159 Begründung zum Regierungsentwurf eines Gesetzes zur Umsetzung von EG-Richtlinien zur Harmonisierung bank- und wertpapieraufsichtsrechtlicher Vorschriften, BT-Drucks. 13/7142, S. 60.

160 Vgl. auch zur Abgrenzung der Aufsicht durch das (ehemalige) BAKred *Dreyling* in: Assmann/Uwe H. Schneider, WpHG, § 4 Rn. 5 ff.

161 *Dreyling* in: Assmann/Uwe H. Schneider, WpHG, § 4 Rn. 10

162 Vgl. zu diesem unbestimmten Rechtsbegriff *Dreyling* in: Assmann/Uwe H. Schneider, WpHG, § 4 Rn. 12 ff.

163 Rechtsverordnungen kann die BAFin allerdings nur bei ausdrücklicher gesetzlicher Ermächtigung erlassen, wie sie in §§ 9 Abs. 3, 11 Abs. 3, 34 Abs. 2, 34a Abs. 3 und 36 Abs. 5 WpHG geregelt sind.

164 Näher dazu *Dreyling* in: Assmann/Uwe H. Schneider, WpHG, § 4 Rn. 17 ff.

Aufsicht kann die BAFin gemäß § 35 Abs. 6 WpHG Richtlinien aufstellen. Diese Richtlinien sollen nachfolgend näher untersucht werden.

2. *Allgemein zu den Richtlinien der BAFin nach § 35 Abs. 6 WpHG*

Die BAFin kann gemäß § 35 Abs. 6 WpHG[165] Richtlinien aufstellen, nach denen es für den Regelfall beurteilt, ob die Anforderungen nach den §§ 31 bis 33 WpHG erfüllt sind. Vor Erlass der Richtlinie sind die Deutsche Bundesbank sowie die Spitzenverbände der betroffenen Wirtschaftskreise anzuhören. Richtlinien zu § 33 WpHG sind im Bundesanzeiger zu veröffentlichen. Die BAFin hat von dieser Ermächtigung sowohl für die §§ 31 und 32 WpHG[166] als auch für § 33 Abs. 1 WpHG[167] Gebrauch gemacht. Rechtsnatur, rechtssystematische Einordnung und Wirkung dieser Richtlinien sind umstritten.

Die Frage lautet, ob die BAFin für die Gerichte verbindlich festlegen kann, welche Organisationsstruktur ein in privatrechtlicher Rechtsform organisiertes Wertpapierdienstleistungsunternehmen haben muss. Darauf kommt es an, wenn die BAFin in Ausübung ihrer Missstandsaufsicht nach § 4 Abs. 1 WpHG beurteilt, ob es Maßnahmen zur Beseitigung oder Verhinderung von Missständen ergreifen will. Eine dem § 33 Abs. 1 WpHG widersprechende Organisation ist ein Missstand im Sinne des § 4 Abs. 1 WpHG. Ob aber die Anforderungen an das Unternehmen, die § 33 Abs. 1 WpHG stellt, erfüllt sind, beurteilt die BAFin anhand der von ihm ausgearbeiteten Richtlinie gemäß § 35 Abs. 6 WpHG. Zur Beantwortung der Frage nach der Bindungswirkung der Richtlinie bedarf es folglich einer genauen Bestimmung der verwaltungsrechtlichen Rechtsnatur der Richtlinien der BAFin. Diese soll zunächst vorgenommen werden.

Die vergleichsweise umfangreiche Beschäftigung mit den Problemen um die Richtlinien gemäß § 35 Abs. 6 WpHG resultiert aus der enormen praktischen Wirkung, die diese für die Organisationsstruktur privater Wertpapierdienstleistungsunternehmen, insbesondere für die bankinterne Organisation

165 Früher § 35 Abs. 2 WpHG. § 35 WpHG wurde neugefasst und teilweise erweitert durch das Gesetz zur Umsetzung von EG-Richtlinien zur Harmonisierung bank- und wertpapieraufsichtsrechtlicher Vorschriften vom 28. 9. 1998 (BGBl. I, S. 2753).

166 Richtlinie zur Konkretisierung der §§ 31 und 32 WpHG für das Kommissions-, Festpreis- und Vermittlungsgeschäft der Kreditinstitute vom 26. Mai 1997, Bundesanzeiger Nr. 98 vom 3. Juni 1997, S. 6586.

167 Richtlinie zur Konkretisierung der Organisationspflichten von Wertpapierdienstleistungsunternehmen gemäß § 33 Abs. 1 WpHG vom 25. Oktober 1999, Bundesanzeiger Nr. 210 vom 6. November 1999, S. 18453.

der Effektenberatung haben. Ohne die Diskussion um Rechtsnatur und Bindungswirkung der Richtlinien vorwegzunehmen, kann an dieser Stelle bereits eines festgehalten werden: In der Praxis erfahren die Richtlinien der BAFin eine gesteigerte Aufmerksamkeit durch die von ihnen betroffenen Wertpapierdienstleistungsunternehmen.[168]

3. Rechtliche Einordnung und Ermächtigungsgrundlage

Die Richtlinien, welche die BAFin nach § 35 Abs. 6 WpHG erlässt, sind Verwaltungsvorschriften. Dafür sprechen sowohl die Gesetzgebungsgeschichte als auch die gesetzessystematische Stellung.

Ausweislich der Gesetzgebungsmaterialien handelt es sich bei den Richtlinien „... nicht um Rechtsnormen oder Verwaltungsakte, so dass an ihre Nichtbeachtung keine umittelbaren Rechtsfolgen geknüpft werden können".[169] Das trifft auf Verwaltungsvorschriften als generell-abstrakte Anordnungen zu, da sie grundsätzlich keine unmittelbare Außenwirkung besitzen.

Auch die Systematik des WpHG streitet für die rechtliche Einordnung der Richtlinien als Verwaltungsvorschriften. Das WpHG ermächtigt die BAFin nämlich auch zum Erlass von Rechtsverordnungen, wenn das Bundesministerium der Finanzen seine Ermächtigung zum Erlass von Rechtsverordnungen auf die BAFin delegiert. Solche Ermächtigungen des Bundesministeriums der Finanzen, seine Ermächtigung zum Verordnungserlass seinerseits per Rechtsverordnung auf die BAFin zu übertragen, finden sich in §§ 9 Abs. 4, 11 Abs. 3 Satz 2, 34 Abs. 2 Satz 2, 34a Abs. 3 Satz 2, 36 Abs. 5 Satz 1 WpHG. Hier verwendet das Gesetz den Begriff der Rechtsverordnung. Ein Hinweis auf die Veröffentlichungspflicht unterbleibt als Selbstverständlichkeit für eine außenwirksame Rechtsverordnung.[170] Demgegenüber spricht das Gesetz in § 35 Abs. 6 WpHG von „Richtlinien" und verpflichtet die BAFin zu ihrer Veröffentlichung im Bundesanzeiger.[171]

---

168 Paraller Befund bei *Bliesener* Aufsichtsrechtliche Verhaltenspflichten beim Wertpapierhandel, S. 129f.

169 Beschlussempfehlung und Bericht des Finanzausschusses des Deutschen Bundestages, BT-Drucks. 12/7918, S. 106.

170 *Ossenbühl* in: Erichsen, Allgemeines Verwaltungsrecht, § 6 Rn. 29.

171 Verwaltungsvorschriften bedürfen zu ihrer Wirksamkeit der Publikation. Dabei muss sich die Verkündung an all jene richten, die von ihr betroffen sind. Im Falle der Richtlinien nach § 35 Abs. 6 WpHG würde folglich die behördeninterne Verkündung genügen. Vgl. näher *Ossenbühl* in: Erichsen Allgemeines Verwaltungsrecht, § 6 Rn. 57.

Der Erlass von Verwaltungsvorschriften ist der Exekutivgewalt inhärent.[172] Es bedarf zum Erlass von Verwaltungsvorschriften daher keiner besonderen gesetzlichen Ermächtigungsgrundlage.[173] Insofern haben Gesetze, die den Erlass von Verwaltungsvorschriften regeln nur deklaratorischen Charakter. Dem Leiter einer Behörde steht intern die Befugnis zur Erteilung von Einzelweisungen oder von abstrakt-generellen Anordnungen, also Verwaltungsvorschriften, nach dem hierarchisch ausgestalteten Weisungsrecht zu. Diese Ermächtigung zum Erlass von Verwaltungsvorschriften beruht auf der Befugnis zur Leitung eines Geschäftsbereichs.[174] § 35 Abs. 6 WpHG ist damit lediglich eine Kompetenznorm. Einer spezialgesetzlichen Ermächtigungsgrundlage zum Erlass von Verwaltungsvorschriften durch die BAFin bedarf es nicht.

4. Rechtsnatur

a) Allgemeines

Verwaltungsvorschriften sind generell-abstrakte Anordnungen einer Behörde an nachgeordnete Behörden oder eines Vorgesetzten an die ihm unterstellten Verwaltungsbediensteten.[175] Sie dienen der näheren Bestimmung der Organisation und des Handelns der Verwaltung. Hinsichtlich der Terminologie herrscht wenig Klarheit.[176] Das liegt auch an den fließenden Übergängen zwischen den verschiedenen Arten von Verwaltungsvorschriften.

Die Richtlinien der BAFin nach § 35 Abs. 6 WpHG sind Anordnungen des Präsidiums an die zuständigen Referate des Amtes. Anhand der in den Richtlinien gesetzten Maßstäbe legen die zuständigen Mitarbeiter der

---

172 BVerfGE 26, 338, 396.

173 Anderes gilt für Rechtsverordnungen. Nach Art. 80 Abs. 1 Satz 1 GG bedarf es zum Erlass von Rechtsverordnungen einer gesetzlichen Grundlage.

174 So BVerwG DÖV 1957, 863, 864.

175 *Maurer* Allgemeines Verwaltungsrecht, § 24 Rn. 1; *Ossenbühl* in: Erichsen, Allgemeines Verwaltungsrecht, § 6 Rn. 31. Die Bezeichnungen für Verwaltungsvorschriften sind unterschiedlich. Handelt es sich um ministerielle Verwaltungsvorschriften, so wird meist von Erlassen gesprochen. Im Falle anderer Behörden ist zumeist von Verfügungen, Dienstanweisungen, Anordnungen oder – wie im Falle der hier untersuchten, von der BAFin zu erlassenden Verwaltungsvorschriften gemäß § 35 Abs. 6 WpHG – von Richtlinien die Rede. Vgl. näher *Ossenbühl*, a.a.O.

176 Vgl. nur die unterschiedliche Typologisierung bei *Ossenbühl* in: Erichsen, Allgemeines Verwaltungsrecht, § 6 Rn. 31 und *Maurer* Allgemeines Verwaltungsrecht, § 24 Rn. 7 ff.

BAFin, als Adressaten der Richtlinien, die Vorschriften der §§ 31, 32 bzw. 33 WpHG aus.[177]

Im verwaltungsrechtlichen Schrifttum ist die Frage der Rechtsnatur von Verwaltungsvorschriften umstritten. Es geht um die Frage nach ihrem Rechtsquellencharakter.[178] Umstritten ist, ob es sich bei den Verwaltungsvorschriften um Rechts*normen* handelt.[179] Dieser Streit basiert hauptsächlich auf einer historisch bedingten Verschiebung der Diskussionsebenen[180] und trägt zur Beantwortung der praktisch interessierenden Fragen, hier insbesondere nach der Bindungswirkung von Verwaltungsvorschriften, nichts bei.[181] Jedenfalls aber sind Verwaltungsvorschriften rechtliche Regelungen. Dies indiziert schon ihre Verbindlichkeit gegenüber Behörden und Bediensteten.[182] Aus diesen Regelungsadressaten ergibt sich ihr Charakter als dem staatlichen Innenraum zuzuordnende verwaltungsinterne Regelungen.[183]

Von den verschiedenen Arten von Verwaltungsvorschriften kommen im Falle der Richtlinien der BAFin gemäß § 35 Abs. 6 WpHG die Qualifizierung als *norminterpretierende* oder *normkonkretisierende* Verwaltungsvorschrift in Betracht.[184] Aus der sogleich herauszuarbeitenden Einordnung

---

177 *Bliesener* Aufsichtsrechtliche Verhaltenspflichten beim Wertpapierhandel, S. 127.

178 Das ist das „Kernproblem" nach *Ossenbühl* in: Erichsen, Allgemeines Verwaltungsrecht, § 6 Rn. 41.

179 Gegen Rechtsnormcharakter dezidiert *Mayer* Allgemeines Verwaltungsrecht, 3. Aufl., S. 15; vorsichtiger *ders.* Allgemeines Verwaltungsrecht, 4. Aufl., S. 21; *Mayer/Kopp* Allgemeines Verwaltungsrecht, S. 101 f; differenzierend *Maurer* Allgemeines Verwaltungsrecht, § 24 Rn. 3. Für Rechtsnormcharakter *Meyer-Cording* Die Rechtsnormen, 1971, S. 119.

180 Vgl. dazu in ausführlicher Auseinandersetzung mit den unterschiedlichen zugrunde liegenden verwaltungsrechtlichen Sichtweisen *Böckenförde/Grawert* AöR 95 (1970) 1, 6 ff. Dazu auch *Maurer* Allgemeines Verwaltungsrecht, § 24 Rn. 2.

181 *Ossenbühl* in: Erichsen, Allgemeines Verwaltungsrecht, § 6 Rn. 41.

182 *Maurer* Allgemeines Verwaltungsrecht, § 24 Rn. 3.

183 *Maurer* Allgemeines Verwaltungsrecht, § 24 Rn. 3.

184 Auszuscheiden sind an dieser Stelle organisatorische Verwaltungsvorschriften, die lediglich den Aufbau und die innere Ordnung der Behörde regeln. Ebenfalls nicht einschlägig ist der Typ der Ermessenensrichtlinie, wie zum Beispiel der Subventionsrichtlinien. Sie steuern das Verwaltungshandeln auf der Rechtsfolgenseite, wohingegen es im Falle der Richtlinien der BAFin ja gerade um Maßstäbe zur Tatbestandsauslegung geht. Es handelt sich auch nicht um sog. Vereinfachungsanweisungen. Diese werden zumeist in der Finanzverwaltung zur Vereinfachung durch Pauschalierung, Bagatellgrenzen oder Schätzungsrichtlinien eingesetzt. Schließlich fungieren die Richtlinien der BAFin auch nicht zur Schließung bewusster Gesetzeslücken, sind mithin kein administratives Ergänzungsrecht. Vgl. auch den typologischen Überblick bei *Ossenbühl* in: Erichsen, Allgemeines Verwaltungsrecht, § 6 Rn. 32 ff; *Maurer* Allgemeines Verwaltungs-

können sich je nach Ergebnis ganz unterschiedliche Folgen für die Wirkung der Richtlinien ergeben. Zunächst sollen die beiden in Betracht kommenden Möglichkeiten in ihren Grundzügen umrissen werden.

b) Norminterpretierende Verwaltungsvorschriften

Im Bereich sachlichen Verwaltungshandelns dienen Verwaltungsvorschriften häufig der Auslegung und Interpretation von Rechtsnormen. Verwaltungsvorschriften werden daher gerade bei Vorliegen unbestimmter Rechtsbegriffe erlassen, um Zweifelsfragen zu klären und letztlich eine einheitliche Anwendung der Gesetze durch die Exekutive zu gewährleisten. Diese Verwaltungsvorschriften werden als *gesetzesauslegende* oder *norminterpretierende* Verwaltungsvorschriften bezeichnet. Sie dienen ferner der Vereinfachung der mit der Auslegung von Gesetzen befassten Verwaltungsbediensteten.[185] Die Initiative zum Erlass *norminterpretierender* Verwaltungsvorschriften geht dabei von der erlassenden Stelle selbst aus.

c) Normkonkretisierende Verwaltungsvorschriften

Ein neuer und noch nicht endgültig im System der Verwaltungsvorschriften etablierter Typ sind die sog. *normkonkretisierenden* Verwaltungsvorschriften. Sie sind von den lediglich *(norm)interpretierenden* Verwaltungsvorschriften zu unterscheiden. Aufgrund einer gesetzlichen Ermächtigung konkretisieren sie „offene" gesetzliche Tatbestände und füllen diese in rechtssatzmäßiger Weise aus.[186]

Darin ähneln sie auf den ersten Blick dem administrativen Ergänzungsrecht, welches bewusst offen gelassene Gesetzeslücken schließt oder durch formalgesetzliche Verweisung in den Regelungszusammenhang des Gesetzes einbezogen wird.[187] Doch unterscheiden sich *normkonkretisierende* Verwaltungsvorschriften von administrativem Ergänzungsrecht dadurch, dass ihnen nicht die Funktion zukommt, *bewusst* offen gelassene Gesetzeslücken

---

recht, § 24 Rn. 8 ff., beide mit weiterführenden Hinweisen zu den einzelnen Typen von Verwaltungsvorschriften.

185 *Maurer* Allgemeines Verwaltungsrecht, § 24 Rn. 9. Besonders anschaulich *Ossenbühl* in: Erichsen, Allgemeines Verwaltungsrecht, § 6 Rn. 35 „... nehmen dem Heer von rechtsanwendenden Bediensteten an der Verwaltungsfront ... Denkarbeit ab ..."

186 *Maurer* Allgemeines Verwaltungsrecht, § 24 Rn. 9.

187 Zur Problematik der Verweisung als Gesetzgebungstechnik vgl. näher *Schenke* NJW 1980, 743 ff.; NJW 1979, 623 ff.; *Ossenbühl* DVBl. 1967, 401 ff.

zu schließen. Der Gesetzgeber greift zum Beispiel dann bewusst zur Verweisung als einer Gesetzgebungstechnik, wenn er Vorschriften anderer Normgeber in das zu erlassende Gesetz einbeziehen, also selbst den gesetzlichen Tatbestand nicht vollständig festlegen will.[188] Damit wird die Norm, auf welche verwiesen wird, in den Gesetzgebungskontext einbezogen. Handelt es sich um eine untergesetzliche Norm der Exekutive, so spricht man von administrativem Ergänzungsrecht.[189]

Normkonkretisierende Verwaltungsvorschriften hingegen werden von der Exekutive selbst erlassen und dienen der Konkretisierung unbestimmter Rechtsbegriffe und nicht der Schließung bewusster Regelungslücken.

Die Existenz *normkonkretisierender* Verwaltungsvorschriften wird im Schrifttum zum Teil verneint. Dabei richtet sich die Kritik gegen eine den Norm*tatbestand* steuernde Befugnis der Exekutive. Denn bislang ist nur ein Beurteilungsspielraum auf der *Rechtsfolgen*seite der Norm durch Verwaltungsvorschriften anerkannt. Befürchtet wird eine Aushöhlung von Art. 19 Abs. 4 GG, also der letztverbindlichen Normauslegung und Tatsachenfeststellung durch die Gerichte. Diese könnten sich außerdem der Hilfe von Sachverständigen bedienen und seien damit in gleichem Maße in der Lage, selbst komplizierteste Normen auszulegen. Diese Art der Rechtssetzungsbefugnis der Exekutive, so lautet ein weiterer Einwand, bewege sich in der „Grauzone der Quasi-Normierung“. Wenn die Verwaltung Verbindliches schaffen wolle, so solle sie Rechtsverordnungen erlassen.[190]

Daran trifft zu, dass Verordnungen wie Verwaltungsvorschriften Handlungsformen der Verwaltung sind.[191] Auch Rechtsverordnungen könnten mit der für Verwaltungsvorschriften typischen und erforderlichen Flexibilität ausgestattet werden, wenngleich bei Überlegungen in dieser Richtung aber das umfangreichere Verfahren zur Verordnungssetzung nicht außer Acht gelassen werden sollte. Tatsache ist jedoch, dass die Exekutive weithin den Erlass von Verwaltungsvorschriften bevorzugt.[192] Hätte der Gesetzgeber verfassungsrechtlich nur die Wahl zwischen Verordnungsermächtigung an die Verwaltung und selbstgesetztem Gesetzesrecht, so wäre dies unerheblich. Aus Art. 80 Abs. 1 GG folgt dies jedoch nicht und daher kann bzw. muss Rechtserzeugung in Form von (*normkonkretisierenden*) Verwaltungsvorschriften Teil der Kompetenz der Exekutive sein.[193]

---

188 Vgl. nur *Arndt* JuS 1979, 784.
189 *Ossenbühl* in: Erichsen, Allgemeines Verwaltungsrecht, § 6 Rn. 39.
190 Vgl. umfassend zu den Bedenken die Zusammenfassung bei *Gerhardt* NJW 1989, 2233, 2234.
191 Vgl. nur *Erichsen* in: Erichsen, Allgemeines Verwaltungsrecht, § 11 Rn. 1.
192 *Gerhardt* NJW 1989, 2233, 2237.
193 Dazu *Hill* NVwZ 1989, 401; *Erbguth* DVBl 1989, 473.

Normkonkretisierende Verwaltungsvorschriften postulieren die Befugnis und den Auftrag der Verwaltung zur Normkonkretisierung, wenn die Norm in besonderem Maße auslegungsbedürftig, das heißt zu ihrer Anwendung im Einzelfall eine zwischengeschaltete administrative Regelung erforderlich ist. Nur dort, wo in besonderem Maße Auslegungsbedarf besteht, können überhaupt *normkonkretisierende* Verwaltungsvorschriften anerkannt werden. Sie sollen die von der auszulegenden Norm erfassten Sachverhalte, Bezüge und Belange wertend und optimierend in ein anwendungsfähiges Programm umsetzen.[194] Dabei soll auf den Erfahrungsschatz der Exekutive zurückgegriffen werden und es sind vor Erlass der Verwaltungsvorschrift gegebenenfalls Sachverständige miteinzubeziehen. Mit der Absicherung der entstehenden Verwaltungsvorschrift durch Beiziehung von Sachverständigen und der beteiligten Kreise, werden angemessene Vorkehrungen getroffen, um „richtige" Normkonkretisierung zu erreichen.[195]

Darüber hinaus ist zu fragen, ob mit den Mitteln des Prozessrechts ein Gericht in der Lage wäre, die Norm sachadäquat anhand des konkreten Einzelfalls auszulegen.[196] Kommt man zu einer negativen Antwort auf diese Frage, so kann die Lösung nur in der Befugnis der Verwaltung liegen, verbindliche Auslegungsstandards festzulegen. Für diese Befugnis bedarf es allerdings einer besonderen Ermächtigung, weil sie über die lediglich intern wirkende Interpretationshilfe hinausgeht. Dies leitet über zum Problem der Bindungswirkung.

5. *Rechtswirkung von Verwaltungsvorschriften*

a) Grundsätzlich keine Außenwirkung

Verwaltungsvorschriften besitzen grundsätzlich nur eine bindende Innenwirkung. Sie entfalten ihre rechtliche Bindungswirkung grundsätzlich nur im innerstaatlichen Bereich, denn auch nur dort befinden sich ihre Regelungsadressaten. Die nachgeordneten Behörden oder Bediensteten haben kraft ihrer dienstlichen Gehorsamspflicht bzw. kraft der Geschäftsleitungs- und Organisationsgewalt der vorgesetzten Stelle, die Verwaltungsvorschriften zu beachten und anzuwenden.[197]

---

194 *Gerhardt* NJW 1989, 2233, 2236.

195 Vgl. *Gerhardt* NJW 1989, 2233, 2238.

196 So auch *Gerhardt* NJW 1989, 2233, 2237.

197 *Maurer* Allgemeines Verwaltungsrecht, § 24 Rn. 16; *Ossenbühl* in: Erichsen, Allgemeines Verwaltungsrecht, § 6 Rn. 43.

Fraglich und umstritten ist jedoch, ob Verwaltungsvorschriften auch eine bindende Außenwirkung besitzen. Würde man sich auf den Gegensatz Innen- und Außenbereich beschränken und im Außenbereich lediglich bindende Rechtsverordnungen anerkennen, so ließe man außer Acht, dass zwischen beiden Bereichen vielfältige Wechselwirkungen bestehen.[198] Zur Bestimmung einer bindenden Außenwirkung von Verwaltungsvorschriften ist einerseits bedeutsam, wen sie binden sollen und zum anderen muss bestimmt werden, welche Art von Verwaltungsvorschriften überhaupt nur eine aus dem innerstaatlichen Bereich heraustretende Bindungswirkung haben kann. Denn ohne Frage hat zum Beispiel eine Organisations- bzw. Dienstvorschrift der Behörde kein über die Strukturierung von Aufbau und Ablauf verwaltungsinterner Tätigkeit hinausreichendes Interesse. Die Frage nach ihrer Bindungswirkung nach außen stellt sich insofern gar nicht.[199]

Viele Verwaltungsvorschriften bestimmen aber gerade, wie die Verwaltung ihre Aufgaben gegenüber dem Bürger wahrnehmen soll und haben damit für diesen oft eine unmittelbare tatsächliche bzw. faktische Aus(sen)-wirkung. Sie finden daher beim Bürger häufig eine stärkere Beachtung als förmliche Gesetze.[200] Dies muss in irgendeiner Form rechtliche Relevanz besitzen.

b) Mittelbare Außenwirkung

Nach herrschender Auffassung im verwaltungsrechtlichen Schrifttum wird eine mittelbare Außenwirkung für Verwaltungsvorschriften über die Verwaltungspraxis und Art. 3 Abs. 1 GG hergestellt.[201] Durch ständige gleichmäßige Anwendung der Verwaltungsvorschriften in der Verwaltungspraxis bindet sich die Verwaltung selbst (sog. „Selbstbindung der Verwaltung"). Dies folgt aus dem allgemeinen Gleichheitssatz (Art. 3 Abs. 1 GG), nach dem gleich gelagerte Fälle nicht ohne sachlichen Grund unterschiedlich behandelt werden dürfen.[202] Für diese mittelbare Außenwirkung ist jedoch

---

198 Zu diesen *Ossenbühl* in: Erichsen, Allgemeines Verwaltungsrecht, § 6 Rn. 44 m.w.N.

199 Vgl. *Maurer* Allgemeines Verwaltungsrecht, § 24 Rn. 17 ff. zur Frage der internen Reichweite der Bindungswirkung von Verwaltungsvorschriften.

200 Dies gilt zum Beispiel in starkem Maße für die große Anzahl von Steuerrichtlinien, welche die Praxis der Finanzbehörden widerspiegeln. Dazu *Ossenbühl* in: Erichsen, Allgemeines Verwaltungsrecht, § 6 Rn. 46.

201 *Maurer* Allgemeines Verwaltungsrecht, § 24 Rn. 21;

202 BVerwGE 34, 278, 280 (Wehrpflicht); BVerwGE 36, 323, 327 (Wehrpflicht); BVerwGE 44, 72, 74f. (Beihilfe für Beamte); BVerwGE 61, 15, 18; 100, 335, 339f. (Ausländerrichtlinien).

Voraussetzung, dass eine gewisse Verwaltungspraxis besteht. Die Verwaltung muss also schon einen bestimmten Zeitraum bzw. mindestens zweimal in der in Frage stehenden Art und Weise gehandelt haben. Damit ist eine mittelbare Außenwirkung nicht an die Verwaltungsvorschrift geknüpft, sondern an die ständige Verwaltungsübung.

Für den Fall erstmaliger Anwendung,[203] behilft sich die Rechtsprechung mit der sog. „antizipierten Verwaltungspraxis", das heißt sie nimmt einen Verstoß gegen den Gleichheitssatz im Blick auf künftig zu erwartende Fälle an.[204] Das aber bedeutet in Wahrheit, dass bereits der Verwaltungsvorschrift selbst Außenwirkung zugesprochen wird, diese also nicht erst über die „Umschaltnorm" des Gleichheitssatzes begründet werden muss.[205] Nach der Lehre vom Administrativrecht sollte daher statt der Fiktion der antizipierten Verwaltungspraxis, allgemein die Existenz eines eigenständigen Administrativrechts anerkannt werden.[206] Beide Ansichten kommen jedoch im Ergebnis zur Verbindlichkeit *normkonkretisierender* Verwaltungsvorschriften.

Auf der Linie der Lehre vom Administrativrecht liegt die Rechtsprechung des *BVerwG* im Bereich des technischen Sicherheitsrechts und im Umweltrecht zur Existenz *normkonkretisierender* Verwaltungsvorschriften.[207] Das *BVerwG* hat in einer Entscheidung im Jahre 1985 eine Verwaltungsvorschrift des Bundesministers des Inneren, die „Allgemeine Berechnungsgrundlage für Strahlenexposition bei radioaktiven Ableitungen mit der Abluft oder in Oberflächengewässern" als *normkonkretisierende* Verwaltungsvorschrift anerkannt. Hiermit wird der Verwaltungsvorschrift innerhalb der gesetzlich gezogenen Grenzen eine modifizierte Bindungswirkung auch für den Richter zugesprochen. Wegen der speziell atomrechtlichen Natur dieser Verwaltungsvorschrift ist die Frage nach Verallgemeinerung dieser *BVerwG*-Entscheidung für den gesamten Bereich der Verwaltungsvorschriften fraglich. Die

---

203 Freilich handelt es sich hier um einen nach *Maurer* Allgemeines Verwaltungsrecht, § 24 Rn. 22 in der Literatur überbetonten (eher seltenen) Sachverhalt.

204 BVerwGE 52, 193, 199; BVerwGE DVBl 1982, 196.

205 Vgl. *Ossenbühl* in: Erichsen, Allgemeines Verwaltungsrecht, § 6 Rn. 50.

206 Nachweise zur Lehre bei *Ossenbühl* in: Erichsen, Allgemeines Verwaltungsrecht, § 6 Rn. 52 Anm. 137. Dort (Rn. 52) auch zur Auseinandersetzung mit dem Vorwurf, die Anerkennung eines eigenständigen Administrativrechts verstoße gegen die Verfassung.

207 BVerwGE 72, 300, 320 (Wyhl); 78, 214, 227; BVerwG NVwZ 1988, 824 (TA-Luft). Weitere Nachweise bei *Ossenbühl* in: Erichsen, Allgemeines Verwaltungsrecht, § 6 Rn. 53 in Anm. 145.

Literatur steht dem eher aufgeschlossen gegenüber,[208] während sich das *BVerfG* zurückhaltend geäußert hat.[209]

6. Die Richtlinien der BAFin als normkonkretisierende Verwaltungsvorschriften

a) Grundlagen

Die Rechtsnatur der Richtlinien der BAFin wird in der Literatur nicht einheitlich beurteilt.[210] Zum einen werden sie als lediglich *norminterpretierende* Verwaltungsvorschriften[211] betrachtet. Andererseits wird ihnen aber auch vereinzelt die Qualität *normkonkretisierender* Verwaltungsvorschriften beigemessen.[212] Überwiegend beschränkt sich das Schrifttum auf die Einordnung als Verwaltungsvorschrift, ohne dies weiter zu differenzieren.[213] Eine

---

208 Vgl. nur *Gerhardt* NJW 1989, 2233ff.; *Erbguth* DVBl 1989, 473ff.; *Hill* NVwZ 1989, 401ff. Zusammenfassend *Ossenbühl* in: Erichsen, Allgemeines Verwaltungsrecht, § 6 Rn. 53.

209 BVerfGE 78, 214, 227 „Sonderfall der atomrechtlichen Genehmigung".

210 Von einem „Streit" zu sprechen wäre hier zu hoch gegriffen angesichts der nur wenigen Stellungnahmen, welche hinausgehend über die allgemeine Feststellung, dass es sich bei den Richtlinien um Verwaltungsvorschriften handelt, überhaupt eine Unterscheidung vornehmen. Bei den differenzierenden Äußerungen überwiegt die Einordnung der Richtlinien als norminterpretierende Verwaltungsvorschriften.

211 *Bliesener* Aufsichtsrechtliche Verhaltenspflichten beim Wertpapierhandel, S. 128; *Möllers/Ganten* ZGR 1998, 773, 800f; *diesen* folgend *Schulte-Frohlinde* Art. 11 Wertpapierdienstleistungsrichtlinie und seine Umsetzung durch das Wertpapierhandelsgesetz, S. 77; *Scharpf* Corporate Governance, Compliance und Chinese Walls, S. 222 f.

212 So *Schön* Verhaltensregeln für Wertpapierdienstleistungsunternehmen nach dem Zweiten Finanzmarktförderungsgesetz, S. 131f. Allerdings begründet *Schön* seine Ansicht lediglich mit der Komplexität des Regelungsbereichs. Die Komplexität eines Sachverhalts allein kann aber die Befugnis der Verwaltung nicht begründen, die Gerichte bindendes Recht zu setzen. Sachverhaltskomplexität ist den Gerichten bei der Auslegung und Anwendung von Normen wohl vertraut und eignet fast jedem praktischen Fall. Unklar bleibt die Ansicht von *Arendts* in: Privatautonomie und Ungleichgewichtslagen, S. 165, 169. Danach (werden) Aufklärungs- und Beratungspflichten zunehmend durch die Rechtsprechung und „durch vom Bundesaufsichtsamt für den Wertpapierhandel zu erlassende Richtlinien konkretisiert."

213 *Koller* in: Assmann/Uwe H. Schneider, WpHG, § 35 Rn. 6; *Köndgen* ZBB 1996, 361. Für *Kümpel* Bank- und Kapitalmarktrecht, Rn. 16.534 ergeben sich aus der

Unterscheidung ist jedoch erforderlich, da nur so die rechtlichen Wirkungen feststellbar sind, welche die Richtlinien in der Praxis haben können. Dafür sei noch einmal in Erinnerung gerufen, dass die Regelung in § 33 Abs. 1 WpHG einen erheblichen faktischen Einfluss auf die Binnenorganisation der Wertpapierdienstleistungsunternehmen hat. Die gesellschaftsrechtlich bestehende weitgehende Freiheit der Geschäftsleitung zur Organisation des Unternehmens wird durch die öffentlich-rechtlichen Vorgaben stark eingeschränkt. Es gilt zu klären, ob es sich bei den Richtlinien um *norminterpretierende* oder *normkonkretisierende* Verwaltungsvorschriften handelt.

Gegen eine Qualifizierung als *normkonkretisierende* Verwaltungsvorschrift spricht zunächst, dass diese bislang ein Spezialfall verwaltungsrechtlicher Natur zu sein scheinen.[214] Auch hat der *EuGH* in zwei Urteilen Verwaltungsvorschriften als besonderes Instrument zur Umsetzung europäischer Richtlinien in nationales Recht verworfen.[215] Damit könnte ein wesentlicher Anwendungsbereich *normkonkretisierender* Verwaltungsvorschriften entfallen sein.[216]

Die Richtlinien nach § 35 Abs. 6 WpHG setzen jedoch nicht unmittelbar gemeinschaftsrechtliche Vorgaben um. Sie sind mit den den *EuGH*-Entscheidungen zugrunde liegenden Rechtsakten daher nicht vergleichbar. Ferner ist überzeugend dargelegt worden, dass *normkonkretisierende* Verwaltungsvorschriften auch außerhalb des Atomrechts wichtige praktische Anwendungsfelder haben und haben können.[217]

Gegen eine Qualifizierung als *normkonkretisierende* Verwaltungsvorschrift könnte ferner die Formulierung in den Gesetzesmaterialen sprechen. Danach handelt es sich bei den Richtlinien „nicht um Rechtsnormen oder Verwaltungsakte", „so dass an ihre Nichtbeachtung keine unmittelbaren Rechtsfolgen geknüpft werden können."[218]

BAFin-Richtlinie das Wertpapierdienstleistungsunternehmen treffende Organisations*pflichten* (Hervorhebung durch Verfasser); vgl. auch *ders.* Wertpapierhandelsgesetz, S. 186 f.

214 Noch enger BVerfGE 78, 214, 227: Sonderfall des Atomrechts.

215 EuGH, Rs C-361/88, Slg 1991, I-2567; Rs C-59/89, Slg 1991, I-2607.

216 So die Befürchtung von *Ossenbühl* in: Erichsen, Allgemeines Verwaltungsrecht, § 6 Rn. 53.

217 BayVerfGH NVwZ 1997, 56 „Beihilfevorschriften als normative Konkretisierung des dem Dienstherrn bei der Umsetzung der Fürsorgepflicht zustehenden Ermessens"; BVerwGE 94, 326; BVerwGE 94, 335, 340 „Regelsätze im Sozialhilferecht als „konkretisierende" Rechtsnormen mit Außenwirkung"; VGH BW VBlBW 1990, 56, 61 „Berechnungsanleitung in der Flughafenplanfeststellung". Aus der Literatur vgl. zum Beispiel *Huber* ZMR 1992, 469 ff. für den örtlichen Mietspiegel.

218 Beschlussempfehlung und Bericht des Finanzausschusses des Deutschen Bundestages, BT-Drucks. 12/7918, S. 106.

Damit ist jedoch zunächst einmal nur gesagt, dass die Richtlinien der BAFin eine von Rechtsnormen und Verwaltungsakten verschiedene Rechtsnatur haben, nämlich Verwaltungsvorschriften sind. Und an diese sind – wie oben dargelegt – grundsätzlich keine nach außen wirkenden Rechtsfolgen geknüpft. In den Gesetzesmaterialien fehlt es dann an einer weiteren Differenzierung. Unstreitig entfalten Verwaltungsvorschriften wie gesehen aber rechtliche Binnenwirkungen, das heißt sie binden die behördenintern untergeordneten Stellen und Verwaltungsbediensteten. Eine andere Frage ist die der Bindung externer Regelungsadressaten, also hier der Bindung des Wertpapierdienstleistungsunternehmens an die Richtlinien der BAFin. Die Richtlinien der BAFin adressieren jedoch überhaupt nicht an die Wertpapierdienstleistungsunternehmen, sondern an die für die Aufsicht zuständigen Mitarbeiter des Amts. Gleichwohl wird häufig eine *Verpflichtung* des Wertpapierdienstleistungsunternehmens konstatiert, die Vorgaben der BAFin-Richtlinien umzusetzen, wobei bemerkenswerterweise zum Teil zugleich ihre rechtliche Unverbindlichkeit betont wird.[219] Diesen Widerspruch gilt es aufzulösen.

Widersprüchlich sind auch die Gesetzesmaterialien selbst. Zwar verneinen sie unmittelbare Rechtsfolgen aus der Richtlinie. Andererseits soll jedoch bei einem Verstoß gegen die Richtlinien die Vermutung bestehen, dass eine Verhaltensregel verletzt und damit ein Missstand im Sinne des WpHG vorliegt.[220] Eine rechtlich bindende Vermutung, dass eine Verhaltensregel oder Organisationspflicht gemäß §§ 31ff. WpHG verletzt ist, kann grundsätzlich aber nur durch Rechtsnormen begründet werden,[221] die ohne Zweifel erkennen lassen, welche Rechtsfolgen ein Verstoß nach sich zieht. Zu den Rechtsnormen sollen die Richtlinien aber den Materialien nach gerade nicht zu

219 Vgl. nur *Baur* Die Bank 1997, 485ff.; *Jütten* Die Bank 1999, 126, 127, 129. Dieses Verständnis beruht wohl auf den Formulierungen der Richtlinien der BAFin, in welchen immer wieder von „Verpflichtungen" des Wertpapierdienstleistungsunternehmens die Rede ist.
Balzer ZBB 1997, 260, 268 hält die Richtlinie für unverbindlich, sieht aber im Falle eines Verstoßes die Vermutung für einen Verstoß gegen das WpHG selbst begründet. So schon Beschlussempfehlung und Bericht des Finanzausschusses des Deutschen Bundestages, BT-Drucks. 12/7918, S. 106. Kritisch *Koller* in: Assmann/Uwe H. Schneider, WpHG, § 35 Rn. 6.

220 Beschlussempfehlung und Bericht des Finanzausschusses des Deutschen Bundestages, BT-Drucks. 12/7918, S. 106. Dem folgend *Birnbaum* in: Kümpel/Ott, Kapitalmarktrecht, 631/1, S. 15.

221 Zu den in den letzten Jahren vermehrt durch die Rechtsprechung aufgestellten, nicht unter § 292 ZPO fallenden, d.h. tatsächlichen Vermutungen vgl. *Möllers* Rechtsgüterschutz im Umwelt- und Haftungsrecht, § 5 m.w.N.

rechnen sein. Damit ergeben sich zwei Lesarten.[222] Entweder es handelt sich bei der Formulierung, ein Verstoß gegen die Richtlinien begründe die Vermutung der Verletzung des WpHG um eine misslungene Formulierung, die eher Wunsch als Regelungsabsicht ausdrückt. Oder der Gesetzgeber sieht in den Richtlinien nach § 35 Abs. 6 WpHG doch nicht nur *norminterpretierende* Verwaltungsvorschriften,[223] sondern ein Mehr, was jedoch qualitativ noch nicht Rechtsverordnung ist. Hier blieben dann nur die *normkonkretisierenden* Verwaltungsvorschriften. Jedenfalls sprechen die Materialen insoweit noch nicht gegen die Qualifizierung der Richtlinien als *normkonkretisierende* Verwaltungsvorschriften.

Ein Verstoß gegen die Regelungen der § 31 ff. WpHG ist durch die BAFin im Rahmen und mit Mitteln der Missstandsaufsicht nach § 4 Abs. 1 WpHG zu ahnden.[224] Die BAFin trifft danach Anordnungen zur Beseitigung oder Verhinderung von Missständen, wenn Missstände bestehen, welche die ordnungsgemäße Durchführung des Wertpapierhandels oder Erbringung von Wertpapierdienstleistungen oder Wertpapiernebendienstleistungen beeinträchtigen oder erhebliche Nachteile für den Wertpapiermarkt bewirken können. An die Erfüllung dieser Tatbestandsmerkmale knüpft das WpHG die (unmittelbaren) Rechtsfolgen, welche die BAFin in Form von „Anordnungen“, so zum Beispiel durch Erlass von Rechtsverordnungen, schlichtes Verwaltungshandeln (Bekanntmachungen, Mitteilungen, Verlautbarungen etc.), Verwaltungsakte oder im Wege der Selbstvornahme, zu vollziehen hat.[225] Diese disziplinierenden und sanktionierenden Maßnahmen sind die Rechtsfolgen eines Verstoßes gegen die Verhaltens- und Organisationspflichten der §§ 31 ff. WpHG. Anhand der Richtlinien nach § 35 Abs. 6 WpHG beurteilt die BAFin zwar die Frage, ob ein Missstand hinsichtlich der Einhaltung der §§ 31 ff. WpHG vorliegt. Es folgen aber im Falle, dass es einen solchen bejaht, keine unmittelbaren disziplinierenden bzw. sanktionierenden Rechtsfolgen aus der Richtlinie, sondern diese folgen aus § 4 Abs. 1 WpHG. Wenn die Materialien also davon sprechen, dass an die Nichtbeachtung der Richlinien selbst keine unmittelbaren Rechtsfolgen geknüpft sind, dann ist dies insoweit richtig, als mit Rechtsfolgen hier die von der BAFin zu treffenden Maßnahmen der Missstandsaufsicht gemeint sind. Jedoch ist entgegen

---

222 Zur Normauslegung anhand des gesetzgeberischen Willens vgl. allgemein *Larenz* Methodenlehre der Rechtswissenschaft, S. 328 ff.

223 So aber wollen *Möllers/Ganten* ZGR 1998, 773, 801 die Materialien verstanden wissen.

224 Vgl. auch Beschlussempfehlung und Bericht des Finanzausschusses des Deutschen Bundestages, BT-Drucks. 12/7918, S. 106.

225 Zu den verschiedenen Maßnahmemöglichkeiten der BAFin *Dreyling* in: Assmann/Uwe H. Schneider, WpHG, § 4 Rn. 18.

der – wenn man so will – überwiegenden Ansicht[226] damit nicht gemeint, dass die Richtlinien keine Bindungswirkung entfalten könnten. Auch die Gesetzesmaterialien schließen mithin nicht aus, dass es sich bei den Richtlinien der BAFin um *normkonkretisierende* Verwaltungsvorschriften handelt.

Fraglich ist hier aber auch gar nicht, ob aus der Richtlinie unmittelbare (sanktionierende) Rechtsfolgen fließen, sondern ob eine Bindungswirkung für die Gerichte eintritt. Dies wäre die rechtliche Folge der Einordnung als *normkonkretisierende* Verwaltungsvorschrift.

Eine Anerkennung *normkonkretisierender* Verwaltungsvorschriften bedeutet zugleich eine Ausnahme anzuerkennen von dem Grundsatz, dass Norminterpretation und Subsumtion Aufgabe der Gerichte ist. Die BAFin müsste folglich dazu befugt sein, verbindliche Standards zur Auslegung der §§ 31 ff. WpHG zu setzen. Die dafür erforderliche gesetzliche Grundlage enthält § 35 Abs. 6 Satz 1 WpHG.[227] Das Erfordernis einer gesetzlichen Grundlage steht auch nicht im Widerspruch zu dem oben dargelegten Grundsatz, dass es für den Erlass von Verwaltungsvorschriften einer Ermächtigungsgrundlage nicht bedarf. Denn wegen in der Regel fehlender Außenwirkung von Verwaltungsvorschriften, bedarf eine Ausnahme von diesem Grundsatz strengerer Anforderungen. Schließlich handelt es sich bei den §§ 31, 32 und 33 WpHG auch um Normen, welche in besonderem Maße der Konkretisierung bedürfen.[228]

Für eine vom Regelfall abweichende, rechtlich herausgehobenere Stellung der Richtlinien nach § 35 Abs. 6 WpHG spricht auch die vor ihrem Erlass zwingend vorgegebene Anhörung der Deutschen Bundesbank sowie der Spitzenverbände der betroffenen Wirtschaftskreise. Vor der Zusammenfassung der Finanzmarktaufsicht unter dem Dach der BAFin war nach § 35 Abs. 6 WpHG a.F. zudem das Bundesaufsichtsamt für das Kreditwesen anzuhören und die Richtlinien nur im Einvernehmen mit diesem Amt zu erlassen. Damit werden der in der Branche vorhandene Sachverstand und eine normadäquate Wertung auf genereller Ebene zusammengeführt und folglich Akzeptanz und Anwendungsfähigkeit der daraus resultierenden verbindlichen Standards zur Normauslegung sichergestellt. Auch wird damit gewährleistet, dass den Unterschieden in der Geschäftsstruktur und der Ver-

---

226 *Möllers/Ganten* ZGR 1998, 773, 801 mit Anm. 164.; *Koller* in: Assmann/Uwe H. Schneider, WpHG, § 35 Rn. 6; so wohl auch *Bliesener* Aufsichtsrechtliche Verhaltenspflichten beim Wertpapierhandel, S. 128 f.

227 Beschlussempfehlung und Bericht des Finanzausschusses des Deutschen Bundestages, BT-Drucks. 12/7918, S. 106 spricht explizit von einer „Ermächtigung" für das Aufsichtsamt.

228 Beschlussempfehlung und Bericht des Finanzausschusses des Deutschen Bundestages, BT-Drucks. 12/7918, S. 106.

schiedenartigkeit der Handelsabläufe bei den einzelnen Anbietern von Wertpapierdienstleistungen sowie der Notwendigkeit einer möglichst flexiblen Regelung Rechnung getragen wird.[229] Schließlich spricht die nach § 35 Abs. 6 WpHG vorzunehmende Veröffentlichung im Bundesanzeiger für eine gesteigerte Verbindlichkeit der Richtlinien der BAFin.[230] Denn Verwaltungsvorschriften bedürfen zur Wirksamkeit keiner Publizierung und werden im Regelfall auch nicht veröffentlicht.

Entgegen der im Schrifttum überwiegenden Ansicht, handelt es sich nach alledem bei den Richtlinien der BAFin gemäß § 35 Abs. 6 WpHG, um *normkonkretisierende* Verwaltungsvorschriften. Die BAFin setzt mit den Richtlinien die auch für Gerichte maßgeblichen, weil rechtsverbindlichen Standards für die Auslegung der §§ 31, 32 und 33 Abs. 1 WpHG, also für die Frage, ob ein Wertpapierdienstleistungsunternehmen die ihm obliegenden Verhaltens- und Organisationspflichten eingehalten hat.

b) Gerichtliche Überprüfung

Der Besonderheit, dass es sich um *normkonkretisierende* Verwaltungsvorschriften handelt, muss im Falle einer gerichtlichen Kontrolle Rechnung getragen werden. Die BAFin ist mit dem Richtlinienerlass ihrem gesetzlichen Auftrag zur Konkretisierung ihres Beurteilungsspielraums nachgekommen. In diesem Rahmen bewegen sich auch Inhalt und Grenzen der Konkretisierungsbefugnis der BAFin. Dieser Rahmen steckt aber auch den Umfang der gerichtlichen Kontrolle ab.

Das Gericht hat zu überprüfen, ob die normativen Vorgaben eingehalten worden sind, was insbesondere die Beiziehung der sachverständigen Institutionen gemäß § 35 Abs. 6 Satz 2 und Halbsatz 2 WpHG sowie die Veröffentlichung der in Frage stehenden Richtlinie im Bundesanzeiger betrifft. Es hat ferner zu überprüfen, ob die zu konkretisierenden Begriffe innerhalb des gesetzlichen Rahmens richtig ausgelegt worden sind. Anders als im Falle *norminterpretierender* Verwaltungsvorschriften, beschränkt sich die gerichtliche Kontrolle hier jedoch auf die Überprüfung, ob das Willkürgebot und der Verhältnismäßigkeitsgrundsatz gewahrt sind. Das Gericht kann damit grundsätzlich nicht mehr seine eigenen materiellen Wertungen an die Stelle derjenigen der BAFin setzen. Gerichtlicher Kontrolle ist allerdings die Frage zugänglich, ob sich in der Zeit seit Erlass der BAFin-Richtlinien neue ge-

229 Beschlussempfehlung und Bericht des Finanzausschusses des Deutschen Bundestages, BT-Drucks. 12/7918, S. 106.

230 Zum Erfordernis der Publikation normkonkretisierender Verwaltungsvorschriften vgl. auch *Gerhardt* NJW 1989, 2233, 2239.

sicherte Erkenntnisse ergeben haben, die eine andere Auslegung zwingend geboten erscheinen lassen.[231]

c) Folgerungen für die Wertpapierdienstleistungsunternehmen

Die Richtlinien der BAFin sind *normkonkretisierende* Verwaltungsvorschriften mit aus dem behördeninternen Bereich hinausreichender Bindungswirkung. Diese Bindungswirkung tritt primär gegenüber dem Gericht ein, welches im Streitfall die Einhaltung der Verhaltens- und Organisationspflichten des WpHG prüft. Jedoch strahlt die Bindungswirkung auf das Wertpapierdienstleistungsunternehmen aus, indem es verbindlich die Standards festlegt, welche zur Einhaltung der Verhaltenspflichten aus §§ 31, 32 und der Organisationspflichten aus § 33 Abs. 1 WpHG gesetzlich gefordert sind. In die Qualifizierung der BAFin-Richtlinien als *normkonkretisierende* Verwaltungsvorschriften mit Bindungswirkung gegenüber dem Richter fügt sich nun auch bruchlos die Begründung einer Vermutung eines Verstoßes gegen die Verhaltens- und Organisationspflichten des WpHG bei Verstoß gegen sie ein. Denn haben die Richtlinien eine Rechtsnormen ähnliche Bindungswirkung, so können sie gleich diesen auch rechtliche Vermutungen begründen.[232]

7. Rechtsfolgen der Gegenansicht

a) Bindungswirkung norminterpretierender Verwaltungsvorschriften

In der Literatur wird die Erwartung geäußert, dass sich die Gerichte der Richtlinien der BAFin jedenfalls als Erkenntnisquelle für einen unabdingbaren Mindeststandard an Verhaltens- und Organisationspflichten bedienen werden.[233] Dem liegt die verbreitete Auffassung zugrunde, dass es sich bei den Richtlinien lediglich um *norminterpretierende*, damit nach außen und gegenüber den Gerichten unverbindliche Verwaltungsvorschriften handelt. In dieser Sicht sollen die Gerichte in der Auslegung der §§ 31ff. WpHG völlig frei bleiben.[234] Doch fragt sich, ob dies so zutrifft.

---

231 Im Bereich des Umweltrechts geht es dabei um die Frage nach dem „Stand von Wissenschaft und Technik“, näher *Gerhardt* NJW 1989, 2239 f. m.w.N.

232 Für die Begründung einer Vermutung auch durch lediglich norminterpretierende Verwaltungsvorschriften *Balzer* ZBB 1997, 260, 268.

233 *Köndgen* ZBB 1996, 361.

234 *Koller* in: Assmann/Uwe H. Schneider, WpHG, § 35 Rn. 6; *Bliesener* Aufsichtsrechtliche Verhaltenspflichten beim Wertpapierhandel, S. 128f.; *Köndgen* ZBB 1996, 361.

Wie oben dargelegt, sollen nach herrschender verwaltungsrechtlicher Lehre Verwaltungsvorschriften mittelbare Außenwirkung über die Selbstbindung der Verwaltung durch ständige Übung, letztlich über den allgemeinen Gleichheitssatz aus Art 3 Abs. 1 GG, erlangen. Insofern kommt es auch bei *norminterpretierenden* Verwaltungsvorschriften zu einer Bindungswirkung, welche ein Gericht bei der Normauslegung nicht negieren kann.[235] Das Wertpapierdienstleistungsunternehmen könnte einen Verstoß gegen den Gleichheitsgrundsatz geltend machen, so weit die BAFin die in anderen Fällen geübte Verwaltungspraxis, bzw. hier die Orientierung an den Richtlinien gemäß § 35 Abs. 6 WpHG, nicht einhält. Allerdings würde auch hier gelten, dass in atypischen Fällen die BAFin von ihrer Selbstbindung abweichen kann.[236]

Für die Richtlinien der BAFin kann sich die Bindungswirkung für Gerichte bei ihrer Qualifizierung als lediglich *norminterpretierende* Verwaltungsvorschriften ferner aus den Grundsätzen über den Handelsbrauch ergeben.

b) Bindungswirkung nach den Grundsätzen des Handelsbrauchs

Die BAFin bezieht in der Phase des Entwurfs ihrer Richtlinien nach § 35 Abs. 6 WpHG die beteiligten Wirtschaftskreise in die Überlegungen ein. Angesichts der Vielfalt und Komplexität von Kapitalmarktgeschäften lässt sich die Kapitalmarktaufsicht nicht mehr vom grünen Tisch her steuern. Vielmehr arbeiten Aufsichtsbehörde und betroffene Unternehmen idealer Weise eng zusammen. Es ist bereits mehrfach betont worden: Die Einhaltung der kapitalmarktrechtlichen Vorgaben dient auch dem *standing* der Unternehmen. Diese sind insofern aus ureigenem Interesse an guter Zusammenarbeit mit der Aufsichtsbehörde interessiert.[237] Nur das verständige Zusammenwirken zwischen Richtliniengeber und Regelungsadressaten kann die Sachgerechtigkeit des Regelungswerks, hier der Richtlinien, sicherstellen. Die Richtlinien der BAFin sind, wenn man so will, auch Richtlinien der Wertpapierdienstleistungsunternehmen selbst. Diese „identifizieren“ sich stärker mit den Richtlinien als mit Normen, die gleichsam von oben kom-

---

235 *Maurer* Allgemeines Verwaltungsrecht, § 24 Rn. 21f.

236 Auch nach der hier vertretenen Auffassung, nach der die Richtlinien normkonkretisierende Verwaltungsvorschriften sind, ist die BAFin nicht gehindert, die Richtlinien an veränderte Sachlagen anzupassen, bzw. bereits in der Richtlinie Vorbehalte für atypische Fälle aufzunehmen. Das ergibt sich auch unmittelbar aus § 35 Abs. 6 WpHG, wenn es dort heißt „für den Regelfall“.

237 Vgl. dazu den aus der Sicht der Praxis verfassten Bericht von *Jütten* Die Bank 1999, 126 ff.

men, und setzen sie in der Praxis im Rahmen ihres Compliance-Konzeptes um. Das liegt nicht wenig an dem eben angeklungenen Grundverständnis, dass Compliance mehr ist als nur Regelwerk, nämlich gelebte Unternehmensphilosophie.[238] Aufgrund dessen und auch um langwierige Prozesse mit der BAFin zu vermeiden, werden sich die Wertpapierdienstleistungsunternehmen weitgehend an die Vorgaben der BAFin-Richtlinien halten. Ist dies längere Zeit der Fall, besteht also eine gewisse Übung, so könnten sich die Anforderungen der BAFin-Richtlinien zu einer Verkehrssitte bzw. zu einem Handelsbrauch entwickeln.[239] Handelsbräuche dienen der Typisierung von Auslegungsregeln, sind aber im Gegensatz zu Gewohnheitsrecht keine Rechtsnormen.[240] Dennoch hätten die Gerichte bei der Auslegung der Normen des WpHG etwa bestehende Handelsbräuche nach §§ 157, 242 BGB zu beachten. Die Voraussetzungen, um von einem Handelsbrauch auszugehen, sind allerdings sehr hoch. Für die Richtlinien der BAFin wird dies überhaupt erst nach jahrelanger Übung in Frage kommen.[241]

Für die Richtlinie der BAFin zu §§ 31, 32 WpHG könnte darüber die Vermutung begründet werden, dass bei Verletzung der Richtlinienstandards auch die aus dem Handelsbrauch sich ergebenden Pflichten zwischen Unternehmen und Kunden verletzt sind. Schwieriger ist allerdings die Frage zu beantworten, ob auch die organisationsrechtliche Richtlinie zu § 33 Abs. 1 WpHG einen Handelsbrauch begründen kann. Denn Handelsbräuche betreffen zumeist Vertragsschluss, Vertragsinhalt und Vertragsfolgen, gelten also vornehmlich im rechtsgeschäftlichen Bereich.[242] Die durch das Recht geforderte Organisationsstruktur eines Unternehmens gehört jedoch nicht zu den Funktionsfeldern der Verkehrssitten oder Handelsbräuche. Insofern käme es, ausgehend lediglich von *norminterpretierenden* Verwaltungsvorschriften, nur für die Richtlinie der BAFin zu §§ 31 und 32 WpHG, nicht jedoch für die Richtlinie zu § 33 Abs. 1 WpHG, bei jahrelanger Übung zu einer Verfestigung, welche die Annahme eines Handelsbrauchs begründen könnte.

---

238 Statt vieler *Eisele* in: Schimansky/Bunte/Lwowski, Bankrechts-Handbuch, § 109 Rn. 6.

239 Grundlegend zum Handelsbrauch *Canaris* Die Vertrauenshaftung im deutschen Privatrecht, S. 218ff.; *Limbach* in: Festschrift für Hirsch, S. 77ff.; *Karsten Schmidt* Handelsrecht, § 1 III 3, S. 23ff.

240 Zum Unterschied zwischen Handelsbrauch und Handelsgewohnheitsrecht vgl. *Karsten Schmidt* Handelsrecht, § 1 III 3, S. 24.

241 So auch *Reich* WM 1997, 1601, 1608; *Möllers/Ganten* ZGR 1998, 773, 808, speziell für die BAWe-Richtlinie zu §§ 31, 32 WpHG (Wohlverhaltensrichtlinie).

242 Vgl. nur *Karsten Schmidt* Handelsrecht, § 1 III 3 c, S. 26.

8. Zusammenfassung

Die von der BAFin gemäß § 35 Abs. 6 WpHG zu erlassenden Richtlinien, nach denen es für den Regelfall beurteilt wird, ob ein Wertpapierdienstleistungsunternehmen die Anforderungen nach den §§ 31 bis 33 WpHG erfüllt, sind *normkonkretisierende* Verwaltungsvorschriften. Sie binden die Gerichte im Falle eines Instreitstehens der Einhaltung der Verhaltens- und Organisationspflichten. Im Übrigen führt auch die von *norminterpretierenden* Verwaltungsvorschriften ausgehende Gegenansicht zu einer Bindungswirkung über die Selbstbindung der Verwaltung, also den allgemeinen Gleichheitssatz aus Art. 3 Abs. 1 GG und im Falle der Richtlinien zu §§ 31 und 32 WpHG, über die Grundsätze des Handelsbrauchs. Es ist davon auszugehen, dass die BAFin nicht ständig grundstürzende Änderungen an den von ihm erlassenen Richtlinien vornehmen wird. Dafür spricht schon das in § 35 Abs. 6 WpHG vorgesehene Erlassverfahren, das heißt die Einbeziehung verschiedener sachkompetenter Institutionen sowie Vertreter der Regelungsadressaten selbst. Dies soll gerade eine gewisse Beständigkeit gewährleisten. Folglich wird es in jedem Fall zu einer ständigen Verwaltungspraxis kommen und eine Bindungswirkung auch bei Zugrundelegung der Ansicht von *norminterpretierenden* Verwaltungsvorschriften nach Ablauf einer gewissen Zeit über die exekutive Selbstbindung eintreten. Der Eintrittszeitpunkt ist jedoch nicht vorhersehbar. Diese Ungewissheit vermeidet die hier vertretene Qualifizierung der Richlinien als *normkonkretisierende* Verwaltungsvorschriften. Bindungswirkung gegenüber dem Richter tritt unmittelbar ein. Das führt zu Rechtssicherheit.[243] Selbst von Vertretern der Ansicht, es handele sich um lediglich *norminterpretierende* Verwaltungsvorschriften, wird vorhersagend konzediert, dass sich jedenfalls in der

---

243 Dieses Ziel, nämlich Rechtssicherheit zu schaffen, verfolgte primär der US-amerikanische Gesetzgeber, als er der SEC bei der Novellierung des SEA durch den ITSFEA 1988 die Kompetenz einräumte, die auch im SEA nur vage als „adäquate organisatorische Maßnahmen“ bezeichneten Organisationspflichten mittels Verordnung zu konkretisieren. Nach § 15(f) SEA und § 104 Investment Advisers Act ist die SEC zum Erlass von „specific policies or procedures reasonably designed to prevent misuse ... of material, nonpublic information“ ermächtigt.
Vgl. auch die „aufatmende“ Stellungnahme von *Ossenbühl* in: Erichsen, Allgemeines Verwaltungsrecht, § 6 Rn. 53 zur höchstrichterlicher Anerkennung normkonkretisierender Verwaltungsvorschriften im Umweltschutzrecht: „... wird endlich einer seit Jahrzehnten existierenden und funktionierenden Rechtspraxis auch der rechtliche Segen erteilt.“

Rechtspraxis die Gerichte der Richtlinien als Erkenntnisquelle für einen unabdingbaren Mindeststandard bedienen werden.[244]

V. Systematische Stellung und Auslegung der Rechtsgrundlagen

1. Problematik

§ 33 Abs. 1 WpHG setzt Art. 10 EG-Wertpapierdienstleistungsrichtlinie[245] um.[246] Es handelt sich bei den kapitalmarktrechtlichen Organisationspflichten folglich um harmonisiertes Recht. Die Vorgaben aus § 33 Abs. 1 WpHG werden weiter konkretisiert durch administrative Vorgaben, nämlich die Richtlinien der BAFin als *normkonkretisierende* Verwaltungsvorschriften.[247]

Damit stellt sich die Frage, in welchem Verhältnis die EG-Richtlinie, die sie umsetzenden nationalen Vorgaben aus § 33 Abs. 1 WpHG sowie die – nationale Vorschriften konkretisierende – BAFin-Richtlinien zueinander stehen.

Es könnte zunächst daran gedacht werden, der WpHG-Vorschriften durch den – im deutschen Recht auf *Savigny* zurückgehenden – methodischen Auslegungskanon Herr zu werden.[248] Die Kriterien der Auslegung wären demnach Text, Kontext, Entstehung und Zweck der auszulegenden Norm. Dafür müsste es sich bei § 33 Abs. 1 WpHG jedoch um eine rein nationale, sprich deutsche Vorschrift handeln. Das ist hingegen nicht der Fall. Erst die Umsetzung der Wertpapierdienstleistungsrichtlinie, also der Erlass des WpHG durch das Zweite Finanzmarktförderungsgesetz, brachte (auch) für die deutschen Wertpapierdienstleistungsunternehmen besondere normierte Organisationspflichten zur Vermeidung von Interessenkonflikten im Wertpapiergeschäft.[249] Das gemeinschaftsrechtliche Herkommen des

---

244 So *Köndgen* ZBB 1996, 361ff. mit Blick auf die Praxis der richterlichen Handhabung von Verwaltungsvorschriften im Allgemeinen. So auch *Kümpel* Bank- und Kapitalmarktrecht, Rn. 16.508.

245 Richtlinie 93/22/EWG, ABl EG Nr. L 141 vom 11. 6. 1993, S. 27ff.

246 Beschlussempfehlung und Bericht des Finanzausschusses des Deutschen Bundestages, BT-Drucks. 12/7918, S. 103.

247 Dazu oben S. 50ff.

248 Vgl. *Savigny* System des heutigen Römischen Rechts, Band I, S. 206 ff.

249 Schätzungen zufolge sind etwa 80% der deutschen Gesetze im Bereich des Wirtschaftsrechts durch das Gemeinschaftsrecht festgelegt. Nahezu 50% aller deutschen Gesetze sind bereits durch das Gemeinschaftsrecht veranlasst, d. h. es hat fast jedes zweite Gesetz seinen Ursprung in Brüssel. Vgl. dazu näher *Schwarz* Europäisches Gesellschaftsrecht, Rn. 2.

nationalen Rechts darf in der Rechtsanwendung nicht vernachlässigt werden.

Anders gewendet: § 33 WpHG ist als nationale Regelung europäischen Ursprungs im Lichte der Wertpapierdienstleistungsrichtlinie auszulegen.[250]

Es stellt sich nun allgemein die Frage, wie sich EG-Richtlinien systematisch in den nationalen Auslegungskanon der vier klassischen Kriterien einfügen. Konkret vor dem Hintergrund dieser Untersuchung bedeutet dies, die Stellung der Wertpapierdienstleistungsrichtlinie im System der deutschen Rechtsmethodik zu beleuchten. Davon handeln die folgenden Überlegungen.

2. *Auslegungsebenen*

Um angeglichenes nationales Recht auslegen zu können, muss zunächst Klarheit hinsichtlich des Inhalts der Richtlinie selbst bestehen. Die Richtlinie ist nach dem Art. 249 Abs. 3 EGV zugrunde liegenden Rechtsgedanken, Grund und Anlass der nationalen Regel.[251] Auslegungsfragen stellen sich damit auf zwei Ebenen, nämlich der Auslegung der Richtlinie selbst und der Auslegung des angeglichenen nationalen Rechts.[252] Erst wenn der Rechtsanwender die Richtlinie selbst ausgelegt hat, kann er das aufgrund der Richtlinienvorgaben harmonisierte innerstaatliche Recht auslegen und anwenden. Im Vordergrund der folgenden Ausführungen steht die zweite Ebene, das heißt die richtlinienkonforme Auslegung angeglichenen nationalen Rechts.[253]

3. *Richtlinienkonforme Auslegung*

a) Richtlinien im System des innerstaatlichen Rechts

EG-Richtlinien sind die erste Stufe in einem zweistufigen Rechtssetzungsverfahren. Sie entfalten grundsätzlich keine unmittelbare Geltung innerhalb

---

250 *Koller* in: Assmann/Uwe H. Schneider, WpHG, § 33 Rn. 1.

251 Nach *Lutter* JZ 1992, 593, 598 ist dies vergleichbar dem Gestaltungsgrund und Gestaltungswillen in anderen Gesetzgebungsverfahren. Die Richtlinie ist die causa der nationalen Norm.

252 *Lutter* JZ 1992, 593, 598; *Grundmann* ZEuP 1996, 274, 281.

253 Zur Auslegung der Richtlinie selbst – der ersten Auslegungsebene – vgl. *Schwarz* Europäisches Gesellschaftsrecht, Rn. 77 ff.; *Bleckmann* RIW 1987, 929 ff.; *Lutter* JZ 1992, 593 ff.; *Grundmann* ZEuP 1996, 274 ff.; *ders.* JZ 1996, 274 ff.

der nationalen Rechtsordnung.[254] Erst ihre nach Art. 249 Abs. 3 EGV und Art. 10 EGV erforderliche Umsetzung durch mitgliedstaatliches Recht verleiht ihnen die angestrebte Wirkung. Den Mitgliedstaaten steht dabei die Wahl der Mittel und Formen zur Umsetzung zu, § 249 Abs. 3 EGV.[255] Nur ausnahmsweise kann einer EG-Richtlinie auch unmittelbare Geltung zukommen. Dies gilt jedoch nur für die Berufung des einzelnen Bürgers auf Bestimmungen der Richtlinie gegenüber dem Mitgliedstaat, sog. vertikale Direktwirkung. Nicht möglich ist hingegen eine horizontale Direktwirkung, also die Berufung eines Privatrechtssubjekts gegenüber einem Anderen auf die Geltung der Richtlinie.[256]

Der *EuGH* hat den in ständiger Rechtsprechung gefestigten Grundsatz aufgestellt, dass angeglichene nationale Rechtsvorschriften im Lichte des Wortlauts und des Zwecks der Richtlinien auszulegen sind. Diese Pflicht zu richtlinienkonformer Auslegung wird mit Art. 10 EGV („effet utile") und Art. 249 Abs. 3 EGV begründet.[257] Sie lässt sich auch aus dem Vorrang des Gemeinschaftsrechts ableiten.[258] Das *BVerfG* begründet sie ferner über Art. 24 Abs. 1 GG und der deutsche Verfassungsgeber bestätigte diesen Grundsatz mit Einführung des Art. 23 Abs. 1 GG.[259] Bundesgerichtshof und Bundesfinanzhof kommen über eine subjektiv-teleologische Interpretation zu einer stets inzident durchgeführten richtlinienkonformen Auslegung.[260] Danach besteht der gesetzgeberische Zweck einer nationalen Norm, welche

---

254 *EuGH,* Urteil vom 6.5.1980, Rs. 102/79 (Kommission/Belgien) Slg. 1980, 1473, 1487; *Schwarz* Europäisches Gesellschaftsrecht, Rn. 222.

255 Vgl. aber zur Unzulässigkeit von Verwaltungsvorschriften als Form der Richtlinienumsetzung oben S. 50ff.

256 EuGH, Rs. 152/84 (Marshall) Slg. 1986, 723, 749; Rs. C-6/90 und 9/90 (Frankovich u.a./Italien) Slg. 1991, I-5357, 5414 Rn. 33; Rs. C-91/92 (Paola Fuccini Dori/Recreb Srl) Slg. 1994, I-3325, 3356, Rn. 24.

257 EuGH, Rs. 14/83 (von Colson und Kamann/Land Nordrhein Westphalen) Slg. 1984, 1891, 1909 Rn. 26; EuGH, Rs. 79/83 (Harz/Deutsche Tradax) Slg. 1984, 1921, 1924; EuGH, Rs. C-106/89 (Marleasing SA/La Comercial Internacional de Alimentatión) Slg. 1990, I-4135 ff.

258 EuGH, Rs. C-106/89 (Marleasing SA/La Comercial Internacional de Alimentatión) Slg. 1990, I-4135, 4160 f. Der EuGH hat sich hier – in nahezu wortgleicher Übernahme – den in den Schlussanträgen des Generalanwalts *van Gerven* Slg. 1990 I-4144, 4147 geäußerten Entscheidungsvorschlag und insofern diese Begründung zu eigen gemacht. Vgl. auch die Erklärung der Kommission in der Rechtssache „Marleasing", wiedergegeben in der Berichterstattung in *EuGH,* a.a.O., I-4135, 4142.

259 BVerfGE 75, 223, 234ff. Vgl. auch *Grundmann* ZEuP 1996, 399, 407; *ders.* JZ 1996, 274, 282.

260 Vgl. zusammenfassend *Brechmann* Die richtlinienkonforme Auslegung, S. 124.

zur Durchführung einer Richtlinienbestimmung erlassen wurde, gerade in der Umsetzung der entsprechenden Richtlinienbestimmung.[261] Diesem Zweck muss die Auslegung der Norm entsprechen. Das Bundesverwaltungsgericht begründet die Pflicht zu richtlinienkonformer Auslegung über die Vorrangwirkung des Gemeinschaftsrechts gegenüber dem nationalen Recht.[262] Auch in der deutschen Rechtsprechung ist die richtlinienkonforme Auslegung danach fest verankert.[263]

Bei aller Einigkeit über die grundsätzliche Pflicht zu richtlinienkonformer Auslegung, ist ihr Verhältnis zu den herkömmlichen deutschen Auslegungsmethoden umstritten. Die Frage lautet: Geht die richtlinienkonforme Auslegung dem nationalen Auslegungskanon vor?

b) Vorrang richtlinienkonformer Auslegung

Dabei muss zunächst in Erinnerung gerufen werden, dass in der deutschen Methodenlehre von jeher von der Gleichrangigkeit der vier Auslegungskriterien Text, Kontext, Entstehung und Zweck ausgegangen wird.[264] Insofern wäre der Vorrang richtlinienkonformer Auslegung ein Bruch dieses Gleichranges. Doch geht auch den vier anderen methodischen Regeln die verfassungskonforme Auslegung vor.[265] Jedes Auslegungsergebnis muss letzten Endes auch in Übereinstimmung mit verfassungsrechtlichen Prinzipien stehen, wenn es Bestand haben soll.

Auch das angeglichene nationale Recht basiert auf der fortbestehenden Staatsgewalt des Mitgliedstaats und unterscheidet sich insofern nicht von genuin innerstaatlichem Recht. Der nationale Gesetzgeber wird nicht aufgrund einer gemeinschaftsrechtlichen Ermächtigung oder Delegation tätig. Vielmehr ist die Rechts- und Verfassungsordnung der jeweiligen Mitgliedstaaten die rechtliche Grundlage des gemeinschaftsrechtlich initiierten natio-

---

261 BGH Vorlagebeschluss vom 14. 12. 1974, WM 1974, 510, 512; BGHZ 63, 261, 264 f.; BGHZ 87, 59, 61; BFHE 132, 319, 320 f.; 150, 196, 199.

262 BVerwGE 49, 60f.; 57, 61, 64.

263 Dazu die minutiöse Darstellung der Entwicklung richtlinienkonformer Auslegung in der Rechtsprechung des Bundesverfassungsgerichts und der Bundesgerichte bei *Brechmann* Die richtlinienkonforme Auslegung, 4. Kapitel, S. 77ff.; dazu *Grundmann* ZEuP 1996, 399 ff.

264 Vgl. nur *Larenz* Methodenlehre der Rechtswissenschaft, S. 343 ff.; *Lutter* JZ 1992, 593, 605.

265 *Larenz* Methodenlehre der Rechtswissenschaft, S. 339. Vgl. auch den *Lutter* JZ 1992, 593, 605, *der* von einem „nur scheinbaren Gleichrang der Auslegungskriterien“ spricht.

nalen Rechts.[266] Das hat zur Folge, dass die Auslegung des harmonisierten Rechts, zunächst den für das nationale Recht geltenden Grundsätzen folgt.[267]

Die Frage nach dem Vorrang richtlinienkonformer Auslegung stellt sich solange nicht, wie der Exeget mit den herkömmlichen nationalen Auslegungsmethoden zu einem Ergebnis gelangt, das mit Wortlaut und Zielen der Richtlinie übereinstimmt. Auch für den Fall, dass mehrere Auslegungsergebnisse möglich sind, von denen eines oder mehrere im Widerspruch zur Richtlinie stehen, sind diejenigen herkömmlichen Methoden zugrunde zu legen, welche zu einem richtlinienkonformen Ergebnis führen.[268]

Problematisch wird die Pflicht zu richtlinienkonformer Auslegung dann, wenn von den nationalen Auslegungsmethoden keine zu einer Übereinstimmung mit der Richtlinie führt. Es ist umstritten, ob der richtlinienkonformen Auslegung in diesem Falle Vorrang vor den herkömmlichen Auslegungsmethoden zukommt.[269] Damit ist die Frage aufgeworfen, ob die richtlinienkonforme Auslegung zu Ergebnissen führen kann oder auch muss, welche sich mit den herkömmlichen Auslegungsmethoden nicht erreichen lassen, oder ob sie nur im Rahmen und in den Grenzen der herkömmlichen Auslegungsmethoden zulässig ist.[270]

Der Rechtsprechung des *EuGH* konnte lange Zeit der Grundsatz entnommen werden, dass die richtlinienkonforme Auslegung sich im Rahmen der den nationalen Gerichten zur Verfügung stehenden Auslegungsmethoden zu bewegen habe.[271] Voraussetzung dafür ist allerdings nach der bis-

---

266 Vgl. *Schwarz* Europäisches Gesellschaftsrecht, Rn. 247.

267 Überblick der Auslegungsgrundsätze in Frankreich und England bei *Schwarz* Europäisches Gesellschaftsrecht, Rn. 249 f.

268 Dies entspricht der verfassungskonformen Auslegung im deutschen Recht. BVerfGE 59, 336, 350 ff.; Vgl. *Schwarz* Europäisches Gesellschaftsrecht, Rn. 251; *Larenz* Methodenlehre der Rechtswissenschaft, S. 339 ff.

269 Dabei ist es eher von theoretischer Bedeutung, ob die richtlinienkonforme Auslegung ein neuer eigenständiger Auslegunsgstopos ist oder ob sie bei den herkömmlichen Auslegungsmethoden – Text, Kontext, Entstehung und Zweck – mit zu berücksichtigen ist. Vgl. dazu einerseits *Hommelhoff* AcP 192 (1992) 71, 96 (kein fünftes Kriterium, sondern Anwendung bei jedem der vier *Savigny*'schen Kriterien) und andererseits *Lutter* JZ 1992, 593, 604 mit Anm. 133, der wohl eher für einen eigenen und eigenständigen Charakter plädiert.

270 Umfassende Darstellung der vertretenen Ansichten bei *Brechmann* Die richtlinienkonforme Auslegung, S. 127 ff. Dazu *Grundmann* ZEuP 1996, 399 ff.

271 Vgl. nur EuGH, Rs. 14/83 (von Colson und Kamann/Land Nordrhein-Westphalen) Slg. 1984, 1891, 1909 „Es ist Sache des nationalen Gerichts, das zur Durchführung der Richtlinie erlassene Gesetz unter voller Ausschöpfung des Beurteilungsspielraums, den ihm das nationale Recht einräumt, in Übereinstimmung mit den Anforderungen des Gemeinschaftsrechts auszulegen und anzu-

herigen Rechtsprechung des *EuGH*, dass dem nationalen Rechtsanwender (Gericht, Verwaltungsbehörde) überhaupt ein Beurteilungsspielraum bei der Auslegung zusteht[272] oder die nationale Vorschrift in irgendeiner Weise im Sinne der EG-Richtlinie auslegungsfähig ist.[273] Dies zu beantworten bleibt Sache des nationalen Rechtsanwenders, weil der *EuGH* nicht über die Auslegung nationalen Rechts befindet.[274]

In der Entscheidung *Marleasing*[275] findet sich dann jedoch die Formulierung, dass es „das Erfordernis einer Auslegung nationalen Rechts, die im Einklang mit einer europäischen Richtlinie steht, verbietet, die nationalen Rechtsvorschriften über Aktiengesellschaften so auszulegen, dass die Nichtigkeit einer Aktiengesellschaft aus anderen als den in Artikel 11 dieser Richtlinie[276] abschließend aufgezählten Gründen ausgesprochen werden kann."[277] Aus dieser vom *EuGH* nicht näher begründeten Formulierung, könnte der Schluss gezogen werden, dass die richtlinienkonforme Auslegung den herkömmlichen Auslegungsmethoden vorgeht. Das Schrifttum ist überwiegend dieser Ansicht.[278] Die Vorstellung von einer extensiven richtlinienkonformen Auslegung basiert auf dem ganz überwiegend anerkannten Grundsatz vom Vorrang des Gemeinschaftsrechts[279] sowie der Richtlinie

---

wenden." Vgl. auch EuGH, Rs. 80/86 (Kolpinghuis Nijmegen) Slg. 1987, 3969; Rs. 157/86 (Murphy) Slg. 1988, 673, 690.

272 EuGH, Rs. 14/83 (von Colson und Kamann/Land Nordrhein-Westphalen) Slg. 1984, 1891, 1909.

273 EuGH, Rs. C-106/89 (Marleasing SA/La Comercial Internacional de Alimentatión) Slg. 1990, I-4135 ff.

274 EuGH, Rs. 14/83 (von Colson und Kamann/Land Nordrhein-Westphalen) Slg. 1984, 1891, 1909.

275 EuGH, Rs. C-106/89 (Marleasing SA/La Comercial Internacional de Alimentatión) Slg. 1990, I-4135ff. Eine zusammenfassende Darstellung des Sachverhalts findet sich bei *Schwarz* Europäisches Gesellschaftsrecht, Rn. 243.

276 Hierbei handelte es sich um die erste gesellschaftsrechtliche Richtlinie 68/151/EWG, ABl.EG Nr. L 65 vom 14.3.1968, S. 8ff. (Publizitätsrichtlinie). Spanien hatte die Erste Richtlinie entgegen seiner Verpflichtung aus der Beitrittsakte nicht in innerstaatliches Recht umgesetzt.

277 EuGH, Rs. C-106/89 (Marleasing SA/La Comercial Internacional de Alimentatión) Slg. 1990, I-4135.

278 Vgl. *Bach* JZ 1990, 1108, 1111; *Everling* in: Festschrift für Carstens, S. 95, 101; *Grundmann* ZEuP 1996, 399, 420 ff.; *ders.* JZ 1996, 274, 282; *Lutter* JZ 1992, 593, 604f.; *Müller-Graff* NJW 1993, 13, 21. **A.A.** *Di Fabio* NJW 1990, 947ff., *der* für EG-Richtlinien wegen ihrer nur mittelbaren Wirkung keinen Geltungsvorrang vor innerstaatlichem Recht anerkennen und infolgedessen auch der richtlinienkonformen Auslegung keine herausgehobene Stellung im System herkömmlicher deutscher Auslegungsmethodik zugestehen will.

279 Die scheinbar begründungslose Formulierung des EuGH basiert denn auch auf

selbst gegenüber dem nationalen Recht.[280] Daran nimmt dann die richtlinienkonforme Auslegung derart teil, dass ihr im Verhältnis zu den herkömmlichen Auslegungsmethoden ebenfalls der Vorrang einzuräumen ist.[281] Ob der *EuGH* selbst so weit gehen wollte, bleibt hingegen abzuwarten.[282]

4. *Folgerungen für die Auslegung von § 33 WpHG*

Bei der Auslegung von § 33 WpHG[283] ist zunächst von dessen Wortlaut bzw. dem Wortsinn auszugehen. Es kommt hier aber schon insoweit zu keinem Konflikt mit den Vorgaben aus Art. 10 der EG-Richtlinie, als die Regelung des § 33 WpHG zu diesem nicht offensichtlich in Widerspruch steht. Die nicht wortlautgetreue Umsetzung verstößt jedenfalls nicht gegen das „Gebot der perfekten Umsetzung", weil den Mitgliedstaaten durch die Wahl der Richtlinie als Regelungsform gerade eine Wahlfreiheit hinsichtlich der Form und der Mittel der Umsetzung belassen werden soll.[284] Das umfasst auch eine weitgehende Freiheit zu entscheiden, wie die Vorgaben der Richtlinie in das nationale Recht eingefügt werden können. Ferner ist bei der Auslegung von § 33 Abs. 1 WpHG immer zu beachten, dass der Gesetzgeber durch Schaffung dieser Vorschrift, die Wertpapierdienstleistungsrichtlinie umsetzen wollte. Auch die Entstehung spricht somit für das Primat der richtlinienkonformen Auslegung. Da es insofern im Hinblick auf die Organisationspflichten für Wertpapierdienstleistungsunternehmen keinen der Richtlinie klar widersprechenden Wortlaut oder einen dem Vorrang der Richtlinie entgegenstehenden gesetzgeberischen Willen gibt, ist die Wertpapierdienstleistungsrichtlinie uneingeschränkt bei der Auslegung zu berücksichtigen.

---

der in den Schlussanträgen geäußerten Ansicht des Generalanwalts *van Greven* und damit letztlich auch auf der von diesem gegebenen Begründung, welche von der Vorstellung vom Vorrang des Gemeinschaftsrechts geprägt ist. Vgl. Schlussanträge vom 12. 7. 1990, Slg. 1990, I-4146 f.

280 Grundlegend zum Grundsatz vom Vorrang des Gemeinschaftrechts s. EuGH, Urteil vom 15. 7. 1964, Rs. 6/64 (Costa/ENEL) Slg. 1964, 1251, 1269ff. (st. Rspr.). Dazu auch *Schwarz* Europäisches Gesellschaftsrecht, Rn. 99 ff.

281 *Schwarz* Europäisches Gesellschaftsrecht, Rn. 257 weist allerdings darauf hin, dass sich in der Praxis die Problematik insofern relativieren wird, als den Gerichten weite Beurteilungsspielräume eröffnet sind. Eine richtlinienkonforme Auslegung wird daher in vielen Fällen schon nach den herkömmlichen Auslegungskriterien möglich sein.

282 Skeptisch wohl auch *Brechmann* Die richtlinienkonforme Auslegung, S. 74f.

283 Zu § 33 Abs. 2 WpHG vgl. noch unten S. 204f.

284 Der nationale Gesetzgeber ist nicht gezwungen, die – oft sehr detaillierte – Richtlinie wörtlich zu übernehmen, *Lutter* Europäisches Unternehmensrecht, S. 17. Vgl. auch *Schwarz* Europäisches Gesellschaftsrecht, Rn. 229.

C. Die Organisationspflichten

I. Keine gesetzliche Spezifizierung

Es hat sich gezeigt, dass die Organisationspflichten, welche § 33 Abs. 1 WpHG den Wertpapierdienstleistungsunternehmen schon allgemein vorgibt, durch die Compliance-Richtlinie, als einer normkonkretisierenden Verwaltungsvorschrift, noch konkretisiert werden. Gesetz und Richtlinie schränken das gesellschaftsrechtliche Ermessen des Leitungsorgans zur Unternehmensorganisation ein. Voraussetzung einer ordnungsgemäßen Erfüllung der Organisationspflichten ist, dass sich das verantwortliche Organ darüber Klarheit verschafft, welche Pflichten ihm persönlich oder dem Unternehmen auferlegt sind. Es hat zunächst eine Pflichtenbilanz aufzustellen.[285]

Nachfolgend sollen die aus Gesetz und Compliance-Richtlinie fließenden Organisationspflichten genauer dargelegt werden. Dabei ist Folgendes zu beachten: Das WpHG schreibt einem Wertpapierdienstleistungsunternehmen in § 33 Abs. 1 Nr. 1 lediglich vor, die für eine ordnungsgemäße Durchführung der Wertpapierdienstleistung und Wertpapiernebendienstleistung „notwendigen Mittel und Verfahren" vorzuhalten und wirksam einzusetzen. § 33 Abs. 1 Nr. 2 WpHG verpflichtet das Wertpapierdienstleistungsunternehmen zu einer „Organisation", welche Interessenkonflikte möglichst gering hält. In § 33 Abs. 1 Nr. 3 WpHG schließlich wird das Wertpapierdienstleistungsunternehmen verpflichtet, über „angemessene" interne Kontrollverfahren zu verfügen.

An einer weiteren gesetzlichen Spezifizierung dieser Organisationspflichten fehlt es. Auch aus den Gesetzesmaterialien ergeben sich keine weiteren Hinweise auf die Ausgestaltung eines Compliance-Systems. Nur ganz allgemein wird darin darauf hingewiesen, dass die Schaffung und der Ausbau von Compliance-Organisationen der richtige Ansatzpunkt sei, das grundsätzlich bestehende Konfliktpotential zwischen Unternehmens- und Kundeninteresse zu entschärfen. Gleiches gelte für die Schaffung der notwendigen Überwachungsinstrumente für das Wertpapiergeschäft.[286]

---

285 Scholz/*Uwe H. Schneider* GmbHG, § 43 Rn. 258.

286 Beschlussempfehlung und Bericht des Finanzausschusses des Deutschen Bundestages, BT-Drucks. 12/7918, S. 209.

Dieser Befund verwundert nicht, denn welche organisatorischen Maßnahmen und Elemente zur Erreichung der Ziele einer Compliance-Organisation geeignet sind, kann nicht am grünen Tisch festgelegt werden, sondern nur in der praktischen Erfahrung wachsen. Auch andere nationale Gesetzgeber sind diesen Weg der Umsetzung gegangen. So enthält § 16 Z 3 des österreichischen Wertpapieraufsichtsgesetzes (WAG) die Verpflichtung „über angemessene interne Kontrollverfahren zu verfügen, die geeignet sind, Verstößen gegen Verpflichtungen nach diesem Bundesgesetz entgegenzuwirken". Auch hier wird nur der Text der Wertpapierdienstleistungsrichtlinie übernommen, findet sich also nur eine vage Formulierung.[287] Die Folge solcherart unbestimmter Pflichten führt zu Rechtsunsicherheit, denn die Nichtbeachtung ist sanktioniert. So beurteilt die BAFin in Ausübung ihrer Missstandsaufsicht nach § 4 Abs. 1 WpHG, ob es Maßnahmen zur Beseitigung oder Verhinderung von Missständen ergreifen will. Eine dem § 33 Abs. 1 WpHG widersprechende Organisation aber ist ein Missstand im Sinne des § 4 Abs. 1 WpHG. Geht man jedoch mit der hier vertretenen Auffassung davon aus, dass die Richtlinien der BAFin gemäß § 35 Abs. 6 WpHG normkonkretisierende Verwaltungsvorschriften sind,[288] so wird diese Rechtsunsicherheit auch insofern vermieden, als die Mindeststandards organisatorischer Maßnahmen für die Wertpapierdienstleistungsunternehmen handhabbar vorgegeben werden.

Diese Mindeststandards garantieren ein Mindestmaß an erforderlichen Vorkehrungen, ohne Compliance seine Flexibilität zu nehmen, an das jeweilige praktische Umfeld angepasst werden zu können. Mit der Setzung von Mindestandards wird den Wertpapierdienstleistungsunternehmen eine flexible Handhabung der möglichen organisatorischen Maßnahmen ermöglicht, welche dem Ziel dienen, die Vorgaben des WpHG zu erfüllen. Die Adressaten wissen damit, was ausreichend, was aber auch in jedem Fall nötig ist, für eine gesetzeskonforme Organisation ihres Wertpapiergeschäfts.

Vor dem Hintergrund der Aufgabe dieser Untersuchung beschränkt sich der nachfolgende Abschnitt auf eine zusammenfassende Darstellung der Elemente einer Compliance-Organisation. Denn bedeutsamer ist in diesem Zusammenhang die sich anschließende Frage, ob überhaupt eine rechtliche Verpflichtung zur Implementation von bestimmten Complianceelementen besteht und wem für diesen Fall diese Verpflichtung auferlegt ist bzw. wie sie wahrgenommen werden muss.

---

287 Vgl. *Hausmaninger* ÖBA 1993, 847, 851.

288 Vgl. ausführlich oben S. 50ff.

II. Elemente einer Compliance-Organisation

1. Aufgaben der Compliance-Organisation

Die Einrichtung eines Systems einander ergänzender Compliance-Maßnahmen dient vor allem der ordnungsgemäßen Erfüllung der Pflicht zur interessenwahrenden Ausführung der Kundenaufträge im Effektengeschäft, der Überwachung der Einhaltung des Insiderrechts und damit der Funktionsfähigkeit des gesamten Kapitalmarktes. Der Schutz durch Compliance kommt insofern einem breiten Anlegerpublikum zugute, weil auch die Anleger einbezogen werden, welche nicht eigene Kunden des Wertpapierdienstleistungsunternehmens sind.[289] Zugleich dient Compliance dem Wertpapierdienstleistungsunternehmen sowie seinen Mitarbeitern zur Abwehr von Schadensersatzansprüchen bzw. zum Schutz vor strafrechtlichen Sanktionen.[290]

Aus diesen Zielsetzungen und Funktionen ergeben sich drei Schwerpunktaufgaben für Compliance. Zunächst ist durch Compliance zeitnah die Einhaltung der rechtlichen und internen Regelwerke zu kontrollieren (Überwachungstätigkeit). Neben der staatlichen Marktaufsicht durch die BAFin ist es Aufgabe eines unternehmensinternen Compliance-Systems, die Rechtmäßigkeit des Geschäftsverkehrs von innen her zu garantieren. Dabei setzt Compliance anders als die ex post vorgenommene interne Revision präventiv an. Denn weitere wesentliche Aufgaben von Compliance sind zum einen die Beratung der von gesetzlichen Pflichten besonders erfassten Geschäftsabteilungen, also dem Wertpapierhandel, dem Emissionsgeschäft und der Anlageberatung (Beratungstätigkeit).[291] Compliance begleitet und unterstützt das tägliche Geschäft durch Hilfe bei schwierigen Auslegungs- oder Zweifelsfragen. Durch sachkundige Hilfe können die das tägliche Geschäft führenden Mitarbeiter durch Compliance entlastet werden. Darüber hinaus müssen die Mitarbeiter in Schulungen und Fortbildungen mit den gesetzlichen und internen Regeln vertraut gemacht und über Änderungen auf dem Laufenden gehalten werden (Schulungstätigkeit). Nur geschulte und gut ausgebildete Mitarbeiter sind bei der Vielzahl und der Komplexität der kapitalmarktrechtlichen Vorschriften präventiv zur Vermeidung von Verstößen in der Lage.

---

289 *Kümpel* Bank- und Kapitalmarktrecht, Rn. 16.519.

290 Zur Rechtswirkung von Compliance-Maßnahmen am Beispiel von Chinese Walls vgl. unten S. 92ff.

291 *Kümpel* Bank- und Kapitalmarktrecht, Rn. 16.523.

Der Umsetzung dieser Aufgaben in die tägliche Geschäftspraxis dienen die in der Praxis herausgearbeiteten organisatorischen Elemente einer Compliance-Organisation.

2. *Policy Mix*

Mit der Einrichtung von Compliance-Systemen begannen die Unternehmen schon lange bevor es zu einer gesetzlichen Fixierung von Organisationspflichten durch europäische Vorgaben bzw. in Deutschland das WpHG kam.[292]

In der Praxis haben sich unterschiedliche Ansätze herausgebildet. Es finden sich von Unternehmen zu Unternehmen verschiedene praktische Ausformungen der jeweils ergriffenen Compliance-Maßnahmen. Dabei reichten und reichen die Vorkehrungen und Maßnahmen vom einfachen Appell an Gewissen und ethisches Bewusstsein bis hin zu weitreichenden organisatorischen Maßnahmen bzw. einer umfassenden Kontrolle oder gar einem Verbot von Mitarbeitergeschäften überhaupt.[293] Dieser Umstand resultiert aus dem gerade erwähnten flexiblen Ansatz, welchen der Gesetzgeber bei der Festschreibung der Organisationspflichten gewählt hat. Insofern handelt es sich bei der Auswahl der zu ergreifenden Maßnahmen um eine Frage des „Policy Mix", das heißt die richtige Zusammenstellung der zur Zielerreichung möglichen organisatorischen Elemente.[294] Wegen der nunmehr geltenden gesetzlichen Regelung in § 33 Abs. 1 WpHG und der gemäß § 35 Abs. 6 WpHG von der BAFin erlassenen Compliance-Richtlinie reichen aber jedenfalls die bloßen, an das gute Gewissen der Mitarbeiter gerichteten Appelle der Unternehmensleitung nicht mehr aus. Die durch Gesetz und BAFin-Richtlinie gesetzten Standards sind Mindeststandards, welche die Wertpapierdienstleistungsunternehmen jedenfalls nicht mehr unterschreiten dürfen. Bei aller Flexibilität in der konkreten Ausgestaltung gehören einzelne Compliance-Elemente zur unabdingbaren Ausstattung eines jeden Wertpapierdienstleistungsunternehmens. Anpassungsfähig sind diese nur noch im Hinblick auf das Ausmaß und die Art und Weise ihrer Implementation im Unternehmen.

---

292 Zur Entwicklung ausführlich oben S. 1ff.

293 *Eisele* in: Schimansky/Bunte/Lwowski, Bankrechts-Handbuch, § 109 Rn. 61; *ders.* WM 1993, 1021, 1023; *Schweizer* Insiderverbote, Interessenkonflikte und Compliance, S. 172.

294 *Eisele* in: Schimansky/Bunte/Lwowski, Bankrechts-Handbuch, § 109 Rn. 61; *Schweizer* Insiderverbote, Interessenkonflikte und Compliance, S. 167; *Hoffmann* Rechtliche Schranken interner Informationsflüsse in Kreditinstituten, S. 152.

3. *Compliance-Abteilung*

Die meisten großen Wertpapierdienstleistungsunternehmen haben, um ihrer Pflicht aus § 33 Abs. 1 Nr. 3 WpHG nachzukommen, eine besondere Abteilung innerhalb ihrer Organisation eingerichtet, welche für die Überwachung des Eigenhandels und des Handels der Angestellten, der Kundenberatung in allen Segmenten und die Wahrung der Vertraulichkeit in allen Vertraulichkeitsbereichen zuständig ist. Diese Compliance-Abteilung hat die Aufgabe die WpHG-gerechte Abwicklung des gesamten Wertpapiergeschäfts zu garantieren sowie Beschwerden nachzugehen.[295] Nach Auffassung der US-amerikanischen Aufsichtsbehörde SEC ist die Einrichtung eines eigenen Compliance-Departements unerlässlicher Bestandteil eines effektiven Compliance-Systems.[296] Auch die Compliance-Richtlinie der BAFin geht unter 4.2 von der Pflicht zur Einrichtung einer Compliance-Stelle aus. Nach der Größe des Unternehmens und dem Umfang der betriebenen Geschäfte richtet sich die personelle Ausstattung der Compliance-Stelle. Das kann demnach von nur einem einzigen Compliance Officer in kleinen Kreditinstituten, welche nur selten Wertpapierdienstleistungen erbringen, bis hin zu großen Abteilungen mit einer Vielzahl von Mitarbeitern in großen Wertpapierdienstleistungsunternehmen reichen.

Diese knappen Hinweise sollen zur Verdeutlichung der Rolle der Compliance-Stelle in einem effektiven Compliance-System an dieser Stelle zunächst genügen. Ihre Aufgaben, ihre Stellung innerhalb der Unternehmensorganisation sowie ihre Verantwortlichkeit, sind in systematischem Zusammenhang zu der Frage des Inhalts der Organisationspflichten und nach der Verantwortlichkeit für ihre Wahrnehmung zu untersuchen.[297]

4. *Compliance-Handbücher*

Ein wesentliches Grundelement von Compliance sind Dienstanweisungen an die Mitarbeiter des Wertpapierdienstleistungsunternehmens. Solche finden sich heute in Form von umfangreichen Compliance-Handbüchern in allen

---

295 Dazu *Koller* in: Assmann/Uwe H. Schneider, WpHG, § 33 Rn. 32; *Eisele* in: Schimansky/Bunte/Lwowski, Bankrechts-Handbuch, § 109 Rn. 49ff.; *Hausmaninger* ÖBA 1993, 847, 853.

296 SEC Division of Market Regulation, Broker-Dealer Policies and Procedures Designed to Segment the Folw and Prevent the Misuse of Material Nonpublic Information (März 1990), abgedruckt in Federal Securities Law Reports (CCH) § 80, 627 f.

297 Dazu unten S. 190ff.

Kreditinstituten. Darin werden praktische Verhaltens- und Organisationsanweisungen für die tägliche Arbeit der Mitarbeiter bereitgestellt. Wegen der Vielzahl der zu beachtenden gesetzlichen und aufsichtsrechtlichen Vorschriften sind in diesen Compliance-Handbüchern die wesentlichen Regeln aufzulisten und diese sowie das hausinterne Compliance-System, für die Mitarbeiter verständlich zu erläutern. Insbesondere muss darin erläutert werden, welche Personen von den zu ergreifenden Compliance-Maßnahmen erfasst werden und welche Sanktionen die Nichtbeachtung der Verhaltens- und Organisationspflichten nach sich zieht. Der Empfang und die Kenntnis des Inhalts der Handbücher sollten von den Mitarbeitern zu quittieren sein, wobei bei den besonders betroffenen, in insidersensitiven Bereichen tätigen Mitarbeitern, in regelmäßigen Abständen erneut eine Erklärung eingeholt werden sollte, dass sie mit den Vorschriften vertraut sind und diese beachten.[298]

5. Vertraulichkeitsbereiche

Das zentrale Element eines zur Vermeidung von Insiderverstößen eingerichteten Compliance-Systems ist die Schaffung und Überwachung von Vertraulichkeitsbereichen. Nach Punkt 3.3.1 der Compliance-Richtlinie der BAFin handelt es sich bei der Schaffung von Vertraulichkeitsbereichen mittels so genannter „Chinese Walls" um eine geeignete Maßnahme zur Überwachung der Weitergabe von insiderrelevanten Informationen. Vertraulichkeitsbereiche dienen der Steuerung des Informationsflusses innerhalb des Wertpapierdienstleistungsunternehmens und damit der Prävention gegen den Missbrauch von kurssensitiven oder gar insiderrelevanten Tatsachen und Informationen. Verringert man die Zahl der Personen, welche möglicherweise mit Insiderinformationen in Berührung kommen können, so reduziert sich damit wesentlich das Risiko verbotenen Insiderhandels.[299] Diese so leicht nachvollziehbare Formel bedarf in der Praxis zu ihrer Wirksamkeit eines erheblichen organisatorischen Aufwandes. Die erforderliche Infrastruktur basiert dabei auf drei Säulen: einer Beobachtungsliste (watch-list), einer Stoppliste (restricted-list) sowie der Bildung interner Informationsbarrieren, der so genannten Chinese Walls.[300] Das „Chinese Walls"-Konzept als das herausragende Compliance-Element von besonderer Bedeutung, wird nachfolgend näher dargestellt.

---

298 Vgl. *Koller* in: Assmann/Uwe H. Schneider, WpHG, § 33 Rn. 27; *Weiss* Die Bank 1993, 136, 139; *Eisele* WM 1993, 1021, 1023; *Schweizer* Insiderverbote, Interessenkonflikte und Compliance, S. 173.

299 *Kümpel* Bank- und Kapitalmarktrecht, Rn. 16.547.

300 Vgl. *Eisele* WM 1993, 1021, 1024.

III. Das „Chinese Walls"-Konzept im Einzelnen

1. Grundsätzliches

Organisatorische Maßnahmen zur möglichst weitgehenden Vermeidung – idealer: Verhinderung – von verbotenem Insiderhandel basieren auf der Überlegung, dass einem Insiderverstoß eine Weitergabe kurssensitiver bzw. insiderrelevanter Informationen zu grunde liegt. Daher muss ein effektives Präventionssystem[301] dort ansetzen, wo die Gefahr der verbotenen „Weitergabe" oder Abgabe einer insiderrelevanten „Empfehlung" besteht. Es kommt also darauf an, die Geschäftsbereiche in einem Wertpapierdienstleistungsunternehmen in denen solche Informationen anfallen, voneinander abzuschotten und den in jedem Falle notwendigen Informationsfluss unternehmensintern möglichst so zu steuern, dass es zu keinen Verstößen gegen das Insiderhandelsverbot kommen kann. Für die organisatorischen Maßnahmen, mit denen eine Abschottung der einzelnen Geschäftsbereiche hergestellt werden soll, hat sich die Bezeichnung „Chinese Walls" etabliert. Chinese Walls dienen mithin der Informationssteuerung.[302]

Mittels Chinese Walls wird die unternehmensinterne Kommunikation verbindlichen Regeln unterworfen und die Freiheit des Informationsaustausches eingeschränkt. Damit soll erreicht werden, dass Bereiche, die keine originäre Kenntnis von insiderrelevanten Tatsachen haben, auch nicht durch eine Information von Seiten anderer Geschäftsbereiche damit in Berührung und dann als Wissensträger in Konflikt mit dem Insiderverbot kommen. Andererseits dienen Beschränkungen des Informationsflusses der Beweiserleichterung zugunsten der originären Wissensträger im Unternehmen. Durch ihre Abschottung wird die Vermutung begründet, dass die Information, deren Missbrauch an anderer Stelle im Unternehmen zu Insiderverstößen geführt hat, nicht aus dem Bereich herausgelangt ist, welcher originär Kenntnis hatte.

---

301 Compliance folgt dem Prinzip: Vorbeugen ist besser als heilen. Vgl. dazu auch *Hopt* ZGR 2002, 333, 369 f.

302 Für den Gegenstand dieser Untersuchung genügt es, im Hinblick auf die praktische Ausgestaltung unternehmensinterner Chinese Walls deren Umrisse nachzuzeichnen. Zu den Anforderungen, Einzelheiten und technischen Details eines Chinese-Walls-Konzepts vgl. weiterführend *Schweizer* Insiderverbote, Interessenkonflikte und Compliance, S. 165 ff.; *Tippach* Das Insiderhandelsverbot und die besonderen Rechtspflichten der Banken, S. 231 ff.; *Hoffmann* Rechtliche Schranken interner Informationsflüsse in Kreditinstituten, S. 141 ff. Eine umfassende Darstellung der US-amerikanischen und britischen Erfahrungen bietet *McVea* Financial Conglomerates and the Chinese Wall, passim.

Der Begriff „Chinese Wall" soll bewusst Assoziationen mit der Großen Chinesischen Mauer wecken. Wie diese Schutz vor Angreifern bieten soll,[303] sollen jene Schutz vor Insiderverfehlungen bieten, indem sie insidersensitive Unternehmensbereiche umschließen und Informationen (wenn überhaupt) nur begrenzt in andere Bereiche fließen lassen. Insofern dient die unternehmensinterne „Chinese Wall" auch dem Schutz der auf ihren beiden Seiten tätigen Personen vor der Versuchung, aus streng vertraulichen Insiderinformationen Kapital zu schlagen. Die Entwicklung organisatorischer Maßnahmen zur Informationssteuerung, insbesondere die Herausbildung von Chinese Walls, vollzog sich zunächst in den USA. Auf die dort gemachten Erfahrungen konnte später in Deutschland zurückgegriffen werden. Die Marksteine sollen daher kurz skizziert werden.

2. *Entwicklung*

a) Entwicklung in den USA

Obwohl das durch den Glass-Steagal-Act[304] 1933 festgelegte Trennbankensystem in den USA von vornherein für Abschottung der verschiedenen Bankentätigkeitsbereiche sorgt, stammen Begriff und erste praktische Anwendungen von „Chinese Walls" ursprünglich aus dem US-amerikanischen Kapitalmarktrecht. Trotz der durch die rechtliche Eigenständigkeit von Investment- und Commercialbanken vorgebildeten „Supermauern",[305] ist das enorme Konfliktpotential eines ungehinderten Informationsflusses zunächst in den USA erkannt und diskutiert worden. Dazu trug bei, dass US-amerikanische Behörden und Gerichte frühzeitig aufgrund der seit längerem bestehenden offiziellen Ablehnung von Insidergeschäften sensibilisiert waren und die Gelegenheit hatten, sich mit Insiderverstößen zu beschäftigen. Bereits im Jahre 1933 wurde die Wertpapieraufsichtsbehörde gegründet: The Securities and Exchange Commission (SEC). Noch im selben Jahr wurde der Securities Act (SA) und im Jahr darauf der Securities

303 Hier ist das Bild – zumindest – ungeschickt, denn die wirkliche Große Chinesische Mauer mag zwar im Anblick ihres Betrachters imposant sein, hat ihre Schutzbefohlenen jedoch im Laufe der Geschichte nicht vor Überfällen bewahren können, da Hunnen, Mongolen und Tartaren sie immer wieder überrannt haben. Umfassend zur Geschichte der Großen Chinesischen Mauer *Zewen* u.a., Die Große Mauer, Geschichte, Kultur- und Sozialgeschichte Chinas, passim.

304 Als Glass-Steagal-Act werden einzelne Paragraphen des US-Banking Act 1933 bezeichnet. Vgl. *Hausmaninger* ÖBA 1993, 847, 856 mit Anmerkung 74.

305 *Watter* SJZ 1991, 109, 113.

and Exchanges Act (SEA) erlassen, welche grundlegende Verbote des Insiderhandels enthielten.[306]

aa) Merrill Lynch, Pierce, Fenner & Smith Inc.

Die Vorstellung einer verpflichtenden Separierung von Geschäftsbereichen trat zum ersten Mal in einem von der SEC aufgeklärten Insiderhandelsfall im Jahre 1968 zutage und betraf das Brokerhaus Merrill Lynch, Pierce, Fenner & Smith Inc.[307] Die für die Vorbereitung und Durchführung von Emissionen verantwortliche Underwriting Division von Merrill Lynch hatte im Rahmen der Vorbereitung einer Emission von Schuldverschreibungen der Douglas Aircraft erfahren, dass es dem Unternehmen wirtschaftlich wesentlich schlechter ging als gemeinhin angenommen und Douglas Aircraft für das laufende Geschäftsjahr keinen Gewinn würde erwirtschaften können. Diese Prognose betraf zugleich das kommende Geschäftsjahr. Der für die Emissionsabteilung zuständige Vice-President gab diese Information an die Mitarbeiter der Anlageberatung weiter, so dass ausgewählte Kunden ihre Douglas-Aktien noch rechtzeitig verkaufen konnten, bevor die Lage allgemein bekannt gemacht wurde. Andere Kunden und Anleger, welche über Merrill Lynch Douglas-Papiere kaufen wollten, wurden nicht gewarnt und erlitten herbe Verluste.[308]

Die SEC ermittelte den Sachverhalt und kam zu dem Ergebnis, dass das Verhalten Merrill Lynchs einen Verstoß gegen das Insiderhandelsverbot gemäß Rule 10 (b)–5 des SEA[309] darstellt. Das Verfahren wurde durch einen

---

306 Vgl. näher zur Entwicklung des US-amerikanischen Insiderrechts *McVea* Financial Conglomerates and the Chinese Wall, p. 102 ff.

307 In Re Merrill Lynch, Pierce, Fenner & Smith Inc., 43 SEC 933 (1968) Federal Securities Law Reports 83, 347.

308 Diese Selektion unter den Kunden hat später verhindert, dass sich Merrill Lynch auf eine allgemeine Pflicht zur Aufklärung gegenüber seinen Kunden berufen konnte. Vielmehr deutete die gezielte Auswahl bestimmter Kunden darauf hin, dass Merrill Lynch die Zweifelhaftigkeit seines Vorgehens zumindest geahnt hat, wenn nicht sich dessen bewusst gewesen ist. Vgl. *Dingeldey* RIW 1983, 81, 84.

309 Rule 10(b)-5 SEA lautet „It shall be unlawful for any person, directly or indirectly, by the use of any means or instrumentality of interstate commerce, or of the mails or of any facility of any national securities exchange,
a. to employ any device, scheme, or artifice to defraud,
b. to make any untrue statement of a material fact or to omit to state a material fact necessary in order to make the statements made, in the light of the circumstances under which they were made, not misleading, or
c. to engage in any act, practice, or course of business which operates or would operate as a fraud or deceit upon any person, in connection with the purchase or sale of any security.“

Vergleich (settlement) beendet, in welchem sich Merrill Lynch gegenüber der SEC verpflichtete, mittels interner organisatorischer Maßnahmen künftigen Verstößen vorzubeugen. Die Geschäftsleitung des Brokerhauses erfüllte die aus dem Vergleich resultierende Verpflichtung des Unternehmens durch ein unternehmensintern verbindliches Statement. Darin wurde festgelegt, den unternehmensinternen Informationsfluss zwischen einzelnen Abteilungen zu begrenzen. Der wichtigste Abschnitt dieses Statements lautet:

„Material information obtained from a corporation by the Underwriting Division in connection with the consideration or negotiation of a public or private offering of its securities and which has not been disclosed by the corporation to the investing public, and conclusions based thereon, *shall not be disclosed by any member of the Underwriting Division to anyone outside that Division ...*“[310]

Eine Ausnahme findet sich lediglich für Mitglieder der Geschäftsleitung, die die Einhaltung der im Statement festgelegten Verpflichtung überwachen sollen und in regelmäßigen Abständen die Mitarbeiter auf die Regelung hinzuweisen haben.[311] Erstmals hatte sich damit ein Unternehmen verpflichtet, einzelne Abteilungen voneinander zu separieren. Zwar wird der Begriff „Chinese Wall“ in dem Merrill Lynch von der SEC vorgegebenen Statement nicht explizit erwähnt. Doch war für die Zustimmung der SEC zu dem Vergleich nicht die Errichtung bestimmter physischer Barrieren durch das Brokerhaus bestimmend. Entscheidend kam es vielmehr darauf an, dass sich Merrill Lynch überhaupt zu organisatorischen Vorkehrungen gegen Insiderhandelsverstöße verpflichtete. In Anlehnung an den in der Literatur geprägten Ausdruck, werden solche organisatorischen Vorkehrungen zur Abschottung verschiedener Geschäftsbereiche voneinander seither „Chinese Walls“ genannt. Damit ist jedoch nichts über die tatsächliche Ausgestaltung, also die Frage nach der Notwendigkeit des physischen Vorhandenseins gesagt.[312] Insofern kann man also davon sprechen, dass die von Merrill Lynch in der Folge des Vergleichs ergriffenen organisatorischen Maßnahmen die erste unternehmensintern gezogene Chinese Wall war.[313]

310 Hervorhebung vom Verfasser.

311 Das vollständige Statement ist abgedruckt bei *McVea* Financial Conglomerates and the Chinese Wall, Appendix II, p. 257.

312 Das übersieht *Tippach* Das Insiderhandelsverbot und die besonderen Rechtspflichten der Banken, S. 232 in seiner Kritik.

313 So auch *Dingeldey* RIW 1983, 81, 84 f.; *McVea* Financial Conglomerates and the Chinese Wall, p. 124; *Hoffmann* Rechtliche Schranken interner Informationsflüsse in Kreditinstituten, S. 144.

bb) Chiaralla v. United States

Zu einer ersten positivrechtlichen Regelung durch die SEC kam es dann 12 Jahre später in Reaktion auf den Fall *Chiarella vs. United States*.[314] In diesem Fall, der mit der Frage nach Errichtung von Chinese Walls auf den ersten Blick nicht unmittelbar zusammenhängt, hatte der Supreme Court die Insiderstellung und damit die Strafbarkeit[315] entgegen den Vorinstanzen von einer besonderen Treuepflicht gegenüber den Aktionären abhängig gemacht.[316] Er hat damit das Insiderhandelsverbot für den Fall öffentlicher Übernahmeangebote (tender offers) – und wegen der grundsätzlichen Aussagen in den Entscheidungsgründen wohl auch darüber hinaus – stark eingeschränkt.[317] Seine Ansicht hat der Supreme Court später bestätigt.[318]

Dieser Einschränkung des Insiderhandelverbots wirkte die SEC mit Erlass von Rule 14(e)-3 SEA entgegen. Rule 14(e)-3 a SEA verbietet „transactions in securities on the basis of material,[319] nonpublic information in the context of tender offers". Dabei kommt es auf ein irgendwie geartetes (besonderes) Vertrauensverhältnis nicht an. Um jedoch juristischen Personen, die in einzelnen Geschäftsbereichen über spezielles, insiderrelevantes Wissen verfügen, weiterhin den Handel in diesen Effekten zu ermöglichen, statuiert Rule 14(e)–3 b, dass eine Verletzung von Rule 14(e)–3 a nicht vorliegt, wenn die handelnde natürliche Person die kursrelevanten Insiderinformationen nicht kennt und aufgrund organisatorischer Vorkehrungen – hier der strikten Trennung der Wissensbereiche – auch keinen Zugriff darauf hat.[320]

---

314 Chiarella v. United States, 445 U.S. 222 (1980).

315 Zur strafrechtlichen Bedeutung des SEA vgl. *Dingeldey* Insider-Handel und Strafrecht, 1983.

316 445 U.S. 222, 232 (1980). Zu den Entscheidungen des District Courts sowie des Court of Appeals vgl. näher *Dingeldey* RIW 1983, 81, 84 f.

317 Vgl. dazu *Dingeldey* RIW 1983, 81, 88; *Hoffmann* Rechtliche Schranken interner Informationsflüsse in Kreditinstituten, S. 145.

318 *Hoffmann* Rechtliche Schranken interner Informationsflüsse in Kreditinstituten, S. 145 mit Anmerkung 24.

319 Als *„material"* werden in den USA Informationen über börsennotierte Unternehmen bezeichnet, wenn es wahrscheinlich ist, dass ein vernünftiger Anleger sie zur Entscheidungsgrundlage für seine Anlageentscheidung macht. Vgl. *Hoffmann* Rechtliche Schranken interner Informationsflüsse in Kreditinstituten, S. 144 mit Anmerkung 18 m.N.

320 Rule 14(e)–3 b SEA lautet „A person other than a natural person shall not violate paragraph (a) of this section if such person shows that:

1. The individual(s) making the investment decision on behalf of such person to purchase or sell any security described in paragraph (a) of this section or to cause any such security to be purchased or sold by or on behalf of others did not know the material, nonpublic information; and

cc) Section 15(f) SEA

Die erste gesetzliche – an den Arbeitgeber gerichtet – Verpflichtung zur Schaffung organisatorischer Vorkehrungen gegen Insiderhandel der Angestellten enthielt der Insider Trading and Securities Enforcement Act (ITSEFA) im Jahre 1988. In den SEA 1934 wurde section 15(f) eingefügt,[321] die lautet:

> „Every registered broker or dealer shall establish, maintain, and enforce written policies and procedures reasonably designed, taking into consideration the nature of such broker's or dealer's business, to prevent the misuse in violation of this title, or the rules or regulations thereunder, of material, nonpublic information by such broker or dealer or any person associated with such broker or dealer. The Commission, as it seems necessary or appropriate in the public interest or for the protection of investors, *shall adopt rules or regulations to require specific policies or procedures reasonably designed to prevent misuse in violation of this title (or the rules or regulations thereunder) of material, nonpublic information.*"[322]

Diese erste unmittelbare gesetzliche Verpflichtung zur Schaffung eines Compliance-Systems wird durch einen konkreten Maßnahmenkatalog der SEC ergänzt, in welchem die „chinese wall policy" der wesentliche Bestandteil eines unternehmensinternen, organisatorischen Vorbeugesystems gegen Insiderhandel ist.[323] Zusätzlich ist die SEC ermächtigt, ein *civil penalty* (Bußgeld) gegen den oder die Verantwortlichen in dreifacher Höhe des von dem Angestellten erzielten Gewinns oder vermiedenen Verlusts – mindestens

---

2. Such person had implemented one or a combination of policies and procedures, reasonable under the circumstances, taking into consideration the nature of the person's business, to ensure that individual(s) making investment decision(s) would not violate paragraph (a) of the section, which policies and procedures may include, but are not limited to,
   i) those which restrict any purchase, sale and causing any purchase and sale of any such security or
   ii) those which prevent such individual(s) from knowing such information."

Zu Zweifeln an der Rechtmässigkeit von Rule 14(e)–3 b SEA vgl. *Dingeldey* RIW 1983, 81, 89.

321 Entgegen *Hoffmann* Rechtliche Schranken interner Informationsflüsse in Kreditinstituten, S. 147 wurde nicht eine neue Rule zum SEA geschaffen, sondern es handelt sich um die Einfügung von subsection (f) in section 15 SEA durch den US-amerikanischen Gesetzgeber.

322 Hervorhebung vom Verfasser. Dazu *McVea* Financial Conglomerates and the Chinese Wall, p. 177 *„New section 15(f) represents the first time that the Chinese Wall concept has been explicitly enshrined in statutory language in the USA"*.

323 Näher *Hoffmann* Rechtliche Schranken interner Informationsflüsse in Kreditinstituten, S. 147.

jedoch US $ 1 Mio – zu verhängen.[324] Diese Befugnis der SEC erhöht den wirtschaftlichen Druck auf die Institute, die sich aus dem SEA ergebenden Pflichten zu erfüllen.

b) Entwicklung in Europa

Verbunden mit der Entwicklung des Insiderrechts, vollzog sich auch in Deutschland die Herausbildung von organisatorischen Elementen zur unternehmensinternen Steuerung des Informationsflusses. Der Anstoß zu einer gesetzlichen Festlegung darauf gerichteter Organisationspflichten kam, das ist bereits ausgeführt worden, von europarechtlichen Vorgaben. Nach der (lediglich programmatischen) Empfehlung der Kommission betreffend europäische Wohlverhaltensregeln bei Wertpapiertransaktionen aus dem Jahre 1977,[325] in welcher für Finanzmittler eine auch innerbetriebliche Geheimhaltung nicht-öffentlicher Informationen gefordert wurde (Grundsatz Nr. 8), kam es mit der Wertpapierdienstleistungsrichtlinie[326] erstmals zu Normen mit Bezug zum Chinese Wall Konzept.[327] Art. 10 Satz 2 5. Spiegelstrich und Art. 11 Abs. 1 Satz 4 6. Spiegelstrich Wertpapierdienstleistungsrichtlinie fordern die Vermeidung von Interessenkonflikten durch organisatorische Vorkehrungen (Art. 10 Satz 2 5. Spiegelstrich Wertpapierdienstleistungsrichtlinie). Der deutsche Gesetzgeber hat die erwähnten Bestimmungen der Wertpapierdienstleistungsrichtlinie in § 33 Abs. 1 WpHG umgesetzt.[328]

3. *Abgrenzung der Vertraulichkeitsbereiche*

a) Vorüberlegungen

Jede Installation einer Chinese Wall hat mit der Frage nach den durch sie zu separierenden Geschäftsbereichen zu beginnen. Dabei sollte darauf abgestellt werden, welcher Bereich in welchem Umfang und auf welchem Weg Kenntnis von Insiderinformationen erhält, ob also direkt aus dem täglichen

---

324 Dazu *McVea* Financial Conglomerates and the Chinese Wall, p. 177 f.; *Hoffmann* Rechtliche Schranken interner Informationsflüsse in Kreditinstituten, S. 147.

325 Empfehlung Nr. 77/354/EWG, ABl.EG Nr. L 212 vom 20. 8. 1977 S. 37ff. Vgl. dazu näher oben S. 28ff.

326 Richtlinie 93/22/EWG, ABl.EG Nr. L 141 vom 11. 6. 1993, S. 27ff.

327 Vgl. auch *Tippach* Das Insiderhandelsverbot und die besonderen Rechtspflichten der Banken, S. 237.

328 Beschlussempfehlung und Bericht des Finanzausschusses des Deutschen Bundestages, BT-Drucks. 12/7918, S. 105.

Geschäftsbetrieb oder typischerweise mittelbar von anderen Unternehmensbereichen. Denn der Informationsfluss muss so gesteuert werden, dass nur befugte Personen (vgl. § 14 Abs. 1 Satz 2 WpHG) Kenntnis der insiderrelevanten Informationen erhalten, diese also im Unternehmen nicht „vagabundieren".[329] Das beginnt bereits bei Selbstverständlichkeiten wie einer konsequenten „clear desk-policy", die verhindert, dass zufällig in den Räumlichkeiten anwesender Bereichsfremder nicht in die aktuellen Geschäftsvorgänge Einblick nehmen können.[330]

Zahl und Größe der Vertraulichkeitsbereiche lassen sich jedoch nicht abstrakt am grünen Tisch festlegen. Vielmehr hängen diese von der Größe und dem Zuschnitt des Wertpapierdienstleistungsunternehmens ab.[331] Jedoch schreibt die Compliance-Richtlinie der BAFin in Punkt 3.3.1 vor, dass, soweit die Errichtung von Chinese Walls nicht möglich ist, andere vergleichbare Maßnahmen getroffen werden müssen, um Interessenkonflikte möglichst gering zu halten. Primär geeignete Maßnahmen zur Separierung verschiedener Geschäftsbereiche sind die funktionale oder die räumliche Trennung von Vertraulichkeitsbereichen, die Schaffung von Zutrittsbeschränkungen oder die Regelung von Zugriffsberechtigungen auf Daten (Punkt 3.3.1 BAFin-Compliance-Richtlinie).

Neben der Abgrenzung der klassischen, in jedem Institut in mehr oder weniger ähnlicher Ausgestaltung vorhanden Abteilungen wie dem Research-, dem Kredit- oder dem Anlageberatungsbereich, ergeben sich im täglichen Geschäft immer wieder neue Konstellationen, welche die Bildung von Chinese Walls erforderlich machen. Das betrifft insbesondere die Arbeit in Projektgruppen, die aus Mitarbeitern verschiedener Abteilungen zu bilden sind. Als Beispiel sei der Fall eines plötzlich illiquiden Kunden angeführt, der zur Wiedererlangung seiner Liquidität einen größeren Posten an Wertpapieren über die Börse verkaufen möchte. Hier stellt sich etwa die Frage einer möglicherweise erheblichen Marktbeeinflussung durch Veräußerung des gesamten Postens. Das kann es erforderlich machen, die Papiere außerhalb der Börse in den eigenen Bestand des Wertpapierdienstleistungsunternehmens zu nehmen, um so dem Kunden seinen Wunsch zu erfüllen, ohne jedoch eine Marktstörung herbeizuführen. Für diese und die weiteren mit einem so komplexen Fall zusammenhängenden Probleme ist die Zusammenführung von Sachverstand aus verschiedenen Geschäftsbereichen unter Hinzuziehung auch der Compliance-Stelle in einer Projektgruppe erforderlich.

329 *Koller* in: Assmann/Uwe H. Schneider, WpHG, § 33 Rn. 18; *Eisele* in: Schimansky/Bunte/Lwowski, Bankrechts-Handbuch, § 109 Rn. 64.

330 *Eisele* Chinese Walls: Theorie und/oder Realität?!, S. 7.

331 *Koller* in: Assmann/Uwe H. Schneider, WpHG, § 33 Rn. 18.

Wegen der erheblichen Insiderträchtigkeit der Mitglieder dieser Gruppe muss auch diese mittels einer ad hoc zu bildenden Chinese Wall umzogen werden. Solche Fälle sind in vielen Varianten im täglichen Geschäft denkbar.

Die Bildung von Vertraulichkeitsbereichen schränkt die Effektivität des Geschäftsbetriebes einer deutschen Universalbank ein. Die Synergievorteile, welche der Betrieb der verschiedenen Geschäftsbereiche unter einem Dach mit sich bringt, werden dabei erheblich beschnitten. Vor dem Hintergrund der beschriebenen Zielsetzung und der Funktion einer Geschäftsbereichsseparierung ist dies jedoch unumgänglich. Andererseits darf jedoch die Schaffung von Vertraulichkeitsbereichen nicht so weit gehen, dass alle Synergievorteile des universellen Geschäftsansatzes beseitigt werden.[332] Denn als arbeitsteilig organisiertes Unternehmen bedarf eine Universalbank einer funktionierenden unternehmensinternen Kommunikation. Je besser diese organisiert ist, desto leistungsfähiger ist das Unternehmen im Vergleich zu seinen Wettbewerbern. Gerade die Möglichkeiten der so genannten neuen Medien bieten hier ständig neue Verbesserungen zur Steigerung der eigenen Wettbewerbsfähigkeit. Eine Begrenzung und bewusste Störung des Informationsflusses wirkt in jedem Falle kontraproduktiv. Aus betriebswirtschaftlicher Sicht ist die Errichtung unternehmensinterner Barrieren mithin unsinnig und ineffektiv.[333] Die Abgrenzung der Vertraulichkeitsbereiche und die Steuerung des Informationsflusses bedürfen daher einer genauen Abwägung zwischen dem Vorteil eines effektiv ausgestalteten internen Kommunikationsnetzes und den gesetzlichen Vorgaben zur Errichtung eines Compliance-Systems.[334] Vor allem ist bei allen Abschottungsmaßnahmen eine bereichsüberschreitende Kommunikation zu gewährleisten, wenn diese erforderlich ist und keinen Insiderverstoß darstellt. Nach diesem „need-to-know“-Prinzip können zur Aufgabenerfüllung nötige Informationen bereichsüberschreitend weitergeleitet werden, wenn ihre vertrauliche Behandlung sichergestellt ist. Zunächst ist eine Klassifizierung der Geschäftsbereiche vorzunehmen, um diese zweckmäßig separieren zu können. Dabei soll

332 So mit Recht *Koller* in: Assmann/Uwe H. Schneider, WpHG, § 33 Rn. 18.

333 Vgl. *Watter* SJZ 1991, 109 mit weiterführenden Hinweisen in Anmerkung 2.

334 An dieser Stelle wird auch noch einmal deutlich, dass für ein funktionierendes und regelgerechtes Compliance-System die Akzeptanz der davon betroffenen Mitarbeiter und des Führungspersonals des Unternehmens sehr wichtig ist. Der wirtschaftliche denkende Unternehmensleiter muss genau wie die am Unternehmenserfolg interessierten Mitarbeiter von der Sinnhaftigkeit des Compliance-Systems überzeugt sein bzw. werden. Denn ein durch Verletzung der Verhaltens- und Organisationspflichten hervorgerufener (Image-)Schaden lässt sich zunächst nicht so genau feststellen, wie die Kosten für die Einrichtung des Compliance-Systems auf Mark und Pfennig kalkulierbar sind.

hier die von *Schweizer* vorgeschlagene, auf einer Zweiteilung basierende Terminologie zugrunde gelegt werden.[335] In einer Universalbank werden danach zwei Haupttätigkeitsbereiche unterschieden, in deren Unterbereichen compliance-relevante Informationen typischerweise anfallen. Unterschieden werden ein emittenten- und ein marktbezogener Bereich. Dies hat den Vorteil, dass nach der unterschiedlichen kursbeeinflussenden Wirkung der in den beiden Bereichen anfallenden Informationen, die organisatorischen Maßnahmen unterschiedlich ausgeprägt werden können.

b) Emittentenkontaktbereiche

Zum einen fallen titel- und emittentenbezogene Insidertatsachen in den Bereichen an, die aufgrund ihrer Tätigkeit unmittelbar mit den Emittenten von Wertpapieren in Berührung kommen. Dabei handelt es sich um das Wertpapierkonsortialgeschäft, das Firmenkundenkreditgeschäft, den Bereich des Corporate Finance, eine (eventuell betriebene) Unternehmensberatung sowie den Bereich Mergers & Aquisitions (M & A). Unter Umständen müssen auch Stabstellen und Vorstandssekretariate als Vertraulichkeitsbereich ausgestaltet werden, wenn leitende Mitarbeiter des Unternehmens Mandate in Organen anderer Unternehmen, insbesondere betreuter Emittenten, wahrnehmen.[336]

Diese Emittentenkontaktbereiche sind die Wissensbereiche im Hinblick auf titel- und emittentenbezogene Informationen innerhalb des Unternehmens. In ihnen fallen die Informationen an und es ist Aufgabe eines Compliance-Systems, diese Bereiche so abzuschotten, dass kein unkontrollierter Informationsfluss nach außen möglich ist, also auch nicht in andere und unwissende Bereiche des Unternehmens.

Fraglich ist, ob die für Research verantwortliche Abteilung als Emittentenkontaktbereich zu klassifizieren ist. Denn im Falle eines Emittentenkontakts, in dessen Rahmen aus einem börsennotierten Unternehmen eine insiderrelevante Tatsache an einen Finanzanalysten gegeben wird, ohne dass auch die Bereichsöffentlichkeit hergestellt wird, wenn also eine Ad-hoc-Mitteilung gemäß § 15 WpHG unterbleibt, ist eine unbefugte Informationsweitergabe im Sinne von § 14 Abs. 1 Nr. 2 WpHG. Daher liegt es in dem ureigenen Interesse eines börsennotierten Unternehmens, die Vorinformation von

335 *Schweizer* Insiderverbote, Interessenkonflikte und Compliance, S. 177.

336 *Koller* in: Assmann/Uwe H. Schneider, WpHG, § 33 Rn. 18; *Hausmaninger/Kretschmer/Opitz* Insiderrecht und Compliance, S. 36; *Schweizer* Insiderverbote, Interessenkonflikte und Compliance, S. 177.

Analysten zu verhindern.[337] Ferner ist der in der Researchabteilung tätige Analyst gemäß § 13 Abs. 1 Nr. 3 WpHG Primärinsider, wenn er im Rahmen seiner Tätigkeit Kenntnis von Insidertatsachen erhält. Es liegt mithin auch nicht im Interesse von Finanzanalysten, in den Besitz von Insidertatsachen zu gelangen. Werden also diese Vorschriften konsequent beachtet, so zählt die Researchabteilung nicht zu den Emittentenkontaktbereichen. Damit ist nicht gesagt, dass nicht auch in der Researchabteilung compliance-relevante Insidertatsachen anfallen. Denn eine von der Abteilung geplante Anlageempfehlung kann starke Anlegerreaktionen auslösen, so dass auch die Researchabteilung als Vertraulichkeitsbereich ausgestaltet werden sollte. Dies leitet über zur anderen Gruppe von Vertraulichkeitsbereichen, den Marktkontaktbereichen.

c) Marktkontaktbereiche

Die Abteilungen, welche wegen ihrer Tätigkeit am Finanzmarkt bzw. ihres Kontaktes mit dessen Akteuren, in den Besitz compliance-relevanter marktbezogener Informationen kommen können, sollen hier als Marktkontaktbereiche bezeichnet werden.[338] Zwar fallen hier nicht die klassischen Insiderinformationen, also Kenntnisse über Emittenten und Papiere, an, jedoch können Informationen über das Marktgeschehen dem Inhaber Vorteile ermöglichen, die bei Ausnutzung ebenfalls unter das Insiderhandelsverbot fallen. Zu nennen sind zum Beispiel der Erwerb oder die Veräußerung von Papieren in Kenntnis der Art oder des Umfangs einer Order, das so genannte *Front running*.[339] Auch *Scalping*, also das Disponieren vor Abgabe einer den Markt möglicherweise beeinflussenden Empfehlung, fällt hierunter.[340]

Besonders anfällig für solches Verhalten sind die Bereiche des Wertpapierhandels und der Handelsabwicklung, des Fondsgeschäfts, der Anlageberatung,[341] der Vermögensverwaltung und – hier nun – des Research.

---

337 Zur Herstellung der Bereichsöffentlichkeit mittels Ad-hoc Meldungen vgl. *Kümpel* in: Assmann/Uwe H. Schneider, WpHG, § 15 Rn. 157. Vgl. auch *Schweizer* Insiderverbote, Interessenkonflikte und Compliance, S. 178.

338 In Anlehnung an *Schweizer* Insiderverbote, Interessenkonflikte und Compliance, S. 179.

339 Dazu umfassend *Assmann/Cramer* in: Assmann/Uwe H. Schneider, WpHG, § 14 Rn. 26.

340 Ob *Scalping* den Tatbestand des Ausnutzens einer Insidertatsache erfüllt, ist freilich nicht unumstritten. Vgl. *Assmann/Cramer* in: Assmann/Uwe H. Schneider, WpHG, § 14 Rn. 34 m.w.N.

341 Dabei ist hier zu unterscheiden, ob der Anlageberater tatsächlich den Markt dergestalt überblicken kann, dass er kursbeeinflussende Empfehlungen abzugeben

Verglichen mit in den Emittentenkontaktbereichen anfallenden Informationen, sind die in Marktkontaktbereichen anfallenden Informationen meist nicht so wirkungsintensiv im Hinblick auf die Kursentwicklung. Ihre insiderrelevante „Lebensdauer" kann in vielen Fällen nur wenige Minuten (zum Beispiel von der Erlangung der Kenntnis von einer bevorstehenden großen Order bis zur deren Ausführung) betragen. Dies ist bei Auswahl sowie Art und Umfang organisatorischer Maßnahmen zur Informationssteuerung mit zu bedenken.[342]

4. Informationssteuerung

Die Steuerung des unternehmensinternen Informationsflusses basiert auf „drei Säulen"[343]: (1) der technischen Chinese Wall, also der Abgrenzung der verschiedenen Vertraulichkeitsbereiche, (2) der Beobachtungsliste (sog. *Watch List*) und (3) der Verbotsliste (sog. *Restricted List* oder *Stopp Liste*).

a) Die technische Chinese Wall

Die Errichtung einer Chinese Wall basiert auf dem „need to know"-Prinzip. Mittels technischer bzw. organisatorischer Vorkehrungen wird gewährleistet, dass nur die Personen mit Insidertatsachen in Berührung kommen, bei denen das schon wegen ihres Berufs, ihrer Tätigkeit oder ihrer Aufgabe „bestimmungsgemäß" der Fall ist (§ 13 Abs. 1 Nr. 3 WpHG). Chinese Walls beschränken den Kreis der Primärinsider und garantieren, dass Insidertatsachen in den Geschäftsbereichen verbleiben, in denen sie anfallen oder bestimmungsgemäß Verwendung finden.[344] Welche technischen Vorkehrungen dafür zu treffen sind, ist nicht generell zu sagen. Herausgebildet haben sich verschiedene organisatorische Maßnahmen, welche je nach Struktur und Zuschnitt des Wertpapierdienstleistungsunternehmens eingesetzt werden können. Es muss sich bei Chinese Walls nicht ausschließlich um physische Abtrennungen handeln, sondern der Begriff wird für alle organisatorischen Maßnahmen und Regeln der unternehmensinternen Kommuni-

---

in der Lage ist. Dies kann bei einem in einer kleineren Filiale tätigen, ein mittleres Kundenniveau betreuenden Berater wohl verneint und muss bei einem im gehobenen Privatkundenbereich agierenden Berater möglicherweise bejaht werden.

342 *Schweizer* Insiderverbote, Interessenkonflikte und Compliance, S. 180.

343 *Eisele* in: Schimansky/Bunte/Lwowski, Bankrechts-Handbuch, § 109 Rn. 79.

344 *Assmann* AG 1994, 237, 256; *Hoffmann* Rechtliche Schranken interner Informationsflüsse in Kreditinstituten, S. 153.

kationssteuerung verwendet. Insofern ist der Begriff Chinese Wall eine Metapher.[345] Im Wesentlichen haben sich folgende Maßnahmen zur Separierung des Unternehmens in Vertraulichkeitsbereiche herausgebildet:[346] die räumliche Trennung verschiedener Bereiche, zum Beispiel durch Unterbringung zu separierender Abteilungen in verschiedenen Stockwerken oder gar Gebäuden, Schulungsprogramme für Mitarbeiter zur Erkennung preissensibler Informationen, Verfahrensregeln für den Fall, dass Insidertatsachen unbeabsichtigt weitergegeben worden sind, eine Beschränkung des Zugangs zu Geschäftsunterlagen auf die zuständigen Mitarbeiter, Vermeidung eines häufigen Hin-und-her-Wechsels von Mitarbeitern zwischen den Abteilungen und schließlich die Offenlegung der Chinese Walls nach außen.[347] Auch die BAFin-Compliance-Richtlinie gibt dazu einige Beispiele vor, welche nach Ansicht der BAFin in Frage kommen, nämlich die funktionale oder die räumliche Trennung, die Schaffung von Zutrittsbeschränkungen zu den Vertraulichkeitsbereichen oder die Regelung von Zugriffsberechtigungen auf Daten (Punkt 3.3.1 Compliance-Richtlinie). Da die Vorgaben der BAFin-Richtlinie einen Mindestmaßstab setzen, kann die Unternehmensleitung, solange sie ihrer Organisationspflicht nachkommt, die aus ihrer Sicht erforderlichen und effektiven Maßnahmen nach eigenem Ermessen ergreifen.

b) Die Watch List

Die technische Chinese Wall wird durch eine Beobachtungsliste, die sog. Watch List, verstärkt. Diese dient der laufenden Kontrolle der Funktionsfähigkeit der Chinese Wall.[348] Die Watch List ist eine interne, streng vertrauliche Liste, die alle Titel enthält, zu denen in irgendeinem Bereich des Wertpapierdienstleistungsunternehmens compliance-relevante Informationen vorliegen. Die Liste ist nur dem zuständigen Compliance-Mitarbeiter (der

345 *Poser* Michigan Yearbook of International Legal Studies 1988, 91, 92 f.

346 Siehe dazu *Dingeldey* RIW 1983, 81, 85; *Tippach* Das Insiderhandelsverbot und die besonderen Rechtspflichten der Banken, S. 233.

347 Dies führt zugleich zu einer erhöhten Akzeptanz auf Seiten der Kunden. Dabei sollte allerdings die unterschiedliche Professionalität der Kunden beachtet werden. Zu Recht befürchtet *Schweizer* Insiderverbote, Interessenkonflikte und Compliance, S. 175, dass eine Offenlegung gegenüber den Kunden des Massengeschäfts eher Verwirrung, denn Akzeptanz fördert. Die Erfahrung seiner Kunden im Wertpapiergeschäft kennt das Wertpapierdienstleistungsunternehmen wegen der gemäß § 31 Abs. 2 Nr. 1 WpHG bestehenden Erkundigungspflicht ohnehin.

348 *Kümpel* Bank- und Kapitalmarktrecht, Rn. 16.557.

Compliance-Abteilung) bekannt, der sie führt. Neben den Titeln soll die Liste die Mitarbeiter, die zu dem jeweiligen Vertraulichkeitsbereich zählen, sowie den Grund der Meldung des Titels zur Liste verzeichnen.[349] Meldepflichtig sind die Mitarbeiter, bei denen nicht-öffentliche, kurssensible Informationen anfallen.[350] Mittels der Watch List und der Beobachtung des Orderflusses kann zeitnah kontrolliert werden, ob die Chinese Walls funktionieren, das heißt es können die Bank- und Mitarbeitergeschäfte auf Insiderverstöße hin untersucht werden.[351] Mit Hilfe der Watch List sollen eventuelle Lücken in den Walls entdeckt und Gegenmaßnahmen ergriffen werden können. Bestätigen sich die Verdachtsmomente unlauteren Ausnutzens von Insiderinformationen, so hat die Compliance-Abteilung die Befugnis, Geschäfte zu stornieren oder die Liquidation einer Position zu verlangen.[352] Das Zusammenführen nicht-öffentlicher, kurssensitiver Informationen an einer Stelle macht das Compliance Office zu einem „Clearing House" für sensible Informationen.[353] Wegen der streng vertraulichen Handhabung der Watch List wird das normale Geschäft des Wertpapierdienstleistungsunternehmens dabei nicht behindert.[354] Die Watch List wird daher auch als Erlaubnis mit Verbotsvorbehalt bezeichnet.[355]

c) Die Restricted List

Neben der Watch List führt das Wertpapierdienstleistungsunternehmen eine so genannte Restricted List (Verbotsliste).[356] In dieser sind – ebenso wie in der Watch List – Titel verzeichnet, über die innerhalb des Wertpapierdienstleistungsunternehmens Informationen vorliegen, die, im Falle ihrer Ver-

---

349 *Eisele* in: Schimansky/Bunte/Lwowski, Bankrechts-Handbuch, § 109 Rn. 85; *ders.* WM 1993, 1021, 1024; *Koller* in: Assmann/Uwe H. Schneider, WpHG, § 33 Rn. 29. Vgl. zu engeren Ansichten hinsichtlich des Inhalts der Watch List *Hoffmann* Rechtliche Schranken interner Informationsflüsse in Kreditinstituten, S. 155.

350 *Eisele* in: Schimansky/Bunte/Lwowski, Bankrechts-Handbuch, § 109 Rn. 86; *ders.* WM 1993, 1021, 1024.

351 Zweifelnd *Hoffmann* Rechtliche Schranken interner Informationsflüsse in Kreditinstituten, S. 155 f.

352 *Eisele* in: Schimansky/Bunte/Lwowski, Bankrechts-Handbuch, § 109 Rn. 86; *ders.* WM 1993, 1021, 1024.

353 *Eisele* in: Schimansky/Bunte/Lwowski, Bankrechts-Handbuch, § 109 Rn. 86; *ders.* WM 1993, 1021, 1024.

354 *Koller* in: Assmann/Uwe H. Schneider, WpHG, § 33 Rn. 30.

355 So *Kümpel* Bank- und Kapitalmarktrecht, Rn. 16.561; *Eisele* WM 1993, 1021, 1024.

356 Vgl. *Kümpel* Bank- und Kapitalmarktrecht, Rn. 16.561.

öffentlichung, in hohem Maße geeignet sind den Kurs des Papiers zu beeinflussen.[357] Anders als bei der allein der Beobachtung dienenden Watch List unterliegen die in die Restricted List aufgenommenen Titel jedoch einem doppelten Verbot. Zum einen unterliegen diese Titel dem Eigenhandelsverbot, das heißt, sie dürfen von den Mitarbeitern des Wertpapierdienstleistungsunternehmens weder für sich noch für Dritte gehandelt werden. Zum anderen dürfen Titel der Restricted List Dritten, also insbesondere Kunden, nicht empfohlen werden.[358] Sie unterliegen damit auch einem Empfehlungsverbot. Wegen dieser unmittelbar entfalteten Rechtswirkung für die Mitarbeiter wird die Restricted List auch als Verbot mit Erlaubnisvorbehalt bezeichnet.[359] Die Geeignetheit der Restricted List als Präventivmaßnahme gegen Insiderverstöße im Rahmen eines Compliance-Konzeptes ist nicht unumstritten, für den Untersuchungsgegenstand dieser Arbeit jedoch nicht von Bedeutung. Daher kann auf die vorliegenden Stellungnahmen aus der Literatur verwiesen werden.[360]

5. Chinese Walls auf Führungsebene

Neben der Separierung von Bereichen des täglichen Geschäfts ist von Bedeutung, ob auch auf der Führungsebene entsprechende Vertraulichkeitsbereiche zu bilden sind. Es stellt sich die Frage nach der technischen „Höhe" von Chinese Walls, also danach, ob die Leitungsebene in die Compliance Organisation mit einbezogen wird oder ob sie eine Instanz über der Mauer bildet. Die Frage ist umstritten.

Für die Trennung auch des obersten Managements eines Unternehmens spricht auf den ersten Blick, dass auch die Mitglieder des Leitungsorgans Träger von compliance-relevanten Informationen sein können. In der Praxis ist dies aufgrund ihrer Organstellung im eigenen Unternehmen und eventueller Mandate in anderen Unternehmen auch stets der Fall. Der gesetzliche Insiderbegriff trägt dem durch die ausdrückliche Nennung von Mitgliedern des Geschäftsführungs- und Aufsichtsorgans Rechnung, § 13 Abs. 1 Nr. 1 WpHG. Zudem kommt die Insidereigenschaft von Organmitgliedern gemäß

---

357 *Assmann* AG 1994, 237, 256.

358 Damit werden aber nicht Auftragsausführungen auf ausdrücklichen Kundenwunsch unzulässig, vgl. *Kümpel* Bank- und Kapitalmarktrecht, Rn. 16.561; *Eisele* WM 1993, 1021, 1024.

359 So *Eisele* WM 1993, 1021, 1024.

360 *Eisele* in: Schimansky/Bunte/Lwowski, Bankrechts-Handbuch, § 109 Rn. 90; *Hoffmann* Rechtliche Schranken interner Informationsflüsse in Kreditinstituten, S. 157 m.w.N.

§ 13 Abs. 1 Nr. 3 WpHG über die Innehabung eines Mandats bei einem anderen Unternehmen in Betracht. Hinzu kommt, dass auf der Leitungsebene alle wirklich sensiblen Informationen zusammenlaufen.

Zunächst ist festzuhalten, dass auch vor Bestehen des gesetzlichen Verbots von Insidergeschäften, Organmitgliedern nach der gesellschaftsrechtlichen Treupflichtstheorie und der Veruntreuungstheorie die Ausnutzung von aufgrund ihrer Organstellung erlangten Informationen zu Insidergeschäften untersagt war.[361] Dabei besagt die Veruntreuungstheorie, dass solche Informationen der Gesellschaft gehören und jedenfalls nicht persönlich dem Organmitglied.[362] Außerdem wird nach der Treupflichttheorie damit der Gefahr begegnet, dass Organmitglieder dadurch von ihren eigentlichen Aufgaben abgelenkt werden oder in Interessenkonflikte zur eigenen Gesellschaft kommen.[363] Daraus wird allgemein gefolgert, dass die Ausnutzung von Insiderinformationen mit der Geschäftsführungsaufgabe generell nicht vereinbar sei.[364] Das trifft auch deswegen zu, weil die Ausnutzung von Insiderinformationen durch das Führungspersonal eines Unternehmens in der Öffentlichkeit zu einer ernsten Rufschädigung nicht nur der betroffenen Person, sondern des gesamten Unternehmens führen kann. Das Unternehmen vor solchen Schäden zu bewahren, gehört aber zu den wesentlichen Aufgaben der Organmitglieder.

Spezielle gesellschaftsrechtliche Instrumentarien zur Überwachung dieser Gebote existieren allerdings nicht. So kann etwa die Preisgabe von Geschäftsgeheimnissen, die gemäß §§ 93 Abs. 1 Satz 2, 116, 404 AktG grundsätzlich strafbewehrt ist, durch einen Beschluss des Vorstands gelockert werden.[365] Im Übrigen gilt die aktienrechtliche Verschwiegenheitspflicht nach § 93 Abs. 1 Satz 2 AktG, anders als das umfassende insiderrechtliche Verbot aus § 14 WpHG, nicht innerhalb desselben Organs.[366]

Aufgrund dieses gesellschaftsrechtlichen Defizits hält *Scharpf* die Installation von Compliance-Elementen, namentlich die Bildung von Vertraulichkeitsbereichen mittels Chinese Walls, auch auf der Organebene für notwendig.[367] In Betracht käme sowohl eine vertikale als auch eine horizontale

---

361 *Hopt* ZGR 1991, 17, 67; *Mertens* in: Kölner Kommentar zum Aktiengesetz, § 93 Rn. 42.

362 *Hopt* ZGR 1991, 17, 67.

363 *Hopt* ZGR 1991, 17, 67.

364 *Hopt* ZGR 1991, 17, 67.

365 *Mertens* in: Kölner Kommentar zum Aktiengesetz, § 93 Rn. 77.

366 Vgl. nur *Hüffer* Aktiengesetz, § 93 Rn. 8; *Mertens* in: Kölner Kommentar zum Aktiengesetz, § 93 Rn. 78.

367 *Scharpf* Corporate Governance, Compliance und Chinese Walls, S. 117.

Separierung.[368] Zutreffend scheidet eine horizontale Trennung jedoch auch nach Ansicht von *Scharpf* schon vor dem Hintergrund von Kollegialentscheidungen und gesetzlich zwingend vorgeschriebenen Gesamtzuständigkeiten[369] von vornherein aus.[370] Denn für eine abgewogene Entscheidung muss jedem Organmitglied die vorherige umfassende Information über die Beschlussvorlage möglich sein und bleiben.

Möglich sei allerdings eine vertikale Separierung. Diese richte sich nach der jeweils bestehenden Ressortverteilung innerhalb des Organs. Die strukturell vorgezeichneten, funktionalen Bereichsgrenzen sollen nach *Scharpf* als eigene Vertraulichkeitsbereiche ausgestaltet werden können. Gerade in kleineren Unternehmen wird die Verantwortlichkeit allerdings oft für mehrere Ressorts von einem Organmitglied wahrgenommen. Denkbare Maßnahmen zur vertikalen Separierung sind laut *Scharpf* die bloße gedankliche Trennung, die Ressortstrukturierung nach Compliance-Aspekten bzw. ein genereller Verzicht auf die Wahrnehmung von Mandaten bei anderen Unternehmen sowie die Delegation der Entscheidungszuständigkeit.

Von diesem Maßnahmebündel kommt allein die Delegation der Entscheidungszuständigkeit auf unterhalb der Leitungsebene angesiedelte Mitarbeiter ernsthaft in Betracht.

Einer rein gedanklichen Trennung fehlt die rechtliche und öffentliche Anerkennung. Es kann – das sieht auch *Scharpf* – kaum glaubhaft vermittelt werden, ein Organmitglied habe sein Wissen um bestimmte Tatsachen gedanklich ausgeklammert.[371] Nicht zuletzt auf der fehlenden Akzeptanz des Kapitalmarkts hinsichtlich freiwilliger Selbstverpflichtungen zu Compliance, womit die gedankliche Trennung vergleichbar ist, basiert die Erforderlichkeit einer gesetzlichen Regelung der Steuerung von Interessenkonflikten. Praktisch ebenso wenig Erfolg versprechend ist der Vorschlag, die Organmitglieder verzichteten auf die Wahrnehmung von Mandaten in anderen Unternehmen. Schließlich stößt auch die Ausrichtung der Ressortstruktur nach Compliance-Gesichtspunkten auf erhebliche Schwierigkeiten. Zwar ist es wohl regelmäßig noch möglich, die Eigenhandelsabteilung und den Bereich der Anlageberatung in die Verantwortung personenverschiedener Organmitglieder zu verweisen. Hingegen ist es in kleineren Instituten schon mit Blick auf die Personalressourcen gar nicht durchsetzbar, jeden aufgrund der Tätigkeit des Unternehmens nach dieser Konzeption erforder-

368 Zum Folgenden *Scharpf* Corporate Governance, Compliance und Chinese Walls, S. 120 ff.

369 So setzt zum Beispiel die Gewährung eines Großkredits gemäß § 13 Abs. 2 Satz 1 KWG einen einstimmigen Beschluss sämtlicher Geschäftsleiter voraus.

370 *Scharpf* Corporate Governance, Compliance und Chinese Walls, S. 128.

371 *Scharpf* Corporate Governance, Compliance und Chinese Walls, S. 121.

lichen Vertraulichkeitsbereich, von einem eigenen Organmitglied verantworten zu lassen.[372]

Aussichtsreicher scheint auf den ersten Blick die verbleibende Möglichkeit, eine Separierung der Führungsebene durch die Delegation der Entscheidungszuständigkeit herzustellen. Nach Ansicht von *Scharpf* lassen sich damit Interessenkonflikte vermeiden, die durch sensible Kenntnisse auf oberster Führungsebene entstehen können. Umgekehrt würde auch die Abschottung des ressortleitenden Organmitglieds von in seinem Geschäftsbereich anfallenden compliance-relevanten Informationen (sog. sekundäre Chinese Wall), Interessenkonflikte in dessen Person verhindern.

Gegen diese Lösung sprechen indes die gesellschaftsrechtlichen Vorschriften und Regeln zur Verantwortung des Leitungsorgans. Das betrifft hier insbesondere die ressortinterne Überwachungspflicht und den noch näher zu betrachtenden Grundsatz der Gesamtverantwortung.[373] Die persönliche Wahrnehmung aller Leitungsaufgaben ist bei den heute üblichen Unternehmenstrukturen mit sehr komplexen Willensbildungsprozessen und starker Dezentralisierung praktisch nicht möglich. Daher werden Zuständigkeiten auf nachgeordnete Mitarbeiter delegiert. Eine Delegation hebt jedoch die Verantwortung des Organmitglieds für das Geschehen in seinem Verantwortungsbereich nicht auf.[374] Lediglich der Inhalt der Pflichten wandelt sich. Das Organmitglied trifft nunmehr die Pflicht zur Überwachung der Tätigkeiten der nachgeordneten Mitarbeiter.[375] Zudem entbindet eine Ressortverteilung die einzelnen Organmitglieder nicht von ihrer gesellschaftsrechtlichen Gesamtverantwortung für das Geschehen im gesamten Unternehmensbereich. Es ist nicht etwa so, dass ein für den Eigenhandel zuständiges Vorstandsmitglied eines Kreditinstituts von der Verantwortung für die Geschehnisse im Anlageberatungsbereich befreit ist. Wie noch näher darzulegen sein wird, wandelt sich auch hier lediglich der Inhalt der Gesamtleitungsverantwortung in eine Gesamtkontrollverantwortung.[376] Jedes Organmitglied ist damit grundsätzlich verpflichtet, auch die Verhältnisse in den Ressorts im Auge zu behalten, für die es nach der Geschäftsverteilung nicht primär zuständig ist. Sowohl die Ressortüberwachungspflicht als auch die Gesamtkontrollverantwortung der Organmitglieder lassen es folglich

---

372 Selbst *Scharpf* Corporate Governance, Compliance und Chinese Walls, S. 122 geht hier von „unüberwindbaren Praxisproblemen" aus.

373 Dazu und zum Folgenden ausführlich unten S. 171 ff.

374 Vgl. nur *Abeltshauser* Leitungshaftung im Kapitalgesellschaftsrecht, S. 222.

375 *Uwe H. Schneider* DB 1993, 1909, 1914.

376 Ausführlich unten S. 172 ff.

nicht zu, sie von Informationen im Unternehmensbereich bewusst auszuschließen.[377]

Darüber hinaus kann ein Unternehmen nur erfolgreich geführt werden, wenn die Entscheidungsträger Zugang zu allen bedeutsamen unternehmensinternen wie -externen Informationen haben. Denn aufgrund der Informationen aus den einzelnen Geschäftsbereichen steckt die oberste Leitungsebene die Unternehmensstrategien ab.[378] Das Leitungsorgan muss aufgrund seiner Pflicht zur sorgfältigen Unternehmensleitung eine Organisation schaffen, die ihm jederzeit einen Überblick über die wirtschaftliche und finanzielle Situation der Gesellschaft und ihres Unternehmens ermöglicht.[379] Schließlich spricht sowohl gegen die vertikale als auch die horizontale Abschottung der Führungsebene, dass die Etablierung eines Compliance-Systems von der Unternehmensleitung durchgesetzt werden muss. Das Leitungsorgan ist für die Binnenorganisation des Unternehmens verantwortlich. Dazu gehört auch, das Unternehmen nach den kapitalmarktrechtlichen Vorgaben zu organisieren, also zum Beispiel die Bestimmungen nach § 33 Abs. 1 WpHG einzuhalten. Die dem Unternehmen danach obliegenden Organisationspflichten müssen von dem Leitungsorgan umgesetzt werden. Auch die für die Einhaltung der gesetzlichen Anforderungen und insofern für die tatsächliche Vorgabe abzugrenzender Bereiche zuständige Compliance-Stelle, nimmt ihre Aufgaben lediglich aufgrund einer Delegation der Befugnisse von dem letztverantwortlichen Leitungsorgan wahr.[380] Jede Separierung, ob permanent zur Abschottung bestimmter Unternehmensbereiche oder fallweise ad-hoc gezogene Chinese Walls, basieren danach letztlich auf einer Anordnung des Leitungsorgans. Damit ist es aber nicht vereinbar, wenn das Organ selbst den entsprechenden Bereich gar nicht überblicken kann, weil es durch spezielle Separationsmaßnahmen von diesem getrennt ist.

Unbestreitbar stößt ein Chinese Wall System hier an seine Grenzen. Angesichts der gesellschaftsrechtlichen Restriktionen und praktischen Schwierigkeiten ist indes allgemein anerkannt, dass die Mitglieder des Lei-

377 Hier liegt auch der Unterschied zu over-the-wall gebrachten Mitarbeitern, die lediglich den Vertraulichkeitsbereich wechseln, regelmäßig jedoch immer innerhalb eines solchen agieren, vgl. *Bülow* Die Bank 1997, 290, 293; *Eisele* Chinese Walls: Theorie und/oder Realität?!, S. 11.

378 *Koller* in: Assmann/Uwe H. Schneider, WpHG, § 33 Rn. 24; *Stafflage* Die Anlageberatung der Banken, S. 103.

379 Vgl. BGH GmbHR 1995, 299, 300.

380 Zu Funktion, Aufgaben und Rechtsstellung der Compliance-Abteilung und der dort tätigen Mitarbeiter ausführlich unten S. 190ff.

tungsorgans „Supra“ Chinese Wall stehen.[381] Das muss nicht heißen, dass ein Compliance Konzept hier versagt. Lediglich sein Kernelement, nämlich die Schaffung von Vertraulichkeitsbereichen mittels Chinese Walls, kann hier nicht angewendet werden. Damit gewinnen die übrigen Elemente von Compliance an Bedeutung. Insbesondere sind die Organmitglieder, das ist oben schon erwähnt worden, zu einer umfassenden Self Compliance verpflichtet.[382] Von den Organmitgliedern ist daher höchste Sensibilität im Umgang mit den von ihnen im Rahmen ihrer Organfunktion erlangten Kenntnisse zu verlangen. Dazu gehört, dass sie sich am besten jeglicher Einmischung in das tägliche Geschäft enthalten, die auf sensiblen Informationen beruhen könnte. Das dient der Verhinderung strafbarer Ausnutzung in mittelbarer Täterschaft.[383] Private Geschäfte der Organmitglieder sind von der Compliance-Stelle zu prüfen.

Zuzugeben ist, dass all dies nicht ähnlich wirksam ist wie die komplette Abschottung. Allerdings muss hier die Steuerbarkeit des Unternehmens vorgehen.

D. Rechtliche Wirkung von Chinese Walls

Eingangs ist die Frage nach Bestehen, Inhalt und Umfang einer Rechtspflicht zur Schaffung einer Unternehmensorganisation unter Compliance-Gesichtspunkten aufgeworfen worden. Um diese Frage beantworten zu können, muss man sich zunächst Klarheit über die rechtlichen Wirkungen der möglichen Compliance-Elemente verschaffen. Die Untersuchung der Rechtswirkung soll sich dabei auf das Element der Chinese Walls, als Kern jedes Compliance-Systems zur Steuerung des internen Informationsflusses, konzentrieren. Hinsichtlich der rechtlichen Anerkennung und der rechtlichen Bedeutung von Chinese Walls besteht bislang keine Klarheit.[384] Zu unterscheiden ist zwischen strafrechtlicher und zivilrechtlicher Wirkung.

---

381 *Eisele* Chinese Walls: Theorie und/oder Realität?!, S. 11; *McVea* Financial Conglomerates and the Chinese Wall, p. 133f.; *Stafflage* Die Anlageberatung der Banken, S. 103; *Poser* Michigan Yearbook of International Legal Studies 1988, 91, 138

382 Vgl. *Eisele* Chinese Walls: Theorie und/oder Realität?!, S. 11; *Scharpf* Corporate Governance, Compliance und Chinese Walls, S. 142ff.

383 *Eisele* Chinese Walls: Theorie und/oder Realität?!, S. 11.

384 *Hopt* in: Festschrift für Heinsius, S. 289, 320; *ders.*, in: Festschrift für Gernhuber S. 169, 184f. Vgl. auch *Assmann* AG 1994, 237, 256 in Anmerkung 263.

I. Strafrechtliche Wirkung

Chinese Walls können auf strafrechtlichem – genauer: strafprozessrechtlichem – Gebiet rechtliche Wirkungen entfalten.[385] Das Insiderhandelsverbot verbietet einem Insider, eine Insidertatsache einem Anderen unbefugt mitzuteilen oder zugänglich zu machen, § 14 Abs. 1 Nr. 2 WpHG.[386] Eine unbefugte Weitergabe liegt auch dann vor, wenn Mitarbeiter innerhalb eines in verschiedenen Geschäftsfeldern tätigen Unternehmens, die ihnen bekannt gewordenen Insidertatsachen den in anderen Geschäftsbereichen tätigen, namentlich den mit Wertpapiergeschäften befassten Mitarbeitern mitteilen.[387] Lediglich die Weitergabe aus betrieblichen oder rechtlichen Gründen kann als befugt angesehen werden.[388] Zwar wird der Umfang innerbetrieblicher Gründe für einen ungehinderten Informationsfluss weit ausgelegt. Das ist auch gemeinschaftsrechtlich geboten, bestimmt doch Art. 3 lit. a der EG-Insiderrichtlinie,[389] dass eine Informationsweitergabe an einen Dritten dann befugt ist, wenn dies im üblichen Rahmen in Ausübung der Arbeit oder des Berufs oder in Erfüllung von Aufgaben des Insiders geschieht. Art. 3 lit. a EG-Insiderrichtlinie dient insofern als Abwägungsgrundlage zwischen befugter und unbefugter Weitergabe. Daher wird die Weitergabe von Informationen als befugt angesehen, die zwar nicht durch spezielle gesetzliche Bestimmungen, wohl aber durch die Freiheit der Organisation von betrieblichen Abläufen im Rahmen der gesetzlichen und sonstigen rechtlichen Grenzen gedeckt sind.[390]

Andererseits ist aber zu beachten, dass die Weitergabe von im Kreditgeschäft erlangten Informationen an die mit dem Wertpapierhandel für das eigene Unternehmen oder Dritte befasste Abteilung bzw. deren Mitarbeiter, die Gefahr von Interessenkonflikten zwischen Bank und Kunden oder auch zwischen verschiedenen Kunden birgt. Hinzu kommt, dass gerade für die Vermeidung von solchen Interessenkonflikten heute organisatorische Vorkehrungen in Form von Chinese Walls verbreitet und üblich sind. Daher

---

385 Zu den strafrechtlichen Auswirkungen im US-amerikanischen Recht vgl. *Linklater/McElyea* RIW 1994, 117ff.; s. auch noch *Dingeldey* RIW 1983, 81ff.

386 Die Vorschrift setzt Art. 3 lit. a EG-Insiderrichtlinie (Richtlinie 89/592/EWG, ABl.EG Nr. L 334 vom 18. 11. 1989, S. 30 ff.) in nationales Recht um.

387 *Assmann/Cramer* in: Assmann/Uwe H. Schneider, WpHG, § 14 Rn. 54c.

388 *Assmann/Cramer* in: Assmann/Uwe H. Schneider, WpHG, § 14 Rn. 48ff.; *Assmann* WM 1996, 1337, 1349.

389 Richtlinie 89/592/EWG, ABl.EG Nr. L 334 vom 18. 11. 1989, S. 30ff.

390 *Assmann/Cramer* in: Assmann/Uwe H. Schneider, WpHG, § 14 Rn 54; BAWe/Deutsche Börse, Insiderhandelsverbote und ad hoc-Publizität nach dem Wertpapierhandelsgesetz, S. 21.

muss eine Weitergabe der Information als unbefugt und somit strafbewehrt angesehen werden.[391] Im Rahmen der Ermittlungen von BAWe oder Staatsanwaltschaft gegen einen Mitarbeiter kann jedoch unter Beiziehung der Compliance-Stelle im Unternehmen ersehen werden, ob der entsprechende Mitarbeiter betrieblich dienstlichen Zugang zu vertraulichen Informationen hatte oder nicht. Ist der Mitarbeiter durch Chinese Walls von der in Frage stehenden Information wirksam abgeschnitten gewesen, so kommt zumindest keine Bestrafung als Primärinsider gemäß § 13 Abs. 1 Nr. 3 WpHG in Betracht.[392] Das bedeutet, dass einerseits die Möglichkeit der Kenntnisnahme selbst und folglich auch der Nachweis einer Kenntnis des Mitarbeiters durch ein funktionierendes Compliance-System strafprozessual erschwert wird.[393] Die Beweissituation eines mit dem Vorwurf der unbefugten Informationsweitergabe konfrontierten Mitarbeiters, wird durch ein funktionierendes Compliance-System also erheblich verbessert.[394]

Damit ist aber auch die Grenze des Chinese-Wall-Konzepts angerissen. Mehr als die (wenngleich erhebliche) Verbesserung der Beweissituation kann die bloße Existenz von separierten Vertraulichkeitsbereichen strafrechtlich nicht leisten. Keineswegs ist damit also ein allgemeiner rechtlicher Freibrief verbunden.[395] Vielmehr ist die effektive, das heißt insbesondere ständige Überwachung, untrennbarer Bestandteil eines funktionierenden Compliance-Systems. Hier liegt die Schnittstelle zwischen der Frage nach der rechtlichen Wirkung von Compliance-Elementen wie den Chinese Walls und der Frage nach einer rechtlichen Verpflichtung zu ihrer Errichtung.

II. Zivilrechtliche Wirkung

1. Spannungsfeld Insiderkenntnisse und Informationspflicht

Auf zivilrechtlicher Ebene muss man sich zunächst vergegenwärtigen, dass ein Wertpapierdienstleistungsunternehmen gegenüber einem Anlagekunden aus dem zwischen ihnen geschlossenen Beratungsvertrag zu umfassender

391 *Assmann/Cramer* in: Assmann/Uwe H. Schneider, WpHG, § 14 Rn 54c.

392 Hat er sich die Informationen allerdings auf anderem Wege beschafft und weitergegeben, bleibt eine Bestrafung als Sekundärinsider möglich.

393 *Stafflage* Die Anlageberatung der Banken, S. 90.

394 *Assmann* AG 1994, 237, 256 f.; *Hopt* in: Festschrift für Heinsius, S. 289, 320; *Tippach* Das Insiderhandelsverbot und die besonderen Rechtspflichten der Banken, S. 221; *Stafflage* Die Anlageberatung der Banken, S. 90.

395 So zu Recht die Formulierung bei *Hopt* in: Festschrift für Heinsius, S. 289, 320.

Beratung verpflichtet ist.[396] Diese Verpflichtung des Wertpapierdienstleistungsunternehmens, seine Leistungen mit der erforderlichen Sachkenntnis, Sorgfalt und Gewissenhaftigkeit im Interesse seiner Kunden zu erbringen, ergibt sich bereits aus dem Kommissionsrecht (§§ 383 ff. HGB) und ist als Nebenpflicht des Effektenvertrages anerkannt.[397] Kapitalmarktrechtlich konkretisiert wird diese Pflicht durch § 31 Abs. 1 Nr. 1 WpHG, der fremdnütziges Handeln in Loyalität gegenüber dem Kunden vorschreibt. Dies gilt selbst dann, wenn dem Institut dadurch ein finanzieller Nachteil droht.[398] Inhalt dieser Pflicht ist insbesondere die vollständige und klare Information in Bezug auf eine dem Beratungskunden gegebene Anlageempfehlung.[399] Informationen in Gestalt von Auskunft und Beratung gehören zu den Hauptgütern, mit denen Kreditinstitute handeln.[400] Geschuldet ist die umfassende Interessenwahrung unter Verwertung aller verfügbaren Informationen.[401] Das bedeutet, dass das insgesamt in einem Wertpapierdienstleistungsunternehmen vorhandene Wissen den größtmöglichen Umfang der Beratungspflicht darstellt.[402] Weil dieses Wissen jedoch in den unterschiedlichsten Bereichen eines Wertpapierdienstleistungsunternehmens anfällt, stellt sich die Frage nach der Zurechnung dieser Kenntnisse zum Gesamtunternehmen.

Kommt das Wertpapierdienstleistungsunternehmen seiner Beratungspflicht fehlerhaft nach, so begründet dies einen Schadenersatzanspruch des Kunden. In Frage kommende Haftungsgrundlagen sind § 280 Abs. 1 BGB (früher positive Vertragsverletzung des Beratungsvertrages) sowie § 311 Abs. 2 und 3 i.V.m. § 280 Abs. 1 BGB (culpa in contrahendo). Neben dem Ersatz

---

396 Nach der Rechtsprechung liegt ein stillschweigend geschlossener Beratungsvertrag dann vor, wenn Auskünfte mit für den Empfänger erkennbar erheblicher Bedeutung erteilt werden, der Kunde die erhaltenen Informationen also zur Grundlage wesentlicher Beschlüsse machen will, BGH WM 1985, 381; grundlegend BGHZ 74, 103, 106 ff.

397 Vgl. nur *Eisele* in: Schimansky/Bunte/Lwowski, Bankrechts-Handbuch, § 109 Rn. 19.

398 *Eisele* in: Schimansky/Bunte/Lwowski, Bankrechts-Handbuch, § 109 Rn. 19.

399 BGH BB 1993, 26, 27. Vgl. auch BGH ZIP 1982, 169ff.; BGH ZIP 1983, 421, 422. Zu den Grundsätzen der vollständigen und klaren sowie der Wahrheit entsprechenden Aufklärung der Kunden vgl. näher *Heinsius* ZHR 145 (1981) 177ff.; *Kübler* ZHR 145 (1981) 204 ff.

400 *Assmann* WM 1996, 1337, 1338.

401 *Kümpel* Bank- und Kapitalmarktrecht, Rn. 10.97ff., 10.115ff., 10.131ff.

402 So *Tippach* Das Insiderhandelsverbot und die besonderen Rechtspflichten der Banken, S. 254.

der Einlage umfasst der Anspruch auch den Schaden, der durch den Nichtabschluss einer für den Kunden günstigeren Investition entstanden ist.[403]

Angesichts der umfassenden Informations- und Aufklärungspflichten steht man für den Fall einer hochgradig arbeitsteilig organisierten, komplexen Organisation vieler Wertpapierdienstleistungsunternehmen vor dem Problem einer hohen Wahrscheinlichkeit des Vorhandenseins von Insiderkenntnissen.[404] Ihr Beteiligungsbesitz, ihre Bedeutung als Unternehmensfinanzier, ihre Rolle bei Unternehmensübertragungen oder bei Börsengängen oder Wertpapieremissionen, ihre Mitwirkung bei Erwerb oder Veräußerung von Unternehmensbeteiligungen durch Dritte und viele weitere Tätigkeiten,[405] prädestinieren Kreditinstitute geradezu, in den Besitz von Insiderinformationen zu gelangen. Hinzu kommt, dass ihre Funktions- und Wettbewerbsfähigkeit von einem effektiven internen Kommunikationssystem, mithin einem funktionierenden Informationsaustausch, abhängt.[406]

Die Weitergabe von Insiderkenntnissen ist allerdings gemäß § 14 Abs. 1 Nr. 2 WpHG verboten. Das Insiderhandelsverbot steht damit dem umfassenden Informationsanspruch eines Anlagekunden grundsätzlich entgegen. Mit Einführung dieses Verbots scheint sich auch der Streit um die Behandlung von Insiderinformationen im Verhältnis zum anlagesuchenden Kunden auf den ersten Blick erledigt zu haben. Vor dem expliziten gesetzlichen Verbot der Weitergabe von Insiderinformationen durch das WpHG bildeten die dazu vertretenen Meinungen ein breites Spektrum. Das reichte von der Annahme einer fast uneingeschränkten Mitteilungspflicht, wie sie namentlich *Hopt*[407] in Anlehnung an die Wertung des § 131 Abs. 3 Nr. 1 AktG ver-

---

403 BGH WM 1990, 145, 148; BGH ZIP 1988, 505, 508. Besonders vorteilhaft für die Kunden ist die dabei von der Rechtsprechung begründete Beweislastumkehr, BGHZ 83, 260, 267; BGH NJW 1972, 1200, 1201; BGH NJW 1973, 1688f. Vgl auch *Hofmann* NJW 1974, 1641ff.

404 Vor diesem Problem steht selbstverständlich auch der Wertpapierdienstleistungen erbringende Einzelunternehmer. Bei diesem ist die Gefahr, solche Interessenkonflikte zu gewärtigen, noch größer, da er gleichzeitig beratend tätig ist und sich Kenntnis von einer Insiderinformation und Kundenkontakt in seiner Person verbinden. Der Unterschied zur arbeitsteiligen Organisation eines größeren Wertpapierdienstleistungsunternehmens liegt in der Unmittelbarkeit der Information. Hingegen ist der beratende Mitarbeiter eines Wertpapierdienstleistungsunternehmens oft überhaupt nicht selbst in Besitz von kurssensitiven Informationen. Hier bedarf es erst der Brücke der Wissenszurechnung, um den Mitarbeiter bzw. das Unternehmen so zu stellen, als hätten sie Kenntnis.

405 Dazu noch *Assmann* WM 1996, 1337, 1338.

406 *Assmann* WM 1996, 1337, 1338.

407 *Hopt* Der Kapitalanlegerschutz im Recht der Banken, S. 448ff. (S. 457ff., 468f.) Ausdrückliche Aufgabe dieses Standpunktes unter Bezugnahme auf den „Neu-

treten hat, bis hin zur Annahme eines generellen Unterrichtungsverbots.[408]

Indes greift das insiderrechtliche Verbot des § 14 WpHG erst bei Insidertatsachen, also im Sinne von § 13 Abs. 1 WpHG „erheblich" kursrelevanten Informationen. Es bleiben daher noch zahlreiche Interessenkonfliktlagen zwischen dem Unternehmen und seinen Kunden bzw. zwischen verschiedenen Kunden bestehen, deren Verletzung durch die spezielle strafrechtliche Sanktion des Insiderhandelsverbots nicht erfasst wird.[409] Insofern wäre es auch nicht ausreichend, die Frage nach den Rechtswirkungen von Chinese Walls nur auf die Verhinderung der Weitergabe von Insidertatsachen zu reduzieren[410], denn diese sind nur Teil der umfassenderen Problematik der Interessenkonflikte.[411] Gleichwohl soll die Untersuchung auch hier exemplarisch an der Insiderproblematik geführt werden.

Dabei ist zu bedenken, dass es nur dann überhaupt zu einem Interessenkonflikt und bei dessen nicht sachgerechter Lösung zu einer Pflichtverletzung kommen kann, wenn das in den verschiedenen Bereichen des Wertpapierdienstleistungsunternehmens vorhandene Wissen dem gesamten Wertpapierdienstleistungsunternehmen zugerechnet werden kann. Selbst wenn der in direktem Kundenkontakt stehende Mitarbeiter selbst gar keine Kenntnis hatte, würde danach das Wertpapierdienstleistungsunternehmen als Vertragspartner des Kunden seine vertraglichen Pflichten verletzen.

Damit lautet die zu untersuchende Frage, ob eine haftungsbegründende innerbetriebliche Wissenszurechnung durch Chinese Walls in rechtlich anzuerkennender Weise unterbrochen wird. Hierfür sind zunächst die dogmatischen Grundlagen der Wissenszurechnung zu entfalten.

2. *Wissenszurechnung*

Gelangen die handelnden Personen in den verschiedenen Abteilungen eines Kreditinstituts also fast zwangsläufig in mannigfacher Weise in den Besitz von wie auch immer sensiblen Informationen, so werden diese nach den Grundsätzen über die Wissenszurechnung dem Gesamtunternehmen zuge-

---

anfang" der EG-Insiderrichtlinie (Richtlinie 89/592/EWG), *ders.* in: Festschrift für Heinsius, S. 289, 300.

408 So etwa *Dingeldey* DB 1982, S. 687; *Heinsius* ZHR 145 (1981) 177, 194; *Schwark* DB 1971, S. 1605.

409 Vgl. auch die Skizze möglicher Interessenkonflikte bei *Hopt* in: Festschrift für Heinsius, S. 289, 314ff.

410 So aber *Scharpf* Corporate Governance, Compliance und Chinese Walls, S. 251ff.

411 *Hopt* in: Festschrift für Heinsius, S. 289, 314.

rechnet. Wenn auch für die Zurechnung des Wissens an juristische Personen noch Unterschiede in der rechtsdogmatischen Begründung bestehen, so herrscht Einigkeit über ihre Notwendigkeit und das Ergebnis.[412]

Dabei muss jedoch zwischen den verschiedenen Wissensträgern unterschieden werden. Denn in einer hochgradig arbeitsteilig funktionierenden Organisation des Unternehmens einer juristischen Person handeln viele – auf verschiedenen hierarchischen Stufen angesiedelte – in die Arbeitsteilung eingegliederte Personen. Zu unterscheiden sind Organe und sonstige Mitarbeiter. Die Frage nach der Wissenszurechnung kann nicht geklärt werden, indem man sich nur mit den Organen befasst. Häufig werden juristische Personen im täglichen Rechtsverkehr von anderen Personen, nämlich von – in Abgrenzung zu den Organen so genannten – Hilfspersonen repräsentiert.

Für die hier interessierende Frage nach der Rechtswirkung von Chinese Walls ist bereits an dieser Stelle festzuhalten, dass das Institut der Wissenszurechnung einem Wertpapierdienstleistungsunternehmen die Erfüllung seiner Verpflichtungen gegenüber seinen Kunden erschweren bzw. unmöglich machen kann, wenn man die eben beschriebenen denkbaren Interessenkonflikte im Blick behält.

Noch einmal: Nur wenn das vorhandene Wissen dem Unternehmen auch zugerechnet werden kann, kommt es überhaupt zu einem Konflikt zum Beispiel mit der Aufklärungspflicht gegenüber dem Kunden.

a) Dogmatische Grundlagen der Wissenszurechnung

Der Begriff der Zurechnung kommt im BGB nicht vor. Eine gesetzliche Definition fehlt. Dennoch ist Zurechnung als Bezeichnung einer dogmatischen Rechtsfigur fester Bestandteil der juristischen Sprache. Zumeist handelt es sich dabei um Kausalitätsprobleme oder die Frage nach schuldhaftem Verhalten, also danach, ob ein Geschehen als „eigene Tat" einem anderen Rechtssubjekt zuzurechnen ist.[413] Das allein füllt die Rechtsfigur Zurechnung jedoch nicht aus. Im hier interessierenden Zusammenhang geht es nicht um

---

412 BGHZ 132, 30, 34; 109, 327, 331; BGH ZIP 1996, 500, 501; BGH ZIP 1996, 548, 550; *Baumann* ZGR 1973, 284, 290ff.; *Flume* Die juristische Person, S. 398ff.; *Grunewald* in: Festschrift für Beusch, S. 301, 304ff.; *Lutter/Hommelhoff* GmbHG, § 36 Rn. 2; MünchHdb.GmbH/*Marsch-Barner/Diekmann* § 44 Rn. 39 f.; *Mertens* in: Kölner Kommentar zum Aktiengesetz, § 76 Rn. 63; *Scheuch* GmbHR 1996, 828ff.; *Schilken* Wissenszurechnung im Zivilrecht, S. 138ff.; *Karsten Schmidt* Gesellschaftsrecht, § 10 V, S. 292ff.; Scholz/*Uwe H. Schneider* GmbHG, § 35 Rn. 80ff.; *Schultz* NJW 1996, 1392ff.; *Taupitz* JZ 1996, 734 ff.; *Waltermann* AcP 192 (1992) 181ff.; Baumbach/Hueck-*Zöllner* GmbHG, § 35 Rn. 85f.

413 *Bork* ZGR 1994, 237.

die Zurechnung eines Geschehens sondern – schlagwortartig ausgedrückt – um die Frage der Kenntnis von einem bzw. des Wissens um ein Geschehen.

Eine juristische Person erlangt als Zweckschöpfung des Rechts – mit *Ihering* gesprochen: als „rechtstechnischer Kunstgriff"[414] – selbst keine Kenntnis und damit kein Wissen. Als Trägerin von Rechten und Pflichten kommt es aber im Rechtsverkehr oft darauf an, ob das Rechtssubjekt „juristische Person" Wissen besitzt.[415] Das wirft die Frage auf, wer der juristischen Person das in den einschlägigen gesetzlichen Bestimmungen tatbestandsmäßig erforderliche Wissen vermittelt. Denn diese *Wissensnormen*[416] enthalten dazu keine Regelung. Andererseits muss den Wissensnormen auch in den vom Gesetz – wegen seiner auf das Handeln natürlicher (Einzel-)Personen zugeschnittenen Konzeption – nicht erfassten Fällen arbeitsteiliger Organisationen zur Geltung verholfen werden. Die bürgerlichrechtlichen Regeln über das Kennen oder Kennenmüssen tatbestandlicher Umstände entstammen einer Zeit, als man hochgradige Arbeitsteilung, etwa in Gestalt der heutigen Finanzkonglomerate, nicht kannte. Es muss daher im Wege der Wissenszurechnung das Wissen, welches die für die juristische Person handelnden natürlichen Personen in ihrem Tätigwerden für die juristische Person erlangen, dem Rechtssubjekt hinter ihnen zugerechnet werden. Denn das Wirtschaften mittels einer arbeitsteilig funktionierenden Organisation darf nicht zu Lasten des Gegenübers im Rechtsverkehr gehen. Wer seine Arbeitskraft vervielfältigen kann, soll durch die damit verbundene Wissensaufspaltung nicht begünstigt werden.[417] Darin wird gelegentlich der „Leitgedanke der Wissenszurechnung" überhaupt gesehen.[418]

Das bedeutet: Um Wertungswidersprüche gegenüber der für natürliche Personen geltenden Rechtslage zu vermeiden, darf die arbeitsteilig funktionierende Organisation nicht dazu führen, dass Dritte schlechter gestellt werden, als wenn sie nur einer einzigen natürlichen Person gegenüberstünden.[419] Im Umkehrschluss: Der Dritte darf aber auch nicht besser gestellt werden.

---

414 *Ihering* Geist des römischen Rechts, § 55, S. 225.

415 Beispiele bei *Karsten Schmidt* Gesellschaftsrecht, § 10 V 1, S. 292f.; *Waltermann* AcP 192 (1992) 181, 183.

416 Begriff nach *Waltermann* AcP 192 (1992) 181, 185.

417 Palandt/*Heinrichs* § 166 Rn. 8.

418 *Schultz* NJW 1990, 477, 480; *Richardi* AcP 169 (1969) 385, 389, 402.

419 BGHZ 132, 30, 35 = JuS 1996, 747 (*Emmerich*); BGHZ 117, 104, 108; 109, 327, 332; *Medicus* in: Karlsruher Forum 1994, S. 4, 15 f.; *Scheuch* GmbHR 1996, 828, 830; *Schüler* Wissenszurechnung im Konzern, S. 75; *Waltermann* AcP 192 (1992) 181, 224. Nach *Drexl* ZHR 161 (1997) 491, 503 mit Anmerkung 62 findet sich dieses „Gleichstellungsargument" in der gesamten einschlägigen Literatur. Vgl. auch *Canaris* Bankvertragsrecht, Rn. 106.

Im Bereich rechtsgeschäftlichen Handelns bildet § 166 Abs. 1 BGB die gesetzliche Grundlage der Wissenszurechnung. Tatbestandliche Voraussetzung ist das rechtsgeschäftliche Handeln als Vertreter. Darin erschöpft es sich. Außerhalb einer rechtsgeschäftlichen Stellvertretung fehlt es an Zurechnungsnormen. Es sind aber auch und gerade Tätigkeiten wie die Vor- und Nachbereitung oder die Abwicklung von Geschäften, bei denen Hilfspersonen für juristische Personen handeln. An der Abgabe von Willenserklärungen fehlt es dabei zumeist. Als Beispiel für die hier interessierenden Kenntnisse über sensible Tatsachen und am Beispiel von Kreditinstituten sei an dieser Stelle nur auf diejenigen Mitarbeiter der Kreditabteilung hingewiesen, welche für die Abwicklung des (eigentlichen Rechts-)Geschäfts in ständigem Kontakt zum Kreditnehmer stehen, ohne dabei rechtlich erhebliche, soll heißen Rechtsgeschäfte abschließende, Erklärungen abzugeben. Das konfrontiert mit der Frage nach der Zurechnung der Kenntnisse des nicht vertretungsberechtigten Mitarbeiters. Da die Probleme der Zurechnung von Wissen nichts mit einem Einstehenmüssen für Dritte zu tun haben, kann eine Anwendung von §§ 278, 831 BGB hier nicht in Betracht kommen.[420]

Diese Lücke haben Rechtsprechung und Literatur mit der Herausbildung eines allgemeinen, auch die Fälle außerhalb rechtsgeschäftlichen Handelns erfassenden Rechtssatzes geschlossen. Mit der herrschenden Ansicht in der Literatur ist davon auszugehen, dass in § 166 Abs. 1 BGB die grundsätzliche Wertung des Gesetzgebers zum Ausdruck kommt, dass eine Wissenszurechnung auch in Fällen außerhalb des stellvertretungsrechtlichen Geltungsbereichs stattfindet. Es wird also überwiegend von einer Analogie zu § 166 Abs. 1 BGB ausgegangen.[421] Ob dies nun über ein selbständiges Zurechnungsprinzip „Wissensvertretung"[422] begründet wird oder darüber, dass dem in den Wissensnormen enthaltenen Vorteilsschutz vom Wissenmüssen bestimmter Personen zur Geltung verholfen werden muss, wenn dies nicht im rechtsgeschäftlichen Bereich stattfindet,[423] soll hier dahinstehen. Der BGH weist darauf hin, dass auch außerhalb eines Vertretungsverhältnisses

420 So auch *Richardi* AcP 169 (1969) 385, 387; *Waltermann* AcP 192 (1992) 181, 188f.

421 Erman/*Brox* § 166 Rn. 5; Münchner Kommentar zum BGB/*Thiele* § 166 Rn. 23 ff.; Soergel/*Leptien* § 166 Rn. 14 ff.; Palandt/*Heinrichs* § 166 Rn. 6; *Flume* Allgemeiner Teil des Bürgerlichen Rechts, Das Rechtsgeschäft, S. 875; *Kiefner* JA 1984, 189, 192 ff.

422 So *Richardi* AcP 169 (1969) 385, 395ff. (397): Wissenszurechnung sei überall dort anzuerkennen, wo Dritte bei der Erledigung ihnen übertragener Angelegenheiten eine tatsächliche Stellung ähnlich einem Stellvertreter bei der Vornahme rechtsgeschäftlicher Handlungen haben.

423 So *Schilken* Wissenszurechnung im Zivilrecht, S. 213ff., 302.

der Sachverhalt dem Fall eigenen Wissens bzw. Wissenmüssens des Geschäftsherrn derart entsprechen könne, dass er gleich diesem beurteilt werden müsse. Daher sei § 166 Abs. 1 BGB entsprechend anzuwenden.[424] Mit nahezu gleicher Argumentation fehlt es in anderen Entscheidungsgründen dann wieder am Rückgriff auf eine Analogie zu § 166 Abs. 1 BGB und es wird stattdessen auf den in § 166 BGB enthaltenen Rechtsgedanken abgestellt.[425]

Am Ergebnis einer Zurechnung ändert dies jedoch nichts. Diese eher allgemeinen Ausführungen sollen nun exemplarisch anhand der beiden hier interessierenden Wissensträger näher untersucht werden.[426]

b) Kenntnis der Organe

Die dogmatische Grundlage für die Zurechnung des Wissens von Organmitgliedern ist umstritten.

aa) Logisch-stringente Zurechnung

Nach der bis 1996 herrschenden Ansicht ist das Wissen der Organe mit dem Wissen der juristischen Person gleichzusetzen oder schlagwortartig ausgedrückt: Wissen oder Kennenmüssen von Organmitgliedern ist Wissen oder Kennenmüssen der juristischen Person.[427] Diese Sichtweise basiert auf der

424 BGHZ 41, 17, 22; 42, 63, 69; 55, 307, 311f.; 83, 293, 295f.; 102, 316, 320; BGH NJW 1974, 458, 459; NJW 1987, 3250, 3251.

425 So in BGH NJW 1985, 2583; NJW 1986, 2315, 2316; NJW 1989, 2879, 2880.

426 Unterscheidet man nach Personen, die operativ für ein Unternehmen tätig werden können, so kommen als Wissensträger in dem Unternehmen einer juristischen Person wie bereits oben kurz erwähnt, Organmitglieder und Nichtorganmitglieder, also sonstige Mitarbeiter, in Betracht. Die juristische Person selbst ist nicht wissensfähig und scheidet als Wissensträger damit aus; es sei denn man folgt der – heute freilich obsoleten – Theorie „von der realen Verbandspersönlichkeit" *Otto von Gierkes*, nach welcher die Körperschaft als reale Gesamtperson nicht bloß rechtsfähig, sondern auch willens- und handlungsfähig ist. Denkbar ist auch eine Unterscheidung in Gesellschafter und Nichtgesellschafter als Wissensträger.

427 So vor allem in st. Rspr. der BGH unter Berufung auf RG JW 1935, 2044. Vgl. BGHZ 41, 282, 287; 109, 327, 331; 117, 104, 106; BGH WM 1955, 830, WM 1959, 81, 84. Aus dem Schrifttum *Richardi* AcP 169 (1969) 385, 388; *Tippach* Das Insiderhandelsverbot und die besonderen Rechtspflichten der Banken, S. 256. Vgl. auch *Watter* SJZ 1991, 109, 112 mit Anmerkung 37. Zum englischen Recht vgl. *McVea* Financial Conglomerates and the Chinese Wall, p. 151 f. (doctrine of the directing mind).

theoretischen Grundlage der Organtheorie.[428] Es reicht danach aus, dass ein einzelnes Organmitglied Kenntnis von einem bestimmten Umstand hat, um das Wissen des gesamten Organs und damit der juristischen Person selbst zu begründen.[429] Unerheblich war nach Ansicht der Rechtsprechung, auf welchem Wege das Organmitglied Kenntnis erlangt hat, ob im privaten Bereich oder in seiner Eigenschaft als Organmitglied.[430] Es war nicht einmal erforderlich, dass das Organmitglied an dem Rechtsgeschäft mitgewirkt oder auch nur von ihm gewusst hat.[431] Haftete der juristischen Person das Wissen vermittelt durch ein einziges Organmitglied einmal an, so kam es danach auch dann nicht mehr zum Wissensverlust – wenn man so will: zum Vergessen – auf Seiten der juristischen Person, wenn das betreffende Organmitglied ausgeschieden ist und es das einzige Organmitglied mit dem entsprechenden Wissen war.[432]

bb) Neuere Tendenzen

(1) Wertende Beurteilung

Heute geht die Rechtsprechung dagegen den Weg einer wertenden Zurechnung. Die Frage der Wissenszurechnung von Organvertretern juristischer Personen, so der BGH, könne nicht mit „logisch-begrifflicher Stringenz"[433] beantwortet werden, sondern erfordere eine Entscheidung mittels wertender Beurteilung.[434] Der BGH löst sich damit für die Wissenszurechnung von der oben beschriebenen Organtheorie.[435] Die neuere Rechtsprechung und die ihr folgenden Teile des Schrifttums,[436] haben sich damit auch vom Ausgangs-

---

428 Die Organtheorie ist die Folge aus der von *Otto von Gierke* begründeten Theorie der „realen Verbandspersönlichkeit". Zu dieser *Otto von Gierke* Deutsches Privatrecht I, § 67. Näher zur Organtheorie *Flume* Die juristische Person, S. 15, 17f.; *Karsten Schmidt* Gesellschaftsrecht, § 10 I 2, S. 258ff.

429 Deutlich BGHZ 109, 327, 330 f.

430 So schon BGH WM 1955, 830, 832.

431 BGHZ 109, 327, 330 f. unter Berufung auf RG JW 1935, 2044.

432 BGH WM 1959, 81, 84; BGHZ 109, 327, 331. Vgl. dazu *Bohrer* DNotZ 1991, 124, 126, 129, Anm. zu BGHZ 109, 327ff. = DNotZ 1991, 122ff.

433 Damit ist die unbedingte Gleichsetzung des Wissens der Organmitglieder mit dem Wissen der juristischen Person auf der Grundlage der Organtheorie gemeint, wie sie die Rechtsprechung früher vertreten hat. Vgl. aber schon BGHZ 109, 327ff.

434 BGHZ 132, 30, 35 = WM 1996, 594, 596.

435 *Drexl* ZHR 161 (1997) 491, 503. Gegen eine endgültige Aufgabe der Organtheorie insgesamt *Scheuch* GmbHR 1996, 828, 832f.

436 Früh schon *Baumann* ZGR 1973, 284, 289, 295. Vgl. auch aus neuerer Zeit *Bohrer* DNotZ 1991, 124, 126, 129, Anm. zu BGHZ 109, 327ff. = DNotZ 1991, 122ff.; *Flume* Die juristische Person, S. 399; *Lutter/Hommelhoff* GmbHG, § 36 Rn. 2;

punkt einer starren Zurechnung gelöst und einer normativen, das heißt wertausfüllenden Betrachtungsweise zugewandt. Das bedeutet, dass das Wissen eines Organmitglieds nicht mehr eo ipso das Wissen der juristischen Person ist. Damit ist auch gesagt, dass das Wissen eines ausgeschiedenen Organmitglieds nicht – wie nach der früheren Rechtsprechung – automatisch weiterhin der juristischen Person anhaftet oder die Kenntnis der juristischen Person auch dann angenommen wird, wenn ein uninformierter Organvertreter handelt.[437] Mit dieser Abkehr von der Organtheorie als Begründung für die Zurechnung des Wissens von Organen,[438] stellt der BGH seine Lösung auf den Gedanken des Verkehrsschutzes und des Risikoprinzips. Danach unterliegen Verfügbarkeit, Erfassung und Nutzung von Informationen innerhalb von juristischen Personen normativen Verkehrsschutzanforderungen.[439] Damit dient die neuere Rechtsprechung dem oben beschriebenen Zweck der Wissenszurechnung, nämlich den Wissensnormen zur Geltung zu verhelfen, dabei aber Wertungswidersprüche zwischen arbeitsteiliger Organisation und der Rechtslage bei natürlichen Personen zu vermeiden. Dort wo Wertungswidersprüche auftreten, kann mittels wertender Beurteilung für Ausgleich gesorgt werden. Insofern ist der neuere Ansatz der Rechtsprechung flexibler und angemessener als die starre Zurechnung des Wissens von Organmitgliedern eo ipso.

Die Wissenszurechnung in arbeitsteiligen Organisationen basiert nach dieser neueren Ansicht auch auf dem Risikoprinzip als Teil des Verkehrsschutzgedankens.[440] Das ist oben schon im Zusammenhang mit dem Problem der Vermeidung von Wertungswidersprüchen angeklungen. Die

---

Karsten Schmidt Gesellschaftsrecht, § 10 V 1, S. 293; *Waltermann* AcP 192 (1992) 181, 218.

437 *Drexl* ZHR 161 (1997) 491, 503.

438 Genau besehen hat bereits der historische Gesetzgeber mit der positiv-rechtlichen Regelung der juristischen Person im BGB der theoretischen Konstruktionsfrage, also dem Streit zwischen der Organtheorie und der Fiktions- oder Vertretertheorie (zu dieser *Flume* Die juristische Person, S. 15, 17f.; *Karsten Schmidt* Gesellschaftsrecht, § 10 I 2, S. 258 ff.), die Bedeutung genommen. Mit der fortgeschrittenen Ausreifung der Rechtsfigur „juristische Person" durch Rechtsprechung und Rechtswissenschaft sind ein großer Teil der rechlichen Problemkreise gelöst worden, so dass heute auch kein Erfordernis nach einer weiteren Grundlagenforschung mehr besteht, vgl. *Karsten Schmidt* a.a.O., § 8 II, S. 193 f.

439 Diese Ansicht basiert auf den die Entscheidung des BGH vorbereitenden Überlegungen von *Bohrer* DNotZ 1989, 124ff. Anm. zu BGHZ 109, 327ff. = DNotZ 1991, 122ff.

440 Statt aller *Taupitz* in: Karlsruher Forum, 1994, S. 16ff. Allgemein zum Riskioprinzip als Grundlage der Zurechnung vgl. *Canaris* Die Vertrauenshaftung im deutschen Privatrecht, S. 479 ff.

Nutzung einer arbeitsteilig funktionierenden Organisation zur Erreichung wirtschaftlicher Zwecke bedeutet die Eröffnung eines Verkehrsbereiches. Derjenige, der diesen Verkehrsbereich eröffnet, also die Aufspaltung der Organisation veranlasst hat und seinen Nutzen daraus zieht, hat damit auch das Risiko einer Wissensaufspaltung verursacht. Anders formuliert: Die strukturelle Besonderheit, dass Geschäftsführungsfunktionen sowohl in personeller (mehrgliedriges Geschäftsführungsorgan) als auch zeitlicher (Wechsel der Organmitglieder) Hinsicht aufgespalten sein können, darf sich für die Vertragspartner einer juristischen Person nicht nachteilig auswirken.[441] Daraus folgt für die Rechtsprechung und die neuere Ansicht in der Literatur die Pflicht, diesen Risikobereich so zu organisieren, dass Dritte aus der Wissensaufspaltung keinen Schaden erleiden.[442]

(2) Pflicht zur Organisation der internen Kommunikation

Der BGH begründet daher in seiner neueren Rechtsprechung mittels einer wertenden Beurteilung von Zurechnungsfragen eine Pflicht zur ordnungsgemäßen Organisation der gesellschaftsinternen Kommunikation.[443] Im Grunde handelt es sich dabei um eine Parallele zu den bekannten Verkehrspflichten. Das bedeutet, dass eine am Rechtsverkehr teilnehmende juristische Person ihre innerbetriebliche Kommunikation entsprechend den berechtigten Erwartungen des Rechtsverkehrs auszurichten hat.

Die Pflicht zur ordnungsgemäßen Organisation der internen Kommunikation ist eine übergeordnete Organisationspflicht. Daraus folgt dann zweierlei. Zum einen müssen Informationen, deren Relevanz für andere Personen innerhalb dieser Organisation bei den konkret Wissenden erkennbar ist, tatsächlich an diese Personen weitergeleitet werden. Insofern handelt es sich um eine Informationsweiterleitungspflicht.[444] Zum anderen muss sichergestellt sein, dass von den einzelnen Organisationsgliedern solche Informationen, welche für ihren Bereich relevant sind und die erkennbar anderswo in der Organisation vorhanden sind, aus gegebenem Anlass nachgefragt

441 Vgl. BGHZ 109, 327 = DNotZ 1991, 122, 123 mit Anm. *Bohrer*. Vgl. auch *Watter* SJZ 1991, 109, 113.

442 BGHZ 132, 30, 35 f.

443 BGHZ 132, 30, 37. Der BGH folgt hier in Ergebnis und Begründung den Vorarbeiten von *Taupitz* in: Karlsruher Forum 1994, S. 16ff., 28ff. und *Medicus* in: Karlsruher Forum, 1994, S. 4ff., 11ff. Vgl. auch *Bohrer* DNotZ 1991, 124ff., Anm. zu BGHZ 109, 327ff. = DNotZ 1991, 122ff.; *Emmerich* JuS 1996, 747f.; *ders.* JuS 1997, 845; *Drexl* ZHR 161 (1997) 491, 503ff.; *Grunewald* in: Feschrift für Beusch, S. 301ff.; *Lutter/Hommelhoff* GmbHG, § 36 Rn. 5; *Scheuch* GmbHR 1996, 828, 830f.; *Taupitz* JZ 1996, 734f.; *Waltermann* AcP 192 (1992) 181ff.

444 So BGHZ 132, 30, 37 in Anschluss an *Taupitz* in: Karlsruher Forum 1994, S. 16, 51.

werden. Diese Pflicht wird als Informationsabfragepflicht bezeichnet.[445] Ein Verstoß gegen die Organisationspflicht zur ordnungsgemäßen Organisation der internen Kommunikation in ihrer Ausprägung als Informationsweiterleitungs- und Informationsabfragepflicht hat zur Folge, dass die juristische Person so behandelt wird, als ob sie das fragliche Wissen tatsächlich im entscheidenden Zeitpunkt zur Verfügung gehabt hätte.[446]

cc) Ergebnis

Mit der Statuierung einer Pflicht zur Organisation des im Unternehmen vorhandenen Wissens lassen sich die Fälle, in denen es auf Wissen oder Nichtwissen ankommt, dem einzelnen Fall angepasst und damit flexibler lösen, als dies unter der früheren Rechtsprechung mit der eo ipso-Zurechnung des Organwissens möglich war. Die starre Gleichsetzung von Wissen eines Organmitglieds mit Wissen des Gesamtorgans und mit Wissen der juristischen Person selbst, kann dagegen nicht immer zu sachgerechten Ergebnissen führen. Das wird erkennbar am Beispiel der These, dass das einer juristischen Person einmal anhaftende Wissen, auch mit dem Ausscheiden des wissenden Organmitglieds die Zurechnung nicht wieder entfallen lässt, das heißt der juristischen Person weiter anhaftet.

Nach der neueren Auffassung der Rechtsprechung, die über die Wissenszurechnung nach einer wertenden Beurteilung entscheidet,[447] ist auch die Frage der Dauer der erforderlichen Speicherung des Wissens flexibler zu handhaben. Es müsse mitbedacht werden, so der BGH, dass sich auch das menschliche Erinnerungsvermögen typischerweise nach der erkennbaren Wichtigkeit der Wahrnehmung bestimmt.[448] Der Inhalt von Speichern sei nur dann auch als Wissen zuzurechnen, wenn ein besonderer Anlass besteht, sich in dieser konkreten Situation noch zu vergewissern. Dies richtet sich nach der Zumutbarkeit, wobei die Bedeutung des jeweiligen Anlasses und die Schwierigkeit der Suche maßgeblich sind.[449] Die Frage, ob eine Information über einen bestimmten Umstand überhaupt gespeichert werden muss, hängt daher insbesondere davon ab, mit welcher Wahrscheinlichkeit sie später rechtserheblich werden kann. Entscheidend ist dabei der Zeitpunkt der Wahrnehmung, nicht eine ex post-Betrachtung.

---

445 So BGHZ 132, 30, 37 wiederum in Anschluss an *Taupitz* in: Karlsruher Forum 1994, S. 16, 51.

446 *Emmerich* JuS 1996, 747 Anm. zu BGH, V ZR 239/94 vom 2. 2. 1996 (= BGHZ 132, 30 ff.); *Schüler* Wissenszurechnung im Konzern, S. 77.

447 BGHZ 132, 30, 35.

448 BGHZ 132, 30, 35.

449 BGHZ 132, 30, 39 unter Berufung auf *Baumann* ZGR 1973, 284, 295 und *Medicus* in: Karlsruher Forum 1994, S. 4, 12.

Fraglich ist damit noch, welche Umstände die erwähnte Organisationspflicht auslösen, das heißt wie das relevante Wissen zu bestimmen ist, welches es zu organisieren gilt. Der BGH führt aus, dass eine Organisationspflicht dann greift, wenn es sich um typischerweise aktenmäßig festgehaltenes Wissen handelt.[450] Dieses noch unkonkrete Merkmal wird durch die Rechtsprechung der weiteren Klärung zuzuführen sein.[451] Zu den Folgen für den hier interessierenden Bereich der Wertpapierdienstleistungsunternehmen sogleich.

c) Kenntnis der sonstigen Mitarbeiter

Ein Wertpapierdienstleistungsunternehmen operiert auf sehr verschiedenen Geschäftsfeldern und setzt dabei im täglichen Geschäft eine Vielzahl von Hilfspersonen ein. Insofern ist es zu eng, bei der Frage der Wissenszurechnung lediglich das Organ bzw. die Organmitglieder in den Blick zu nehmen. Fraglich ist vielmehr, ob auch das Wissen, welches die sonstigen Mitarbeiter in ihrer Tätigkeit für das Wertpapierdienstleistungsunternehmen erlangen, diesem zugerechnet wird. Konkreter gefragt: Erfolgt eine Wissenszurechnung auch dann, wenn ein Mitarbeiter im Rahmen seiner Tätigkeit für das Wertpapierdienstleistungsunternehmen relevante Kenntnisse erlangt und ein anderer, unwissender Mitarbeiter später ein anderes Geschäft schließt, für welches diese Kenntnisse bedeutsam sind?[452]

Für eine Zurechnung des Wissens auch solcher Mitarbeiter, die an dem konkret in Frage stehenden Geschäft gar nicht beteiligt, aber an anderer

---

450 BGHZ 132, 30, 35 f.; 109, 327, 332 = DNotZ 1991, 122 ff. mit Anm. *Bohrer*, 124, 129; *Emmerich* JuS 1996, 747f.; *Grunewald* in: Festschrift für Beusch, S. 301, 304 f.; *Lutter/Hommelhoff* GmbHG, § 36 Rn. 5; *Medicus* in: Karlsruher Forum 1994, S. 4, 15ff; *Scheuch* GmbHR 1996, 828, 830; *Schüler* Wissenzurechnung im Konzern, S. 79 (Wesentlichkeit der Information); *Taupitz* in: Karlsruher Forum 1994, S. 16, 26ff.; *ders.* JZ 1996, 734 f.

451 Was mit dem Kriterium „typischerweise aktenmässig festgehalten" gemeint ist vergegenwärtigt man sich am besten anhand eines in der Literatur gebildeten Beispiels: Die Verseuchung eines Bodens mit Asbest ist erst seit dem Zeitpunkt typischerweise aktenmässig festzuhalten, seit dem die Gefährlichkeit von Asbest auch bekannt war. Das bedeutet, dass bis Ende der 50er bzw. Anfang der 60er-Jahre eine aktenmäßige Speicherung von Asbestverunreinigungen nicht erforderlich war und nach den Grundsätzen der Wissenszurechnung die juristische Person keine Kenntnisse von solchen Verunreinigungen hat. Für diese typischen Fälle der Bodenverunreinigung durch schädliche Stoffe wird man daher den wissenschaftlichen Erkenntnisstand zugrunde zu legen haben, *Bohrer* DNotZ 1991, 124, 128; *Medicus* in: Karlsruher Forum 1994, S. 4, 12; BGHZ 132, 30, 38. Vgl. auch *Schüler* Wissenszurechnung im Konzern, S. 80.

452 Fragestellung in Anlehnung an *Waltermann* AcP 191 (1992) 181, 206.

Stelle im Unternehmen in den Besitz von relevanten Kenntnissen gekommen sind, plädiert der BGH mit seiner Ansicht von der Zusammenrechnung des Wissens aller Wissensvertreter.[453] Wissensvertreter ist nach diesem Verständnis jeder, der nach der Arbeitsorganisation des Geschäftsherrn dazu berufen ist, im Rechtsverkehr als dessen Repräsentant bestimmte Aufgaben in eigener Verantwortung zu erledigen und die dabei angefallenen Informationen zur Kenntnis zu nehmen sowie gegebenenfalls weiterzuleiten.[454] Für die Annahme eines Wissensvertreters ist also weder die Innehabung rechtsgeschäftlicher Vertretungsmacht noch die ausdrückliche Bestellung zum Wissensvertreter erforderlich.[455]

Dieser Ansicht ist zuzustimmen. Denn ausgehend von dem der Wissenszurechnung zugrunde liegenden Gedanken, dass die Aufspaltung des Wissens durch eine stark arbeitsteilig funktionierende Organisation nicht zu Lasten der Vertragspartner gehen darf, muss es auch in diesen Fällen (Handeln von Nichtorganmitgliedern) zu einer Wissenszurechnung kommen. Das wird deutlich, wenn man diese Situation mit dem Fall vergleicht, dass nicht irgendeine Stelle innerhalb einer arbeitsteiligen Organisation die Kenntnisse erhalten hätte, sondern eine Einzelperson. Dann wäre fraglos das Wissen bei dieser vorhanden. Nichts anderes kann grundsätzlich gelten, wenn die Möglichkeit der Arbeitsteilung genutzt wird. Auch hier ist aber das Gleichstellungsargument zu beachten. So wie Dritte durch die Arbeitsteilung des Unternehmens einer juristischen Person nicht benachteiligt werden dürfen, sollen sie aber andererseits auch keinen Vorteil daraus ziehen. Dritte sollen also weder schlechter noch besser stehen, als wenn sie es mit einer Einzelperson zu tun hätten.

Daraus folgt auch für die Zurechnung des Wissens von Nichtorganmitgliedern, dass sich eine starre, schematische Lösung verbietet. Ebenso wie bei der Zurechnung der Kenntnisse von Organmitgliedern ist hier durch wertende Beurteilung zu fragen, welche berechtigten Erwartungen der Rechtsverkehr an die Organisation des Wissens von sonstigen Mitarbeitern hat. Die Wissenszurechnung knüpft also nicht an die Person des Wissensvertreters an, sondern an den Gedanken des Verkehrsschutzes. Auch hier verlangt dies eine wertende Betrachtung.[456]

---

453 BGHZ 117, 104, 106ff.; BGH NJW 1989, 2879, 2880f.; BGH NJW 1985, 2583; *Richardi* AcP 169 (1969) 385ff. Siehe auch *Scheuch* GmbHR 1996, 828, 829; *Schultz* NJW 1990, 477, 478; *Waltermann* AcP 192 (1992) 181, 198ff.

454 BGHZ 117, 104.

455 BGHZ 117, 104.

456 So auch BGHZ 132, 30, 35; BGH NJW 1989, 2879ff.; BGH ZIP 1996, 500ff; Das entspricht der neuen Rechtsprechung zur Zurechnung des Wissens von Organmitgliedern unter Abkehr von der Organtheorie. *Grunewald* in: Festschrift für

Auszugehen ist mithin davon, dass die Kunden des Wertpapierdienstleistungsunternehmens grundsätzlich berechtigterweise[457] damit rechnen können, dass ihnen jede verfügbare Information zu der von ihnen nachgefragten Anlageempfehlung gegeben wird. Inhalt der Organisationspflicht zur Wissensorganisation sind also auch hier die schon bekannte Informationsweiterleitungs- bzw. Informationsabfragepflicht. Es ist sicherzustellen, dass die in dem Unternehmen in den einzelnen Bereichen vorhandenen Informationen an diejenigen Personen weitergeleitet werden, für welche die Informationen erkennbar relevant sind bzw. dass diese Personen die für sie relevanten Informationen in den entsprechenden anderen Stellen auch nachfragen.

d) Zusammenfassende Betrachtung

Die Zurechnung von Wissen innerhalb einer arbeitsteilig funktionierenden Organisation ist eine Frage wertender Beurteilung. Der Inhalt der Organisationspflicht zur ordnungsgemäßen Organisation der gesellschaftsinternen Kommunikation bestimmt sich nach Gesichtspunkten des Verkehrsschutzes. Nicht die Stellung innerhalb der juristischen Person ist entscheidend, sondern die Erwartungen des Rechtsverkehrs an eine ordnungsgemäße Organisation des vorhandenen Wissens. Damit fußt die neuere Rechtsprechung auf dem Prinzip der Wissensverantwortung. Dies schließt es ein, die Entgegennahme und die Verfügbarkeit relevanter Informationen zu organisieren.[458] Im Ergebnis kommt es damit dann zu einer Wissenszurechnung, wenn das Wissen, wie der BGH ausführt, typischerweise aktenmäßig festgehalten wird. Rechtsprechung hierzu ist etwa zu Sachverhalten ergangen, in welchen es um die Verunreinigung von verkauften Grundstücken ging. Dass solche Verunreinigungen, so sie zum Zeitpunkt der erstmaligen Kenntniserlangung bereits als solche erkennbar waren, typischerweise aktenmäßig festzuhalten sind, ist nunmehr höchstrichterlich geklärt.[459]

Beusch, S. 301, 310ff.; *Medicus* in: Karlsruher Forum 1994, S. 4, 11ff.; *Schüler* Wissenszurechnung im Konzern, S. 83; *Taupitz* in: Karlsruher Forum 1994, S. 16, 26ff.; *Waltermann* AcP 192 (1992) 181, 209.

457 Nämlich aus dem mit dem Wertpapierdienstleistungsunternehmen geschlossenen Beratungsvertrag.

458 Siehe *Bohrer* DNotZ 1991, 124, 125, Anm. zu BGHZ 109, 327 ff. = DNotZ 1991, 122ff.

459 BGHZ 132, 30ff.

3. *Folgerungen für Wertpapierdienstleistungsunternehmen*

Was dies speziell für den Bereich des Kreditwesens bedeutet ist dagegen noch nicht geklärt. Weder Rechtsprechung noch Stellungnahmen des Schrifttums liegen dazu vor.[460] Welches sind zum Beispiel im Effektengeschäft, im Kreditgeschäft, im Emissionsgeschäft oder im M&A-Geschäft typischerweise aktenmäßig festzuhaltende Informationen? Hierunter dürften in erster Linie alle Informationen zu verstehen sein, welche üblicherweise in der Kundenkartei, in den Kreditunterlagen oder in Gesprächsnotizen etc. notiert werden.

Es ist aber mit Blick auf die zu untersuchenden Rechtswirkungen von Compliance Elementen, namentlich von Chinese Walls, auch nicht notwendig, dieser Frage hier näher nachzugehen. Denn die Funktion eines Compliance-Systems ist die Informationssteuerung. Es geht hier vornehmlich – aber nicht ausschließlich – um Insiderinformationen, das heißt solche nicht öffentlich bekannten Tatsachen, die sich auf einen oder mehrere Emittenten von Insiderpapieren oder auf Insiderpapiere beziehen und geeignet sind, im Falle ihres Bekanntwerdens den Kurs der Insiderpapiere erheblich zu beeinflussen, § 13 Abs. 1 WpHG. Damit ist der Kreis der für die verschiedenen Bereiche eines Wertpapierdienstleistungsunternehmens relevanten Informationen umrissen. Für eine effiziente Informationssteuerung ist es erforderlich, die vorhandenen Kenntnisse bzw. Informationen zunächst festzuhalten. Dazu werden alle potentiell kurssensitiven – also compliance-relevanten – Informationen einer neutralen Compliance-Stelle[461] gemeldet.[462] Da dies nicht ohne ihre schriftliche oder elektronische Fixierung möglich ist, handelt es sich hier bereits aus diesem Grund um aktenmäßig

---

460 Zwar betreffen BGH NJW 1989, 2879 und BGH NJW 1989, 2881 eine Bank. Doch handelt es sich dabei um die Frage, ob die Kenntnisse, die der Filialleiter einer Bank bei Kreditverhandlungen in seiner Filiale erworben hat, der Bank auch für einen später ohne Mitwirkung dieses Filialleiters in einer anderen Filiale gewährten Kredit zugerechnet werden können. Es handelte sich also generell um die gerade erörterte Problematik der Wissenszurechnung in arbeitsteiligen Organisationen, wie sie sich in Kreditinstituten nicht anders als in anderen juristischen Personen stellt, und nicht konkret um kreditinstitutsspezifische Details.
Auf die nach Beginn der Drucklegung dieses Buches erschienenen Beiträge von *Drexl*, *Nobbe* und *Schröter* zur Wissenszurechnung in der Kreditwirtschaft kann an dieser Stelle nur hingewiesen werden. Diese konnten nicht mehr in die vorliegende Untersuchung einbezogen werden. Vgl. *dies.* in: Hadding/Hopt/Schimansky (Hrsg.), Neues Schuldrecht und Bankgeschäfte – Wissenszurechnung bei Kreditinstituten, Berlin/New York 2003.

461 Zu dieser ausführlich unten S. 190ff.

462 Vgl. nur *Eisele* in: Schimansky/Bunte/Lwowski, Bankrechts-Handbuch, § 109 Rn. 85.

festgehaltene Informationen. Ob dies im Sinne der soeben dargelegten BGH-Rechtsprechung auch erforderlich ist, kann hier dahinstehen. Denn allein schon aus ihrem tatsächlichen Vorhandensein resultiert aufgrund der Wissensverantwortung eine Pflicht zu ihrer ordnungsgemäßen Organisation.[463]

Blendet man das Insiderhandelsverbot zunächst einmal aus, so folgt mit Blick auf den Informationsanspruch des Kunden daraus, dass dem Wertpapierdienstleistungsunternehmen das vorhandene Wissen zugerechnet wird. Es bestehen Informationsweiterleitungspflichten, weil Insiderinformationen immer – ob positiv oder negativ – für die Anlageentscheidung von Kunden von Bedeutung sind. Ebenso bestehen Informationsabfragepflichten, weil die Anlageberatung eines Wertpapierdienstleistungsunternehmens in anderen Geschäftsbereichen nachfragen muss, ob für sie wichtige Informationen dort vorliegen.[464] Kommt das Wertpapierdienstleistungsunternehmen dieser Pflicht nicht nach, verkürzt es den Informationsanspruch des Kunden. Das insgesamt vorhandene Wissen würde dem Kunden nicht zugänglich gemacht, weil die Verfügbarkeit innerhalb des Unternehmens nicht ordnungsgemäß im Sinne der Wissensverantwortung organisiert wäre.

Bezieht man das insiderrechtliche Weitergabeverbot an dieser Stelle wieder in die Überlegungen ein, so scheint die Antwort recht einfach zu sein. Informationsweitergabe- und Informationsabfragepflichten wären wegen des strafrechtlich sanktionierten Weitergabeverbots nicht begründet.[465] Allerdings ist hierbei zu bedenken, dass das Verbot von Insidergeschäften gemäß § 14 WpHG nur Insidertatsachen im Sinne des § 13 Abs. 1 WpHG erfasst. Nicht jede nicht öffentlich bekannte Tatsache ist aber auch zugleich eine Insidertatsache in diesem Sinne, sondern sie muss zudem geeignet sein, den Kurs des entsprechenden Papiers erheblich zu beeinflussen.[466] Ist das nicht der Fall, so ist die Weitergabe zwar strafrechtlich nicht relevant. Ein solches Verhalten verletzt eventuell aber Verschwiegenheits- oder sonstige Pflichten gegenüber anderen Kunden. Zu denken ist hier auch an Informationen über

---

463 Nach BGHZ 132, 30, 36f. schließt die Verantwortung für das einmal erlangte Wissen, die Verpflichtung ein, seine Verfügbarkeit zu organisieren.

464 Jede Abteilung eines Wertpapierdienstleistungsunternehmens muss stets damit rechnen, dass die Anlageberatung oder Vermögensverwaltung für ihre Kunden oder das Wertpapierdienstleistungsunternehmen selbst Empfehlungen zu Titeln von börsennotierten Unternehmen abgibt oder Papiere von Unternehmen für ihre Kunden kauft oder verkauft; vgl. *Watter* SJZ 1991, 109, 112.

465 *Scharpf* Corporate Governance, Compliance und Chinese Walls, S. 253. Vgl. schon *Eisele* in: Schimansky/Bunte/Lwowski, Bankrechts-Handbuch, § 109 Rn. 42 zur früheren Rechtsprechung.

466 Nach *Cahn* ZHR 162 (1998) 1, 16 sollen Bagatellfälle von vornherein ausgeschieden werden.

nicht börsennotierte Kunden. Hier liegt der Schnittpunkt zwischen dem Insiderhandelsverbot und anderen möglichen Interessenkonflikten.[467]

Neue Antworten könnten sich aus der dargelegten Ansicht zur wertungsorientierten Dogmatik der Wissenszurechnung ergeben. Der oben beschriebene Vorteil der Flexibilität gegenüber der früher herrschenden logisch-stringenten, damit starren Zurechnung, könnte sich auch mit Blick auf eine der Lösung von Interessenkonflikten verpflichtete Organisation des Wissens in einem Wertpapierdienstleistungsunternehmen ergeben.

a) Unterbrechung der Wissenszurechnung durch Chinese Walls

aa) Problemskizze

Zur Erinnerung: Chinese Walls dienen der Abgrenzung von Vertraulichkeitsbereichen. Informationen, welche in einem Bereich eines Wertpapierdienstleistungsunternehmens anfallen oder erarbeitet werden, sollen weder auf direktem Weg noch indirekt bereichsfremden Personen oder solchen Personen, die für andere Kunden tätig sind, zugänglich sein oder gar zur Verfügung gestellt werden.[468] Damit führen Chinese Walls als organisatorische Elemente zur Abschottung der Geschäftsbereiche, zugleich allerdings auch zu einer Verkürzung des Informationsanspruchs der Anlagekunden.[469] Für das zur umfassenden Information verpflichtete Wertpapierdienstleistungsunternehmen kann dies haftungsrechtlich schwer wiegende Folgen nach sich ziehen. Selbst wenn der beratende Mitarbeiter von den im Unternehmen vorliegenden Kenntnissen über ein Unternehmen tatsächlich nichts weiß, bewirkt die Wissenszurechnung grundsätzlich, dass das Wertpapierdienstleistungsunternehmen so gestellt wird, als läge in dem Bereich das entsprechende Wissen vor. Andererseits garantieren Vertraulichkeitsbereiche die vertrauliche Behandlung der über einen anderen Kunden vorhandenen, etwa aus dem Kreditgeschäft stammenden Informationen. Auch dazu ist das Wertpapierdienstleistungsunternehmen aus dem mit diesem Kunden geschlossenen Vertrag verpflichtet.

Fraglich ist damit, ob sich ein Wertpapierdienstleistungsunternehmen von seiner umfassenden Informationspflicht dadurch befreien kann, dass es organisatorische Maßnahmen ergreift, um die einzelnen Wissensbereiche voneinander abzugrenzen, also Chinese Walls errichtet. Voraussetzung wäre

467 Zu eng in der Beschränkung allein auf Insidertatsachen daher *Scharpf* Corporate Governance, Compliance und Chinese Walls, S. 253f.

468 Vgl. statt aller *Eisele* in: Schimansky/Bunte/Lwowski, Bankrechts-Handbuch, § 109 Rn. 80.

469 *Tippach* Das Insiderhandelsverbot und die besonderen Rechtspflichten der Banken, S. 259.

eine Beschränkung der Wissenszurechnung. Dann müssten Chinese Walls konstitutive Wirkung hinsichtlich der Unterbrechung der Wissenzurechnung entfalten.[470] Die Frage ist bislang kaum näher diskutiert, doch – untersucht man die wenigen vorliegenden Stellungnahmen – umstritten.

bb) Meinungsspektrum

(1) Materiell-rechtliche Beschränkung des Informationsanspruchs

Für *Scharpf* stellt sich die Frage nach einer konstitutiven, also zurechnungsunterbrechenden Wirkung von Chinese Walls nicht.[471] Denn eine Wissenszurechnung käme schon wegen des kapitalmarktrechtlichen Verbots der Weitergabe von Insiderinformationen nicht in Betracht, weil die Zurechnung zugleich eine „Redepflicht" des Wissenden begründen würde. Demnach sind Informationsdefizite, zum Beispiel des Anlageberaters, von vornherein irrelevant für die Frage nach einer Haftung für fehlerhafte Anlageberatung. Der Aufklärungsanspruch des einzelnen Kunden ist danach ebenfalls von vornherein materiell-rechtlich beschränkt. Ähnlichen Argumenten folgt die Überlegung von *Faßbender*, der jedoch insgesamt die eigentliche Relevanz der Wissenszurechnung auf die prozessuale Beweiswürdigung verlagert.[472] Die praktischen Auswirkungen einer entsprechenden Organisation sind für *Faßbender* hingegen rein tatsächlicher Natur. Hiernach spricht bei Bestehen von abgegrenzten Vertraulichkeitsbereichen lediglich ein tatsächliches Indiz für die Unkenntnis der Mitarbeiter, die in Kundenkontakt stehen. Ein eigenes Verbot der Weitergabe von Informationen setzten Chinese Walls nicht, weil ihnen die dafür nötige konstitutive Wirkung fehle. Schon das Insiderrecht schränke die Aufklärungspflichten rechtlich ein, weil kein Mitarbeiter Insiderwissen weitergeben dürfe.[473]

An beiden Auffassungen trifft zu, dass § 14 WpHG der Weitergabe von Insiderinformationen entgegensteht. Doch ist fraglich, ob die Beschränkung der Sichtweise allein auf Insidertatsachen die Fragestellung voll erfasst.

---

470 Diese Wirkung wird Chinese Walls im englischen Recht zugestanden. Verfügt ein Kreditinstitut definitiv über Informationen, die es einem Kunden gegenüber grundsätzlich offenlegen müsste, so bewirkt die absichtliche Herbeiführung der Unwissenheit des Beraters durch Errichtung einer Chinese Wall eine Unterbrechung der Wissenszurechnung. Vgl. dazu *Tippach* Das Insiderhandelsverbot und die besonderen Rechtspflichten der Banken, S. 246f.

471 Zum Folgenden *Scharpf* Corporate Governance, Compliance und Chinese Walls, S. 247, 251ff.

472 *Faßbender* Die Berücksichtigung innerbetrieblichen Wissens am Beispiel bankrechtlicher Aufklärungspflichten, S. 202ff., 261.

473 Zu Vorstehendem *Faßbender* Die Berücksichtigung innerbetrieblichen Wissens am Beisipel bankrechtlicher Aufklärungspflichten, S. 281f.

Wiederholt ist an dieser Stelle darauf zu verweisen, dass die strafrechtlich relevanten Insiderinformationen nur ein Teil des umfassenderen Problems der Interessenkonflikte sind. Im Hinblick auf die meisten Informationen, welche in den verschiedenen Unternehmensbereichen anfallen, besteht mithin kein gesetzliches Weitergabeverbot.[474] Einer Zurechnung steht insofern nichts entgegen. Auch die daraus resultierenden Interessenkonflikte müssen jedoch von dem Unternehmen organisiert werden.

(2) Konstitutive Wirkung nur de lege ferenda

Am ausführlichsten hat sich bislang *Tippach* mit der Frage auseinander gesetzt.[475] Rechtliches Problem sei die Akzeptanz konstitutiver Wirkungen von Trennungsmaßnahmen innerhalb von Finanzunternehmen, die zu einer Überwindung der Wissenszurechnung führen. Zunächst widerspräche jede Compliance-Initiative den Grundsätzen über die Zurechnung von Wissen. Problematisch sei ferner, dass ein Wertpapierdienstleistungsunternehmen ohne legislative Legitimation allein durch interne organisatorische Gestaltungsmaßnahmen die Reichweite des Informationsanspruchs seiner Kunden bestimmen könne. Auf diese Gefahr stützt *Tippach* seine Ablehnung konstitutiver Wirkungen von Chinese Walls de lege lata.[476] Eine Entscheidung über die Abänderung der so wesentlichen allgemeinen Regeln des Kennens und Kennenmüssens ist nach *Tippach* allein Aufgabe des Gesetzgebers. Dazu müsste dieser Chinese Walls zumindest auch als Begrenzungsmechanismen hinsichtlich einiger Informationsansprüche akzeptieren. Dies ließe sich durch eine abstrakte Vorab-Bewertung und daraus resultierender gesetzgeberischer Regelung einzelner Interessenkonfliktsituationen, in denen eine Wissenszurechnung unterbleiben soll, erreichen.[477] Allein mit einer bankinternen Regelung von Konfliktsituationen durch Wissensorganisation könne dagegen keine konstitutiv zurechnungsunterbrechende Wirkung von Chinese Walls herbeigeführt werden.[478]

---

474 Hinzu tritt die Schwierigkeit der Bestimmung der Relevanzschwelle „Kurserheblichkeit“ für das Vorliegen einer Insidertatsache, vgl. nur *Kümpel* WM 1996, 653 ff.

475 Zum Folgenden *Tippach* Das Insiderhandelsverbot und die besonderen Rechtspflichten der Banken, S. 261 ff.; vgl. auch *Buck* Wissen und juristische Person, S. 502 ff.

476 *Tippach* Das Insiderhandelsverbot und die besonderen Rechtspflichten der Banken, S. 262.

477 Vgl. *Tippach* Das Insiderhandelsverbot und die besonderen Rechtspflichten der Banken, S. 262 f. mit einem Vorschlag zur Prüfungsabfolge hinsichtlich der Bewertung von Interessenkonflikten.

478 *Tippach* Das Insiderhandelsverbot und die besonderen Rechtspflichten der Banken, S. 263. Im Ergebnis ähnlich *Watter* SJZ 1991, 109, 117: Erforderlichkeit

(3) Zurechnungsunterbrechende Wirkung

Auf einige kurze Bemerkungen beschränkt sich *Hopt*[479] – wohl weil für ihn die rechtliche Anerkennung und Bedeutung von Chinese Walls bislang „so wenig klar ist“[480] – und stellt lediglich fest, dass Chinese Walls rechtlich gesehen zumindest bewirken, „dass das Wissen der Angestellten in einem Geschäftsbereich nicht ohne weiteres der Bank als solcher und ihren Angestellten in anderen Geschäftsbereichen zugerechnet werden kann.“[481] Ferner sollen Chinese Walls „in gewissen Rahmen eine Rechtfertigung für Nichtoffenlegung darstellen“ und können auf diese Weise die rechtlichen Schwierigkeiten mit den Interessewahrungspflichten von Banken zugunsten von Anlegern und anderen Kunden reduzieren.[482] Was damit gemeint ist, dass eine Zurechnung bei Existenz von Chinese Walls „nicht ohne weiteres“ erfolgen kann, bleibt offen. Ebenso wenig kann dem Hinweis auf eine Rechtfertigung der Nichtoffenlegung „in gewissen Rahmen“ entnommen werden. Deutlich wird jedoch, dass *Hopt* Chinese Walls eine Unterbrechungswirkung im Hinblick auf die Wissenszurechnung wohl zubilligen möchte. Das zielt, wie sogleich darzulegen sein wird, in die richtige Richtung.

cc) Stellungnahme

Tippach geht bei der von ihm vertretenen Ablehnung einer konstitutiven Unterbrechungswirkung von einer logisch-stringenten Zurechnung des Wissens aus. Seine Überlegungen basieren damit offensichtlich auf der Organtheorie, wenn er ausführt, das Wissen der Organe sei „mit dem Wissen der juristischen Person gleichzusetzen“ und er dies für sich „als ganz herrschende Lehre zugrunde“ legen will.[483] In diesem Verständnis bleibt freilich kein Spielraum für eine wertende Beurteilung des Einzelfalls. Mit Blick auf

---

gesetzgeberischer Regelung nach schweizerischem Recht. Anders als *Tippach* hält *Watter*, a.a.O., hingegen auch eine Klausel in den AGB oder eine vertragliche Vereinbarung für möglich, nach der das Institut bei der Erfüllung seiner Aufgaben bei Bestehen von Chinese Walls nicht auf das Wissen in einzelnen Abteilungen abstellen kann.

479 *Hopt* in: Festschrift für Heinsius, S. 289, 320; *ders.* in: Festschrift für Gernhuber, S. 169, 185.

480 Dem zustimmend *Assmann* AG 1994, 237, 256 in Anmerkung 263.

481 *Hopt* in: Festschrift für Heinsius, S. 289, 321. In dieser Richtung wohl auch *Buck* Wissen und juristische Person, S. 509, wenn *sie* darauf abstellt, dass jedenfalls für compliance-relevante Tatsachen eine Unterbrechung der Wissenszurechnung möglich ist.

482 *Hopt* in: Festschrift für Heinsius, S. 289, 321.

483 *Tippach* Das Insiderhandelsverbot und die besonderen Rechtspflichten der Banken, S. 256.

die vom BGH angeführte neuere Ansicht zur Wissenszurechnung ist dies jedoch nicht zwingend. Dazu sogleich.

Auch der Ruf nach dem Gesetzgeber führt nicht weiter und ist im Übrigen illusorisch. § 166 BGB ist die einzige Wissenszurechnungsnorm im Zivilrecht. Alle außerhalb rechtsgeschäftlichen Vertreterhandelns liegenden Fallgestaltungen werden davon nicht erfasst. Die damit zusammenhängenden Probleme mussten deshalb im Zusammenwirken von Rechtsprechung und Rechtswissenschaft gelöst werden.[484] Bislang hat sich der Gesetzgeber hier nie veranlasst gesehen, regelnd einzugreifen und etwa die von Wissenschaft und Rechtsprechung herausgearbeiteten Lösungen aufzugreifen und in Gesetzesform zu gießen. Warum dies bei der Frage nach den rechtlichen Folgen einer Compliance-Organisation, namentlich der Rechtswirkung von Chinese Walls, anders sein soll, ist (auch bei *Tippach*) nicht ersichtlich. *Tippach* hält zwar einerseits eine Diskussion der Wertungen, welche § 166 BGB zugrunde liegen für „nach dem Stand der Compliance-Entwicklung hierzulande" nicht erforderlich, obwohl auf diese zurückgegriffen werden soll. Andererseits soll die abschließende Klärung dieser Frage dem Gesetzgeber anheim gestellt bleiben.[485] Das ist widersprüchlich.

Vor allem aber bliebe nach *Tippach* das Wissens-Problem eines Wertpapierdienstleistungsunternehmens bestehen. Verfügt ein Bereich des Unternehmens über Informationen, welche für einen Kunden wichtig sind, ist es gegenüber diesem grundsätzlich zur Offenlegung verpflichtet.[486] Betreffen die in Frage stehenden Informationen einen anderen Kunden, so ist das Wertpapierdienstleistungsunternehmen diesem gegenüber zur Verschwiegenheit verpflichtet. Das Wertpapierdienstleistungsunternehmen verstößt also zwangsläufig gegen eine der bestehenden Verpflichtungen, wenn es nicht intern den Informationsfluss steuert. Das hängt von den rechtlichen Wir-

---

484 Auch *Tippach* selbst konzediert, dass die von § 166 BGB erfassten Fälle begrenzt sind und für die Lösung der übrigen Fallgestaltungen daher auf die zugrunde liegende Wertung zurückzugreifen ist, vgl. *ders.* Das Insiderhandelsverbot und die besonderen Rechtspflichten der Banken, S. 257f.

485 *Tippach* Das Insiderhandelsverbot und die besonderen Rechtspflichten der Banken, S. 258.

486 Die Frage, ob das Wertpapierdienstleistungsunternehmen generell zur Weitergabe von Insiderinformationen an seine Kunden verpflichtet ist, war lange Zeit heftig umstritten, vgl. *Hopt* Der Kapitalanlegerschutz im Recht der Banken, S. 448 ff.; *Canaris* Bankvertragsrecht, Rn. 1893; zusammenfassend *Stafflage* Die Anlageberatung der Banken, S. 97 ff. Wegen der Statuierung des gesetzlichen Verbots der Weitergabe von Insiderinformationen durch das WpHG hat sich dieser Streit nunmehr erledigt. Jede Weitergabe von Insiderinformationen ist heute verboten. Vgl. dazu noch *Assmann* AG 1994, 237, 254f. **Anders** *Tippach* Das Insiderhandelsverbot und die besonderen Rechtspflichten der Banken, S. 265.

kungen dieser Abschottung ab. Entfalten sie keine zurechnungsunterbrechenden Rechtswirkungen, wie *Tippach* annimmt, dann verletzt ein Wertpapierdienstleistungsunternehmen fortwährend Pflichten gegenüber seinen Kunden. Dann wäre tatsächlich der Gesetzgeber aufgerufen, einen Weg aus diesem Dilemma zu weisen.

Indessen bedarf es hier des Gesetzgebers nicht. Vielmehr ist mit den jüngst von der Rechtsprechung entwickelten Regeln zur Wissenszurechnung in arbeitsteiligen Organisationen die Richtung vorgegeben, in welcher die Lösung auch der Frage nach der Rechtswirkung von Chinese Walls zu suchen ist.

b) Ordnungsgemäße Organisation interner Kommunikation

Festzuhalten ist: Eine Aufklärungspflicht gegenüber dem Kunden kann nur insoweit bestehen, als für den Kunden relevante Kenntnisse vorliegen. Die Frage nach einer Zurechnung von Wissen stellt sich, wenn relevante Kenntnisse bei dem einzelnen beratenden Mitarbeiter, der dem Kunden tatsächlich gegenüber tritt, nicht vorliegen, sie jedoch in anderen Bereichen des Unternehmens vorhanden sind. Nur wenn es zu einer Wissenzurechnung kommt, kann hier überhaupt eine Verwertungspflicht im Kundengeschäft bestehen. Nur dann ist der Konflikt zwischen den einzelnen Kunden und ihren Interessen vorprogrammiert.

Ausgangspunkt für die hier zu begründende konstitutive Wirkung der Zurechnungsunterbrechung von Chinese Walls ist die vom BGH in seiner jüngeren Rechtsprechung zur Wissenszurechnung vorgenommene Einzelfallbeurteilung anhand einer wertenden Orientierung an den Erwartungen des Rechtsverkehrs.[487] Die Anforderungen an eine ordnungsgemäße Organisation der unternehmensinternen Kommunikation sind dabei vor dem Hintergrund der für das Wertpapiergeschäft geltenden Regeln auszugestalten. Die Wissenzurechnung muss – so formuliert es der BGH – an den Gedanken des Verkehrsschutzes anknüpfen.[488] Eine juristische Person hat danach das innerhalb ihres Unternehmens vorhandene Wissen orientiert an den Erwartungen des Rechtsverkehrs zu organisieren. Die danach zu formulierenden Anforderungen richten sich nach den vom Wertpapierdienstleistungsunternehmen übernommenen bzw. dem Unternehmen durch die Rechtsordnung auferlegten Verpflichtungen. Solche Erwartungen des Rechtsverkehrs sind im hier interessierenden Zusammenhang die Erfüllung der vertraglichen Verpflichtungen des Wertpapierdienstleistungsunternehmens gegenüber seinen Kunden, also insbesondere die vollumfängliche Informationspflicht einerseits

487 Vgl. ausführlich oben S. 97ff. So wohl auch *Cahn* ZHR 162 (1998) 1, 45.
488 BGHZ 132, 30, 36.

und die Vertraulichkeit im Umgang mit Kundendaten andererseits. Hierher gehört auch § 33 Abs. 1 WpHG. Danach ist das Wertpapierdienstleistungsunternehmen so zu organisieren, dass Interessenkonflikte nach Möglichkeit gering sind. Denn die Auflösung eines vorhandenen Interessenkonflikts zugunsten eines Beteiligten bedeutet immer zugleich eine Benachteiligung der anderen Konfliktpartei.

Gleichzeitig argumentiert der BGH mit Verkehrsschutzgedanken. Verfügbarkeit, Erfassung und Nutzung von im Unternehmen vorhandenen Informationen unterliegen normativen Verkehrsschutzanforderungen. Insbesondere darf die Nutzung einer arbeitsteilig funktionierenden Organisation zur Erreichung der eigenen wirtschaftlichen Zwecke, also die Eröffnung eines Verkehrsbereichs, nicht zu einer Benachteiligung Dritter führen. Dies zu garantieren ist eine Organisationspflicht der juristischen Person.

Erwartet der Rechtsverkehr von einem Wertpapierdienstleistungsunternehmen, das in seinen Geschäftsbereichen vorhandene Wissen nach den vorstehend beschriebenen Parametern zu organisieren und ist das dazu geeignete Mittel die Abschottung der Geschäftsbereiche voneinander, so muss diesen Trennungsmaßnahmen auch die entsprechende Rechtswirkung innewohnen. Also: Chinese Walls muss die konstitutive Wirkung einer Zurechnungsunterbrechung zukommen.[489] Es ist nicht das Wertpapierdienstleistungsunternehmen, welches über seine organisatorischen Maßnahmen die rechtlichen Grundsätze der Wissenszurechnung überwindet und die Reichweite des Informationsanspruchs seiner Kunden reduziert.[490] Vielmehr richtet das Unternehmen seine Organisationsstruktur mit diesen Maßnahmen nach den rechtlich bestehenden Informationsbeschränkungen aus.

4. *Zusammenfassung*

Chinese Walls dienen der Abschottung der einzelnen Geschäftsbereiche eines Wertpapierdienstleistungsunternehmens voneinander, um der Gefahr verbotener Insidergeschäfte zu begegnen und Interessenkonflikte gering zu halten. Dies könnte nicht gelingen, wenn die Wirkung dieser Abschottung dadurch konterkariert werden würde, dass nach den Grundsätzen der Wissenszurechnung, tatsächlich gar nicht vorhandenes Wissen den einzelnen Bereichen zugerechnet werden müsste. Mit der Trennung der Wissensbereiche voneinander kommt das Wertpapierdienstleistungsunternehmen

489 Ähnlich wohl auch *Buck* Wissen und juristische Person, S. 509, nach *der* jedenfalls compliance-relevante Informationen nicht zugerechnet werden sollen.

490 So aber *Tippach* Das Insiderhandelsverbot und die besonderen Rechtspflichten der Banken, S. 262.

den Erwartungen des Rechtsverkehrs nach. Es wird seiner Wissensverantwortung gerecht, indem es die Verfügbarkeit und Nutzung vorhandenen Wissens orientiert an Verkehrsschutzgesichtspunkten organisiert. Die Rechtsordnung unterstützt dies, indem den organisatorischen Maßnahmen, sprich den errichteten Chinese Walls, bereits de lege lata konstitutiv zurechnungsunterbrechende Wirkung zukommt. Eines Einschreitens seitens des Gesetzgebers bedarf es nicht.

Die Strafbarkeit wegen verbotener Insidergeschäfte entfällt zwar nicht bereits deshalb, weil der betroffene Mitarbeiter durch eine Chinese Wall von der Insiderinformation zivilrechtlich wirksam abgeschottet war. In einem Strafprozess wird speziell zu prüfen bleiben, ob das Tatbestandsmerkmal „in Kenntnis“ einer Insidertatsache vorlag oder ob unter „Ausnutzung“ solcher Kenntnisse gehandelt worden ist. Doch sprechen jedenfalls starke Indizien dafür, dass die Information nicht innerhalb des Informationsflusses des Unternehmens erlangt worden ist.

Zweiter Teil:

Die Pflicht zur Implementation eines Compliance-Systems

A. Gesetzliche Ausgangslage gemäß § 33 Abs. 1 WpHG

I. Fragestellung

Im bisherigen Untersuchungsgang ist wie selbstverständlich stets von den Pflichten gesprochen worden, die mit Compliance verbunden sind. Dies entspricht auch durchaus der üblichen Terminologie im Schrifttum.[1]

Andererseits ist die vorgelagerte Frage nach einer rechtlichen Verpflichtung zur Implementation gerade eines konkreten Compliance-Systems in die Organisation eines Wertpapierdienstleistungsunternehmens bislang noch gar nicht aufgeworfen, geschweige denn beantwortet worden.

Nach § 33 Abs. 1 Nr. 2 WpHG muss ein Wertpapierdienstleistungsunternehmen so organisiert sein, dass potentielle Interessenkonflikte möglichst gering sind. § 33 Abs. 1 Nr. 3 WpHG schreibt in ähnlicher Formulierung angemessene interne Kontrollverfahren vor. Im Gegensatz zu § 33 Abs. 1 Nr. 1 WpHG verwendet das Gesetz hier nicht die Formulierung „ein Wertpapierdienstleistungsunternehmen ist verpflichtet", sondern „muss". Das erweckt in einer Zusammenschau der Nr. 1 gegenüber den Nr. 2 und 3 den Anschein einer Abstufung.

Fraglich ist damit, ob der Gesetzgeber mit § 33 Abs. 1 Nr. 2 und Nr. 3 WpHG eine Rechtspflicht zur Einrichtung eines Compliance-Systems aufgestellt hat.

II. Freiwilligkeit als konstitutives Element

Tippach nimmt an, gerade die Freiwilligkeit sei das konstitutive Element von Compliance.[2] Eine Pflicht zur Einrichtung eines Compliance-Systems kann es aus seiner Sicht nicht geben. Vielmehr handele es sich bei Compliance um

---

1 *Bülow* Die Bank 1997, 290ff.; *Koller* in: Assmann/Uwe H. Schneider, WpHG, § 31 Rn. 103, § 33 Rn. 17; *Kümpel* Wertpapierhandelsgesetz, S. 182f.; *ders.* in: Bank- und Kapitalmarktrecht, Rn. 14.644ff.; *Eisele* in: Schimansky/Bunte/Lwowski, Bankrechts-Handbuch, § 109 Rn. 54, 64ff.; *ders.* WM 1993, 1021, 1024f.; *Tippach* Das Insiderhandelsverbot und die besonderen Rechtspflichten der Banken, S. 231ff.; *Scharpf* Corporate Governance, Compliance und Chinese Walls, S. 21, 193; *Spindler* Unternehmensorganisationspflichten: zivilrechtliche und öffentlich-rechtliche Regelungskonzepte, S. 224ff. Vgl. früher schon *Lutter* ZHR 145 (1981) 224, 243.

2 *Tippach* Das Insiderhandelsverbot und die besonderen Rechtspflichten der Banken, S. 219f.

Maßnahmen im Raum zwischen rechtlicher Regelung und ethischen Grundsätzen mit dem Ziel einer an letzteren orientierten Geschäftstätigkeit. Unter Rückgriff auf ordoliberale Grundsätze hält *Tippach* die ethische Unterweisung für vorzugswürdig gegenüber einer gesetzlichen Insiderregelung. Diese These begründet er etwas unklar damit, dass es danach möglich sei, auch die Verwirklichung moralischer Grundsätze als Ziel der Regelung anzusehen.[3] Dies aber spricht nicht gegen die Annahme einer Pflicht zur Errichtung eines Compliance-Systems im Unternehmen.

Zunächst ist zwar zuzugestehen, dass die Compliance-Idee sich ursprünglich in Form freiwilliger Selbstverpflichtung entwickelt hat. Das ist oben näher dargelegt worden.[4] Daraus kann jedoch nicht geschlossen werden, es handele sich um einen der gesetzlichen Normierung nicht zugänglichen Lebenssachverhalt. Der Erlass der Wertpapierdienstleitungsrichtlinie und die Verabschiedung des WpHG sind Beweis dafür und wurden mit gutem Grund auch von keiner Seite mit diesem Argument angegriffen. Vielmehr ist die Normierung eines eigenständigen Insiderrechts seit langem in der Literatur angemahnt und der Erlass später positiv aufgenommen worden. Es ist auch nicht ohne Vorbild, dass ein innerbetriebliches Kontrollsystem gesetzlich vorgeschrieben ist. Hier ist zum Beispiel an die Pflicht des Vorstands zur Einrichtung eines Überwachungssystems nach § 91 Abs. 2 AktG zu denken.[5]

Ebenfalls ohne weiteres zuzustimmen ist der Feststellung *Tippachs*, Compliance basiere auf ethischen Grundsätzen.[6] Jedoch kann auch daraus nicht der Schluss gezogen werden, nur die freiwillige Selbstverpflichtung sei Garant für die Verhinderung von Insiderverstößen. Rechtsethische Prinzipien stehen hinter der gesamten Rechtsordnung und damit hinter jeder rechtlichen Normierung.[7] Sie finden im Rahmen der Auslegung Eingang in die Rechtsanwendung, sind aber auch zum Teil gesetzlich normiert, etwa in § 242 BGB. Das Insiderrecht und das zu seiner Überwachung erforderliche innerbetriebliche Kontrollsystem in Form von Compliance verwirklicht moralische Grundsätze unabhängig davon, ob es gesetzlich angeordnet ist oder auf freiwilliger Basis selbstverpflichtend wirkt. Die Tradition von Compliance als eines Instituts freiwilliger Selbstverpflichtung spricht somit nicht gegen die Annahme einer Pflicht zur Einrichtung eines Compliance-Systems im Unternehmen.

---

3 *Tippach* Das Insiderhandelsverbot und die besonderen Rechtspflichten der Banken, S. 220.

4 Vgl. dazu oben S. 13ff.

5 Dazu ausführlich S. 148ff.

6 Dieser Hintergrund ist oben beschrieben worden, S. 1ff.

7 Vgl. dazu näher *Larenz* Methodenlehre der Rechtswissenschaft, S. 421ff.

III. § 33 Abs. 1 WpHG für Wertpapierdienstleistungsunternehmen

Ausgangspunkt der Frage nach einer Pflicht zur Implementation eines Compliance-Systems sollen daher auch nicht Wesensmerkmale von Compliance – wie die Freiwilligkeit oder die Verfolgung rechtsethischer Ziele – sein. Vielmehr ist zunächst das Gesetz selbst daraufhin zu untersuchen, ob es die Ergreifung von Compliance-Maßnahmen bzw. die Errichtung von Compliance-Elementen verpflichtend anordnet.

Befragt man daraufhin das Gesetz, so fällt auf, dass schon der Begriff Compliance in dem primär in Frage kommenden § 33 Abs. 1 WpHG gar nicht vorkommt. Es ist aber oben bereits herausgearbeitet worden, dass unter Compliance alle unternehmensinternen Maßnahmen zu verstehen sind, welche sicherstellen sollen, dass die Mitarbeiter und das Unternehmen selbst sich im Einklang mit dem geltenden Recht befinden. Die Organisations- und Kontrollmaßnahmen im Sinne des § 33 Abs. 1 WpHG sind folglich dem Compliancebegriff subsumierbar. Der Teil des Schrifttums, welcher eine Pflicht zur Einrichtung einer Compliance-Organisation bejaht, greift zu ihrer Begründung dementsprechend – zumeist undifferenziert nach Absatz oder gar Nummer – auf § 33 Abs. 1 WpHG zurück.[8]

Der Gesetzgeber hat bei der Formulierung „angemessene interne Kontrollverfahren" in § 33 Abs. 1 Nr. 3 WpHG offensichtlich an eine Compliance-Organisation gedacht. Das ergibt sich sehr deutlich aus den Gesetzesmaterialien. Der Finanzausschuss des Deutschen Bundestages bezeichnet in seinem Bericht zum Regierungsentwurf des WpHG explizit die Schaffung und den Ausbau von „Compliance-Organisationen" als richtigen Ansatzpunkt zur Entschärfung von Interessenkonflikten.[9] Weiter wird klargestellt, dass lediglich die einmalige Einrichtung entsprechender organisatorischer Maßnahmen den durch das Gesetz geforderten Anforderungen nicht genügt.[10] Daraus ist die rechtliche Verpflichtung eines Wertpapierdienstleistungsunternehmens zu schlussfolgern, eine ständige Compliance-Organi-

---

8 *Assmann* AG 1997, 50, 52; *Claussen* AG 1995, 163, 166; *Cramer* in: Assmann/Uwe H. Schneider, WpHG, vor § 38 Rn. 42; *Kümpel* in: Assmann/Uwe H. Schneider, WpHG, § 15 Rn. 177; wohl auch *Koller* in: Assmann/Uwe H. Schneider, WpHG, § 33 Rn. 17; *Pananis* Insidertatsache und Primärinsider, S. 142.

9 Beschlussempfehlung und Bericht des Finanzausschusses des Deutschen Bundestages, BT-Drucks. 12/7918, S. 105. Dem § 30 c des Regierungsentwurfs zum WpHG entspricht heute § 33 Abs. 1 WpHG.

10 Beschlussempfehlung und Bericht des Finanzausschusses des Deutschen Bundestages, BT-Drucks. 12/7918, S. 105.

sation einzurichten und in die „normale“ Aufbau- und Ablauforganisation zu integrieren.[11]

Besteht somit nach § 33 Abs. 1 Nr. 2 und 3 WpHG grundsätzlich eine Pflicht zur Implementation eines Compliance-Systems in die Unternehmensorganisation, so bleiben dennoch weitere Fragen offen.

Zunächst richtet sich § 33 Abs. 1 WpHG nur an Wertpapierdienstleistungsunternehmen. Insofern ist der Adressatenkreis beschränkt auf die in § 2 Abs. 4 WpHG benannten Unternehmen. Das wirft die Frage auf, ob sich die Verpflichtung zur Einrichtung einer Compliance-Organisation auch aus anderen Rechtsquellen, das heißt außerhalb von § 33 Abs. 1 WpHG herleiten lässt und damit einen größeren Kreis von Unternehmen betrifft.

IV. Nicht-Wertpapierdienstleistungsunternehmen

Hier sind verschiedene Ansatzpunkte denkbar.

1. Keine analoge Anwendung von § 33 Abs. 1 WpHG

Zunächst könnte an eine analoge Anwendung von § 33 Abs. 1 WpHG gedacht werden. Die für eine Analogie erforderliche planwidrige Gesetzeslücke liegt vor. Es gibt keine § 33 Abs. 1 WpHG entsprechende und an Nicht-Wertpapierdienstleistungsunternehmen adressierte Regelung.[12] Jedoch fehlt es an einer vergleichbaren Interessenlage als weiterer Voraussetzung für eine Analogie. Das besondere Konfliktpotential besteht bei einem Wertpapierdienstleistungsunternehmen gerade darin, dass es Leistungen für seine Kunden auf einem Markt – nämlich dem Kapitalmarkt – erbringt, auf welchem es auch selbst tätig ist. Der Gesetzgeber wollte mit dem WpHG die Anleger gerade vor den damit typischerweise verbundenen Gefahren durch Interessenkonflikte schützen. Bei Nicht-Wertpapierdienstleistungsunternehmen ist diese Kostellation hingegen nur sehr selten der Fall.[13] Finanzabteilungen von Nicht-Wertpapierdienstleistungsunternehmen erbringen

---

11 So auch *Koller* in: Assmann/Uwe H. Schneider, WpHG, § 33 Rn. 31 ff. Vgl. auch zum britischen Recht *McVea* Financial Conglomerates and the Chinese Wall, p. 126; zur österreichischen Rechtslage *Hausmaninger/Kretschmer/Opitz* Insiderrecht und Compliance, S. 35; *Hausmaninger* ÖBA 1993, 847.

12 Es bestehen auch keine Anhaltspunkte dafür, dass es sich hier um ein beredtes Schweigen des Gesetzes handelt.

13 *Grohnert* Rechtliche Grundlagen einer Compliance-Organisation und ausgewählte Fragen der Umsetzung, S. 46.

ihre Leistungen zumeist nur für ihr eigenes Unternehmen. Im Übrigen ist das WpHG auch dann nicht an sie adressiert, wenn sie in ein rechtlich selbständiges Unternehmen ausgegliedert worden sind, § 2a Abs. 1 Nr. 1 WpHG.

Realistischer sind zwei andere Ausgangspunkte. Zum einen könnte auch eine juristische Person Adressat des Insiderverbots sein. Zum anderen könnte sich aus dem Ordnungswidrigkeitenrecht, namentlich aus dem Tatbestand der Aufsichtspflichtverletzung, § 130 OWiG, eine entsprechende Pflicht ergeben.

2. *Juristische Person als Insider*

Das Insiderhandelsverbot adressiert an jeden, der Kenntnis von einer Insidertatsache hat, mithin Insider im Sinne der §§ 13 Abs. 1, 14 Abs. 2 WpHG ist. Damit sind vom Insiderhandelsverbot jedenfalls die Organmitglieder einer Gesellschaft als natürliche Personen selbständig erfasst.[14] Dies hat die Frage nach der Insidereigenschaft einer juristischen Person selbst bislang in den Hintergrund treten lassen. Denn die insiderrechtlichen Verhaltenspflichten müssen für die Organmitglieder juristischer Personen nicht von dieser abgeleitet werden. Sie treffen das Organmitglied als selbständigen Adressaten des Insiderhandelsverbots vielmehr persönlich.[15] Dabei geht es hier allerdings nicht um die Frage nach der Strafbarkeit juristischer Personen.[16] Es geht vielmehr nur um die Frage, ob neben natürlichen Personen auch die juristischen Personen als Insider in Betracht kommen und damit auch die juristische Person Träger der sich aus dem Insiderrecht ergebenden Verpflichtungen sein kann. Für die Organmitglieder hätte dies zur Folge, dass sie neben der – sie persönlich aus ihrer Insiderstellung treffenden – Pflicht zur Einhaltung des Insiderhandelsverbots, auch die gesellschaftsrechtliche Pflicht trifft, als Organ für die Einhaltung des Insiderhandelsverbots durch ihre Gesellschaft zu sorgen. Diese weitere Pflicht fiele ihnen in

---

14 Gleiches gilt für jeden bei einem Wertpapierdienstleistungsunternehmen angestellten Mitarbeiter.

15 *Assmann* in: Assmann/Uwe H. Schneider, WpHG, § 13 Rn. 4a; *ders.* WM 1996, 1342f.; *Peltzer* NJW 1996, 2783.

16 Wegen der individualistisch sozialethischen Prägung des deutschen Strafrechts kommt eine Bestrafung des Verbandes, also der juristischen Person, nicht in Betracht. Die Frage ist zwar seit langem heftig umstritten, spielt für hier angestellten Überlegungen jedoch keine Rolle. Verwiesen sei daher aus verbandsrechtlicher Sicht auf *Karsten Schmidt* Gesellschaftsrecht, § 10 IV, S. 290f.; aus strafrechtlicher Sicht näher *Cramer* in: Schönke/Schröder, Strafgesetzbuch, vor § 25 Rn. 112ff.

ihrer höchstpersönlichen Stellung als lediglich selbständiger Normadressat des Insiderhandelsverbots (hier insbesondere nach § 13 Abs. 1 Nr. 1 WpHG) nicht zu.[17] Daher mag die Bedeutung der Problematik der Insidereigenschaft juristischer Personen für die Frage nach der insiderrechtlichen und strafrechtlichen Verantwortlichkeit der Organe wohl praktisch gering sein, weil zugleich sie selbst im größten Teil der denkbaren Fälle Insider sind.[18] Für die davon zu unterscheidende Frage nach unternehmensinternen Organisationspflichten bleibt sie indes von Bedeutung.

Aus § 13 Abs. 1 WpHG lässt sich nicht entnehmen, dass nur natürliche Personen Insider sein können.[19] Die Vorschrift ist insofern offen formuliert. Eine juristische Person kann Insider sein, weil ihr im Rahmen der Wissenszurechnung die im Unternehmen vorhandenen Kenntnisse zugerechnet werden können, also auch Kenntnisse von Insidertatsachen. Das ist oben ausführlich dargelegt worden. Zwar kommt hier nicht die Begründung der Insidereigenschaft als statusbezogener Insider nach § 13 Abs. 1 Nr. 1 WpHG in Betracht. Jedoch kann eine juristische Person über das Wissen seiner Organe und sonstiger Mitarbeiter Insider i. S. von § 13 Abs. 1 Nr. 2 und 3 WpHG sein. Ferner kann eine juristische Person über die Wissenszurechnung Sekundärinsider im Sinne des § 14 Abs. 2 WpHG sein.[20]

Als Insider ist die juristische Person dafür verantwortlich, dass Insiderwissen nicht unbefugt weitergegeben wird. Es trifft sie die Verpflichtung aus § 14 Abs. 1 Nr. 2 WpHG. Für die Erfüllung dieser insiderrechtlichen Pflicht sind gesellschaftsrechtlich die Organmitglieder verantwortlich.[21] Die Besonderheit besteht nun darin, dass für diese nicht allein die Pflicht besteht, selbst keine Insidertatsachen weiterzugeben oder auszunutzen, so wie dies für den „Normalfall" einer natürlichen Person mit Insidereigenschaft der Fall ist. Vielmehr muss hier die Verantwortlichkeit für das gesamte Unternehmen andere inhaltliche Anforderungen an die insiderrechtlichen Pflichten und ihre Erfüllung durch die Organmitglieder nach sich ziehen. Die Vielzahl von in einem Unternehmen denkbaren Insidern und Möglichkeiten der unbefugten Weitergabe muss organisiert werden. Hier verbinden sich gesellschaftsrechtliche und insiderrechtliche Pflichten. Zu der gesellschaftsrechtlichen Pflicht zur ordnungsgemäßen Unternehmensorganisation kommt die

---

17 Zutreffend insoweit *Assmann* in: Assmann/Uwe H. Schneider, WpHG, § 13 Rn. 4a; *ders.* AG 1997, 50, 52.

18 So *Assmann* WM 1996, 1333, 1343.

19 So aber *Grohnert* Rechtliche Grundlagen einer Compliance-Organisation und ausgewählte Fragen der Umsetzung, S. 57.

20 *Pananis* Insidertatsache und Primärinsider, S. 141.

21 Zur Stellung der Organe einer juristischen Person vgl. nur *Wiedemann* Gesellschaftsrecht I, S. 212ff.

insiderrechtliche (oder genereller: kapitalmarktrechtliche) Verpflichtung hinzu, diese in Übereinstimmung mit den insiderrechtlichen Vorschriften auszugestalten. Die kapitalmarktrechtliche Pflichtenlage bestimmt damit die Anforderungen an eine ordnungsgemäße Unternehmensorganisation. Das führt im Ergebnis zu einer Pflicht der Organmitglieder, den internen Informationsfluss zu organisieren und zu überwachen, mithin Compliance-Maßnahmen zu ergreifen.[22]

Festzuhalten ist nunmehr Folgendes: Auch juristische Personen sind Normadressaten des Insiderrechts, können damit selbst Insider sein und sind folglich zur Einhaltung des Insiderhandelsverbots verpflichtet.

Die hier aus allgemeinen Grundsätzen der Wissenszurechnung hergeleitete Insidereigenschaft einer juristischen Person soll nach dem Vorschlag der Kommission für eine Marktmissbrauchsrichtlinie vom 30. Mai 2001[23] und dem insofern gleichlautenden Vorschlag des Parlaments vom 14. März 2002[24] nunmehr auch normativ klargestellt werden.[25]

B. § 130 OWiG

Eine Pflicht zur Errichtung einer unternehmensinternen Compliance-Organisation könnte sich ferner sowohl für Wertpapierdienstleistungsunternehmen als auch für Nicht-Wertpapierdienstleistungsunternehmen aus dem Ordnungswidrigkeitenrecht ergeben. Nach § 130 OWiG ist der Inhaber eines Betriebes oder Unternehmens dazu verpflichtet, Vorkehrungen zur Verhinderung von Zuwiderhandlungen gegen betriebs- und unternehmensbezogene Pflichten zu treffen. § 130 OWiG soll sicherstellen, dass die für ein Unternehmen geltenden Gebote und Verbote beachtet, d. h. konkrete Vorkehrungen gegen die Begehung betriebsbezogener Zuwiderhandlungen getroffen werden. Die Vorschrift basiert auf folgenden Erwägungen:

---

22 Ähnlich wohl auch *Assmann* AG 1997, 50, 52.

23 *Kommission* Vorschlag für eine Richtlinie des Europäischen Parlaments und des Rates über Insider-Geschäfte und Marktmanipulation (Marktmissbrauch) vom 30. 5. 2001, ABl Nr. C 240 E/265.

24 Vorschlag für eine Richtlinie des Europäischen Parlaments und des Rates über Insider-Geschäfte und Marktmanipulation (Marktmissbrauch) in der vom Europäischen Parlament am 14. 3. 2002 angenommenen Fassung, KOM 2001, 281 endg. – C5-0262/2001 – 2001/0118 (COD), abgedruckt in ZBB 2002, 144ff.

25 Vgl. Art. 2 Abs. 1 Vorschlag für eine Richtlinie des Europäischen Parlaments und des Rates über Insider-Geschäfte und Marktmanipulation (Marktmissbrauch) in der vom Europäischen Parlament am 14. 3. 2002 angenommenen Fassung, KOM 2001, 281 endg. – C5-0262/2001 – 2001/0118 (COD), abgedruckt in ZBB 2002, 144ff.

I. Unmöglichkeit persönlicher Erfüllung

Der Inhaber eines Betriebes oder Unternehmens ist im Regelfall nicht in der Lage, alle ihn in seiner Eigenschaft als Inhaber treffenden Pflichten persönlich zu erfüllen. Dies gilt umso mehr, je größer der Betrieb oder das Unternehmen ist. Aber auch das Tätigkeitsgebiet spielt hier eine Rolle. So sind die Anforderungen an die chemische Industrie außerordentlich komplizierter und weitgefächerter als zum Beispiel die den Inhaber eines Fuhrunternehmens treffenden Pflichten. Das hängt zum einen mit der Vielzahl der bestehenden Gebote und Verbote zusammen, die an den Inhaber adressiert sind. Zum anderen kann ein Einzelner die vielschichtigen, dem Betriebsinhaber obliegenden Pflichten auch deshalb oft nicht in Person wahrnehmen, weil es ihm an den erforderlichen Spezialkenntnissen mangelt. Die Vielschichtigkeit der zu beachtenden Pflichten ergibt sich hier bereits aus den zum Teil grundverschiedenen Rechtsgebieten, denen sie entspringen. Hier setzt § 130 OWiG an, indem der Inhaber eines Betriebes oder Unternehmens verpflichtet wird, die Erfüllung der ihn treffenden Pflichten, deren Verletzung mit Strafe oder Geldbuße bedroht ist, durch (mindestens) ausreichende Aufsichtsmaßnahmen zu gewährleisten.

Zwei Leitsätze sollen zur Veranschaulichung der von § 130 OWiG erfassten Spannweite an dieser Stelle genügen: „Stellt ein Unternehmer oder Betriebsleiter Verstöße seiner Fahrer gegen die Lenkvorschriften und Ruhezeitvorschriften (des Fahrpersonalgesetzes[26]) fest, so hat er geeignete organisatorische Maßnahmen zu ergreifen, die weitere Verstöße für die Zukunft ausschließen.“[27]

Einem ganz anderen Bereich entstammt folgender Leitsatz des Kammergerichts: „Entschließt sich ein Unternehmen fortan von der Möglichkeit unverbindlicher Preisempfehlungen Gebrauch zu machen, muss sich der Inhaber darüber informieren, welche Grenzen diesem Rechtsinstitut gesetzt sind und welche Rechtsverstöße typischerweise in diesem Zusammenhang begangen werden, um seine Mitarbeiter entsprechend zu belehren und deren Tätigkeit zu überwachen.“[28]

Die Reihe ließe sich fortsetzen. Es finden sich betriebsbezogene Pflichten in jedem Teilgebiet des öffentlichen Rechts. Kurz: Die Unternehmen sehen sich Anforderungen an ihre Organisation und Leitung unter anderem aus dem Wirtschaftsaufsichts- und Kapitalmarktrecht, dem Recht der Arbeits-

---

26 Fahrpersonalgesetz vom 19. Februar 1987 (BGBl. I S. 640ff.)

27 KG, VRS 70 (1986) 29ff.; vgl. dazu auch OLG Koblenz, VRS 65 (1983) 457ff.; BayObLG VRS 62 (1982) 390ff.

28 So der Leitsatz von KG WuW 1998, 395 = WuW/E DE-R 83ff.

sicherheit, dem Steuer- und Sozialversicherungsrecht, dem Kartellrecht, dem Außenwirtschaftsrecht, und vor allem in immer stärkerem Maße aus dem Umweltrecht ausgesetzt. In allen Rechtsgebieten finden sich Vorschriften, die dem Inhaber eines Betriebes oder Unternehmens bestimmte Pflichten auferlegen, deren Verletzung mit Strafe oder Bußgeld sanktioniert wird.

Häufig werden Verstöße gegen die straf- und ordnungswidrigkeitenrechtlich abgesicherten Ge- und Verbote, welche sich an den Inhaber eines Betriebes oder Unternehmens richten, aber nicht von diesem persönlich begangen. Der Inhaber hat entweder selbst gar nicht positiv gehandelt oder war außerstande die auferlegten Pflichten selbst wahrzunehmen.[29] Vielmehr kommt es zu Gesetzesverstößen meist durch Personen, die für den eigentlich Verantwortlichen, also den Inhaber, aufgrund einer Pflichtenübertragung tätig werden.[30] Es kommt zu einer haftungsrechtlichen Situation, welche als zumindest „rechtlich eigenartig“ bezeichnet werden kann: Der Inhaber des Betriebes als der primär verpflichtete Normadressat handelt nicht, während der Handelnde nicht oder nicht in erster Linie verpflichtet ist und damit der Verantwortung ferner steht.[31] Allerdings erhält der Inhaber seine gesteigerten Betätigungsmöglichkeiten nur dadurch, dass er andere für sich tätig werden lässt. Diese betriebstypische Aufspaltung von Verantwortung und Handlung muss das Ordnungswidrigkeitenrecht aufnehmen. Einer Pflichtenübertragung nach unten durch den Regelungsadressaten korrespondiert also die Notwendigkeit, Kontroll- und Aufsichtspflichten nach oben zu schaffen.[32] Zur Vermeidung von Sanktionslücken ist daher eine bußgeldbewehrte Aufsichtspflicht für den Betriebsinhaber notwendig, „damit die Pflichten, die hauptsächlich ihm obliegen, eingehalten werden und … er dafür verantwortlich gemacht werden kann, wenn in dem Betrieb eine solche Aufsichtspflichtverletzung begangen wird, die er durch gehörige Aufsicht hätte verhindern können.“[33]

---

29 *Brenner* DRiZ 1975, 72; *Göhler* Gesetz über Ordnungswidrigkeiten, § 2 Rn. 26.

30 *Hermanns/Kleier* Grenzen der Aufsichtspflicht in Betrieben und Unternehmen, S. 7.

31 So die Begründung des Regierungsentwurfs, der dem geltenden Recht zugrunde liegt, vgl. BT-Drucks. V/1269, S. 67, 69.

32 *Cramer* in: Assmann/Schneider, WpHG, vor § 38 Rn. 32.

33 So die Begründung des Regierungsentwurfs (BT-Drucks. V/1269, S. 67, 69) weiter.

II. Normadressatenkreis

Täter einer Aufsichtspflichtverletzung gemäß § 130 OWiG kann der Inhaber eines Betriebes oder Unternehmens sein. Isoliert betrachtet ist das natürlich zu eng. Denn auch sonst ist bei Sonderdelikten nicht nur die obere Leitungsebene verantwortlich. Daher erweitert § 9 OWiG den Kreis der verantwortlichen Personen auf gesetzliche und gewillkürte Vertreter. Damit sind alle mit der Leitung des Betriebes oder Unternehmens entweder gesetzlich oder gewillkürt betrauten Personen aufsichtspflichtig.[34]

Wer jedoch Inhaber eines Betriebes oder Unternehmens ist, wird in § 130 OWiG als feststehend vorausgesetzt. Das wäre unproblematisch, wenn es eine genaue Definition des Merkmals „Inhaber" gäbe. Indes ist das Merkmal „Inhaber" eines Betriebes oder Unternehmens alles andere als eindeutig.[35] Es wird allgemein in der ordnungswidrigkeitenrechtlichen Literatur davon ausgegangen, dass nicht die Eigentümerstellung, die Kapitalbeteiligung etc. von Bedeutung sind.[36] Inhaber im Sinne von § 130 OWiG ist vielmehr derjenige, dem die Erfüllung der den Betrieb oder das Unternehmen treffenden Pflichten obliegt.[37] Der „Inhaber" – wer immer das im Einzelfall ist – soll Maßnahmen treffen, die der Verhinderung von Verstößen gegen solche Pflichten dienen, die den Inhaber des Betriebes bzw. Unternehmens als solchen treffen. Daher ist der Begriff des Betriebs- bzw. Unternehmensinhabers von den betriebs- und unternehmensbezogenen Pflichten her zu bestimmen.[38] Das Merkmal „Inhaber" ist insofern nur eine sanktionsrechtliche Bezugsgröße, von der aus die Bestimmung der Verantwortlichkeit erst abgeleitet werden muss. Bei juristischen Personen ist Inhaber der (bisher) sanktionsrechtlich weder handlungs- noch schuldfähige Personenverband.[39] Für

---

34 Zur widersprüchlichen Rechtslage der früheren Regelung des § 130 OWiG vgl. *Cramer* in: Karlsruher Kommentar zum OWiG, § 130 Rn. 26.

35 *Thiemann* Aufsichtspflichtverletzung in Betrieben und Unternehmen, S. 138.

36 *Cramer* in: Karlsruher Kommentar zum OWiG, § 130 Rn. 27; *Achenbach* Frankfurter Kommentar zum GWB, Vorbem. §§ 38–39 Rn. 55; *Hermanns/Kleier* Grenzen der Aufsichtspflicht in Betrieben und Unternehmen, S. 23 gehen auf das Merkmal „Inhaber" nicht ein.

37 *Cramer* in: Karlsruher Kommentar zum OWiG, § 130 Rn. 27.

38 Dies obwohl er das zentrale Merkmal der Vorschrift ist, vgl. *Cramer* in: Karlsruher Kommentar zum OWiG, § 130 Rn. 27.

39 Vgl. *Cramer* in: Karlsruher Kommentar zum OWiG, § 130 Rn. 27.
§ 130 Abs. 2 OWiG a. F. stellte den gesetzlichen Vertreter, die Mitglieder des zur gesetzlichen Vertretung berufenen Organs einer juristischen Person sowie die vertretungberechtigten Gesellschafter einer Personenhandelsgesellschaft dem Inhaber gleich. Ebenso Personen, die zur Leitung des Betriebs oder Unternehmens

diesen Fall, dass der Betrieb oder das Unternehmen also von einer juristischen Person geführt wird, welche selbst nicht in sanktionsrechtlich relevanter Weise handeln kann, bedarf es einer Delegation auf die für die juristische Person handelnden Organmitglieder. Die Verantwortlichkeit der Organmitglieder ergibt sich dann aus § 9 Abs. 1 Nr. 1 OWiG.

III. Pflichtenreduktion und Pflichteninhalt

Hinter § 130 OWiG steht die sehr reale gesetzgeberische Einsicht, dass dem Inhaber des Betriebes zwar eine Vielzahl von Pflichten auferlegt werden kann, die persönliche Erfüllung jedoch faktisch unmöglich ist. Auf das Auseinanderfallen von rechtlicher Verantwortung und tatsächlicher Handlung reagierte der Gesetzgeber mit der Schaffung des Tatbestandes der Aufsichtspflichtverletzung. Das hat Einfluss auf den Pflichteninhalt. Die der Überwachung unterliegenden Pflichten haben nichts miteinander gemein außer dem Normadressaten: Sie treffen den Inhaber des Betriebes bzw. des Unternehmens. Der gesetzgeberische Verzicht auf eine persönliche Erfüllung der betriebsbezogenen Pflichten eröffnet dem Unternehmensinhaber die Möglichkeit der Pflichtendelegation. Damit korrespondiert die Berechtigung des Gesetzgebers für die Sicherstellung der Pflichten durch andere den Inhaber in die Pflicht zu nehmen.[40] Die Pflicht des eigentlichen Regelungsadressaten „Inhaber des Betriebes oder Unternehmens" reduziert sich im Falle der Pflichtendelegation auf die erforderlichen Aufsichtsmaßnahmen. Hierdurch soll sichergestellt werden, dass es zu betriebsbezogenen Pflichtverletzungen nicht kommt. Den Inhaber des Betriebes treffen – allgemein formuliert – bestimmte Auswahl-, Bestellungs- und Kontrollpflichten.[41] Der Unternehmensleitung obliegt damit aber auch die Pflicht, das Unternehmen so zu organisieren, dass es diesen Aufsichtspflichten nachkommen kann. Das reicht von der Auswahl der Beauftragten bis zu der Sicherstellung regelmäßiger, jedenfalls stichprobenartiger und überraschender Kontrollen im Hinblick auf die Einhaltung der dem Unternehmen obliegenden Verpflichtungen. Die Mitarbeiter sollen stets damit rechnen müssen, dass Verstöße jederzeit aufgedeckt werden können.[42]

---

beauftragt sind, sofern es sich um Pflichten handelt, für deren Erfüllung sie verantwortlich sind. Auch die Gleichstellung dieser Personen änderte aber an der Funktion des Merkmals Inhaber als sanktionsrechtliche Bezugsgröße nicht, weil die Pflichten immer noch primär beim Betrieb oder Unternehmen angesiedelt sind.

40 *Cramer* in: Karlsruher Kommentar zum OWiG, § 130 Rn. 11.

41 *Cramer* in: Karlsruher Kommentar zum OWiG, § 130 Rn. 10.

42 *Cramer* in: Assmann/Schneider, WpHG, vor § 38 Rn. 42.

IV. Pflicht zur Einrichtung einer Revisionsabteilung

Aus dieser Organisationspflicht hat der BGH für größere Unternehmen eine Pflicht zur Einrichtung einer Revisionsabteilung abgeleitet. Diese muss personell und kompetenziell so ausgestaltet sein, dass sie, der Größe des Unternehmens entsprechend, ihre Überwachungsaufgaben ordnungsgemäß erfüllen kann. Der BGH hat zum Beispiel in einem wettbewerbsrechtlichen Fall eine Revisionsabteilung mit vier Mitarbeitern für ein Unternehmen mit insgesamt fünftausend Mitarbeitern als nicht ausreichend angesehen.[43]

V. Keine Pflicht zur Einrichtung einer Compliance-Organisation

Lässt sich also aus § 130 OWiG die Pflicht zur Einrichtung einer (allgemeinen) Revisionsabteilung ableiten, so stellt sich für das hier interessierende Insiderrecht die Frage, ob sich aus § 130 OWiG auch eine Pflicht zur Einrichtung einer speziellen Compliance-Organisation, konkret in Form einer verantwortlichen Compliance-Abteilung, ergibt.

Allerdings begründet bereits § 33 Abs. 1 WpHG spezialgesetzlich eine Organisationspflicht zur Ergreifung von Compliance-Maßnahmen für Wertpapierdienstleistungsunternehmen. Das ist oben herausgearbeitet worden. Ob § 130 OWiG eine darüber noch hinausgehende Pflicht, etwa zur Einrichtung einer Compliance-Abteilung, aufstellt, ist zweifelhaft. Es darf dabei nicht übersehen werden, dass es sich hier um eine ordnungswidrigkeitenrechtliche Vorschrift handelt. Eine Sanktion folgt aus § 130 OWiG immer nur dann, wenn es in dem Unternehmen zu einem Insiderverstoß gekommen ist, welcher durch eine nach § 130 OWiG gebotene Aufsicht hätte vermieden werden können.[44] Das gebietet der auch im Ordnungswidrigkeitenrecht geltende Grundsatz, nach dem nur ein geschriebenes Gesetz Sanktionen begründen darf: *Nulla poena sine lege scripta*. Fehlt es an einer tatsächlichen Zuwiderhandlung – also einem Verstoß gegen das Insiderhandelsverbot – so kommt die Ahndung einer etwa permanent bestehenden mangelnden Aufsicht nicht in Betracht. In der Literatur wird denn auch nur von einer Obliegenheit der Geschäftsleitung gesprochen, eine Compliance-Abteilung einzurichten. Konstruktiv sei damit über § 130 OWiG keine Verpflichtung zur

43 BGH wistra 1982, 34f. m. Anm. *Möhrenschlager*.

44 *Cramer* in: Assmann/Schneider, WpHG, vor § 38 Rn. 42; *Pananis* Insidertatsache und Primärinsider, S. 144.

Vornahme von Compliance-Maßnahmen zu begründen.[45] Dies gilt gleichermaßen für Wertpapierdienstleistungsunternehmen wie für Nicht-Wertpapierdienstleistungsunternehmen.

Kommt es im Unternehmen hingegen zu Insiderverstößen und hatte die Unternehmensleitung keine präventiven Maßnahmen ergriffen, um dies zu vermeiden, so kommt es auch zu einer Bebußung nach § 130 Abs. 3 OWiG. Die Nichteinrichtung eines entsprechenden Aufsichtssystems erhöht folglich ordnungswidrigkeitenrechtlich zunächst lediglich das Risiko einer Bebußung für den Fall eines tatsächlichen Insiderverstoßes.[46] Diese durch Unterlassen geeigneter präventiver Maßnahmen herbeigeführte Risikoerhöhung ist aber ohne die tatsächliche Verwirklichung des Risikos nicht nach § 130 OWiG sanktionierbar.

Damit bleibt es bislang lediglich bei der nach § 33 Abs. 1 WpHG bestehenden Verpflichtung zur Implementation eines Compliance-Systems für Wertpapierdienstleistungsunternehmen.

VI. Offene Fragen

Hier darf indes nicht stehen geblieben werden. Die Erhöhung des Bebußungsrisikos durch das Unterlassen geeigneter Compliance-Maßnahmen, wirft vielmehr weitergehende Fragen im Hinblick auf die Anforderungen an eine ordnungsgemäße Unternehmensleitung auf. So kann zwar wie gesehen aus § 130 OWiG keine über § 33 Abs. 1 Nr. 2 und 3 WpHG hinausreichende öffentlich-rechtliche Pflicht zur Einrichtung einer Compliance-Organisation hergeleitet werden. Allerdings ist nunmehr aus dem Blickwinkel des Gesellschaftsrechts zu fragen, ob die Erhöhung des Bebußungsrisikos durch das Unterlassen geeigneter Compliance-Maßnahmen, eine Verletzung der Pflicht des Leitungsorgans zur ordnungsgemäßen Geschäftsleitung darstellt. Diese Frage stellt sich – unabhängig von der speziellen kapitalmarktrechtlichen Verpflichtung aus § 33 Abs. 1 WpHG – auch für Wertpapierdienstleistungsunternehmen.

Hinzu kommt, dass der Verzicht auf Präventionsmaßnahmen gegen Insiderverstöße gerade dazu einladen dürfte, vorhandenes Insiderwissen verbotswidrig zu nutzen. Da sich in Wertpapierdienstleistungsunternehmen Interessenkonflikte nicht vermeiden lassen, steigt die Gefahr, dass es ohne

---

45 *Cramer* in: Assmann/Schneider, WpHG, vor § 38 Rn. 42; *Pananis* Insidertatsache und Primärinsider, S. 144.

46 *Cramer* in: Assmann/Schneider, WpHG, vor § 38 Rn. 42; *Pananis* Insidertatsache und Primärinsider, S. 144.

Vorkehrungen im Unternehmen tatsächlich zu Verstößen gegen das WpHG kommt.[47] Das kann für ein Wertpapierdienstleistungsunternehmen insgesamt empfindliche Sanktionen nach sich ziehen, etwa die erwähnte ordnungswidrigkeitenrechtliche Bebußung, Schadensersatzforderungen von Kunden, einen erheblichen Ansehensverlust auf dem Kapitalmarkt, infolgedessen den Einbruch des Börsenkurses etc. Es liegt in der Verantwortung des Leitungsorgans, das Unternehmen vor solchen Gefahren zu schützen.

Daher stellt sich die Frage nach einer gesellschaftsrechtlichen Verpflichtung der Leitungsorgane zu einer Compliance-Organisation des Unternehmens. Das Gesellschaftsrecht ist zudem für die Frage heranzuziehen, wie die – hier bislang nur aus § 33 Abs. 1 WpHG begründete – Pflicht zur Einrichtung einer ordnungsgemäßen Compliance-Organisation in Wertpapierdienstleistungsunternehmen inhaltlich auszugestalten ist. Denn das WpHG enthält keine weiteren Bestimmungen über konkrete Anforderungen an eine seinen Vorgaben entsprechende Organisation. Damit handelt es sich bei den Vorgaben aus § 33 Abs. 1 Nr. 2 und 3 WpHG um unbestimmte Rechtsbegriffe, die inhaltlich konkretisiert werden müssen.

Im folgenden Abschnitt soll somit zum einen denkbaren gesellschaftsrechtlichen Pflichten zur Ergreifung von Compliance-Maßnahmen bzw. gar zur Einrichtung einer entsprechenden Unternehmensorganisation nachgegangen werden. Zum anderen sind die Anforderungen an die inhaltliche Ausgestaltung einer Compliance-Organisation zu beleuchten.

---

47 Vgl. nur *Assmann* AG 1994, 237, 256.

Dritter Teil:

Compliance-Verantwortung im konzernfreien Unternehmen

A. Die Leitungspflichten im Überblick

Der Vorstand einer Aktiengesellschaft leitet die Gesellschaft gemäß § 76 Abs. 1 AktG unter eigener Verantwortung und hat dabei die Sorgfalt eines ordentlichen und gewissenhaften Geschäftsleiters anzuwenden, § 93 Abs. 1 Satz 1 AktG.[1] Entsprechende Pflichten enthält § 43 Abs. 1 GmbHG für den Geschäftsführer einer GmbH und § 34 Abs. 1 GenG für den Vorstand einer Genossenschaft. Da im Gesetz nur vereinzelt weitere Pflichten tatbestandlich ausgeformt werden, bestimmt die in diesen Vorschriften statuierte Sorgfalt des ordentlichen und gewissenhaften Geschäftsleiters den Sorgfaltsmaßstab, dem Geschäftsleiter unterliegen und bildet gleichzeitig die Grenze der Haftungsverantwortlichkeit. Die Untersuchung orientiert sich im Folgenden am Vorstand einer Aktiengesellschaft.

§ 93 Abs. 1 Satz 1 AktG kommt auch die Funktion eines allgemeinen Auffangtatbestandes zu.[2] Hieraus werden die einzelnen Pflichten der Vorstandsmitglieder abgeleitet.[3] Man spricht insofern von der Doppelfunktion von § 93 Abs. 1 AktG. Verletzt der Vorstand seine aus Gesetz, Satzung oder Anstellungsvertrag fließenden Pflichten der Gesellschaft gegenüber, wahrt er also nicht die Sorgfalt eines ordentlichen und gewissenhaften Geschäftsleiters, so haftet er nach § 93 Abs. 1 i. V. m. Abs. 2 AktG.[4] Sinn und Zweck ist es, die Vorstandsmitglieder dazu anzuhalten, die ihnen ihrer Gesellschaft gegenüber obliegenden Pflichten zu erfüllen. Ein Verstoß gegen die dem Organ als solchem[5] obliegende Pflicht aus § 93 Abs. 1 Satz 1 AktG begründet

---

1 Ausführlich zur Herausbildung der kapitalgesellschaftsrechtlichen Sorgfaltspflicht im deutschen Recht unter vergleichender Darstellung des US-amerikanischen Rechts und seiner Entwicklung vgl. *Abeltshauser* Leitungshaftung im Kapitalgesellschaftsrecht, S. 139ff.

2 *Mertens* in: Kölner Kommentar zum Aktiengesetz, § 93 Rn. 7; vgl. zu der entsprechenden Lage bei § 43 Abs. 1 GmbHG *Ebenroth/Lange* GmbHR 1992, 69, 70.

3 Nach *Hüffer* Aktiengesetz, § 93 Rn. 4 ist die in § 93 Abs. 1 Satz 1 enthaltene Umschreibung die konkretisierte, an § 76 Abs. 1 AktG anknüpfende Fassung der allgemeinen Verhaltensstandards der § 276 Abs. 1 Satz 2 BGB bzw. § 347 Abs. 1 HGB. Für *Zöllner* hingegen bestimmt sich der Pflichtenkreis des GmbH-Geschäftsführers nicht aus dem, insoweit dem § 93 Abs. 1 Satz 1 AktG inhaltsgleichen, § 43 Abs. 1 Satz 1 GmbHG, sondern aus der Geschäftsführungsaufgabe bzw. Treupflichterwägungen und Sonderregeln, vgl. Baumbach/Hueck-*Zöllner* GmbHG, § 43 Rn. 11, 12 und § 35 Rn. 16ff.

4 Nach herrschender Ansicht im Schrifttum ist § 93 Abs. 1 i. V. m. Abs. 2 AktG auch selbständige Anspruchsgrundlage. Vgl. dazu *Mertens* in: Kölner Kommentar zum Aktiengesetz, § 93 Rn. 6 m. N.; auch *Ebenroth/Lange* GmbHR 1992, 69, 70.

5 Dazu *Karsten Schmidt* Gesellschaftsrecht, § 28 II 4b S. 823; *Mertens* in: Kölner Kommentar zum Aktiengesetz, § 93 Rn. 3; *Ebenroth/Lange* GmbHR 1992, 69, 70.

damit zum einen das für die Haftung erforderliche Verschulden.[6] Zum anderen bedarf es § 93 Abs. 1 Satz 1 AktG, wie gesagt, als allgemeinen Auffangtatbestandes. Generalklauselartig wird die objektive Verhaltenspflicht bezeichnet, aus der sich mittels weiterer Konkretisierung Einzelpflichten ergeben, so weit sie nicht bereits anderweitig tatbestandlich umschrieben sind.[7]

Allein der Blick in das Aktiengesetz bringt allerdings keine nähere Erkenntnis über die Verantwortlichkeit des Vorstands einer Aktiengesellschaft. Die Verpflichtung auf die Sorgfalt eines ordentlichen und gewissenhaften Geschäftsleiters ist reichlich unbestimmt und bedarf als unbestimmter Rechtsbegriff der Konkretisierung anhand einschlägiger Fallgruppen. Jedoch ist im deutschen Recht wegen der nur eingeschränkt bestehenden und im Übrigen auch selten wahrgenommenen[8] Klagemöglichkeiten die Bildung von Fallgruppen und Untersätzen für die kapitalgesellschaftsrechtliche Sorgfaltspflicht anhand von praktischen Fällen schwierig. Das hat zur Folge, dass das deutsche Kapitalgesellschaftsrecht, anders als etwa das US-amerikanische,[9] eine uneinheitliche und unsystematische Sammlung einzelner Leitungspflichten und Haftungsstandards bietet.[10]

Den Vorstand treffen bei der Leitung des Unternehmens grob betrachtet Sorgfalts- und Loyalitätspflichten.[11] Die Pflichten können dann weiter übersichtshalber wie folgt eingeteilt werden: In eine Pflicht zur sorgfältigen Wahrnehmung der Organfunktion, eine Treupflicht gegenüber der Gesell-

6 Nach *Mertens* in: Kölner Kommentar zum Aktiengesetz, § 93 Rn. 7 ist dies der Funktion nach mit § 276 BGB vergleichbar.

7 H.M. vgl. nur *Hefermehl* in: Gessler/Hefermehl/Eckardt/Kropff, Aktiengesetz, § 93 Rn. 9; *Hüffer* Aktiengesetz, § 93 Rn. 3; *Mertens* in: Kölner Kommentar zum Aktiengesetz, § 93 Rn. 7. Anders Baumbach/Hueck-*Zöllner* GmbHG, § 43 Rn. 12 und § 35 Rn. 16ff., nach *dem* sich der Pflichtenkreis aus Geschäftsführungsaufgabe, Treupflichtüberlegungen und aus Sonderregelungen bestimmt, hingegen nicht aus § 43 Abs. 1 GmbHG (der insoweit § 93 Abs. 1 Satz 1 AktG entspricht).

8 *Sünner* ZGR 1999, 364, 366 bezweifelt, dass überwiegend prozessuale Restriktionen für die seltenen Organhaftungsklagen verantwortlich sind. Vielmehr ließen oftmals tatsächliche Beweggründe von einer Klageerhebung absehen, etwa die Rechtsverfolgungsschwierigkeiten und -kosten gegen ein Organmitglied mit Wohnsitz in den USA, eine drohende Schädigung von Geschäftsbeziehungen, die Gefahr von Imageschäden etc. „Hier ist am Ende nicht der Jurist, sondern der Kaufmann gefragt.“ (*Sünner*, a.a.O., S. 376).

9 *Abeltshauser* Leitungshaftung im Kapitalgesellschaftsrecht, S. 148f.

10 Zutreffend *Abeltshauser* Leitungshaftung im Kapitalgesellschaftsrecht, S. 149.

11 Dies gilt bei funktionalem Verständnis von Leitung entsprechend für alle irgendwie Leitungsfunktionen wahrnehmenden Personen, vgl. grundlegend *Abeltshauser* Leitungshaftung im Kapitalgesellschaftsrecht, passim.

schaft[12] sowie die in § 93 Abs. 1 Satz 2 AktG ausdrücklich normierte Verschwiegenheitspflicht.[13]

Gegenstand näherer Betrachtung soll im Folgenden die Pflicht zur sorgfältigen Wahrnehmung der Organfunktion als Bestandteil der umfassenden Sorgfaltspflicht des Vorstands sein. Hieraus könnte sich ergeben, dass die Verpflichtung zur Steuerung des unternehmensinternen Informationsflusses, mithin zur Vermeidung des Risikos von Interessenkonflikten, Teil der Sorgfaltspflicht des Vorstands ist, die Gesellschaft vor Schaden zu bewahren.

Die Vorstandsmitglieder sind verpflichtet, die Gesellschaft im Rahmen der bestehenden Gesetze und der Vorgaben aus der Satzung sowie der verbindlichen Beschlüsse anderer Gesellschaftsorgane zu führen, den Erfolg des Unternehmens zu fördern und Schaden von der Gesellschaft abzuwenden.[14] Dabei ist wirtschaftlicher Misserfolg des Unternehmens nicht gleichbedeutend mit Pflichtwidrigkeit bei der Unternehmensleitung, führt also nicht zwangsläufig zu einer Schadenersatzpflichtigkeit. Vielmehr hat sich der Vorstand bzw. haben sich die Vorstandsmitglieder wie Unternehmer zu verhalten, was bedeutet, dass das Eingehen typischer wirtschaftlicher Risiken Inhalt ihrer Geschäftsführungspflicht ist.[15] Seine Grenze findet dieses im Hinblick auf unternehmerische Wagnisse weite Ermessen erst bei unangemessenen Risiken.[16] Insgesamt lässt sich nicht abstrakt festlegen, was zu der vom Vorstand zu erwartenden Sorgfalt konkret gehört, ohne die jeweilige Art, die Größe und die konkrete Situation des Unternehmens in den Blick zu nehmen. Allerdings lassen sich bestimmte Mindestanforderungen und Gebote aufstellen, welche im Grundsatz, also unabhängig von ihrer konkreten Ausgestaltung, jedenfalls beachtet werden müssen.[17]

---

12 Dazu *Hüffer* Aktiengesetz, § 93 Rn. 5 und § 84 Rn. 9ff.; *Mertens* in: Kölner Kommentar zum Aktiengesetz, § 93 Rn. 57 ff. jeweils mit umfassenden Nachweisen.

13 Dazu *Hüffer* Aktiengesetz, § 93 Rn. 6ff.; *Mertens* in: Kölner Kommentar zum Aktiengesetz, § 93 Rn. 75ff. jeweils mit umfassenden Nachweisen.

14 *Mertens* in: Kölner Kommentar zum Aktiengesetz, § 93 Rn. 29.

15 BGHZ 135, 244, 253; BGH AG 1978, 79, 81. Zur Natur des geschäftlichen Risikos vgl. auch schon RGZ 129, 272, 275. Siehe ferner *Kust* WM 1980, 758, 760; *Sünner* ZHR 163, 1999, 364, 366; Scholz/*Uwe H. Schneider* GmbHG, § 43 Rn. 76, 77a; *Mertens* in: Kölner Kommentar zum Aktiengesetz, § 93 Rn. 29.
Das hat zur Folge, dass auch das Unterlassen einer Leitungsmaßnahme, die mit einem typischen unternehmerischen Risiko verbunden ist, einen Sorgfaltspflichtverstoß darstellen kann, wenn dem Unternehmen dadurch wegen entgangener Gewinnchancen am Markt ein Schaden entstanden ist.

16 BGHZ 135, 244, 253.

17 Am ausführlichsten und tiefgestaffelt ist die Untersuchung der einzelnen Gebote der Pflicht zur sorgfältigen Wahrnehmung der Organfunktion bei *Mertens* in: Kölner Kommentar zum Aktiengesetz, § 27ff.; Hachenburg/*ders.* GmbHG, § 43

Für die hier interessierende Fragestellung sind dabei insbesondere von Bedeutung das Gebot zur Sorge für ein rechtmäßiges und anerkannten Grundsätzen der Geschäftsmoral entsprechendes Verhalten der Gesellschaft nach außen, Sorge für die Rechtmäßigkeit der Organisation und der Entscheidungsprozesse innerhalb der Gesellschaft, die Einhaltung der Pflichten gegenüber Dritten sowie für die Führung des Unternehmens nach den Grundsätzen ordnungsgemäßer und sorgfältiger Unternehmensleitung. Alle diese Pflichten sind auch Ausdruck einer Generalverantwortung der Unternehmensleitung für das Geschehen im Unternehmen. Dieser muss der Vorstand in erster Linie dadurch gerecht werden, dass er den Betrieb so organisiert, dass die mit der betrieblichen Tätigkeit verbundenen Pflichten aller Art und von jedem Adressaten im Unternehmen erfüllt werden und Schädigungen der Gesellschaft vermieden werden.[18] Die Leitung eines Unternehmens konkretisiert sich daher zu allererst in einer generellen Organisationspflicht des Leitungsorgans.

Zusammenfassend formuliert handelt es sich um die Pflicht zu einem nach innen wie außen umfassenden *legal management*.[19] Die nachfolgenden Überlegungen handeln von ausgewählten Problemen dieser Ausprägungen der dem Vorstand obliegenden Legalitätspflichten.

B. Grundsatz des weiten unternehmerischen Ermessens

Bei der Leitung des Unternehmens haben die Vorstandsmitglieder grundsätzlich einen weiten unternehmerischen Ermessensspielraum. Das ist zwar schon seit langem anerkannt,[20] fand mit der – heute schon berühmten –

Rn. 19ff. *Mertens* unterscheidet im einzelnen a) die Sorge für die Rechtmäßigkeit der Organisation und der Entscheidungsprozesse innerhalb der Gesellschaft, b) die Sorge für ein rechtmäßiges und anerkannten Grundsätzen der Geschäftsmoral entsprechendes Verhalten der Gesellschaft in ihren Außenbeziehungen, c) die Beachtung der den Vorstandsmitgliedern im Verhältnis zu Dritten persönlich auferlegten Pflichten, d) das Gebot kollegialer Zusammenarbeit der Vorstandsmitglieder untereinander, e) die Beachtung der Regeln sorgfältiger Unternehmensleitung, f) die Aufsichtspflicht bei Geschäftsverteilung sowie die eigenverantwortliche Mitwirkung an Vorstandsbeschlüssen.
Sehr umfassend und übersichtlich ferner Scholz/*Uwe H. Schneider* GmbHG, § 43 Rn. 42ff.

18 Vgl. *Ebenroth/Lange* GmbHR 1992, 69, 71.

19 Begriff bei *Uwe H. Schneider* ZGR 1996, 225, 230.

20 Vgl. nur Scholz/*Uwe H. Schneider* GmbHG, 8. Aufl. 1993, § 43 Rn. 44ff.; *Mertens* in: Kölner Kommentar zum Aktiengesetz, § 76 Rn. 10ff.

„ARAG/Garmenbeck" Entscheidung des BGH im Jahre 1997 nun aber auch höchstrichterliche Bestätigung.[21] Die Gewährung eines weiten Ermessens beruht auf dem Grundgedanken, dass enge Grenzen im Hinblick auf wirtschaftliche Entscheidungen sich nachteilig auf den Erfolg unternehmerischer Tätigkeit auswirken. Diese besteht immer auch aus dem Eingehen von Risiken und daraus resultierenden ungewissen Entwicklungen. Dies einzugehen dürfte bei einer Haftung allein aufgrund der Risikoverwirklichung niemand wagen. Daher gilt: Misserfolge gehören zu jeder unternehmerischen Tätigkeit.[22] Der BGH hat sich bei der „ARAG"-Entscheidung an der US-amerikanischen „Business Judgement Rule" orientiert, wenn er ausführt, dass eine unternehmerische Tätigkeit ohne einen weiten Handlungsspielraum des Vorstands bei der Leitung der Geschäfte „schlechterdings nicht denkbar ist".[23] Jedoch lässt sich die „Business Judgement Rule" nicht unbesehen in das deutsche Recht übertragen[24] und dies hat der BGH auch in seiner „ARAG/Garmenbeck"-Entscheidung nicht getan. Zur Vermeidung von Missverständnissen sollte daher besser bei der Terminologie des unternehmerischen Ermessens geblieben werden.[25] Allerdings hat der 63. Deutsche Juristentag beschlossen, dem Gesetzgeber die Aufnahme der „Business Judgement Rule" in § 93 Abs. 2 AktG vorzuschlagen.[26]

---

21 BGHZ 135, 244ff. „ARAG" = JZ 1997, 1071ff. m. Anm. *Dreher* JZ 1997, 1074ff. = EWiR, § 112 AktG 1/97, 678 (*Priester*). Dazu *Horn* ZIP 1997, 1129ff.; *Kindler* ZHR 162 (1998) 101ff.; *Lutter* GmbHR 2000, 301, 308; *Ulmer* ZHR 163 (1999) 290, 298ff. jeweils m. w. N.

22 Vgl. nur *Sünner* ZHR 163 (1999) 364, 366. Nach US-amerikanischen Gesellschaftsrecht wird riskantes Managementhandeln gar hingenommen bis zur Grenze der Verschwendung von Gesellschaftsvermögen („waste"), wenn es also keine relevante Gegenleistung an die Gesellschaft gibt; Nachweise dazu bei *Ulmer* ZHR 163 (1999) 290, 298.

23 BGHZ 135, 244ff.; *Lutter* GmbHR 2000, 301, 308; *Ulmer* ZHR (163) 1999, 290, 298 m.w.N. Vgl. zur US-amerikanischen „Business Judgement Rule" ausführlich *Abeltshauser* Leitungshaftung im Kapitalgesellschaftsrecht, S. 128ff.; *Becker* Verwaltungskontrolle durch Gesellschafterrechte, S. 263ff.; *Hopt* in Festschrift für Mestmäcker, 1996, S. 909, 920; *Merkt* US-amerikanisches Gesellschaftsrecht, S. 398ff.

24 *Hopt* in Festschrift für Mestmäcker, 1996, S. 909, 920; Scholz/*Uwe H. Schneider* GmbHG, § 43 Rn. 45a. Zur Etablierung einer Business Judgement Rule im deutschen Kapitalgesellschaftsrecht insgesamt *Abeltshauser* Leitungshaftung im Kapitalgesellschaftsrecht, passim.

25 Zutreffend Scholz/*Uwe H. Schneider* GmbHG, § 43 Rn. 45a.

26 Dieser Vorschlag ist im Jahre 2000 in Leipzig mit großer Mehrheit angenommen worden, vgl. AG 2000, R 439, 440. Siehe dazu auch den Formulierungsvorschlag für einen neuen Satz 3 in § 93 Abs. 2 AktG von *Ulmer* ZHR 163 (1999) 290, 299.

Die aus § 93 Abs. 1 Satz 1 AktG resultierende Sorgfaltspflicht des Vorstands setzt dem grundsätzlich weiten Ermessensspielraum Grenzen, die es nachfolgend weiter auszuleuchten gilt.

C. Rechtmäßiges Verhalten der Gesellschaft in ihren Außenbeziehungen

I. Pflichten der Gesellschaft

1. Überblick

Das Leitungsorgan trifft die Pflicht dafür zu sorgen, dass die Gesellschaft sich nach außen recht- und gesetzmäßig verhält. Der für das Handeln der Gesellschaft verantwortliche Vorstand hat sicherzustellen, dass alle der Gesellschaft als Rechtssubjekt und ihrem Unternehmen auferlegten Pflichten erfüllt und die einschlägigen Rechtsvorschriften beachtet werden. Der Umfang der externen Pflichten der Gesellschaft ist kaum noch überschaubar und wächst stetig an. Das betrifft etwa das allgemeine Zivilrecht, das Arbeits- und Wettbewerbsrecht sowie das Steuerrecht.[27] Die Verletzung dieser Pflichten kann zu hohen Schäden der Gesellschaft und infolgedessen zu existenzbedrohenden Ansprüchen gegen den Vorstand führen. Umso wichtiger ist es, dass sich der Vorstand über die bestehenden Pflichten informiert und seiner Sorge für ihre Beachtung gerecht wird.

Bereits nach früherem Recht, das heißt vor dem In-Kraft-Treten des WpHG, waren die Organmitglieder gemäß ihrer aus § 93 Abs. 1 Satz 1 AktG fließenden Sorgfaltspflicht für ein kapitalmarktrechtliches Wohlverhalten der Gesellschaft verantwortlich.[28]

2. Wertpapierdienstleistungsunternehmen

Ein Wertpapierdienstleistungsunternehmen handelt als juristische Person durch sein Leitungsorgan und dieses hat für die Einhaltung der Pflicht aus § 33 WpHG Sorge zu tragen. Es muss das Unternehmen so organisieren, dass die in § 33 Abs. 1 Nr. 2 und 3 WpHG erwähnten Interessenkonflikte

---

27 Vgl. auch den kurzen Überblick über die relevantesten, weil schadensträchtigsten Pflichten bei *Lutter* GmbHR 2000, 301, 303.

28 Vgl. die kurzen Andeutungen bei *Hopt* ZGR 1991, 17, 67f.; *Horn* ZHR 136 (1972) 269, 387 in Fn. 71; *Mertens* in: Kölner Kommentar zum Aktiengesetz, § 93 Rn. 42; *Schwark* ZGR 1976, 271, 304.

und Verstöße gegen das WpHG vermieden werden. Doch es ist bereits mehrfach angeklungen: Das WpHG gibt keine weiteren Anforderungen an die zu ergreifenden Maßnahmen vor. Daher ist das Gesellschaftsrecht und insbesondere der allgemeine Sorgfaltsmaßstab nach § 93 Abs. 1 Satz 1 AktG hier zur inhaltlichen Konkretisierung heranzuziehen.

Bevor jedoch die inhaltliche Ausgestaltung dieser Organisationspflicht bestimmt wird, soll zunächst die noch offene Frage nach einer Pflicht des Leitungsorgans eines Nicht-Wertpapierdienstleistungsunternehmens zur Ergreifung von Compliance-Maßnahmen nachgegangen werden. Eine analoge Anwendung von § 33 Abs. 1 WpHG zur Begründung einer Pflicht zu Compliance-Maßnahmen für eine Gesellschaft, die kein Wertpapierdienstleistungsunternehmen betreibt, kommt wie festgestellt nicht in Betracht.[29]

3. *Nicht-Wertpapierdienstleistungsunternehmen*

Für ein rechtmäßiges Verhalten der Gesellschaft im Außenverhältnis Sorge zu tragen bedeutet, Verstöße gegen geltendes Recht zu vermeiden bzw. zu unterbinden. Im Hinblick auf das Thema dieser Untersuchung geht es um die Einhaltung kapitalmarktrechtlicher Vorschriften, zum Beispiel des Insiderhandelsverbots.

a) Insidereigenschaft der Gesellschaft

Das Insiderhandelsverbot richtet sich an Insider im Sinne des § 13 WpHG. In einem Unternehmen ist Insider derjenige Mitarbeiter, der über Insiderinformationen verfügt. Das betrifft auch die Mitglieder des Vorstands, die in erster Linie mit kurssensiblen Informationen in Kontakt kommen. Diese Personen dürfen gemäß § 14 Abs. 1 WpHG Insiderpapiere nicht für eigene oder fremde Rechnung unter Ausnutzung ihrer Kenntnis von einer Insidertatsache erwerben oder veräußern. Ihnen ist es verboten, einem Anderen eine Insidertatsache unbefugt mitzuteilen oder zugänglich zu machen bzw. einem Anderen auf der Grundlage ihrer Insiderkenntnisse Empfehlungen zu geben.

Es wird vertreten, dass der juristischen Person selbst der Insiderhandel durch das WpHG nicht ausdrücklich verboten ist. Vielmehr richte sich ein explizites Verbot gemäß § 13 Abs. 1 Nr. 1 WpHG lediglich an die Vorstandsmitglieder. Zwar gebe es mit den §§ 9, 15, 21, 31, 32 sowie 33 WpHG Vorschriften, die eine Gesellschaft als Rechtssubjekt treffen. Darunter sei aber kein an die Gesellschaft als Rechtssubjekt adressiertes Insiderhandels-

---

29 Vgl. oben S. 124ff.

verbot.[30] Aus diesem Befund zieht *Grohnert* unter Auslegung der Insiderrichtlinie[31] den Schluss, dass bei juristischen Personen das Verbot die beschlussfassenden natürlichen Personen treffe. Ein rechtmäßiges Gesellschaftsverhalten liege folglich dann vor, wenn keine Insidergeschäfte auf der Grundlage von Vorstandsbeschlüssen vorgenommen werden.[32] Daran ist allein die Feststellung zutreffend, dass ein direkt an juristische Personen gerichtetes Insiderhandelsverbot im WpHG nicht geregelt ist. Die daraus gezogenen Schlussfolgerungen gehen indes fehl.

Zunächst lässt sich § 13 Abs. 1 WpHG kein Anhaltspunkt gegen eine Insidereigenschaft juristischer Personen entnehmen. Im Gegenteil statuiert Art. 2 Abs. 2 EG-Insiderrichtlinie[33] explizit, dass auch „Gesellschaften oder andere juristische Personen" Insider sein können. Für den Fall der Insidereigenschaft einer juristischen Person trifft nach dieser Vorschrift das insiderrechtliche Erwerbs- und Veräußerungsverbot die für die juristische Person handelnden natürlichen Personen. Daraus zieht *Grohnert* offensichtlich den Schluss, nur natürliche Personen könnten Insider sein. Dem ist entgegenzuhalten, dass die Strafbarkeit juristischer Personen nicht in allen Mitgliedstaaten anerkannt ist. Die Regelung dient daher lediglich der Vermeidung einer Strafbarkeitslücke, spricht hingegen nicht gegen die Insidereigenschaft juristischer Personen.[34] Eine richtlinienkonforme Auslegung von Art. 13 Abs. 1 WpHG führt insoweit zur Möglichkeit der Insidereigenschaft auch juristischer Personen.

Dies zugrunde gelegt ergibt sich etwa für herrschende Unternehmen in einem Konzern eine beteiligungsbedingte Insidereigenschaft nach § 13 Abs. 1 Nr. 2 WpHG. Zudem kommt eine aufgabenbedingte Insidereigenschaft nach § 13 Abs. 1 Nr. 3 WpHG in Betracht, wenn das herrschende Unternehmen aufgrund seiner Konzernleitung Kenntnisse von Insiderinformationen erhält.[35]

Schließlich haben auch die oben unter Heranziehung der Grundsätze über die Wissenszurechnung angestellten Überlegungen ergeben, dass einer juristischen Person durchaus Insidereigenschaft zukommen kann.[36]

Die Beachtung des Verbots von Insidergeschäften obliegt dann dem Leitungsorgan der juristischen Person. Es handelt sich hier nicht lediglich

---

30 *Grohnert* Rechtliche Grundlagen einer Compliance-Organisation und ausgewählte Fragen der Umsetzung, S. 57.

31 Richtlinie 89/592/EWG, ABl.EG Nr. L 334 vom 18. 11. 1989, S. 30ff.

32 *Grohnert* Rechtliche Grundlagen einer Compliance-Organisation und ausgewählte Fragen der Umsetzung, S. 57.

33 Richtlinie 89/592/EWG, ABl.EG Nr. L 334 vom 18. 11. 1989, S. 30ff.

34 Vgl. schon *Hopt* ZGR 1991, 17, 43 zur EG-Insiderrichtlinie.

35 Vgl. dazu und zu mehrstufigen Verbindungen *Singhof* ZGR 2001, 146, 150.

36 So auch *Assmann* AG 1997, 50, 52.

um das Insiderhandelsverbot, welches den Vorstand als natürliche Person wie jeden anderen Mitarbeiter im Unternehmen trifft.

Dem Vorstand obliegt vielmehr wegen der Insidereigenschaft der Gesellschaft die Pflicht, als Leitungsorgan dafür Sorge zu tragen, dass durch die Tätigkeit des Unternehmens nicht gegen das Insiderhandelsverbot verstoßen wird. Die Insidereigenschaft einer juristischen Person erweitert damit den Pflichtenkreis der Organmitglieder über ihre persönliche Insiderstellung hinaus. Diese Pflicht ist Bestandteil der umfassenden Pflicht zur Sorge für ein rechtmäßiges Verhalten der Gesellschaft nach außen und damit Teil der aus § 93 Abs. 1 Satz 1 AktG fließenden Sorgfaltspflicht. Die Organmitglieder haben das Unternehmen so zu organisieren, dass die Bestimmungen des WpHG bei den Geschäften des Unternehmens eingehalten werden. Der Vorstand ist damit grundsätzlich verpflichtet, Maßnahmen gegen die unbefugte Weitergabe von compliance-relevanten Informationen zu treffen, wenn die Gesellschaft über die Zurechnung von Wissen seiner Organmitglieder und sonstiger Mitarbeiter oder beteiligungs- bzw. aufgabenbedingt als Insider im Sinne des WpHG zu qualifizieren ist. Diese Pflicht besteht bei allen juristischen Personen neben der oben dargestellten, aus § 33 Abs. 1 Nr. 2 und 3 WpHG sich ergebenden – jedoch lediglich an Wertpapierdienstleistungsunternehmen adressierenden – Organisationspflicht zur Einrichtung einer Compliance-Organisation.

b) Keine Insidereigenschaft der Gesellschaft

Die vorstehenden Überlegungen basieren auf der Annahme der Insidereigenschaft eines Unternehmens. Erst für diesen Fall verdichtet sich die Sorgfaltspflicht aus § 93 Abs. 1 Satz 1 AktG zu einer Pflicht zur Einrichtung einer Compliance-Organisation. Für alle übrigen Nicht-Wertpapierdienstleistungsunternehmen, welche nicht Insider im Sinne des Insiderbegriffs des WpHG sind, lässt sich aus dem Gebot für ein rechtmäßiges Verhalten der Gesellschaft nach außen Sorge zu tragen, keine Pflicht zur Ergreifung von spezifischen Compliance-Maßnahmen ableiten. Hier gilt vielmehr entsprechend der allgemeinen Regel, dass dem Vorstand bei der Erfüllung seiner Pflichten ein weites unternehmerisches Ermessen zusteht. Entscheidend ist letztlich, dass sich die Gesellschaft rechtmäßig verhält. Jedoch muss dabei vom Vorstand beachtet werden, dass es sehr zweifelhaft ist, ob es nach der geltenden Rechtslage des Insiderbegriffs des WpHG noch Personen gibt, die über Insiderinformationen verfügen, jedoch nicht unter den Insiderbegriff subsumierbar sind.[37] Vor diesem Hintergrund sind jedenfalls die

37 *Assmann* ZGR 1994, 494, 500.

börsennotierten Gesellschaften (§ 3 Abs. 2 AktG) immer Insider, da die in ihnen vorhandenen Kenntnisse über das eigene Unternehmen immer potentiell kurssensitiv sind. Der Kreis der Nicht-Wertpapierdienstleistungsunternehmen, deren Leitungsorgane nicht wenigstens im Grundsatz zur Ergreifung von Compliance-Maßnahmen verpflichtet sind, ist daher begrenzt auf nichtbörsennotierte Gesellschaften. Bedenkt man ferner, dass nichtbörsennotierte Gesellschaften häufig in einen Konzern eingebunden sind und insofern wie gesehen durchaus schnell zu Insidern werden können, so reduziert sich der Kreis wohl noch einmal auf nichtbörsennotierte unverbundene Gesellschaften.

II. Grundsätze der Geschäftsmoral

Zu einem rechtmäßigen Außenverhalten zählt nicht zuletzt auch die Sorge für die Einhaltung allgemein akzeptierter Grundsätze der Geschäftsmoral.[38] Ob hierunter auch die Pflicht zur Verhinderung von Insidergeschäften fällt, ob also die Vermeidung von Insiderhandel allgemein akzeptierte Geschäftsmoral ist, kann hier dahinstehen. Das WpHG trifft jedenfalls mit dem Insiderhandelsverbot nunmehr eine klare gesetzliche Aussage.

III. Zusammenfassung

Nur für den Fall der Insidereigenschaft einer Gesellschaft verdichtet sich das aus § 93 Abs. 1 Satz 1 AktG abgeleitete Gebot für ein rechtmäßiges Verhalten der Gesellschaft nach außen zu sorgen, zu einer Rechtspflicht zur Ergreifung von Compliance-Maßnahmen. Denn dann ist auch das Nicht-Wertpapierdienstleistungsunternehmen Adressat der entsprechenden Vorschriften des WpHG. Ihre Befolgung sicherzustellen, obliegt dem Vorstand als Leitungsorgan. Für börsennotierte Gesellschaften ist regelmäßig Insidereigenschaft anzunehmen. Im Falle eines Nicht-Wertpapierdienstleistungsunternehmens, welches nicht im Besitz von Insiderinformationen ist, stellt allein die Verpflichtung für ein rechtmäßiges Außenverhalten der Gesellschaft zu sorgen, grundsätzlich keine Rechtspflicht zur Schaffung einer Compliance-Organisation dar.

---

38 Dazu *Mertens* in: Kölner Kommentar zum Aktiengesetz, § 93 Rn. 34ff.

D. Beachtung der Pflichten gegenüber Dritten

Die Organmitglieder schulden der Gesellschaft gegenüber auch die ordentliche Erfüllung der Pflichten, die ihnen persönlich als Geschäftsleiterpflichten auferlegt sind. Denn auch die Gesellschaft kann durch die Nichterfüllung dieser Pflichten geschädigt werden. Das gilt für den hier interessierenden Zusammenhang, insbesondere für die Verletzung der Aufsichtspflicht nach § 130 OWiG.[39] Kommt es in einem Unternehmen zu Insiderverstößen, so droht eine Bebußung der Gesellschaft wegen Verletzung der Aufsichtspflicht. Die zu einer erhöhten Bebußungsgefahr führende Aufsichtspflichtverletzung stellt damit zugleich eine Verletzung der Sorgfaltspflicht des Vorstands dar.[40] Dieser hat es versäumt, durch geeignete präventive Maßnahmen dafür Sorge zu tragen, dass sich die Tätigkeit des Unternehmens im Rahmen der Gesetze vollzieht.

Bereits vor dem In-Kraft-Treten des WpHG wurde zur öffentlichen Verantwortung eines Organmitgliedes gezählt, dass es die Verwertung von Insiderinformationen, die es kraft seiner Stellung erlangt, unterlässt und dafür Sorge trägt, dass es auch anderweitig in der Gesellschaft nicht zu Insiderhandel kommt. Das wurde aus der Pflicht eines ordentlichen und gewissenhaften Geschäftsleiters nach § 93 Abs. 1 Satz 1 AktG abgeleitet und sollte unabhängig davon gelten, ob die Vorstandsmitglieder ihrer Pflicht[41] zur ausdrücklichen Anerkennung der Insiderregeln[42] gegenüber der Gesellschaft nachgekommen sind.[43]

Unter der Geltung des WpHG und seines Insiderbegriffs bedarf es dieser Herleitung für die persönliche Pflicht zum Unterlassen von Insidergeschäften nicht mehr. Ist ein Vorstandsmitglied Insider im Sinne des § 13 WpHG, so unterliegt es wie jeder andere Insider dem Insiderhandelsverbot des § 14 WpHG.

Fraglich bleibt allein die Pflicht zur Vermeidung von Insidergeschäften im Unternehmen aufgrund der Organfunktion. Davon handeln die folgenden Überlegungen.

---

39 *Mertens* in: Kölner Kommentar zum Aktiengesetz, § 93 Rn. 40. Zu § 130 OWiG vgl. ausführlich S. 127ff.

40 *Mertens* in: Kölner Kommentar zum Aktiengesetz, § 93 Rn. 40; Hachenburg/*ders.* GmbHG, § 43 Rn. 28.

41 Vgl. dazu *Mertens* in: Kölner Kommentar zum Aktiengesetz, § 84 Rn. 133.

42 Zu diesen oben S. 15ff.

43 Vgl. nur *Schwark* ZGR 1976, 271, 303; *Horn* ZHR 136 (1972) 387 in Fn. 71.

E. Rechtmäßige Organisation innerhalb der Gesellschaft

Der Vorstand hat zu gewährleisten, dass die Gesellschaft im Innenverhältnis ordnungsgemäß organisiert ist und die Entscheidungen im Unternehmen inhaltlich im Einklang mit Gesetz und Satzung und auch in den durch Gesetz und Satzung vorgegebenen Verfahren getroffen werden. Um dies zu gewährleisten, hat der Vorstand verschiedene organisatorische Maßnahmen zur Absicherung seiner Pflichterfüllung zu ergreifen. Ob daraus für Nicht-Wertpapierdienstleistungsunternehmen eine Pflicht zur Ergreifung spezieller Compliance-Maßnahmen abzuleiten ist, soll nachfolgend am Beispiel des nach § 91 Abs. 2 AktG zu installierenden Überwachungssystems sowie der aus der allgemeinen Sorgfaltspflicht abzuleitenden Verantwortung für die nachgeordneten Mitarbeiter untersucht werden.

I. Rechtmäßige Unternehmensorganisation

Der Vorstand ist verpflichtet, für eine rechtmäßige Organisation des Unternehmens zu sorgen. Grundsätzlich hat er auch hier ein weites Ermessen. In erster Linie bedeutet die Pflicht zur ordnungsgemäßen Organisation, dass die Regeln über die Gesamtverantwortung des Vorstands[44] und die Unveräußerlichkeit der dem Vorstand obliegenden Führungsentscheidungen einzuhalten sind, der Vorstand die Aktionäre entsprechend dem Gleichbehandlungsgrundsatz behandelt und ebendies auch im Hinblick auf die Aufsichtsratsmitglieder beachtet.[45] Schließlich hat der Vorstand seiner Überwachungsaufgabe für alles Geschehen im Unternehmen gerecht zu werden. Zu diesem Zweck hat er die Gesellschaft und ihr Unternehmen so zu organisieren, dass er über alle relevanten Vorgänge informiert wird.[46] Die Überwachungsaufgabe umfasst auch die Verantwortung für ein rechtmäßiges Verhalten der nachgeordneten Leitungsebenen zu sorgen. Zu einer rechtmäßigen Organisation im Inneren gehört die Einrichtung eines Überwachungssystems gemäß § 91 Abs. 2 AktG. Fraglich ist, ob darunter ein

44 Da das WpHG in § 33 nicht festlegt, wer für die Erfüllung der Organisationspflichten in die Verantwortung genommen wird, ist diese Frage des Pflichteninhalts nach dem allgemeinen Gesellschaftsrecht zu beantworten. Insofern ist der Grundsatz der Gesamtverantwortung des Vorstand auch für Wertpapierdienstleistungsunternehmen relevant und wird daher nicht an dieser Stelle untersucht, sondern in einem eigenen Punkt. Dazu unten S. 171 ff.

45 *Mertens* in: Kölner Kommentar zum Aktiengesetz, § 93 Rn. 30.

46 *Götz* AG 1995, 337, 338 f.; *Hommelhoff/Mattheus* AG 1998, 249, 251.

Compliance-System im kapitalmarktrechtlichen Sinne verstanden werden muss.

1. Internes Überwachungssystem gemäß § 91 Abs. 2 AktG

a) Überblick

Mit In-Kraft-Treten des KonTraG[47] ist der Vorstand einer Aktiengesellschaft nach § 91 Abs. 2 AktG zwingend zur Einrichtung eines Überwachungs-Systems (auch bezeichnet als Controlling-, Früherkennungs- bzw. Frühwarn-System) verpflichtet worden.[48] Damit soll die Leitungsverantwortung des Vorstands verdeutlicht werden, soweit es um für das Unternehmen bestandsgefährdende Entwicklungen geht.[49] Ursprünglich war im Gesetzgebungsverfahren daran gedacht worden, diese Pflicht in § 93 AktG zu regeln und damit in einen unmittelbaren Zusammenhang mit der Haftung und Verantwortlichkeit der Vorstandsmitglieder zu bringen.[50] Das hätte freilich zu der unzutreffenden Interpretation führen können, der Vorstand sei bereits allein mit der Einrichtung eines entsprechenden Überwachungssystems, seiner Sorgfaltspflicht nachgekommen. Das ist indes nicht der Fall. Mit der Verankerung in § 91 Abs. 2 AktG wird nunmehr klarstellend zum Ausdruck gebracht, dass die Überwachungspflicht wie die Buchführungspflicht aus § 91 Abs. 1 AktG Teil der Gesamtverantwortung des Vorstands

---

47 Das Gesetz zur Kontrolle und Transparenz im Unternehmensbereich (KonTraG), BGBl. I 1998, 786ff. ist am 1. Mai 1998 in Kraft getreten. Vgl. auch Referentenentwurf nebst Begründung in: ZIP 1996, 2129ff. und 2193ff.; Regierungsentwurf, BT-Drucks. 13/9712; Beschlussempfehlung und Bericht des Rechtsausschusses, BT-Drucks. 13/10038.

48 Zu § 91 Abs. 2 statt vieler *Hüffer* Aktiengesetz, § 91 Rn. 4ff. mit umfangreichen Nachweisen. Zur umstrittenen Ausstrahlungswirkung auf die Pflichten der Leitungsorgane von Gesellschaften anderer Rechtsform vgl. *Altmeppen* ZGR 1999, 291, 300ff.; *Drygala/Drygala* ZIP 2000, 297ff.

49 Damit einher geht die durch das KonTraG vorgenommene Ausdehnung des Prüfungsauftrags des Abschlussprüfers für Aktiengesellschaften mit amtlicher Börsennotierung, also nicht für jede börsennotierte AG, gemäß § 317 Abs. 4 HGB. Danach muss der Abschlussprüfer prüfen, ob der Vorstand ein angemessenes Risikomanagement und ein angemessenes Überwachungssystem installiert hat und im Prüfungsbericht darüber berichten, § 321 Abs. 4 HGB. § 91 Abs. 2 AktG insoweit unschlüssig, als die Vorgabe erweiterter Prüfung durch den Abschlussprüfer zwar nur für amtlich börsennotierte Gesellschaften gilt, jedoch die Einrichtung eines Überwachungssystems für alle Aktiengesellschaften zwingend vorgeschrieben worden ist. Vgl. zur Kritik *Hüffer* Aktiengesetz, § 91 Rn. 5 m. w. N.

50 Referentenentwurf nebst Begründung in: ZIP 1996, 2129, 2131.

ist[51] und damit nicht einem Vorstandsmitglied mit haftungsbefreiender Wirkung für die Übrigen zugewiesen werden kann.[52]

b) Pflichtenumfang

aa) Keine Erweiterung der Vorstandspflichten

Der Innovationsgehalt von § 91 Abs. 2 AktG ist gering. Denn natürlich war der Vorstand auch vor dem KonTraG verpflichtet, die Lage der Gesellschaft im Blick zu behalten, insbesondere sicherzustellen, dass er gerade solche Entwicklungen frühzeitig erkennt und ihren Verlauf beobachten kann, die den Fortbestand der Gesellschaft gefährden können.[53] Das gehört schlicht und einfach zu der Sorgfaltspflicht eines ordentlichen und gewissenhaften Geschäftsleiters. Insofern handelt es sich bei § 91 Abs. 2 AktG auch nicht um eine Erweiterung der Pflichten von Organmitgliedern,[54] sondern lediglich um eine klarstellende Konkretisierung.[55] Aus der umfassenden Leitungspflicht des Vorstands nach § 76 Abs. 1 AktG folgt auch ohne weitere gesetzliche Ausgestaltung die Verpflichtung, innerhalb der Unternehmensorganisation ein funktionsfähiges internes Kontrollsystem zu installieren, um das gesamte Geschehen im Unternehmen kontrollieren, steuern und notfalls drohenden Schaden abwenden (lassen) zu können.[56] Erreicht wurde mit der expliziten gesetzlichen Statuierung der Pflicht zur Implementation eines Frühwarnsystems allerdings ein erheblicher Gewinn an Prägnanz bzw. eine nachdrücklich hervorgehobene Verantwortlichkeit des Vorstands.[57] Dies resultiert jedoch eher aus der nunmehr zwingenden Kontroll- und Berichtspflicht des Abschlussprüfers im Hinblick auf die Vorstandspflicht zur Früherkennung (§§ 317 Ab. 4, 321 Abs. 4 HGB).

Zum Umfang der Verpflichtung aus § 91 Abs. 2 AktG hat sich noch keine gesicherte Meinung bilden können. Insbesondere fehlt es an einschlägiger

51 Begründung zum Regierungsentwurf, BT-Drucks. 13/9712, S. 15.

52 Zum Grundsatz der Gesamtverantwortung vgl. sogleich unten S. 171 ff.

53 Vgl. nur BGHZ 135, 244, 253 ff. „ARAG"; BGHZ 69, 207, 213 ff. *Mertens* in: Kölner Kommentar zum Aktiengesetz, § 93 Rn. 48.

54 So aber *Drygala/Drygala* ZIP 2000, 297 und 298 mit Fn. 14. Auch die von *dens.* (a. a. O.) zitierten Literaturstellen gehen von lediglich klarstellender Wirkung aus.

55 So geht denn auch die Begründung zum Regierungsentwurf, BT-Drucks. 13/9712, S. 15 von einem lediglich klarstellenden Charakter von § 91 Abs. 2 AktG aus. Ebenso *Hoffmann-Becking* ZGR 1998, 497, 513 f.; *Hommelhoff/Mattheus* AG 1998, 249, 251. Vgl. auch *Hüffer* Aktiengesetz, § 91 Rn. 6.

56 Statt vieler *Semler* Leitung und Überwachung der Aktiengesellschaft, S. 14 f.

57 *Hommelhoff/Mattheus* AG 1998, 249, 251.

Rechtsprechung. Bislang lassen sich grob betrachtet zwei Ansichten unterscheiden, die als weite und enge Auffassung bezeichnet werden.[58]

bb) Weite Auffassung

Die hauptsächlich von Teilen der Betriebswirtschaftslehre und der Prüfungspraxis vertretene weite Auffassung versteht das gemäß § 91 Abs. 2 AktG einzurichtende Überwachungssystem als eine umfassende Überwachung von Risiken der Geschäftstätigkeit und ihres externen Umfeldes. Das beinhaltet eine systematische Untersuchung von Chancen und Risiken sämtlicher Geschäftsvorfälle sowie die Ausrichtung der unternehmerischen Entscheidungen aufgrund der gefundenen Abwägungsergebnisse.[59]

cc) Enge Auffassung

Dem tritt die insbesondere von Seiten der Rechtswissenschaft vertretene enge Auffassung ausdrücklich entgegen. Danach schießt die weite Auffassung über das vom Gesetzgeber gewollte Regelungsziel hinaus und führt zu einer Verpflichtung zur Einrichtung eines allgemeinen „risk managements“.[60] Ein so umfassendes Risikoüberwachungssystem einzurichten, bleibe aber auch nach der Änderung des AktG durch das KonTraG weiter in das Ermessen des Vorstands gestellt. § 91 Abs. 2 AktG verlange vom Vorstand unmittelbar nur dafür Sorge zu tragen, dass ihm nachteilige Veränderungen bestimmter Risikozustände rechtzeitig bekannt werden. Dies hat er durch organisatorische Maßnahmen im Sinne von § 91 Abs. 2 AktG sicherzustellen. Es sollen also nicht die Risiken überwacht werden, sondern die Funktionsfähigkeit der vom Vorstand eingeleiteten Maßnahmen zur Früherkennung. Überprüft werden soll mit dem einzurichtenen Kontrollsystem, ob das vom Vorstand Veranlasste auch tatsächlich geschieht, ob also die zeitnahe Information des Vorstands sichergestellt ist. Inhalt von § 91 Abs. 2 AktG ist danach eine einfache Organisationsanforderung.[61]

dd) Vermittelnde Auffassung

Vermittelnd zwischen den beiden Auffassungen ist jüngst in einer dritten Position vertreten worden, dass § 91 Abs. 2 AktG eine systematische Risikovorsorge erfordere, welche sowohl ein Früherkennungs- als auch ein Überwachungssystem verlange.[62] Bestandteil eines Früherkennungssystems sind

58 Terminologie nach *Drygala/Drygala* ZIP 2000, 297, 298.

59 So z. B. *Brebeck/Hermann* Wpg. 1997, 381, 387ff.; *Kromschröder/Lück* DB 1998, 1573, 1574ff.

60 So insbesondere *Hüffer* Aktiengesetz, § 91 Rn. 8.

61 Vgl. *Hüffer* Aktiengesetz, § 91 Rn. 8.

62 So *Drygala/Drygala* ZIP 2000, 297, 299. *Dies.* halten den aufgezeigten Meinungsstreit lediglich für ein terminologisches Missverständnis.

danach die in der Betriebswirtschaftslehre und damit von der weiteren Auffassung genannten Elemente in Form eines Maßnahmenbündels zur systematischen Erkennung und Weitermeldung erheblicher Risiken. Ausdrücklich soll allerdings die im betriebswirtschaftlichen Schrifttum genannte Maßnahmedichte nicht als Rechtspflicht verstanden werden.[63] Zur Einhaltung dieser Maßnahmen sei zweitens die Einrichtung einer internen Revision erforderlich. Und nur diese sei das vom Gesetz beschriebene „Überwachungssystem".[64]

ee) Stellungnahme

Die enge Auffassung überzeugt. Nach der ursprünglichen Fassung des Referentenentwurfs hat das einzurichtende Überwachungssystem die Aufgabe, „die Einhaltung der … zu treffenden Maßnahmen zu überwachen".[65] Die im Regierungsentwurf vorgenommene Veränderung im Wortlaut sollte ausweislich ihrer Begründung nur sprachliche Vereinfachungen bringen, an der Zielrichtung der Norm jedoch nichts ändern.[66] Im Übrigen wäre es überzogen, von einer Gesellschaft ein die gesamte Geschäftstätigkeit umfassendes Risikomanagement zu verlangen, wenn in § 91 Abs. 2 AktG selbst nur von „den Fortbestand der Gesellschaft gefährdende(n) Entwicklungen" die Rede ist. Mit der vermittelnden Ansicht wird nichts anderes ausgedrückt. Wenn die von der weiten Auffassung für erforderlich gehaltene Maßnahmendichte von der vermittelnden Auffassung gerade nicht zu einer Rechtspflicht erhoben werden soll, hat dies zur Folge, dass sie grundsätzlich weiter im unternehmerischen Ermessen des Vorstands steht. Nichts anderes aber ist die Position der engen Auffassung.

c) Rechtspflicht zu Compliance-Maßnahmen?

Aus § 91 Abs. 2 AktG kann eine Pflicht speziell zur Einrichtung einer Compliance-Organisation, wie sie für Wertpapierdienstleistungsunternehmen in § 33 Abs. 1 WpHG festgeschrieben ist, nicht abgeleitet werden.

Zwar können auch gegen das Insiderhandelsverbot verstoßende Geschäfte den Fortbestand der Gesellschaft im Extremfall gefährden. Doch unterscheiden sich diese nicht von anderen für eine Gesellschaft möglicherweise existenzbedrohenden Geschäften. Insofern unterfallen Insidergeschäfte als potentielle Risiken zwar dem Anwendungsbereich von § 91 Abs. 2 AktG. Die

63 *Drygala/Drygala* ZIP 2000, 297, 299.
64 *Drygala/Drygala* ZIP 2000, 297, 299.
65 § 93 Abs. 1 Satz 3 Referentenentwurf, ZIP 1996, 2129, 2131.
66 Vgl. Begründung zum Regierungsentwurf BT-Drucks. 13/9712, S. 15.

Vorschrift ist damit für die hier untersuchte Frage immerhin von indizieller Bedeutung bei der Auslegung des § 93 Abs. 1 Satz 1 AktG. Insidergeschäfte genießen hier aber keine Vorrangstellung der Art, dass sich die aktienrechtliche Überwachungspflicht des Vorstands zu einer Pflicht zur Ergreifung spezieller, über das übliche Maß hinausgehender organisatorischer Maßnahmen verdichtet. Unabhängig von der Pflicht des Vorstands, Insiderhandel im eigenen Unternehmen zu unterbinden, ergeben sich aus § 91 Abs. 2 AktG keine Kriterien, wie dies organisatorisch zu geschehen hat.

Die Auseinandersetzung mit den zum Pflichtenumfang des § 91 Abs. 2 AktG vertretenen Ansichten hat außerdem ergeben, dass das AktG dem Vorstand bei der Wahl seiner organisatorischen Mittel im Grundsatz weiter einen erheblichen unternehmerischen Ermessensspielraum belässt.[67] Der Vorstand ist nach dieser Vorschrift lediglich dafür verantwortlich, dass er Risiken frühzeitig erkennt. Er hat zu organisieren, dass ihm Risiken zeitnah zu ihrer Entstehung zur Kenntnis gebracht werden. Konkrete Pflichten zur Steuerung von Risiken gibt § 91 Abs. 2 AktG nicht vor.

Die Zielrichtung präventiver Maßnahmen gegen Insidergeschäfte ist jedoch nicht allein auf das Erkennen der im Unternehmen vorhandenen Insiderkenntnisse gerichtet. Compliance bedeutet nicht lediglich Risikoüberwachung. Vielmehr muss die unternehmensinterne Organisation so gestaltet werden, dass die (zumindest in Wertpapierdienstleistungsunternehmen zweifellos) vorhandenen Insiderkenntnisse nicht frei im Unternehmen vagabundieren und eine Zurechnung des problematischen Wissens nach den Grundsätzen über die Wissenzurechnung vermieden wird.[68] Daher wird hier für den Fall der Insidereigenschaft einer Gesellschaft die aus § 93 Abs. 1 Satz 1 AktG fließende Vorstandspflicht zur Ergreifung von Compliance-Maßnahmen abgeleitet.[69] Aus § 91 Abs. 2 AktG lässt sich eine solche Verpflichtung hingegen wie gesehen nicht herleiten.[70]

67 So auch *Hüffer* Aktiengesetz, § 91 Rn. 9.

68 Dazu ausführlich oben S. 97ff.

69 Wenn also die Gesellschaft über die Zurechnung von Wissen seiner Organmitglieder und sonstigen Mitarbeiter als Insider zu qualifizieren ist.

70 Missverständlich insoweit *Eyles* WM 2000, 1217, 1227, nach *dem* die Organisationspflichten in ihrer Ausprägung durch die Compliance-Richtlinie der BAFin „über die Einführung eines aktienrechtlich vorgeschriebenen Frühwarnsystems (§ 91 Abs. 2 AktG) weit hinaus“ gehen.

II. Personalverantwortung

1. Allgemeines

In den heute üblichen komplexen, auf Arbeitsteilung ausgerichteten Unternehmensstrukturen ist es schlechterdings nicht denkbar, dass das Unternehmen seinen Unternehmensgegenstand allein durch das Handeln seines Leitungsorgans verwirklicht. Die einzelnen Sachfunktionen der Geschäftstätigkeit müssen auf (zum Teil in die Tausende zählende) Mitarbeiter delegiert werden. Auch diese Mitarbeiter müssen sich bei ihrer Tätigkeit für das Unternehmen selbstverständlich an die Rechtsordnung halten und die für das Unternehmen maßgeblichen Rechtsvorschriften beachten. Der zentrale Stellenwert der unternehmensinternen Personalplanung wird auch darin gesehen, dass Fehlbesetzungen und in ihrer Folge fehlerhaftes Verhalten nicht absehbare Schäden für das Unternehmen nach sich ziehen können.[71] Die zuvor erörterte Pflicht für ein rechtmäßiges Verhalten der Gesellschaft in ihren Außenbeziehungen zu sorgen, kann der Vorstand nur erfüllen, wenn er auch das Verhalten der nachgeordneten Leitungsebenen und der übrigen Mitarbeiter im Blick hat.[72]

Damit ist nicht gesagt, dass das rechtswidrige Verhalten von Mitarbeitern des Unternehmens, den Mitgliedern des Leitungsorgans zugerechnet wird. Sie verhalten sich nicht dadurch rechtswidrig, dass ein untergeordneter Mitarbeiter die einschlägigen Normen verletzt. Eine Haftung des Vorstands nach § 278 BGB kommt hier nicht in Betracht, weil die Mitarbeiter nicht Erfüllungsgehilfen des Vorstands gegenüber der Gesellschaft sind.[73] Eine eigene Haftung des Vorstands setzt folglich einen Verstoß gegen eigene Pflichten voraus.[74]

Zu diesen gehört es dafür zu sorgen, dass nur persönlich wie fachlich geeignete Mitarbeiter in den verschiedenen Tätigkeitsbereichen des Unternehmens beschäftigt werden und auch nur solche Mitarbeiter in Führungspositionen aufrücken, welche die dafür zusätzlich erforderlichen Qualifikationen und Talente mitbringen. Denn die Sicherstellung eines rechtmäßigen Außenverhaltens verlangt, dass der Vorstand dafür Sorge trägt, dass die in

---

71 *Abeltshauser* Leitungshaftung im Kapitalgesellschaftsrecht, S. 220.

72 Vgl. dazu auch *Abeltshauser* Leitungshaftung im Kapitalgesellschaftsrecht, S. 213, 220f.

73 So auch *Uwe H. Schneider* DB 1993, 1909, 1914; *Lutter/Hommelhoff* GmbHG, § 43 Rn. 10; *Hommelhoff* Konzernleitungspflicht, S. 484f.

74 Der die Haftung auslösende Schaden kann dann freilich auch durch das Fehlverhalten eines Mitarbeiters ausgelöst worden sein. Vgl. *Hommelhoff* Konzernleitungspflicht, S. 485.

den einzelnen Arbeitsbereichen eingesetzten Mitarbeiter den dort an sie und ihre Tätigkeit gestellten Anforderungen jedweder Art auch gerecht zu werden in der Lage sind. Den Vorstand trifft insofern eine Pflicht zu sorgfältiger Auswahl der Mitarbeiter.[75] Das umfasst auch eine langfristige Planung und die Sicherstellung, dass geeignete Mitarbeiter stets zur Verfügung stehen. Kommt der Vorstand dem nicht nach, liegt darin eine Verletzung seiner Sorgfaltspflicht.[76] Hinzu kommt die Pflicht dafür Sorge zu tragen, dass die Mitarbeiter in ihren jeweiligen Aufgabenbereich eingewiesen werden. Ferner hat der Vorstand für eine laufende Überwachung der Mitarbeiter zu sorgen.[77] Dabei geht es hier nicht um Überwachung im Sinne einer Früherkennung von Risiken. Davon handeln die Überlegungen oben zu § 91 Abs. 2 AktG. Vielmehr ist Teil dieser allgemeinen Überwachungspflicht die Sicherstellung der Rechtmäßigkeit des Mitarbeiterverhaltens.

Aus dieser umfassenden Auswahl-, Einweisungs- und Überwachungspflicht folgt schließlich die Pflicht, für die ständige Fortbildung der Mitarbeiter zu sorgen.[78] Denn die Einhaltung der für das Unternehmen maßgeblichen Rechtsvorschriften setzt voraus, dass diese und ihre Änderungen den Mitarbeitern stets aktuell bekannt sind. Die Kosten, welche bei der Auswahl, Überwachung und Schulung der Mitarbeiter entstehen, sind keine Verluste der Gesellschaft und keine pflichtwidrige Verwendung von Gesellschaftsvermögen.[79] Im Gegenteil bedeutete es eine sträfliche Vernachlässigung seiner Sorgfaltspflicht, wenn der Vorstand diesen Bereich finanziell erheblich benachteiligen würde.

Auch bestausgesuchte und bestgeschulte Mitarbeiter können sich fehlerhaft verhalten. Daher kann es in Auswahl, Schulung und Überwachung sein Bewenden nicht haben. Den Vorstand treffen auch präventive Organisationspflichten zur Vermeidung von sorgfalts- und rechtswidrigen Verhaltensweisen der Mitarbeiter.[80] Dazu hat er die nach den konkreten Umständen erforderlichen organisatorischen Maßnahmen zu ergreifen. Welche Vorkehrungen er treffen muss, liegt dabei in seinem unternehmerischen Ermessen. Dies richtet sich in erster Linie nach der Branche, dem Grad der Manipulations-

---

75 *Uwe H. Schneider* DB 1993, 1909, 1914.

76 *Abeltshauser* Leitungshaftung im Kapitalgesellschaftsrecht, S. 220.

77 *Uwe H. Schneider* DB 1993, 1909, 1914. Vgl. auch zum US-amerikanischen Recht *Abeltshauser* Leitungshaftung im Kapitalgesellschaftsrecht, S. 89ff.

78 *Uwe H. Schneider* DB 1993, 1909, 1914.

79 Eine hierauf gestützte Schadenersatzklage wegen unsorgfältiger Unternehmensorganisation gegen die verantwortlichen Unternehmensleiter kommt also nicht in Betracht. Der Umfang der für diesen Bereich aufgewendeten Kosten liegt vielmehr im weiten unternehmerischen Ermessen des Vorstands.

80 Vgl. *Abeltshauser* Leitungshaftung im Kapitalgesellschaftsrecht, S. 222.

anfälligkeit der verschiedenen Tätigkeitsbereiche bzw. ganz generell nach der Anfälligkeit für Fehlverhalten im betrachteten Einzelfall unternehmerischer Tätigkeit.

2. Besonderheit im Wertpapierdienstleistungsbereich

Gerade im Bankgewerbe und im Wertpapierdienstleistungsbereich besteht eine erhöhte Manipulationsanfälligkeit für kriminelle Verhaltensweisen.[81] Das reicht vom Devisenhandel über die Geldwäsche bis hin zu den hier vor allem interessierenden Verstößen gegen das WpHG, also etwa den Insiderhandel. Damit stellt sich die Frage, ob in diesem Bereich erhöhte Anforderungen an die Sorgfaltspflicht der Mitglieder des Leitungsorgans zu stellen sind. Der US-amerikanische Supreme Court hat dies für die Überwachungspflicht des board of directors im Hinblick auf die ordnungsgemäße Organisation eines unternehmensinternen Kontrollsystems zwar abgelehnt. Das heißt die primär überwachenden directors hatten bei der Überwachung der das tägliche Geschäft führenden officers nur die allgemeine gesellschaftsrechtliche Sorgfaltspflicht zu beachten.[82] Allerdings wurde von einigen Mitgliedern des Supreme Court in einem Sondervotum (dissenting opinion) die Ansicht vertreten, dass gerade im Bankbereich verschärfte Anforderungen an die Sorgfaltspflicht von Unternehmensleitern zu stellen sind.[83] Ebenso argumentierten weitere US-amerikanische Gerichte.[84] Für das deutsche Recht findet sich der Hinweis, dass im Devisenhandel mit „besonderer Intensität" Betriebsabläufe zu kontrollieren sind.[85] Ob darin eine Verschärfung der allgemeinen Sorgfaltspflicht zu sehen sein soll, die sich gar zu speziellen Organisationspflichten über das Maß des Üblichen hinaus verdichtet, wird indessen nicht deutlich.

Allerdings müssen im Bereich der Bankgeschäfte und der Erbringung von Wertpapierdienstleistungen hohe Anforderungen an die Sorgfaltspflichten der Leitungsorgane gestellt werden. Das wird schon daran deutlich, dass etwa zum Vorstandsmitglied einer Bank nur bestellt werden kann, wer eine

---

81 Die hier angestellten Überlegungen gelten dabei unabhängig von der Frage, ob Mitarbeiter zu ihren eigenen Gunsten oder zu Gunsten ihres Unternehmens Straftaten begehen, für alle strafrechtlich relevanten Verhaltensweisen.

82 141 US 132 (1982) *„Briggs v. Spaulding"*. Zitiert nach *Abeltshauser* Leitungshaftung im Kapitalgesellschaftsrecht, S. 89 mit Fn. 164.

83 Nachweise bei *Abeltshauser* Leitungshaftung im Kapitalgesellschaftsrecht, S. 90 mit Fn. 167.

84 Vgl. näher und mit weiteren Nachweisen *Abeltshauser* Leitungshaftung im Kapitalgesellschaftsrecht, S. 91 f.

85 *Mertens* in: Kölner Kommentar zum Aktiengesetz, § 93 Rn. 46.

dreijährige leitende Tätigkeit bei einem Kreditinstitut von vergleichbarer Größe und Geschäftsart nachgewiesen hat, § 33 Abs. 2 KWG.[86] Doch wurde oben auch festgestellt, dass sich die Anforderungen an die Sorgfaltspflicht nach der Branche und den auszuführenden Tätigkeiten richten. Insofern handelt es sich nicht um höhere Anforderungen an die Sorgfaltspflicht von Unternehmensleitern von Wertpapierdienstleistungsunternehmen, als sie bei „normalen" Unternehmen zu verlangen sind. Vielmehr geht es um die branchenüblich zu beachtende Sorgfalt in der konkreten Situation des Unternehmens und seiner Bereiche. Nichts anderes gilt nämlich für Unternehmen, die in anderen sensiblen Geschäftsfeldern sich wirtschaftlich betätigen, etwa in ökologisch sensiblen Bereichen.

3. Rechtspflicht zu Compliancemaßnahmen?

Die vorstehenden Ausführungen zeigen, dass der Vorstand einer Aktiengesellschaft nach den allgemeinen Grundsätzen der Führungsverantwortung als Teil seiner Sorgfaltspflicht aus § 93 Abs. 1 Satz 1 AktG verpflichtet ist, geeignete Mitarbeiter auszusuchen, diese für die ihnen übertragenen Aufgaben zu schulen und mit den das Unternehmen betreffenden Rechtsvorschriften jeweils aktuell vertraut zu machen. Die dazu erforderlichen organisatorischen Maßnahmen sind in das unternehmerische Ermessen des Vorstands gestellt. Die für spezielle Compliance-Systeme entwickelten organisatorischen Bausteine, wie etwa die Ausgabe jeweils zu aktualisierender Handbücher mit detaillierter Niederlegung der geltenden Rechtslage, sind zur Erfüllung dieser Pflichten zwar geeignet. Insofern können sie jedem Unternehmen als ein mögliches organisatorisches Element empfohlen werden. Eine Rechtspflicht zu konkreten Maßnahmen lässt sich aus dieser Ausprägung der allgemeinen Sorgfaltspflicht hingegen nicht ableiten. Der Vorstand ist also nicht verpflichtet Compliance-Maßnahmen zu ergreifen, wie sie oben beschrieben worden sind und wie sie die BAFin in ihrer Compliance-Richtlinie[87] für Wertpapierdienstleistungsunternehmen als Adressaten des WpHG vorgibt. Entscheidend ist nach § 93 Abs. 1 Satz 1 AktG vielmehr das Ergebnis, also dass ein Fehlverhalten der Mitarbeiter letztlich vermieden wird.

---

86 Dazu auch *Zerwas/Hanten* BB 1998, 2481.

87 Richtlinie zur Konkretisierung der Organisationspflichten von Wertpapierdienstleistungsunternehmen gemäß § 33 Abs. 1 WpHG vom 25. Oktober 1999, Bundesanzeiger Nr. 210 vom 6. November 1999, S. 18453.

F. Beachtung der Regeln einer sorgfältigen Unternehmensleitung

Die Pflicht zu einer compliance-spezifischen Unternehmensorganisation könnte sich bereits aus dem allgemeinen, anhand der tatsächlichen Geschäftstätigkeit des Unternehmens konkretisierten Sorgfaltsmaßstab gemäß § 93 Abs. 1 Satz 1 AktG ergeben. Bereits nach früherem Recht, das heißt vor dem In-Kraft-Treten des WpHG, waren die Organmitglieder gemäß ihrer aus § 93 Abs. 1 Satz 1 AktG fließenden Sorgfaltspflicht für ein kapitalmarktrechtliches Wohlverhalten der Gesellschaft verantwortlich.[88]

I. Allgemeines

Nach den Regeln einer sorgfältigen Unternehmensleitung[89] hat der Vorstand ganz allgemein formuliert, den Vorteil der Gesellschaft zu wahren und Schaden von ihr abzuwenden. Hierzu zählt auch die oben im Rahmen der Gesetzmäßigkeit der Leitung betrachtete Pflicht zur Beachtung aller für die Gesellschaft maßgeblichen Rechtsnormen. Denn die Verletzung von an die Gesellschaft gerichteten Rechtsvorschriften kann zu erheblichen materiellen und ideellen Schäden führen.[90] Das gilt auch und ganz besonders für die Einhaltung der hier im Mittelpunkt stehenden Vorschriften des WpHG und die in ihnen normierten sensiblen Bereiche des Kapitalmarktrechts. Bei der Wahrnehmung seiner Leitungsverantwortung hat der Vorstand die methodischen Grundregeln ordnungsgemäßer Unternehmensführung zu beachten, wobei er jedoch die praktisch erprobten bzw. gerade modernen Managementmethoden nicht zwingend zur Maßgabe des Handelns zu machen hat. Vielmehr handelt es sich hier um unverbindliche Handlungsanweisungen.[91] Das bedeutet für den Vorstand, dass ein weites Ermessen bei der Unter-

88 Vgl. die kurzen Andeutungen bei *Hopt* ZGR 1991, 17, 67f.; *Horn* ZHR 136 (1972) 269, 387 in Fn. 71; *Mertens* in: Kölner Kommentar zum Aktiengesetz, § 93 Rn. 42; *Schwark* ZGR 1976, 271, 304.

89 Andere sprechen von der Pflicht zur Beachtung der Grundregeln ordnungsgemäßer Unternehmensführung, Scholz/*Uwe H. Schneider* GmbHG, § 43 Rn. 70ff. oder dem Gebot zur ordnungsgemäßen Organisation der Gesellschaft, *Lutter* GmbHR 2000, 301, 304.

90 BGHZ 21, 354, 357; *Mertens* in: Kölner Kommentar zum Aktiengesetz, § 93 Rn. 45.

91 Rowedder/*Koppensteiner* GmbHG, § 43 Rn. 15; Scholz/*Uwe H. Schneider* GmbHG, § 43 Rn. 70: kein *normativer Charakter* praktisch erprobter Managementmethoden.

nehmensleitung besteht, welches durch bestimmte Grundregeln ordnungsgemäßer Unternehmensführung begrenzt und damit inhaltlich konkretisiert wird, jedoch nicht völlig aufgehoben ist.

Für unseren Zusammenhang bedeutet dies danach zu fragen, wie der Vorstand seine Pflicht zur Vermeidung von WpHG-Verstößen im Unternehmen zu erfüllen hat, welche konkreten inhaltlichen Vorgaben für seine Geschäftsführung im Hinblick auf die Unternehmensorganisation aufzustellen sind. Es geht um die Frage, *wie* der Vorstand die Einhaltung der einschlägigen Rechtsnormen zu gewährleisten hat, mithin um die inhaltliche Konkretisierung der vorstehend betrachteten Organisationspflicht zur Sorge für ein rechtmäßiges, das heißt WpHG-kongruentes Außenverhalten der Gesellschaft.

II. Präventiv schadensmindernde Organisation

Das Unternehmen muss so organisiert sein, dass Verstöße gegen die kapitalmarktrechtlichen Vorschriften des WpHG vermieden werden. Im Groben ist zwischen Verstößen durch Mitarbeiter des Unternehmens und durch das Unternehmen selbst zu unterscheiden.[92] Doch muss hierbei beachtet werden, dass es bei Nicht-Wertpapierdienstleistungsunternehmen im Unterschied zu Wertpapierdienstleistungsunternehmen für Verstöße gegen das WpHG wesentlich weniger – wenngleich im Konfliktfall möglicherweise nicht weniger schwer wiegende – Anfälligkeiten gibt. Es geht hier vielmehr um die Vermeidung der unbefugten Weitergabe von Insiderinformationen und etwa die ordnungsgemäße Erfüllung der Meldepflichten[93] als um die Vermeidung von Interessenkonflikten.

---

92 *Grohnert* Rechtliche Grundlagen einer Compliance-Organisation und ausgewählte Fragen der Umsetzung, S. 80.

93 So wird etwa die nach § 15 WpHG bestehende Pflicht zur unverzüglichen Veröffentlichung von kursrelevanten Tatsachen, die der Allgemeinheit nicht bekannt sind, ad hoc – Mitteilungen, häufig auch mißbraucht (vgl. F.A.Z. Nr. 172 vom 28. 7. 1999, S. 27 und Nr. 186 vom 13. 8. 1999, S. 25). Es werden offensichtlich nicht kursrelevante Tatsachen oder solche, die der Allgemeinheit längst bekannt sind, bekanntgegeben. Als veröffentlichungspflichtige Tatsachen getarnt werden Meinungsäußerungen oder auch einfach nur Werbezwecken dienende Informationen mitgeteilt. Das kann dazu führen, dass ad hoc-Mitteilungen, die eigentlich der Information des Kapitalmarktes und der Vermeidung von auf Informationsdefiziten beruhenden Börsenpreisen dienen sollen, von den Marktteilnehmern nicht mehr ernst genommen werden.

Für Nicht-Wertpapierdienstleistungsunternehmen bedeutet dies, dass der Vorstand zur Erfüllung der aus dem WpHG fließenden Pflichten nicht gehalten ist, spezielle Compliance-Maßnahmen zu ergreifen.[94]

Grohnert gelangt über die Untersuchung der verschiedenen, vom Vorstand bei Wahrnehmung seiner Leitungsverantwortung zu beachtenden Interessen von Aktionären, Arbeitnehmern und der Allgemeinheit zu einer Pflicht zur Schaffung von risiko- und schadensmindernden Betriebsstrukturen mit genau vorgegebenen organisatorischen Elementen wie etwa der Abschirmung verschiedener Mitarbeiterbereiche zur Steuerung des Informationsflusses. Die genannten Interessen grenzen danach das Leitungsermessen des Vorstands ein bzw. konkretisieren dieses zu der vorgenannten Organisationspflicht.[95]

Daran ist richtig, dass der Vorstand bei der Leitung des Unternehmens Aktionärs-, Gläubiger-, Mitarbeiter- und weitere Interessen in seine Entscheidungsfindung mit einzubeziehen hat. Sein grundsätzlich bestehendes unternehmerisches Ermessen hat sich also auch an Drittinteressen zu orientieren. Dennoch besteht keine derart zu einer Organisationspflicht verdichtete Sorgfaltspflicht. Denn für eine solche Einschränkung des im Rahmen des Leitungsermessens ebenfalls zu beachtenden grundsätzlich weiten Organisationsermessens fehlt es an einer Rechtsgrundlage. Eine ausdrückliche Pflicht ist nirgends vorgeschrieben. Vielmehr hat der Vorstand im Rahmen seiner allgemeinen gesellschaftsrechtlichen Sorgfaltspflicht sicherzustellen, dass z. B. die kursrelevanten Informationen über das Unternehmen als Ad Hoc-Mitteilung gemäß § 15 WpHG unverzüglich veröffentlicht werden. Ebenso hat er dafür Sorge zu tragen, dass die Mitarbeiter mit ihnen bekannt werdenden Insidertatsachen keine gemäß § 14 WpHG verbotenen Geschäfte betreiben. Zwar ist jeder Mitarbeiter als Insider im Sinne des WpHG selbst strafrechtlich verantwortlich. Der „private" Insiderverstoß eines nachgeordneten Mitarbeiters wird dem Leitungsorgan also nicht zugerechnet. In erster Linie ist dies damit ein Problem des gegen das Insiderverbot verstoßenden Mitarbeiters.

Jedoch hat der Vorstand die Interessen seiner Gesellschaft und ihrer Aktionäre zu wahren. Kommt es etwa in einem Unternehmen durch die eigenen Mitarbeiter zu Insidergeschäften in Aktien des Unternehmens, so kann dies für das öffentliche Ansehen der Gesellschaft fatale Folgen haben. Öffentlich bekannte Insiderverfehlungen können sich sehr stark auf den

---

94 *Grohnert* Rechtliche Grundlagen einer Compliance-Organisation und ausgewählte Fragen der Umsetzung, S. 66ff.

95 *Grohnert* Rechtliche Grundlagen einer Compliance-Organisation und ausgewählte Fragen der Umsetzung, S. 66.

Aktienkurs der betroffenen Gesellschaft auswirken. Das wurde bereits oben anhand von Studien gezeigt.[96] Besonders Verstöße gegen das Kapitalmarktrecht sind äußerst kurssensibel, weil dadurch das Vertrauen in den Kapitalmarkt erschüttert wird und dieser zum Teil jedes kleine Gerücht mit starken Schwankungen an der Börse begleitet. Solchem Vertrauensverlust vorzubeugen ist die Pflicht des Vorstands. Insofern obliegt es ihm, durch organisatorische Maßnahmen präventiv möglichen Rechtsverletzungen vorzubeugen.

Wie er dieser Pflicht im Einzelfall nachkommt, bleibt jedoch für den Vorstand eines Nicht-Wertpapierdienstleistungsunternehmens in sein unternehmerisches Ermessen gestellt und wird im Konfliktfall nach diesen Maßstäben zu beurteilen sein. Spezielle Compliance-Pflichten bestehen nicht.

G. Zusammenfassung

Gemäß § 93 Abs. 1 Satz 1 AktG obliegt dem Vorstand einer Aktiengesellschaft bei deren Leitung die „Sorgfalt eines ordentlichen und gewissenhaften Geschäftsleiters". Diese Generalklausel ist durch konkret gefasste Pflichten mit Inhalt zu füllen. Keine der in Frage kommenden und hier untersuchten Teilpflichten verlangt vom Vorstand über das übliche Maß hinausgehende organisatorische Maßnahmen zur Sicherstellung eines kapitalmarktgerechten Verhaltens der Gesellschaft. Für eine § 33 Abs. 1 WpHG entsprechende Pflicht für Nicht-Wertpapierdienstleistungsunternehmen fehlt es an einer gesellschaftsrechtlichen Grundlage. Bei der Leitung des Unternehmens hat der Vorstand vielmehr ein weites unternehmerisches Ermessen. Entscheidend ist damit, dass es in dem Unternehmen zu keinen Rechtsverstößen kommt. Die dazu erforderlichen Maßnahmen hat der Vorstand nach eigenem Ermessen bei Beachtung der für Branche und Tätigkeit effektivsten Ausprägung zu ergreifen. Dabei hat er sich allerdings an den Grundregeln ordnungsgemäßer Unternehmensführung und rechtmäßiger Unternehmensorganisation zu orientieren. Lediglich für den Fall der Insidereigenschaft einer Gesellschaft ist diese Adressat des WpHG und damit trifft den Vorstand die Pflicht, für die Beachtung der WpHG-Normen zu sorgen, wie sie § 33 Abs. 1 WpHG speziell für Wertpapierdienstleistungsunternehmen vorschreibt. In diesem Fall kommt es zu einer Verdichtung der Sorgfaltspflicht in eine spezielle Organisationspflicht.

---

96 Siehe oben S. 1 und *Torabzadeh/Davidson/Assar* (8) Journal of Business Ethics 1989, 299ff.

Davon geht offensichtlich auch die BAFin in ihrer Compliance-Richtlinie[97] aus. Besondere Maßnahmen und Instrumente zur Erfüllung der Organisationspflichten (des WpHG) haben gemäß der Vorbemerkung zu Teil 3 der Compliance-Richtlinie nur solche Wertpapierdienstleistungsunternehmen zu ergreifen, die über Informationen mit Bezug zu compliance-relevanten Tatsachen, das heißt Insidertatsachen gemäß § 13 WpHG und Tatsachen gemäß § 15 WpHG verfügen. Solche Wertpapierdienstleistungsunternehmen, die in der Regel nicht über compliance-relevante Informationen verfügen, haben im Rahmen ihrer „allgemeinen Organisationspflichten" geeignete Maßnahmen für den Fall vorzusehen, dass sie in Einzelfällen doch einmal solche Informationen erlangen. Hier hält die BAFin eine zeitnahe ex-post Kontrolle für geeignet. Nach Auffassung der BAFin ist damit im Grundsatz nicht einmal jedes Wertpapierdienstleistungsunternehmen im Sinne des WpHG von vornherein zur Einführung von speziellen Organisationselementen eines Compliance-Systems verpflichtet.

H. Inhalt und Wahrnehmung der Compliance-Pflichten

I. Keine gesetzliche Konkretisierung

§ 33 Abs. 1 Nr. 2 und 3 WpHG schreiben vor, die Organisation eines Wertpapierdienstleistungsunternehmens so zu gestalten, dass Interessenkonflikte vermieden werden und angemessene interne Kontrollverfahren vorhanden sind. Darin liegt eine Einschränkung des Leitungsermessens im Hinblick auf die unternehmensinterne Organisation. Denn dem Vorstand eines Wertpapierdienstleistungsunternehmens sind nunmehr bei der Gestaltung einer für das konkrete Unternehmen zweckmäßigen und effektiven Organisation bestimmte Organisationselemente der Informationssteuerung und der Kontrolle vorgegeben. Das weicht erheblich von der gerade untersuchten Rechtslage nach dem allgemeinen Gesellschaftsrecht ab, nach der ein weites unternehmerisches Ermessen des Leitungsorgans bei der Unternehmensorganisation besteht.

Das WpHG statuiert allein die Organisationspflicht, ohne jedoch weitere inhaltliche Vorgaben zu machen.[98] Damit stellt sich die Frage, wie die inhalt-

---

97 Richtlinie zur Konkretisierung der Organisationspflichten von Wertpapierdienstleistungsunternehmen gemäß § 33 Abs. 1 WpHG vom 25. Oktober 1999, Bundesanzeiger Nr. 210 vom 6. November 1999, S. 18453.

98 Aus diesem Grund kann § 33 Abs. 1 WpHG auch nicht als Schutzgesetz im Sinne von § 823 Abs. 2 BGB qualifiziert werden. Die Allgemeinheit der in § 33 Abs. 1

liche Umsetzung in der Praxis zu erfolgen hat. Wie für alle Organisationspflichten gilt: Der unbestimmte Rechtsbegriff einer „angemessenen Organisation" ist für die praktische Anwendung zu konkretisieren. Es kommt dabei entscheidend darauf an, welchen Sinn und Zweck der Gesetzgeber mit der Verpflichtung auf eine entsprechende unternehmensinterne Organisation verfolgt. Bei § 33 Abs. 1 WpHG kommt die gemeinschaftsrechtliche Herkunft der Norm hinzu.[99] Der Vorstand ist gehalten, die Unternehmenstätigkeit so zu organisieren, dass der Normzweck erreicht wird.[100]

II. Konkretisierende Compliance-Richtlinie der BAFin

1. Grundsätzlich unverbindliche Orientierungshilfe

Für die inhaltliche Konkretisierung bietet die Compliance-Richtlinie der BAFin[101] eine Orientierungshilfe. In ihr erläutert die BAFin den Inhalt der sich aus § 33 Abs. 1 WpHG ergebenden Organisationspflichten. Die vom Präsidenten des Bundesaufsichtsamtes als Behördenleiter erlassene Richtlinie ist eine Verwaltungsvorschrift.[102] Damit richtet sich die Compliance-Richtlinie verwaltungsrechtlich an die nachgeordneten Mitarbeiter des Amtes. Diesen wird eine Interpretationshilfe zur Auslegung des WpHG bei der Prüfung der Wertpapierdienstleistungsunternehmen im Rahmen der Missstandsaufsicht (§ 4 Abs. 1 WpHG) an die Hand gegeben und somit wird eine einheitliche Anwendung des Wertpapierhandelsgesetzes gewährleistet.[103] Direkte Adressaten sind daher nicht die Wertpapierdienstleistungsunternehmen selbst. Insofern ist es zumindest ungenau, wenn im Zusammenhang mit der Compliance-Richtlinie häufig von „Normadressaten" gesprochen wird oder

---

WpHG statuierten Organisationspflichten und ihr unbestimmter Inhalt können keine einzelnen Rechte jedes einzelnen Anlegers begründen.

99 Zur Auslegung der kapitalmarktrechtlichen Verhaltens- und Organisationspflichten als angeglichenem Recht vgl. oben S. 60ff.

100 *Uwe H. Schneider* ZGR 1996, 225, 231. Vgl. auch *Claussen* ZBB 1992, 267, 273; *Cramer* in: Karlsruher Kommentar zum OWiG, § 130 Rn. 46ff.; *Tiedemann* in: Immenga/Mestmäcker, Kommentar zum GWB, 1992, Vor § 38 Rn. 53ff.

101 Richtlinie zur Konkretisierung der Organisationspflichten von Wertpapierdienstleistungsunternehmen gemäß § 33 Abs. 1 WpHG vom 25. Oktober 1999, Bundesanzeiger Nr. 210 vom 6. November 1999, S. 18453.

102 Entgegen der der ganz herrschenden Ansicht handelt es sich bei der Compliance-Richtlinie um eine normkonkretisierende Verwaltungsvorschrift. Das ist oben ausführlich dargelegt worden, S. 39ff.

103 Statt vieler *Maurer* Allgemeines Verwaltungsrecht, § 24 Rn. 1.

davon, sie „normiere“ bestimmte Standards.[104] An die Wertpapierdienstleistungsunternehmen adressiert nur das Gesetz mit § 33 Abs. 1 WpHG. Ein Blick in die Gesetzgebungsmaterialen bestätigt dies, denn danach handelt es sich bei den aufsichtsbehördlichen Richtlinien „nicht um Rechtsnormen oder Verwaltungsakte, so dass an ihre Nichtbeachtung keine umittelbaren Rechtsfolgen geknüpft werden können“.[105]

2. *Pflicht zur sorgfältigen Unternehmensleitung*

Dennoch genießen die Richtlinien in der Praxis der Wertpapierdienstleistungsunternehmen natürlich eine gesteigerte Aufmerksamkeit. Die BAFin prüft alle Wertpapierdienstleistungsunternehmen bzw. lässt sie durch beauftragte Wirtschaftsprüfungsunternehmen prüfen. Dabei erfolgt die Beurteilung, ob die Organisation des Unternehmens im Regelfall den Anforderungen an die Organisationspflichten gemäß § 33 Abs. 1 WpHG genügt, anhand der in der Richtlinie vorgegebenen Kriterien. Zudem entfaltet die Richtlinie nach der hier vertretenen Auffassung als normkonkretisierende Verwaltungsvorschrift Bindungswirkung gegenüber den normauslegenden Gerichten. Auch im Konfliktfall sind somit die von der BAFin – wohlgemerkt in Zusammenarbeit mit den in § 35 Abs. 6 genannten Beteiligten – aufgestellten Kriterien zur Konkretisierung von § 33 Abs. 1 WpHG maßgeblich. All dies muss bei der Unternehmensorganisation nach Compliance-Gesichtspunkten bedacht werden. Infolge einer Nichtbeachtung käme es zu Anordnungen der BAFin im Rahmen ihrer Missstandsaufsicht (§ 4 Abs. 2 WpHG) an das entsprechende Wertpapierdienstleistungsunternehmen, den Missstand zu beseitigen und eine compliance-gerechte Organisation zu schaffen. Kommt es jedoch erst einmal zu einer solchen Maßnahme der BAFin, wäre dies in der Öffentlichkeitswirkung vergleichbar mit einem Verstoß gegen die zentralen Verbote des WpHG. Das Vertrauen des Kapitalmarkts kann auch durch eine mangelhafte Unternehmensorganisation erschüttert werden.

---

104 Exemplarisch etwa *Jütten* Die Bank 1999, 126, 127. Zu dieser Lesart trägt auch die BAFin bei, wenn es in dem Begleitschreiben (des früheren BAWe) zu der Compliance-Richtlinie vom 1. 11. 1999 heißt „Adressaten der Richtlinie sind Wertpapierdienstleistungsunternehmen …“; weiter unten im Text heißt es dann allerdings korrekt: „Die Richtlinie teilt den Wertpapierdienstleistungsunternehmen mit, wie das BAWe seinen Beurteilungsspielraum … ausüben wird.“ Das Begleitschreiben ist auf der Homepage der BAFin unter www.bafin.de abrufbar. Ähnlich wie hier wohl *Bergles* ZBB 2000, 140.

105 Beschlussempfehlung und Bericht des Finanzausschusses des Deutschen Bundestages, BT-Drucks. 12/7918, S. 106.

Das bedeutet: Es gehört zu der – aus der allgemeinen Sorgfaltspflicht abgeleiteten – Pflicht zu einer sorgfältigen Unternehmensleitung,[106] dass sich der Vorstand bei der Implementierung eines Compliance-Systems an der Compliance-Richtlinie der BAFin orientiert.[107] Die von der beaufsichtigenden Behörde zur Kenntnis gebrachten Prüfungsstandards nicht einzuhalten, stellt mithin einen Sorgfaltspflichtverstoß dar. Im Ergebnis konkretisiert die Compliance-Richtlinie damit das Leitungsermessen des Vorstands, ohne jedoch direkt an die Gesellschaft oder das Leitungsorgan gerichtet zu sein.

III. Anforderungen an Wertpapierdienstleistungsunternehmen

1. Institutsspezifische Unterschiede

Es ist bereits mehrfach festgestellt worden: Ein für alle Wertpapierdienstleistungsunternehmen in der Praxis verwendbares und einheitliches Anforderungsprofil für ein Compliance-System wird es nicht geben (können). Vielmehr richten sich die an eine effektive und effiziente Organisation zu stellenden Anforderungen nach der Größe und der konkreten Geschäftstätigkeit des Unternehmens.[108] Davon geht auch die BAFin in ihrer Compliance-Richtlinie aus. In Nr. 2.1 heißt es: „Die Angemessenheit der Umsetzung der … Organisationspflichten ergibt sich aus einer Gesamtbetrachtung … unter Berücksichtigung von Größe, Geschäftstätigkeit und Struktur des Wertpapierdienstleistungsunternehmens." Im Übrigen darf die Implementation eines Compliance-Systems nicht dazu führen, dass das Wertpapierdienstleistungsunternehmen in seiner Geschäftstätigkeit über das gebotene Maß hinaus beschränkt wird. Die oben beschriebenen Compliance-Elemente bedeuten jedes für sich eine Einschränkung des effektiven Wirtschaftens. Die unter wirtschaftlichen Gesichtspunkten organisatorisch gebotene Flexibilität wird dadurch zum Teil erheblich eingeschränkt. In der Compliance-Richtlinie der BAFin wird genau dies berücksichtigt. Sie ist bewusst so gefasst, dass die unterschiedlichen Gegebenheiten jedes einzelnen Unternehmens

---

106 Dazu näher oben S. 137ff.

107 Vgl. auch Begründung zum Regierungsentwurf eines Gesetzes zur Umsetzung von EG-Richtlinien zur Harmonisierung bank- und wertpapieraufsichtsrechtlicher Vorschriften, BT-Drucks. 13/7142, S. 87; *Eyles* WM 2000, 1217, 1227. Zu den ähnlichen Fällen einer umweltschutzgerechten Organisation und zur Einrichtung eines Umweltschutzmanagementsystems Hachenburg/*Mertens* GmbHG, § 43 Rn. 25; ähnlich früher schon *ders.* in: Kölner Kommentar zum Aktiengesetz, § 93 Rn. 46.

108 *Bergles* ZBB 2000, 140; *Eisele* in: Schimansky/Bunte/Lwowski, Bankrechts-Handbuch, § 109 Rn. 49ff.; *Jütten* Die Bank 1999, 126, 127.

bedacht und einbezogen werden können und sie bietet hinreichend Flexibilität zur Anpassung an veränderte Marktbedingungen.[109]

Dennoch lassen sich einige allgemeine Anforderungen formulieren sowie die in einem größeren Wertpapierdienstleistungsunternehmen im Regelfall einzusetzenden Compliance-Instrumente benennen. Besonderes Augenmerk liegt dabei auf der jedenfalls einzurichtenen zentralen Compliance-Abteilung.[110]

Schließlich ist festzuhalten, dass die oben für Nicht-Wertpapierdienstleistungsunternehmen herausgearbeiteten Standards ordnungsgemäßer Unternehmensorganisation auch für Wertpapierdienstleistungsunternehmen gelten. Auch den Vorstand eines in der Rechtsform einer Aktiengesellschaft organisierten Wertpapierdienstleistungsunternehmens, trifft etwa im Hinblick auf die Mitarbeiter zunächst eine allgemeine Auswahl-, Schulungs- und Überwachungspflicht. Auch er ist grundsätzlich zu einer präventiv schadensmindernden Organisation verpflichtet und hat für die Beachtung der für das Unternehmen maßgeblichen Rechtsvorschriften zu sorgen. Bei der Erfüllung dieser Pflichten sind dem Leitungsorgan eines Wertpapierdienstleistungsunternehmens aber von vornherein bestimmte Eckpunkte vorgegeben.

2. Allgemeine Anforderungen

Zunächst haben Wertpapierdienstleistungsunternehmen ganz allgemein eine ihrer Struktur und Geschäftstätigkeit entsprechende Aufbau- und Ablauforganisation zu gewährleisten. Dazu gehört, was das Gesetz in § 33 Abs. 1 Nr. 1 WpHG mit der Pflicht meint, „die für eine ordnungsgemäße Wertpapierdienstleistung und Wertpapiernebendienstleistung notwendigen Mittel und Verfahren vorzuhalten und wirksam einzusetzen“. Insbesondere sind nach der Compliance-Richtlinie Vorkehrungen zu treffen, um bei Systemausfällen und -störungen Verzögerungen bei der Ausführung des Kundenauftrags zu vermeiden. Dazu zählt ferner, stets geeignete Mitarbeiter mit der erforderlichen Sachkenntnis, Sorgfalt und Gewissenhaftigkeit einzusetzen sowie nicht zuletzt für den Umgang mit Beschwerden gerüstet zu sein. Welche konkreten Vorkehrungen tatsächlich getroffen werden, obliegt nach Nr. 2.1 Compliance-Richtlinie der Verantwortlichkeit des Unternehmens und damit dem Leitungsermessen des Leitungsorgans.

---

109 Vgl. Begleitschreiben des BAWe zur Compliance-Richtlinie vom 1. 11. 1999. Das Begleitschreiben ist auf der Homepage der BAFin unter www.bafin.de abrufbar.

110 Dazu sogleich.

Bei der Unternehmensorganisation entsprechend der Struktur und Geschäftstätigkeit sind die Größe des Unternehmens, seine Produktpalette sowie die angesprochenen Zielgruppen von entscheidender Bedeutung.[111] Dabei muss in jedem Wertpapierdienstleistungsunternehmen, das heißt auch in kleineren Unternehmen, zumindest eine Basis-Compliance vorhanden sein. Unternehmen, die mit compliance-relevanten Informationen kaum in Berührung kommen, können sich zwar auf einige wenige organisatorische Maßnahmen beschränken.[112] Diese aber haben sie zu gewährleisten. Von besonderer Bedeutung ist es etwa sicherzustellen, dass sämtliche Anforderungen an die Mitarbeitergeschäfte entsprechend den Verhaltensregeln nach der gemeinsamen Bekanntmachung des Bundesaufsichtsamtes für das Kreditwesen und des BAWe über Mitarbeitergeschäfte[113] eingehalten werden, Nr. 2.1 und Nr. 4.1 der Compliance-Richtlinie. Hier ist eine wesentliche Aufgabe von Compliance die laufende Überwachung der Geschäfte der Mitarbeiter zur Vermeidung von Interessenkonflikten und verbotenen Insiderhandels.[114] Zudem fordert Teil C. I. der Bekanntmachung über Mitarbeitergeschäfte, dass die Einhaltung der Leitsätze von einer unabhängigen Stelle laufend kontrolliert werden soll.

3. Besondere Maßnahmen und Instrumente zur Erfüllung der Organisationspflichten

a) Besonders verpflichtete Wertpapierdienstleistungsunternehmen

Zusätzlich zu den für alle Wertpapierdienstleistungsunternehmen geltenden allgemeinen Anforderungen haben nach Teil 3 der Compliance-Richtlinie solche Unternehmen, die in der Regel über Informationen verfügen, die sich auf compliance-relevante Tatsachen beziehen, besondere organisatorische Maßnahmen zu ergreifen, um ein kapitalmarktgerechtes Verhalten zu

---

111 *Bergles* ZBB 2000, 140.

112 *Jütten* Die Bank 1999, 126, 128.

113 Bekanntmachung des Bundesaufsichtsamtes für das Kreditwesen und des Bundesaufsichtsamtes für den Wertpapierhandel über Anforderungen an Verhaltensregeln für Mitarbeiter der Kreditinstitute und Finanzdienstleistungsinstitute in Bezug auf Mitarbeitergeschäfte vom 7.6.2000; die Bekanntmachung ist auf der Homepage der BAFin unter www.bafin.de abrufbar. Zu diesen Regelungen der Mitarbeitergeschäfte und ihrer Umsetzung in der Praxis näher *Bergles* ZBB 2000, 140ff.

114 Vgl. Teil C. I. der Bekanntmachung des BAKred und des BAWe über Mitarbeitergeschäfte. *Bergles* ZBB 2000, 140ff.

gewährleisten.[115] Damit wird der in großen Instituten bestehenden Unvermeidbarkeit von Interessenkonflikten und erhöhten Gefahr verbotenen Insiderhandels Rechnung getragen. Unter Nr. 3.1 Compliance-Richtlinie führt die BAFin Merkmale auf, bei deren Einschlägigkeit regelmäßig davon auszugehen ist, dass das betreffende Wertpapierdienstleistungsunternehmen über Informationen über compliance-relevante Tatsachen verfügt.[116] Compliance-relevante Tatsachen sind dabei die Insidertatsachen im Sinne des § 13 WpHG und Tatsachen, die zu einer ad hoc-Mitteilung nach § 15 WpHG verpflichten. Zu besonderen Maßnahmen sind damit – deutlicher formuliert – alle großen Kredit- und Finanzdienstleistungsinstitute verpflichtet.

b) Besondere Maßnahmen und Instrumente

Diese besonders verpflichteten Unternehmen haben mittels besonderer organisatorischer Elemente, das heißt insbesondere durch Konzipierung spezieller unternehmensinterner Compliance-Regelwerke, durch Personalinformation und -ausbildung, durch die Installation von Informationsbarrieren für Vertraulichkeitsbereiche (Chinese Walls) sowie durch Führung von Beobachtungs- und Stopplisten eine wirksame und effektive Compliance-Organisation zu schaffen.

---

115 Aber auch Wertpapierdienstleistungsunternehmen, die in der Regel nicht über compliance-relevante Informationen verfügen, müssen für den immer denkbaren Ausnahmefall der Kenntnis von compliance-relevanten Tatsachen vorbereitet sein. Für sie reicht es allerdings aus, wenn sie im Rahmen ihrer allgemeinen Organisationspflichten Maßnahmen für den Fall vorsehen, dass sie solche Informationen erlangen, etwa mittels einer ex-post Kontrolle.

116 Das ist nach Nr. 3. 1 Compliance-Richtlinie der Fall, wenn das Wertpapierdienstleistungsunternehmen 1) Organmitglieder und/oder Mitarbeiter hat, die Mandatsträger von Emittenten von Insiderpapieren sind, 2) selbst an der Börse handelt, 3) wiederkehrend selbst oder als Mitglied eines Emissionskonsortiums Insiderpapiere am Kapitalmarkt platziert, 4) seine Geschäftstätigkeit in den Bereichen Kommissionsgeschäfte, Eigenhandelsgeschäfte, Vermögensgeschäfte oder sonstigen (z. B. Kreditgeschäfte, Investmentbanking, M & A – Geschäfte) so ausgestaltet hat, dass hieraus wiederkehrend compliance-relevante Tatsachen resultieren können, 5) einen eigenen oder von ihm ausgelagerten Analyse-/Researchbereich unterhält, 6) eine eigene Produktentwicklung von Wertpapieren, Geldmarktinstrumenten oder Derivaten im Sinne des § 2 WpHG nebst den dazugehörigen Vertriebsaktivitäten betreibt oder 7) aus Geschäftsbeziehungen zu Unternehmen, die Wertpapiere im Sinne des WpHG emittieren, nicht nur im Einzelfall über Informationen, die sich auf compliance-relevante Tatsachen beziehen verfügt.

Die verschiedenen Elemente sind oben in ihren Grundstrukturen beschrieben worden.[117] An dieser Stelle soll lediglich noch einmal betont werden, dass bestimmte Wertpapierdienstleistungsunternehmen – das betrifft wie dargelegt vor allem die großen Kreditinstitute – gehalten sind, diese Elemente in einem „Policy Mix“ zu einem effektiven und schlagkräftigen Compliance-System zu kombinieren. Eine weitergehende Auseinandersetzung mit verschiedenen Kombinationsmöglichkeiten kann hier nicht geleistet werden, weil nur die reale Organisation des jeweiligen Instituts die strukturellen Vorgaben für die dem Einzelfall adäquate Compliance-Organisation gibt.

4. Compliance-Abteilung

Für Wertpapierdienstleistungsunternehmen, die in der Regel über Informationen verfügen, die sich auf compliance-relevante Tatsachen beziehen, also die eben unter 3a) genannten, zu besonderen Maßnahmen verpflichteten Unternehmen, fordert Nr. 4.2 Compliance-Richtlinie zur Wahrnehmung der Überwachungsaufgabe die Einrichtung einer Compliance-Stelle. Diese soll organisatorisch unabhängig von Geschäfts-, Handels- und Abwicklungsabteilung angesiedelt sein. Sie darf ausschließlich der Geschäftsleitung verantwortlich sein und ist darüber hinaus im Rahmen ihrer Aufgabenerfüllung weisungsunabhängig. Diese – sogleich näher zu beleuchtende – Compliance-Stelle hat eine angemessene Überwachungsfunktion auszuüben und die dazu erforderlichen unterstützenden Instrumentarien einzuführen. Zudem ist die Compliance-Stelle zentraler Ansprechpartner für in- und externe Stellen, wie etwa für die Beantwortung von Anfragen, welche die BAFin hinsichtlich möglicher Verstöße gegen das WpHG stellt.

IV. Offene Fragen

Es ist deutlich geworden, dass durch § 33 Abs. 1 WpHG die gesellschaftsrechtliche Organisationsfreiheit eingeschränkt wird. Offen bleibt, wie sich dies auf die Leitungsverantwortung des Leitungsorgans auswirkt. Für die Unternehmensorganisation ist das geschäftsführende Leitungsorgan zuständig, bei der Aktiengesellschaft der Vorstand. Im Falle einer mehrköpfigen Geschäftsführung bedeutet dies, dass es einer genauen Festlegung der Ver-

117 Vgl. zu den einzelnen Elementen und ihrer Wirkungsweise ausführlich oben S. 69ff.

antwortung der Geschäftsleitung bedarf. Somit stellt sich die Frage, ob alle Organmitglieder für die compliance-gerechte Organisation des Unternehmens verantwortlich zeichnen sollen oder ob dies in die Zuständigkeit eines Organmitglieds gelegt werden kann. Sollte Letzteres der Fall sein, etwa weil das Gesetz eine Gesamtverantwortung nicht zwingend verlangt, so stellt sich weiter die Frage nach der verbleibenden Verantwortlichkeit der übrigen Organmitglieder. Und schließlich ist die grundsätzliche Möglichkeit und die Reichweite einer Übertragung der Verantwortung für die Organisationspflichten auf nachgeordnete Mitarbeiter zu beleuchten. Denn in einem Wertpapierdienstleistungsunternehmen heutiger Prägung kann sich weder ein einzelnes Vorstandsmitglied noch der Gesamtvorstand ausschließlich um die interne Unternehmensorganisation kümmern. Auf diese Fragen gibt das WpHG keine Antwort.

Anders als zum Beispiel im Umweltrecht oder im Geldwäschegesetz[118] (GwG) gibt es keine gesetzlichen Anforderungen an die Organisation auf der Leitungsebene oder dieser hierarchisch nachgeordneten Ebenen.

Im Bereich des Umwelt- oder genauer: Immissionsschutzrechts findet sich eine solche Verteilung der Führungsverantwortung zum Beispiel für den Betreiber einer genehmigungsbedürftigen Anlage. Nach § 52a Abs. 1 Satz 1 BImSchG ist bei Kapitalgesellschaften, bei denen das vertretungsberechtigte Organ aus mehreren Mitgliedern besteht, der zuständigen Behörde anzuzeigen, wer von den Mitgliedern nach den Bestimmungen über die Geschäftsführungsbefugnis die Pflichten des Betreibers der genehmigungsbedürftigen Anlage nach dem BImSchG wahrnimmt. Nach § 52a Abs. 1 Satz 2 BImSchG bleibt es allerdings grundsätzlich bei der gesellschaftrechtlichen Gesamtverantwortung aller Organmitglieder. Aber auch im Bereich des Wirtschaftsrechts gibt es ähnliche Regelungen. Nach § 14 Abs. 2 Nr. 1 GwG haben die Adressaten dieser Bestimmung, also etwa jedes Kreditinstitut, eine leitende Person zum Geldwäschebeauftragten zu bestellen. Dieser ist für sämtliche Angelegenheiten zur Einhaltung des Geldwäschegesetzes innerhalb des Instituts zuständig. Dazu hat er insbesondere durch organisatorische Vorkehrungen zu gewährleisten, dass bei Verdachtsmeldungen die erforderlichen Untersuchungen durch ihn selbst oder Mitarbeiter erfolgen können.[119]

Im WpHG findet sich keine § 14 Abs. 2 Nr. 1 GwG entsprechende Regelung. Damit richtet sich die Verantwortlichkeit für die Wahrnehmung der Organisationspflichten grundsätzlich nach dem allgemeinen Gesellschaftsrecht.

---

118 Gesetz über das Aufspüren von Gewinnen aus schweren Straftaten, BGBl. 1993 I, S. 1770.

119 *Bruchner* in: Schimansky/Bunte/Lwowski, Bankrechts-Handbuch, § 42 Rn. 128f.

V. Grundsatz der Gesamtverantwortung

Ein wichtiger Bestandteil der oben schon in Teilbereichen untersuchten Pflicht, für die Rechtmäßigkeit der Organisation und der Entscheidungsprozesse innerhalb der Gesellschaft zu sorgen, ist die Wahrung des vom Gesetz vorgegebenen Grundsatzes der Gesamtverantwortung aller Vorstandsmitglieder. Von diesem Grundsatz ist mangels gesetzlicher Regelungen zur Verantwortlichkeit im WpHG auch bei der Frage nach der Verantwortung für die kapitalmarktrechtlichen Organisationspflichten auszugehen.[120]

1. Gesellschaftsrechtliche Ausgangslage

a) Gesamtverantwortung

Der Vorstand einer Aktiengesellschaft kann aus einer oder mehreren Personen bestehen, § 76 Abs. 2 Satz 1 AktG. Die grundsätzlich gesetzlich vorgesehene Bestellung von zwei Personen zum Vorstand bei einem Grundkapital von mehr als drei Millionen Euro ist durch die Satzung abdingbar, § 76 Abs. 2 Satz 2 AktG. Der (mehrgliedrige) Vorstand einer Aktiengesellschaft ist nach der Vorstellung des Gesetzes ein Kollegialorgan,[121] welches sich unter

120 Vgl. allgemein *Uwe H. Schneider* in: Festschrift 100 Jahre GmbHG, S. 473, 479.

121 Nach § 70 Abs. 2 Satz 2 AktG 1937 hatte der Vorstandsvorsitzende ein Alleinentscheidungsrecht. Die Abschaffung des Alleinentscheidungsrechts folgte u. a. ähnlichen Bedenken, welche auch zur grundsätzlichen Abschaffung des Alleinvorstandes bei größeren Unternehmen führten, § 76 Abs. 2 Satz 2 AktG, nämlich der Einsicht, dass die Leitung größerer Unternehmen „unter heutigen Verhältnissen" einer gewissen Arbeitsteilung bedarf, vgl. *Franta* DB 1958, 1347, 1348. Allerdings kann nach § 76 Abs. 2 Satz 2 AktG die Satzung etwas anderes bestimmen. Hier stellt sich dann die Frage, warum nicht auch ein Alleinentscheidungsrecht des Vorstandsvorsitzenden, so es einen gibt, durch die Satzung eingeführt werden kann (so schon *Jagenburg* DB 1967, 1399, 1400). Jedoch waren die „heutigen Verhältnisse", d. h. moderne Unternehmensführung durch Arbeitsteilung, nicht der einzige Grund zur Abschaffung des Alleinentscheidungsrechts (so aber scheinbar *Jagenburg* a.a.O). Vielmehr war ein solches vor allem mit der Vorstellung des Vorstandes als Kollegialorgan, wie sie dem AktG 1965 entspricht, unvereinbar. Vgl. Begründung zum Regierungsentwurf des AktG 1965 bei *Kropff* Aktiengesetz, S. 99 zu einer Gefahr der Degradierung der übrigen Vorstandsmitglieder zu bloßen Gehilfen des Vorstandsvorsitzenden. Das hindert freilich manche nicht daran, auch für den Vorstandsvorsitzenden heutiger rechtlicher Prägung, ein Weisungsrecht verbunden mit besonderen rechtlichen Auskunftsansprüchen einzuräumen, vgl. *Dose* Die Rechtsstellung der Vorstandsmitglieder einer Aktiengesellschaft, S. 84.

anderem[122] durch gemeinsame Verantwortung auszeichnet.[123] Der Grundsatz der Gesamtverantwortung ergibt sich aus § 76 Abs. 1 AktG. Nach einhelliger Ansicht ist § 76 AktG nicht lediglich eine Kompetenzvorschrift, die dem Vorstand aufgibt, die Gesellschaft unter eigener Verantwortung zu leiten. Vielmehr ist die Vorschrift Ausdruck einer zwingenden Gesamtzuständigkeit aller Vorstandsmitglieder.[124] Die Verpflichtung auf die eigenverantwortliche Leitung bedeutet nichts anderes, als die gleichberechtigte Beteiligung aller Vorstandsmitglieder an der Leitung der Gesellschaft.[125] Der Vorstand kann nur handeln, wenn alle Mitglieder der vorher bestimmten Maßnahme zugestimmt haben.[126]

b) Geschäftsverteilung

aa) Grundsätzliche Zulässigkeit

Begründet danach § 76 Abs. 1 AktG eine Einheitszuständigkeit und Einheitsverantwortung des Leitungsorgans, so erscheint die Frage nach einer dennoch möglichen Geschäftsverteilung mit eigenverantwortlicher Leitung eines Geschäftsbereichs durch den Ressortleiter auf den ersten Blick widersprüchlich. So wird denn auch vorgebracht, dass das Aktiengesetz durch Festlegung auf die Einheitsverantwortung keine Organisationsgliederung[127] oder nur eine funktionale Organisationsgliederung[128] zulässt. Indes räumt § 77 Abs. 1 Satz 2 AktG die Möglichkeit zur Verteilung der Geschäftsführung bei mehrköpfigem Vorstand explizit ein. Ein Widerspruch liegt darin nicht, wenn, wie es allgemein angenommen wird, § 76 AktG nur den Kernbereich der Gesamtzuständigkeit festlegt, im Übrigen aber eine Geschäftsverteilung möglich ist. Nur so lässt sich gesetzessystematisch Sinn in das Verhältnis von § 76 Abs. 1 und § 77 Abs. 1 AktG bringen.[129] Es ist

---

122 Dazu *Martens* in: Festschrift für Fleck, S. 191, 192.

123 Das bedarf für den Einzelvorstand keiner Begründung.

124 *Martens* in: Festschrift für Fleck, S. 191, 194; Hefermehl in Gessler/Hefermehl/Eckardt/Kropff, Aktiengesetz, § 77 Rn. 20, 21; *Mertens* in: Kölner Kommentar zum AktG, § 77 Rn. 12: Das Aktiengesetz geht in seinen §§ 76, 77 davon aus, dass alle Vorstandsmitglieder an der Leitung beteiligt sind.

125 *Martens* in: Festschrift für Fleck, S. 191, 194.

126 Die Zustimmung ist empfangsbedürftige Willenserklärung. Hierbei genügt konkludentes Einverständnis. Zu den weiteren Problemen um die Zustimmung als rechtsgeschäftlichem Geschäftsführungsakt vgl. *Mertens* in: Kölner Kommentar zum AktG, § 77 Rn. 7.

127 *Karsten Schmidt* ZGR 1981, 455, 480.

128 *Schwark* ZHR 142 (1978) 203, 205.

129 Vgl. schon *Schwark* ZHR 142 (1978) 203, 215.

folgerichtig auch allgemein anerkannt, dass die Gesamt(leitungs)verantwortung des Vorstands nach § 76 AktG eine Divisionalisierung auf der Geschäftsleitungsebene nicht ausschließt, ihr jedoch Grenzen setzt.[130] Wird somit durch § 76 Abs. 1 AktG in der Zusammenschau mit § 77 Abs. 1 AktG nur für einen Kernbereich zwingend Gesamtzuständigkeit vorgeschrieben, so folgt daraus aber auch, dass nur außerhalb dieses Kernbereichs Einzelgeschäftsführung zulässig ist und dass andererseits eine eingeräumte Einzelgeschäftsführungsbefugnis nicht allgemein von dem Grundsatz der Gesamtverantwortung des Vorstands, genauer: aller Vorstandsmitglieder, dispensiert.[131] Das wirft allerdings die Frage nach dem Umfang zwingender Gesamtzuständigkeit auf.

bb) Umfang zwingender Gesamtzuständigkeit

Das Aktiengesetz unterscheidet nicht zwischen den Adressaten Einzelvorstand oder mehrgliedriger Vorstand. In einer Reihe von Vorschriften weist das Aktiengesetz Entscheidungen zwingend der Verantwortung des Gesamtvorstandes zu. Hier sind zu nennen[132]: die Berichterstattung an den Aufsichtsrat (§ 90 AktG), die Sorge für das Führen der erforderlichen Handelsbücher (§ 91 Abs. 1 AktG), die Einberufung der Hauptversammlung (§ 121 Abs. 2 AktG), die Einschaltung der Hauptversammlung zu Fragen der Geschäftsführung (§ 119 Abs. 2 AktG), die Pflichten bei Verlust, Überschuldung oder Zahlungsunfähigkeit der Gesellschaft nach § 92 AktG, die Aufstellung des Jahresabschlusses und seine Vorlage an den Aufsichtsrat[133] sowie der Gewinnverwendungvorschlag (§ 170 AktG).[134]

Bei Durchmusterung dieser Zuständigkeiten fällt zunächst auf, dass es sich sämtlich nicht um solche Pflichten des Vorstandes handelt, welche zur erfolgreichen Führung eines Unternehmens im Sinne von Gewinnerzielung, strategischer Ausrichtung, d. h. substantieller unternehmerischer Tätigkeit erforderlich sind.[135] Ohne das unternehmerische Handeln der verantwort-

---

130 *Mertens* in: Kölner Kommentar zum AktG, § 77 Rn. 19, 21; *Martens* in: Festschrift für Fleck, S. 191, 194; *Hüffer* Aktiengesetz, § 77 Rn. 17; vgl. auch *Abeltshauser* Leitungshaftung im Kapitalgesellschaftsrecht, S. 223 f.

131 *Martens* in: Festschrift für Fleck, S. 191, 194.

132 Umfassend dazu *Semler* Leitung und Überwachung der Aktiengesellschaft, S. 8 f. mit Fn. 12 f. mit Differenzierung in Vorschriften, welche das Verhältnis des Vorstands zu einem anderen Organ betreffen und solche Vorschriften, welche dem Vorstand im öffentlichen Interesse auferlegt sind.

133 Außerhalb des AktG §§ 264 Abs. 1, 320 Abs. 1 HGB mit der Verpflichtung der Vorlage an den Abschlussprüfer.

134 Vgl. dazu auch *Schwark* ZHR 142 (1978) 203, 215; *Mertens* in: Kölner Kommentar zum AktG, § 77 Rn. 18.

135 *Schwark* ZHR 142 (1978) 203, 215.

lichen Leiter eines Unternehmens kann dieses auf Dauer im Wettbewerb jedoch nicht bestehen. Mit Blick auf die Ziele des Aktiengesetzes 1965, d. h. die Stärkung der Position der Aktionäre gegenüber der Verwaltung,[136] werden daher zur Unternehmensleitung alle rechtlichen und tatsächlichen Aktionen gezählt, die der Vorstand zur erfolgreichen Führung der Aktiengesellschaft vornimmt. Denn diese haben unmittelbare Auswirkung auf Aktionäre und Gläubiger. Auch und gerade darauf muss sich daher die Leitungsverantwortung des Vorstandes beziehen. Folglich ist Unternehmensleitung der umfassende Teil der Führung des Unternehmens zu dem – gleichsam als unterer Teil – die Geschäftsführung gehört.[137]

Ferner fällt auf, dass die gesetzliche Festlegung der zwingenden Gesamtzuständigkeit nur selektiver Natur ist. Die genannten Verpflichtungen des Vorstandes betreffen die unternehmerische Willensbildung auf der Leitungsebene nur peripher. Aber gerade diese unternehmerisch substantiellen Entscheidungen, die zur gewinnorientierten Führung eines Unternehmens erforderlich sind, müssen wegen ihrer Auswirkungen auf die Entwicklung des Unternehmens und damit auf Aktionäre und Gläubiger von der Leitungsverantwortung erfasst sein. Es kann daher nicht von einer abschließenden gesetzlichen Regelung ausgegangen werden. Der gesetzesoffene Umfang zwingender Gesamtzuständigkeit[138] muss damit jedoch weiter konkretisiert werden.

Das bereitet Schwierigkeiten. Es gibt keine festen Kriterien, wie Entscheidungen, die wegen ihrer grundsätzlichen Bedeutung der Gesamtzuständigkeit des Vorstandes unterliegen müssen, von solchen Entscheidungen abzugrenzen sind, die ein Vorstandsmitglied im Rahmen seines Aufgabenbereichs eigenverantwortlich treffen kann.[139] Klar ist lediglich, dass die Gesamtzuständigkeit des Vorstandes dort nicht durch eine Geschäftsverteilung

---

136 Begründung zum Regierungsentwurf des AktG 1965 bei *Kropff* Aktiengesetz, S. 15.

137 *Hefermehl* in: Gessler/Hefermehl/Eckardt/Kropff, Aktiengesetz, § 76 Rn. 10; so auch *Schwark* ZHR 142 (1978) 203, 215 mit Ablehnung der Trennung von Leitung und Geschäftsführung, wie es z.B. *Dose* Die Rechtsstellung der Vorstandsmitglieder einer Aktiengesellschaft, S. 35ff., 40ff. sehen will. Missverständlich *Mertens* in: Kölner Kommentar zum AktG, § 76 Rn. 4. Keinen inhaltlichen Unterschied zwischen den Begriffen Leitung und Geschäftsführung sieht *Semler* Leitung und Überwachung der Aktiengesellschaft, S. 8f. Freilich geht es *Semler* dabei um die Bestimmung des Verhältnisses der §§ 76 Abs. 1 und § 111 Abs. 1 AktG, d. h. die Frage nach der Reichweite des Überwachungsauftrags des Aufsichtsrates.

138 *Martens* in: Festschrift für Fleck, S. 191, 195.

139 *Mertens* in: Kölner Kommentar zum Aktiengesetz, § 77 Rn. 18; *Martens* in: Festschrift für Fleck, S. 191, 195f.

durchbrochen werden kann, wo das Gesetz sie ausdrücklich dem Vorstand zuweist. Dazu zählen die oben angeführten Pflichten des Vorstands.[140]

Im Übrigen bleibt die Suche nach dem entscheidungspolitischen Kernbereich der zwingenden Gesamtzuständigkeit des Vorstands unergiebig. Wenig Klarheit bringt es, auf die grundlegende Bedeutung einer Einzelentscheidung abzustellen.[141] Damit wird die Frage nach der Bedeutungsschwere einzelner Maßnahmen aufgeworfen, die kaum je einheitlich und abstrakt festgelegt werden kann.[142] Auch der Rückgriff auf den unternehmenspolitischen Inhalt oder die ressortübergreifende Wirkung einer zu treffenden Maßnahme lichtet den Nebel nicht.[143] Damit wird kein klares Kriterium geliefert. So wird denn auch zu denken gegeben, dass weitere Beschreibungen die Grenze zwischen zwingender Gesamtzuständigkeit und zulässiger dispositiver Ressortverteilung nicht präziser zu bestimmen in der Lage sind.[144]

Hilfreich kann jedoch ein Blick auf den besonderen Sinn und Zweck der Gesamtzuständigkeit des Vorstands sein. Sie beruht auf dem erwähnten Grundsatz der Gesamtverantwortung. Die Stärkung des Aktionärs- und Gläubigerschutzes durch das AktG 1965 verlangt, dass alle Vorstandsmitglieder in gleicher Weise verantwortlich sind. Dies erfordert die sonst mangelnde Transparenz etwa bestehender individueller Verantwortungs-

---

140 *Mertens* in: Kölner Kommentar zum Aktiengesetz, § 77 Rn. 19 weist noch auf § 15 KWG hin, wonach Kredite an Organmitglieder nur durch einstimmigen Vorstandsbeschluss und nur mit Zustimmung des Aufsichtsrates bewilligt werden dürfen.

141 So *Schwark* ZHR 142 (1978) 203, 215.

142 Ohne Stellungnahme sei hier nur erinnert an die Unsicherheit welche die *Holzmüller*-Entscheidung des BGH (BGHZ 83, 122 = NJW 1982, 1703) hervorgerufen hat und noch hervorruft durch die Statuierung einer Pflicht des Vorstands zur Anrufung der Hauptversammlung nach § 119 Abs. 2 AktG, wenn der Vorstand „vernünftigerweise nicht annehmen kann, er dürfe (die Entscheidung) in ausschließlich eigener Verantwortung treffen, ohne die Hauptversammlung zu beteiligen“ (BGHZ 83, 122, 131). Diese Entscheidung hat nur vereinzelt Zustimmung gefunden. Vgl. vor allem *Gessler* in: Festschrift für Stimpel, S. 771; *Lutter* in: Festschrift für Stimpel, S. 825; *ders.* in: Festschrift für Fleck, S. 169; *ders.* ZHR 151 (1987) 444; *Rehbinder* ZGR 1983, 93. Im Übrigen überwiegen ablehnende Stellungnahmen, die vor allem das Fehlen brauchbarer Kriterien beanstanden, bei deren Vorliegen das Zustimmungserfordernis ausgelöst werden soll. Dazu (zustimmend) *Hüffer* Aktiengesetz, § 119 Rn. 16ff. auch mit umfangreichen Nachweisen zum ablehnenden Schrifttum.

143 So aber *Mertens* in: Kölner Kommentar zum Aktiengesetz, § 77 Rn. 16; *Hefermehl* in: Gessler/Hefermehl/Eckardt/Kropff, Aktiengesetz, § 77 Rn. 21.

144 *Martens* in: Festschrift für Fleck, S. 191, 194, 197.

anteile für den einzelnen Aktionär.[145] Die in eine Gesamtverantwortung genommenen Vorstandsmitglieder werden schon aus diesem Grund alles zu unternehmen haben, um Fehlverhalten zu vermeiden bzw. bei den übrigen Vorstandsmitgliedern zu verhindern.

cc) Gesamtkontrollverantwortung

(1) Von der Gesamtverantwortung zur Gesamtkontrollverantwortung

Aus den vorstehenden Überlegungen resultiert eine Verpflichtung aller Vorstandsmitglieder zu gegenseitiger Kontrolle.[146] Kann der zwingende Gesamtzuständigkeitsbereich nicht weiter konkretisiert werden, so gewinnt diese Kontrollverantwortung des Vorstands zunehmend an Bedeutung.[147] Jedes Vorstandsmitglied muss für eine effiziente und lückenlose Selbstkontrolle der Tätigkeit des Gesamtvorstands Sorge tragen.[148] Mit gesamtverantwortlicher Leitungsbefugnis des Vorstands ist daher genauer ausgedrückt eine gesamtverantwortliche Leitungskontrolle gemeint.[149] Je stärker diese ausgestaltet ist, desto weniger kommt es auf eine exakte Bestimmung der zwingenden Gesamtzuständigkeit an. Denn die Gesamtzuständigkeit wird durch die umfassende Gesamtkontrollverantwortung jedes einzelnen Vorstandsmitglieds gewahrt. Abgesichert wird die durch die Gesamtkontrollverantwortung gewährleistete Gesamtzuständigkeit des Vorstandes über eine korrespondierende Berichtspflicht jedes einzelnen Vorstandsmitglieds gegenüber dem Gesamtvorstand. Je mehr Aufgaben dem einzelnen Vorstandsmitglied zugewiesen werden, je höher sind die Anforderungen an die Informationspflicht.[150] Jedes Vorstandsmitglied hat von sich aus über bedeutsame Vorgänge in seinem Ressort Bericht zu erstatten. Auf Verlangen durch den Gesamtvorstand ist jedes Vorstandsmitglied uneingeschränkt berichtspflichtig.[151]

---

145 *Martens* in: Festschrift für Fleck, S. 191, 194, 195.

146 Vgl. jetzt auch OLG Köln, AG 2001, 363f.

147 So auch der Vorschlag der *Unternehmensrechtskommission*: Die Wahrnehmung der normierten Mindestzuständigkeiten durch den Gesamtvorstand bleibt unberührt. Als Korrelat der Gesamtverantwortung verbleibt eine Pflicht jedes einzelnen Vorstandsmitglieds zur Kontrolle der anderen. Vgl. Bundesministerium der Justiz (Hrsg.) Bericht über die Verhandlungen der Unternehmensrechtskommission, 1980, Rn. 1736.

148 *Schiessl* ZGR 1992, 64, 68; *Martens* in: Festschrift für Fleck, S. 191, 195f.; *Mertens* in: Kölner Kommentar zum Aktiengesetz, § 93 Rn. 54.

149 *Martens* in: Festschrift für Fleck, S. 191, 195.

150 *Schwark* ZHR 142 (1978) 203, 216f.; *Schiessl* ZGR 1992, 64, 69; *Martens* in: Festschrift für Fleck, S. 191, 196f.

151 Vgl. *Schiessl* ZGR 1992, 64, 69.

Die umfassende Verpflichtung der Vorstandsmitglieder zur gegenseitigen Kontrolle, anstelle einer nur unpräzise möglichen Bestimmung des entscheidungspolitischen Kernbereichs zwingender Gesamtzuständigkeit, hat praktische Vorteile. Die Organisation des Vorstands wird flexibilisiert. Verzichtet wird damit auf in der Rechtswirklichkeit nicht zu akzeptierende starre Organisationsvorschriften. Auch die noch gelegentlich anzutreffende Unsicherheit in Bezug auf die Zulässigkeit einer Spartenorganisation wird damit überwunden.[152] Die ressortindividuelle Verteilung der Verantwortlichkeiten, welche die §§ 77, 78 AktG ermöglichen, wird von der auf § 76 AktG gegründeten Gesamtleitungsverantwortung in Gestalt einer Gesamtkontrollverantwortung umklammert.[153]

(2) Keine Delegation auf bestimmtes Vorstandsmitglied

Es wird vorgeschlagen die Kontrollverantwortung des Gesamtvorstands auf ein einzelnes Vorstandsmitglied zu delegieren.[154] Weil Vorstände oft aus zahlreichen Personen bestehen, sei eine effektive Kontrolle durch die Mitglieder in eigener Person nicht möglich. Es sei daher eine institutionelle Form der Vorstandskontrolle nötig. Ein Mitglied des Vorstands sollte zu diesem

152 Von einem Teil der Literatur werden Bedenken vorgebracht, eine Spartenorganisation verschiebe die Gleichgewichtsverhältnisse im gesamtverantwortlichen Vorstand. Vgl. dazu *Wendeling-Schröder* Divisionalisierung, Mitbestimmung und Tarifvertrag, S. 17ff., 33ff.; *Martens* Das Arbeitsrecht der leitenden Angestellten, S. 41ff. Die überwiegende Ansicht geht jedoch von der Zulässigkeit der Spartenorganisation aus. Vgl. nur *Schiessl* ZGR 1992, 64, 67 mit Fn. 9.

153 Verfehlt ist es allerdings, wenn diese Gesamtkontrollverantwortung des Vorstands damit begründet wird, dass der Aufsichtsrat, als das eigentliche Kontrollorgan nach dem Regierungssystem der Aktiengesellschaft, heute nicht mehr in der Lage ist, seiner Kontrollverantwortung im erforderlichen Maße nachzukommen (so scheinbar *Mertens* in: Kölner Kommentar zum Aktiengesetz, § 77 Rn. 18; *Martens* in: Festschrift für Fleck, S. 191, 199). Es geht nicht um eine Ausdehnung der Verantwortlichkeit des Vorstands. Vielmehr entspringt die Verpflichtung zur Gesamtleitungskontrolle aus dem Grundsatz der Gesamtverantwortung des Vorstandes nach § 76 Abs. 1 AktG. Gesamtkontrollverantwortung ist originäre Vorstandspflicht. Würde es sich nur um die Verlagerung von Aufgaben des eigentlich zuständigen Aufsichtsrates handeln, käme das ausgefeilte Verantwortlichkeitsgefüge des Aktiengesetzes in Schieflage. Auch die Stärkung des Aufsichtrats durch das KonTraG hat nicht gleichzeitig Verantwortung vom Vorstand auf den Aufsichtsrat verlagert, sondern ohne Beschneidung der Vorstandsbefugnisse die Pflichten des Aufsichtsrates verschärft.

154 Vgl. dazu und zum Folgenden den Vorschlag von *Martens* in: Festschrift für Fleck, S. 191, 200; vgl. auch *Hefermehl* in: Gessler/Hefermehl/Eckardt/Kropff, Aktiengesetz, § 77 Rn. 20; *Mertens* in: Kölner Kommentar zum Aktiengesetz, § 77 Rn. 18.

Zweck die ausschließliche Funktion eines Kontrollorgans erhalten. Das hätte zur Folge, dass sich die Gesamtleitungsverantwortung des Vorstands, wie sie sich aus dem Grundsatz der Gesamtverantwortung ergibt, auf dieses Vorstandsmitglied verlagert. Entsprechend reduzierte sich die Verpflichtung der übrigen Vorstandsmitglieder zur Gesamtleitungskontrolle auf die Verpflichtung zur Kontrolle des Vorstandsmitglieds, welches die ausschließliche Kontrollfunktion wahrnimmt.

Damit aber käme es zu einer Verschiebung der Gleichberechtigung der Vorstandsmitglieder. Es würde ein geschichtetes Kontrollsystem innerhalb des Kollegialorgans Vorstand geschaffen, welcher ursprünglich zur Gesamtkontrolle verpflichtet war.

Ausgangspunkt für die Entwicklung der Gesamtkontrollverantwortung war jedoch die Verpflichtung des Vorstands zur gesamtverantwortlichen Leitung der Aktiengesellschaft, bei gleichzeitig gesetzlich ermöglichter Geschäftsverteilung. Allein wegen der Schwierigkeiten den entscheidungspolitischen Kernbereich zwingender Gesamtzuständigkeit präzise zu bestimmen,[155] hat sich die Erkenntnis durchgesetzt, dass die Leitungsverantwortung des Vorstands weitgehend eine Kontrollverantwortung ist. Dies ändert allerdings nichts an der Gesamtheit der Verantwortung. Die Verlagerung auf ein Mitglied stört die Gesamtverantwortung und schafft ein geschichtetes System gegenseitiger Kontrolle bei unterschiedlich starker Kontrollintensität. Damit wird von dem – auch den Entwicklungen auf dem Gebiet des europäischen Gesellschaftsrechts zugrunde liegenden[156] – Grundsatz der Gleichberechtigung der Vorstandsmitglieder abgewichen.[157] Dieser neben

155 *Schiessl* ZGR 1992, 64, 68, spricht von der „naturgemäßen Schwierigkeit" der Bestimmung eines Kernbereichs und beschränkt sich bei der (gar nicht versuchten) Eingrenzung auf die Aufzählung „meist genannter Aufgaben".

156 So bestimmt etwa Art. 74 Abs. 1 des Vorschlags zu einer Verordnung über das Statut einer Europäischen Aktiengesellschaft von 1991 (ABl.EG Nr. C 176 vom 8. 7. 1991, S. 1 ff.), dass jedes Mitglied eines Organs bei der Wahrnehmung der ihm übertragenen Aufgaben dieselben Rechte und Pflichten wie die übrigen Mitglieder des Organs hat. Eine gleich lautende Regelung enthält Artt. 10a Abs. 1, 21q des Vorschlags zu einer noch immer nicht verabschiedeten (dazu *van Hulle* in: Scheuing/Schwarz/Wollenschläger, Europäisches Unternehmensrecht, S. 81 ff.) Fünften gesellschaftsrechtlichen Richtlinie über die Struktur der Aktiengesellschaft sowie die Befugnisse und Verpflichtungen ihrer Organe (Strukturrichtlinie). Näher *Schwarz* Europäisches Gesellschaftsrecht, Rn. 733 und 1164; *Werlauff* EC Company Law, p. 260.

157 Zu dieser – im Gesetz wiederum nicht ausdrücklich geregelten – Leitmaxime der Zusammenarbeit der Vorstandsmitglieder vgl. *Hüffer* Aktiengesetz, § 77 Rn. 18; *Martens* in: Festschrift für Fleck, S. 191, 205; *Hoffmann-Becking* ZGR 1998, 497, 514 ff.

dem Grundsatz der Gesamtverantwortung zweite, wenngleich flexiblere, Grundsatz der Vorstandsorganisation soll die Etablierung von Vorstandsmitgliedern minderen Gewichts verhindern. Alle Mitglieder des Leitungsorgans Vorstand sind grundsätzlich in gleicher Intensität an der Leitung der Aktiengesellschaft zu beteiligen.[158] Allerdings liegt nicht schon in einer Spartenorganisation mit spartenleitenden und zentralbereichsleitenden Mitgliedern eine Ungleichgewichtung vor. Zwar ist das Verantwortungsspektrum eines Spartenleiters ungleich weiter als das eines Zentralbereichsvorstands. Denn immerhin zeichnet er innerhalb seines Geschäftsbereichs für die gesamte Tätigkeit verantwortlich. Das kann in einem nach Produktgruppen divisionalisierten Unternehmen so weit führen, dass der Bereichsvorstand für eine Produktgruppe vom Einkauf über die Herstellung bis hin zum Vertrieb des Produkts verantwortlich ist.[159] Doch auch die Zentralbereiche wie etwa Finanzen oder Personal geben den Bereichsvorständen in der Regel genügend Möglichkeiten der bereichsübergreifenden Einflussnahme.[160] Allein ihre Verantwortung für lediglich einen einzelnen Zentralbereich bedeutet damit noch keine Abstufung in einen minderen Rang.

Nach der hier zugrunde gelegten Ansicht[161] ist aber die Verlagerung der alleinigen Verantwortung für die Kontrolle des Gesamtvorstands auf ein einzelnes Vorstandsmitglied eine unzulässige Beeinträchtigung des Grundsatzes der Gleichberechtigung der Vorstandsmitglieder. Zwar würden damit die einzelnen Vorstandsmitglieder entlastet. Sie wären nunmehr nur noch für die Kontrolle des *Controllers* zuständig. Damit reduzierte sich die Kontrollverantwortung der übrigen Vorstandsmitglieder erheblich. Zugleich würde aber ein ausschließlicher Kontrollbereich geschaffen. Daran lässt sich auf den ersten Blick noch nicht viel aussetzen. Es ist heute allgemein üblich Controlling-Abteilungen einzurichten. So weit ersichtlich wurden dagegen auch noch keine rechtlichen Bedenken vorgebracht. Nur beziehen sich diese Bereiche auf die Kontrolle des gesamten Unternehmens.[162] Sie umfassen also auch und zumeist vor allem die Kontrolle der Tätigkeiten der Ebenen unterhalb des Vorstands.

---

158 *Mertens* in: Kölner Kommentar zum Aktiengesetz, § 77 Rn. 15; *Schwark* ZHR 142 (1978) 203, 218f.

159 Vgl. dazu und umfassend zur Divisionlisierung *Gälweiler* ZfO 1971, 55ff.

160 *Schwark* ZHR 142 (1978) 203, 218.

161 Eine exakte ex ante Bestimmung des entscheidungspolitischen Kernbereichs zwingender Gesamtzuständigkeit ist nicht möglich. Vielmehr wird die Gesamtleitungsverantwortung des Vorstands über eine Gesamtkontrollverantwortung gewahrt.

162 Wobei hier nicht unterstellt wird, dass die alleinige Kontrolle des Gesamtvorstands als ausschließliche Funktion des von *Martens* und *Mertens* vorgeschlagenen Kontrollvorstands gedacht ist.

Bei dem Vorschlag, die Verantwortung des Vorstands zur umfassenden Selbstkontrolle (Gesamtleitungskontrolle) durch jedes seiner Mitglieder auf ein einzelnes Mitglied zu delegieren, würde jedoch eine originäre Zuständigkeit des Gesamtorgans beschnitten. Das kann auch nicht mit der entsprechenden Wahrnehmung dieser Kontrollverantwortung durch ein besonderes Vorstandsmitglied begründet werden. Die Pflicht zur Gesamtleitungskontrolle dient der Sicherstellung der Wahrnehmung der Gesamtleitungsverantwortung. Es soll sichergestellt werden, dass der entscheidungspolitische Kernbereich zwingender Gesamtzuständigkeit auch tatsächlich gemeinsam wahrgenommen wird. Ist mithin die Gesamtkontrollverantwortung nichts anderes als eine Ausprägung der Gesamtleitungsverantwortung, so kann sie ebenso wenig auf ein einzelnes Vorstandsmitglied übertragen werden, wie die gesamte Leitung des Unternehmens im mehrgliedrigen Vorstand einem einzelnen Vorstandsmitglied obliegen kann.

Eine weitere Überlegung spricht gegen die Wahrnehmung der Kontrollverantwortung durch nur ein einzelnes Organmitglied. Der Grundsatz der Gesamtkontrolle durch das Organ Vorstand verpflichtet die Mitglieder des Organs zur effizienten und lückenlosen Selbstkontrolle. Dies beinhaltet ein jederzeitiges Interventionsrecht, aber auch eine Interventionspflicht bei Anzeichen für nicht ordnungsgemäße Geschäftsführung durch andere Organmitglieder.[163] Der geplanten Maßnahme muss widersprochen werden und die Entscheidung des Gesamtvorstands ist einzuholen. Maßstab der Beurteilung ist dabei in der Praxis[164] die subjektive Vorstellung des überwachenden Organmitglieds von ordnungsgemäßer Geschäftsführung. Denn nur seine Idee von Unternehmensführung wird ihn im gegebenen Fall zum Einschreiten veranlassen. Im Falle der alleinigen Zuständigkeit eines Mitglieds des Vorstands zur Kontrolle der gesamten Vorstandstätigkeit wird nur die Ansicht dieses *Controllers* zum Maßstab der Beurteilung. Damit ist noch nicht gesagt, dass den übrigen Vorstandsmitgliedern Informationen vorenthalten werden müssen, die den Schluss auf Unregelmäßigkeiten zulassen. Der Kontrollpflicht des *Controllers* würde nämlich eine Pflicht zur Berichterstattung an die übrigen Vorstandsmitglieder korrespondieren müssen. Selbst wenn er dieser gewissenhaft nachkäme, könnte jedoch nicht verhindert werden, dass es für Interventionen möglicherweise zu spät ist. Stimmt die

---

163 Vgl. jüngst OLG Köln, AG 2001, 363f.; *Mertens* in: Kölner Kommentar zum Aktiengesetz, § 93 Rn. 34; *Götz* AG 1995, 337, 338; *Schiessl* ZGR 1992, 64, 68.

164 Eine andere Frage ist, ob die bemängelte Geschäftsführungsmaßnahme auch nach rechtlicher Nachprüfung nicht den Grundlagen ordnungsgemäßer Geschäftsführung entsprach. Zur Frage des Maßstabs, der an einen „ordentlichen und gewissenhaften Geschäftsleiter“ im Sinne des § 93 Abs. 1 Satz 1 AktG zu legen ist *Hüffer* Aktiengesetz, § 93 Rn. 4.

von einem Organmitglied getroffene Entscheidung mit der Vorstellung des *Controllers* überein, so wird er nicht unmittelbar den übrigen Vorstandsmitgliedern berichten. Wegen der Vielzahl der zu berichtenden Vorfälle in einem Unternehmen müsste das Berichtswesen notwendigerweise standardisiert werden. Denkbar wäre die Aufteilung in regelmäßige Unterrichtung des Gesamtvorstands und außergewöhnliche Unterrichtung bei in der Vorstellung des Controllers besonderen Vorkommnissen.

Nach alledem bleibt es nach dem allgemeinen Gesellschaftrecht für den Fall der Verteilung der Geschäftsleitung im mehrköpfigen Vorstand bei einer alle Vorstandsmitglieder gleichermaßen treffenden Kontrollverantwortung.[165] Diese kann nicht auf ein einzelnes Vorstandsmitglied delegiert werden.

2. Keine gesetzliche Geschäftsverteilung

Ist damit die gesellschaftsrechtliche Ausgangslage erarbeitet, stellt sich die Frage, ob dem Vorstand bei der Organisation seiner Zusammenarbeit Vorgaben aus dem WpHG zwingend eine Zuständigkeitsverteilung vorgegeben ist. Eine zwingende Geschäftsverteilung gibt es zwar nach den gesellschaftsrechtlichen Grundlagen wie gesehen nicht. Jedoch nehmen gesetzliche Bestimmungen zu, die dieses Organisationsermessen einschränken und auf Organebene die Bestellung von Unternehmensverantwortlichen vorsehen.[166] Es wird vorgeschrieben, dass für die Wahrnehmung bestimmter Aufgaben gegenüber der entsprechenden Behörde ein einzelnes Vorstandsmitglied oder ein einzelner Geschäftsführer benannt wird.

Daran fehlt es aber im Falle des WpHG. Es gibt keine Vorschrift, die vergleichbar etwa dem nach § 29 Abs. 1 Satz 2 Strahlenschutzverordnung zu bestellenden Strahlenschutzverantwortlichen oder dem, gemäß Nr. 2. Satz 1 der Grundsätze der Bundesregierung zur Prüfung der Zuverlässigkeit von Exporteuren von Kriegswaffen und rüstungsrelevanten Gütern zu bestellenden, Ausfuhrverantwortlichen im Außenwirtschafts- und Kriegswaffenkontrollrecht,[167] die Bestellung eines Organmitglieds zum Compliance-Verantwortlichen vorschreibt. Das ist nicht verwunderlich, denn bei den genannten zwingend vorgegebenen gesetzlichen Geschäftsverteilungen handelt es sich um gesetzliche Ausnahmen, die allein aufgrund einer besonderen, mit der Tätigkeit des Unternehmens verbundenen Gefahr zu rechtfertigen sind.

165 Dazu auch *Abeltshauser* Leitungshaftung im Kapitalgesellschaftsrecht, S. 225.

166 Vgl. *Uwe H. Schneider* in: Festschrift 100 Jahre GmbHG, S. 473, 481; *ders.* DB 1993, 1909, 1913.

167 Überblick bei *Pottmeyer/Sinnwell* DWiR 1991, 133, 134ff.

3. Wirksame Geschäftsverteilung

Allerdings kann der Vorstand in Wahrnehmung seiner Organisationsfreiheit eine Geschäftsverteilung vornehmen und eines seiner Mitglieder mit der Verantwortung zur Erfüllung der Compliance-Pflichten betrauen. Voraussetzung dafür ist allerdings, dass die Aufgabe nicht zwingend in der Verantwortung des Gesamtvorstandes bleiben muss. Wie oben gesehen, ist die Festlegung eines zwingenden Kernbereichs gemeinsamer Vorstandsverantwortung nicht möglich und wegen der bei Geschäftsverteilung bestehenden Gesamtkontrollverantwortung der nicht zuständigen Organmitglieder auch nicht bis ins letzte Detail erforderlich. Dennoch haben bestimmte Entscheidungen, wie etwa die Bestimmung der Geschäftspolitik, bei dem Gesamtgremium zu verbleiben. Um eine solche Aufgabe handelt es sich hier jedoch nicht. Die Wahrnehmung der sich aus dem WpHG ergebenden Compliance-Pflichten kann ohne weiteres einem Vorstandsmitglied übertragen werden.

In diesem Fall geht die Verantwortung, für die Einhaltung der Organisationspflichten aus § 33 Abs. 1 WpHG zu sorgen, auf das nach der Geschäftsverteilung zuständige Vorstandsmitglied über.[168] Doch hebt die Geschäftsverteilung den Grundsatz der Gesamtverantwortung nicht auf.[169] Das heißt, dass es für die nicht unmittelbar mit den entsprechenden Pflichten betrauten Organmitglieder bei einer Gesamtkontrollverantwortung bleibt. Die wohl in den meisten Fällen der Unternehmenspraxis gewählte Ressortverteilung beeinflusst damit den Pflichteninhalt, nicht jedoch die Gesamtverantwortung der Organmitglieder.

Um die häufig in der Praxis anzutreffenden Schwierigkeiten einer klaren Bestimmung der Zuständigkeiten zu vermeiden, reicht es nicht, lediglich faktisch die Geschäftsverteilung vorzunehmen.[170] Die Zuständigkeit muss daher klar abgegrenzt werden. Dazu ist eine schriftliche Fixierung unvermeidlich.[171]

Die unmittelbare Wahrnehmung der Compliance-Verantwortung durch ein einzelnes Vorstandsmitglied ist jedoch in der Praxis größerer Unternehmen nicht üblich, zumeist praktisch gar nicht realisierbar[172] und vor allem auch

---

168 Allgemein *Uwe H. Schneider* in: Festschrift 100 Jahre GmbHG, S. 473, 481; *Martens* in: Festschrift für Fleck, S. 191.

169 So BGHSt 37, 106, 123ff. = NJW 1990, 2560, 2564 – „Lederspray".

170 Nachträglich lässt sich so nur schwer feststellen, welches Organmitglied zuständig war und seine Pflichten verletzt hat. Vgl. *Uwe H. Schneider* in: Festschrift 100 Jahre GmbHG, S. 473, 484f.

171 Zu den Zuständigkeiten und Modalitäten für die wirksame Geschäftsverteilung vgl. auch *Uwe H. Schneider* in: Festschrift 100 Jahre GmbHG, S. 473, 483.

172 Vgl. auch *Hommelhoff* Konzernleitungspflicht, S. 165; *Schwark* ZHR 142 (1978) 203, 217f.

nicht zweckmäßig.[173] Vielmehr wird die Aufgabe der Gewährleistung der Organisationspflichten aus § 33 Abs. 1 WpHG von einer speziellen Compliance-Abteilung mit zumindest einem Compliance Officer wahrgenommen. Das verlangt für bestimmte Wertpapierdienstleistungsunternehmen wie gesehen auch Nr. 4.2 Compliance-Richtlinie der BAFin.

Fraglich ist die rechtliche und organisatorische Verortung dieser Abteilung bzw. ihrer Mitarbeiter in der Unternehmensorganisation. Da die Überwachung der Einhaltung der Pflichten nach § 33 Abs. 1 WpHG, das heißt die Gewährleistung eines kapitalmarktgerechten Verhaltens des Unternehmens, dann nicht mehr von der Unternehmensleitung wahrgenommen werden, handelt es sich um eine Aufgaben- bzw. Pflichtendelegation.

4. Voraussetzungen wirksamer Delegation

a) Gesellschaftsrechtliche Ausgangslage

Die Mitglieder des geschäftsführenden Leitungsorgans können nicht jede erforderliche Maßnahme im Unternehmen in eigener Person vornehmen. Entsprechend gilt dies auch bei einer Geschäftverteilung für den zuständigen Ressortleiter. Persönliche Wahrnehmung aller Leitungsaufgaben ist bei den heute üblichen Unternehmenstrukturen mit sehr komplexen Willensbildungsprozessen und starker Dezentralisierung schon praktisch gar nicht möglich. Die Corporate Governance Diskussion zeigt, dass die Diskussion darüber auf allen Leitungsebenen und in Bezug auf alle Leitungsorgane in vollem Gange ist.[174] Über die Notwendigkeit arbeitsteiliger Organisationsformen besteht also insgesamt kein Zweifel.[175] Vielmehr müssen einzelne Sachfunktionen nachgerade auf Mitarbeiter delegiert werden, um überhaupt erfüllt

---

173 Freilich werden in kleineren Häusern die Aufgaben auch von der Geschäftsleitung direkt oder von bereits vorhandenen Stabsabteilungen (Rechts- oder Personalabteilung) wahrgenommen. Doch stellt sich hier das Problem, dass die Compliance-Mitarbeiter im Rahmen ihrer Überwachungsaufgabe nicht mit anderen Aufgaben betraut werden sollen.

174 Vgl. dazu etwa die Beiträge in *Feddersen/Hommelhoff/Schneider* (Hrsg.) Corporate Governance.

175 Nach *Hommelhoff* Konzernleitungspflicht, S. 180 ist das gesamte aktienrechtliche Organisationssystem auf Funktions- und Arbeitsteilung hin angelegt und damit der Vorstand von der eigenhändigen Erledigung des Tagesgeschäfts freigestellt. Sichtbar werde dies allein schon an der Aufteilung zwischen Vorstand, Aufsichtsrat und Hauptversammlung, aber auch an den Regeln über die Funktionsaufteilung innerhalb von Vorstand und Aufsichtsrat (§§ 77 Abs. 1, 78 Abs. 2 und 3 sowie 107 Abs. 3 AktG).

werden zu können.[176] Das kann auch ohne weiteres geschehen, wenn einige Grundsätze ordnungsgemäßer Delegation beachtet werden.

Zunächst ist hier festzuhalten, dass eine Delegation von Leitungsaufgaben auf nachgeordnete Mitarbeiter das delegierende Organ bzw- Organmitglied nicht von seiner umfassenden Leitungsverantwortung befreit.[177] Doch ändert sich der Pflichteninhalt. Die Leitungsverantwortung bezieht sich nunmehr auf die Frage, ob die Delegation in der vorgenommenen Art und Weise rechtmäßig war. Von Bedeutung ist vor allem, dass bei der Delegation auf nachgeordnete Mitarbeiter eine hinreichende personelle Auswahl zu treffen ist. Das heißt, es muss sich bei den mit Leitungsaufgaben betrauten Mitarbeitern um dafür fachlich qualifizierte Personen handeln.[178] Zudem ist zu gewährleisten, dass die Mitarbeiter auch fachlich qualifiziert bleiben, sich also fortbilden können. Der dazu erforderliche Freiraum ist ihnen einzuräumen und für regelmäßige fachliche und rechtliche Fortbildung ist zu sorgen.[179] Wie bei der Geschäftsverteilung obliegen den einzelnen Organmitgliedern Überwachungsaufgaben hinsichtlich der rechtmäßigen und ordnungsgemäßen Ausführung der übertragenen Leitungsaufgaben durch das nachgeordnete Management. Es gehört zu ihrer Leitungsverantwortung, die Teilbereiche des Unternehmens, denen Funktionen übertragen worden sind, laufend sowie auch nachträglich zu kontrollieren.[180] Das ist ein Pflichtenbereich ihrer

---

176 Über diesen faktischen Zwang hinaus hält *Hommelhoff* Konzernleitungspflicht, S. 181 den Vorstand einer Aktiengesellschaft geradezu für verpflichtet, delegierbare Aufgaben auf die dafür geeigneten Mitarbeiter zu übertragen. Denn der effektive Einsatz aller Unternehmensressourcen erfasse auch die personellen Ressourcen und zu diesen gehörten auch die Mitglieder des Vorstands, die grundsätzlich aller Aufgaben entledigt sein müssen, die von nachgeordneten Führungskräften erledigt werden können.

177 *Abeltshauser* Leitungshaftung im Kapitalgesellschaftsrecht, S. 222.

178 Nach BGH GmbHR 1985, 143 bildet das Erfordernis persönlich und fachlich qualifizierter Personen einen Bestandteil der Organisationspflicht. Vgl. auch *Mertens* in: Kölner Kommentar zum Aktiengesetz, § 93 Rn. 19; *Uwe H. Schneider* in: Festschrift 100 Jahre GmbHG, S. 473, 485. Insofern unterscheidet sich ordnungsgemäße Delegation von ordnungsgemäßer Geschäftsverteilung. Denn natürlich haben die Vorstandsmitglieder nicht sicherzustellen, dass ihre Mitvorstände sorgfältig ausgewählt und für die Aufgabe fachlich qualifiziert sind. Das ist Aufgabe des Aufsichtsrates.

179 Scholz/*Uwe H. Schneider* GmbHG, § 43 Rn. 38; *ders.* in: Festschrift 100 Jahre GmbHG, S. 473, 486. Dazu auch *Medicus* GmbHR 1998, 9, 14f. – Besprechung von BGHZ 133, 370ff.

180 BGHZ 133, 370, 377f.; *Abeltshauser* Leitungshaftung im Kapitalgesellschaftsrecht, S. 32; *Uwe H. Schneider* in: Festschrift 100 Jahre GmbHG, S. 473, 485.

allgemeinen Sorgfaltspflicht.[181] Im Übrigen ist es für die Delegation von Aufgaben erforderlich, dass es sich überhaupt um delegationsfähige Aufgaben handelt. Doch kann davon im Regelfall ausgegangen werden, wenn nicht eine Leitungsfunktion in Frage steht, die oben zum Kernbereich der Unternehmensführung gerechnet wurde.[182] Gerade nicht delegierbare Aufgaben werden im entsprechenden Gesetz oft genannt.[183]

Für die Erfüllung bestimmter Aufgaben wird im öffentlich-rechtlichen Bereich zunehmend gesetzlich eine Delegation auf bestimmte Mitarbeiter vorgesehen.

b) Unternehmensbeauftragte

Von den in begrenzten Ausnahmefällen auf Organebene gesetzlich vorgeschriebenen und somit zwingend zu bestellenden Unternehmensverantwortlichen ist ein weiteres Rechtsinstitut zu unterscheiden. Viel häufiger haben nämlich die Unternehmen unterhalb der Organebene gesetzlich vorgesehene Unternehmens- oder Betriebsbeauftragte als institutionalisierte Vertreter öffentlicher Interessen zu bestellen.[184] Dabei geht es um die Zuweisung von Pflichtaufgaben an Funktionsträger im Unternehmen.[185] An einer rechtsdogmatischen wie rechtspolitischen Gesamtschau dieser – im Interesse einer effektiven Eigenüberwachung der Regelungsadressaten zu bestellenden – Beauftragten fehlt es bislang.[186] Jedoch kann man festhalten, dass die Unternehmens- oder Betriebsbeauftragten als Hilfsorgane der Unternehmensleitung konzipiert sind und so verstanden die Pflichten der Unternehmensleitung zur Überwachung bestimmter gesetzlicher Vorgaben an deren Stelle erfüllen oder auf ihre Erfüllung hinwirken.[187] Es handelt sich

181 Vgl. auch zur US-amerikanischen duty of care im Hinblick auf sachgerechte Delegation *Abeltshauser* Leitungshaftung im Kapitalgesellschaftsrecht, S. 56.

182 *Abeltshauser* Leitungshaftung im Kapitalgesellschaftsrecht, S. 226.

183 Etwa § 40 GmbHG und § 62 Satz 2 Bergbaugesetz. Beispiele bei *Uwe H. Schneider* in: Festschrift 100 Jahre GmbHG, S. 473, 488.

184 Vgl. *Pulte* Betriebsbeauftragte in der gewerblichen Wirtschaft, passim; *Rehbinder* ZGR 1989, 305ff.

185 *Rehbinder* ZGR 1989, 305, 311. Dazu auch *Pulte* Betriebsbeauftragte in der gewerblichen Wirtschaft, passim.

186 Vgl. aber *Rehbinder* ZGR 1989, 305ff.

187 Nach *Rehbinder* ZGR 1989, 305, 312f. handelt es sich um ein neues Rechtsinstitut einer Unternehmensverfassung im materiellen Sinne. *Ders.* will deshalb sämtlich diese Funktionsträger – ungeachtet der verschiedenen speziellen öffentlich-rechtlichen Fachgesetze – einheitlich als Unternehmensbeauftragte bezeichnet wissen, deren zum Teil sehr verschiedenen Zielen dienende normative Grundlagen, unter einheitlichen Fragestellungen zu diskutieren sind.

also um Pflichten, die eigentlich das Leitungsorgan im Rahmen seiner Leitungsverantwortung zu erfüllen hat. Hier sei aber noch einmal festgehalten, dass die Leitungsverantwortung auch durch die Bestellung eines Beauftragten – sei dies auch gesetzlich vorgeschrieben – nicht aufgehoben wird. Es ändert sich lediglich der Inhalt der Leitungspflichten.

Zwar wird in zahlreichen Gesetzen die Bestellung von Beauftragten vorgeschrieben.[188] Dennoch kann nicht davon die Rede sein, dass es sich um die flächendeckende Regelung eines anerkannten Rechtsinsituts oder gar ein systematisches gesetzgeberisches Vorgehen handelt. Es werden also nicht etwa für alle Unternehmen, die in irgendeiner Weise mit ihrer Tätigkeit öffentliche Schutzgüter gefährden, auch Beauftragte vorgesehen. Vielmehr folgt die gesetzgeberische Entscheidung, ob in einem bestimmten Regelungsbereich die Implemtierung eines Betriebsbeauftragten vorgesehen werden soll, den traditionellen Besonderheiten des entsprechenden Rechtsgebiets oder – einer systematischen Untersuchung *Rehbinders* zufolge – sogar den Zufälligkeiten des Gesetzgebungsverfahrens.[189]

Sieht man davon einmal ab, so können für die heute bereits gesetzlich vorgeschriebenen Beauftragten vier relativ konkrete und differenzierte Aufgabenbereiche unterschieden werden. Zuvörderst haben sie die Einhaltung der gesetzlichen Bestimmungen des Rechtsgebiets zu überwachen, aus welchem die Notwendigkeit ihrer Bestellung folgt. Wegen dieser *Kontrollfunktion* werden sie auch als Organ der Selbstkontrolle bezeichnet.[190] Über die reine Kontrollfunktion hinaus haben sie die Aufgabe, das Unternehmen immer wieder zu aktuellen Verbesserungen anzuhalten. Dazu gehört zum Beispiel, regelmäßig die Ergreifung freiwilliger Maßnahmen des Unternehmens zum Schutze der gefährdeten Rechtsgüter anzuregen. Dies wird als *Innovations-* oder *Initiativfunktion* bezeichnet.[191] Ferner haben die Beauftragten eine *Informationsfunktion.* Sie sollen die Unternehmensangehörigen und die Unternehmensleitung über die aus der Tätigkeit resultierenden Gefahren und die zu deren Vermeidung erforderlichen Schutzmaßnahmen aufklären sowie die Schulung der betreffenden Mitarbeiter in der Gefahrenabwehr übernehmen bzw. organisieren. Zum Teil werden dazu jährliche

---

188 Beispiele bei *Rehbinder* ZGR 1989, 305ff. Vgl. auch *Pulte* Betriebsbeauftragte in der gewerblichen Wirtschaft, passim. Nicht ganz zu unrecht wundert sich *Uwe H. Schneider* in: Festschrift 100 Jahre GmbHG, S. 473, 480 darüber, wofür es noch keine Beauftragten gibt.

189 *Rehbinder* ZGR 1989, 305, 315.

190 Vgl. nur *Steiner* DVBl. 1987, 1133, 1137; *Stich* GewA 1976, 145, 147.

191 *Rehbinder* ZGR 1989, 305, 316.

Berichtspflichten gegenüber der Unternehmensleitung statuiert.[192] Schließlich kann den Beauftragten eine *Repräsentationsfunktion* zukommen. Dies betrifft die Frage nach dem Verhältnis der Beauftragten zu Aufsichtsbehörden sowie der Öffentlichkeit. Allerdings fehlt es hierbei an Einheitlichkeit. So sind die Beauftragten überwiegend als Innenorgane ausgestaltet und haben damit grundsätzlich keinen Kontakt zu Behörden. Insbesondere fehlt es dann an einer Pflicht zur Auskunftserteilung.[193] Dennoch finden sich bei den grundsätzlich ohne Behördenkontakt konzipierten Beauftragten im Gesetz zum Teil gerade dafür bestimmte Ansätze.[194]

c) Regelung für Wertpapierdienstleistungsunternehmen

aa) Keine gesetzliche Regelung

Im WpHG ist die Bestellung eines Compliance-Beauftragten entgegen einer nicht selten in der Praxis anzutreffenden Überzeugung[195] nicht vorgesehen. Nach § 33 Abs. 1 Nr. 3 WpHG muss das Wertpapierdienstleistungsunternehmen lediglich über „angemessene interne Kontrollverfahren verfügen, die geeignet sind, Verstößen gegen Verpflichtungen nach diesem Gesetz entgegenzuwirken". Insofern gehört die Überwachung der Einhaltung der Organisationspflichten grundsätzlich vollinhaltlich zur Leitungsverantwortung und zum Pflichtenkreis des Leitungsorgans. Pointiert formuliert: *Compliance ist Chefsache*.

Notwendigerweise muss die Überwachung dieser Pflicht bei den komplexen Organisationsstrukturen der Wertpapierdienstleistungsunternehmen aber auf nachgeordnete Mitarbeiter delegiert werden, um ihre effektive Wahrnehmung zu gewährleisten.

---

192 So speziell im Umweltrecht in § 54 Abs. 2 BImSchG, § 21 b Abs. 3 WHG und § 55 Abs. 2 KrW-/AbfG.

193 Das ist in der Praxis allerdings oft abweichend geregelt. Vgl. dazu die Nachweise bei *Rehbinder* ZGR 1989, 305, 317 mit Fn. 33.

194 Beispielhaft genannt sei hier das Recht der zuständigen Behörde, die Zuziehung des Beauftragten nach § 52 Abs. 2 Satz 3 BImSchG oder § 21 Abs. 1 Satz 4 WHG zu verlangen.
Besondere Rechte sind in diesem Zusammenhang dem nach § 36 Abs. 1 BDSG zu bestellenden Datenschutzbeauftragten eingeräumt, der sich gemäß § 37 Abs. 1 Satz 2 BDSG in Zweifelsfällen an die Aufsichtsbehörde wenden kann.

195 In einer Werbeanzeige für ein von „FORUM – Institut für Management" veranstaltetes Seminar mit dem Titel „Der Compliance-Beauftragte" heißt es „Mit dem WpHG sind Kreditinstitute verpflichtet, einen Compliance Beauftragten zu benennen". Vgl. dagegen *Scharrenberg* in: Das neue Kapitalmarktrecht in Frage und Antwort, Kapitel E, S. 69, 85.

bb) BAWe Compliance-Richtlinie

Diese Tatsache hat die BAFin in Nr. 4.2 Compliance-Richtlinie aufgegriffen. Für Wertpapierdienstleistungsunternehmen, die in der Regel über compliancerelevante Informationen verfügen, wird darin die Pflicht aus § 33 Abs. 1 WpHG dahingehend konkretisiert, dass die Geschäftsleitung zur Wahrnehmung der Überwachungsaufgaben eine Compliance-Stelle einzurichten hat. Wegen der oben dargelegten faktischen Verbindlichkeit der Compliance-Richtlinie, werden die betroffenen Wertpapierdienstleistungsunternehmen dem regelmäßig folgen.[196] Jedoch ergeben sich aus der Compliance-Richtlinie nur wenige, überwiegend allgemein gehaltene Anhaltspunkte zu den weiterführenden Fragen nach der hierarchischen Stellung, den Aufgaben und Kompetenzen oder der Verantwortlichkeit der Compliance-Abteilung.

Die BAFin fordert in Nr. 4.2 Compliance-Richtlinie, dass die Compliance-Abteilung ihre Aufgaben unabhängig von Geschäfts-, Handels- und Abwicklungsabteilungen wahrnimmt und im Bereich ihrer Aufgabenerfüllung weisungsunabhängig ist. Das soll nicht zuletzt dadurch garantiert werden, dass die Compliance-Stelle in ihrer Aufgabenerfüllung nicht durch die Übertragung anderer Aufgaben beeinträchtigt werden darf. Die Compliance-Stelle soll der Geschäftsleitung regelmäßig berichten, mindestens einmal im Jahr. Dazu und zur Erfüllung ihrer Aufgaben insgesamt soll sie ein uneingeschränktes Auskunfts-, Zugangs- und Einsichtsrecht hinsichtlich aller Unterlagen, Bücher und Aufzeichnungen einschließlich etwaiger vorliegender Tonbandaufzeichnungen haben. Deren Zurverfügungstellung kann sie jederzeit verlangen. Darüber hinausgehende konkrete Angaben gibt es auch in der Compliance-Richtlinie der BAFin nicht.

Diese Stellenbeschreibung der BAFin enthält Parallelen zu den vier Grundfunktionen der soeben vorgestellten Unternehmens- oder Betriebsbeauftragten. Auch die Überwachungsaufgabe der Compliance-Stelle liegt zu einem nicht unerheblichen Teil im Schutz besonderer öffentlicher Interessen begründet, etwa dem Vertrauen in einen funktionierenden Kapitalmarkt.[197] Die von der Compliance-Stelle zu erfüllende Überwachungsaufgabe entspricht der Kontrollfunktion der Beauftragten. Die Compliance-Richtlinie weist explizit darauf hin, dass die Geschäftsleitung und die von ihr betrauten Führungskräfte, unbeschadet der Aufgaben der Compliance-Stelle, für die regelgerechte Gestaltung und Abwicklung der von ihnen betreuten Geschäfte verantwortlich sind, Nr. 4.2. Das aber bedeutet im Gegenschluss, dass dies auch in den Aufgabenbereich der Compliance-Stelle fällt. Um dies zu erfüllen, muss sie nicht nur die Regelgerechtheit überwachen, sondern hat auf

---

196 Das ist in der Praxis auch überall geschehen, vgl. nur *Bergles* ZBB 2000, 140.

197 *Koller* in: Assmann/Uwe H. Schneider, WpHG, § 33 Rn. 32.

Schwachstellen hinzuweisen bzw. Verbesserungen nach dem aktuellen Stand der Erkenntnisse anzuregen. Insofern kommt ihr ähnlich den Beauftragten eine Innovations- oder Initiativfunktion zu. Die Festschreibung einer mindestens jährlichen Berichtspflicht belegt schließlich die Informationsfunktion der Compliance-Stelle.

Aus der großen Anzahl gesetzlich vorgeschriebener Beauftragter, weist der nach § 14 Abs. 2 Nr. 1 GwG in Kreditinstituten zu bestellende Geldwäschebeauftragte von Funktion und Aufgabenstellung her besondere Ähnlichkeiten mit der von der BAFin formulierten Stellenbeschreibung für eine Compliance-Stelle auf. In der Praxis werden daher teilweise auch die Aufgaben des Geldwäschebeauftragten und der Compliance-Stelle in einer Abteilung zusammengefasst.[198] Das spricht dafür, die für den Geldwäschebeauftragten herausgebildeten Regeln für die Konkretisierung der Compliance-Stelle vergleichend heranzuziehen.[199] Dabei darf allerdings nicht übersehen werden, dass der Geldwäschebeauftragte primär als Verbindung zwischen Ermittlungsbehörden, Instituten und Mitarbeitern im Kampf gegen die Nutzung der Institute zur Geldwäsche durch unternehmensfremde Externe fungieren soll. Dagegen hat die Compliance-Stelle Insiderverstöße von Mitarbeitern im eigenen Unternehmen durch organisatorische Maßnahmen und Überwachung möglichst zu verhindern sowie Interessenkonflikten zwischen Institut und Kunden und zwischen verschiedenen Kunden vorzubeugen.

Da auch der Geldwäschebeauftragte ein Beauftragter im Sinne der genannten Unternehmens- oder Betriebsbeauftragten ist, soll die nachfolgende Untersuchung hier im Groben entlang der von *Rehbinder*[200] für alle Beauftragten herausgearbeiteten systematischen Kriterien Aufgaben, Rechtsstatus, Kompetenzen, organisationsrechtliche Stellung sowie rechtliche Verantwortlichkeit unter Berücksichtigung der sich aus der Compliance-Funktion ergebenden Besonderheiten erfolgen.

198 *Bergles* ZBB 2000, 140, 141.

199 Dafür spricht auch, dass Vorbild für die Einführung eines Geldwäschebeauftragten gerade der – im angel-sächsischen Rechtskreis schon viel länger bekannte – *compliance officer* ist. Vgl. *Werner* Bekämpfung der Geldwäsche in der Kreditwirtschaft, S. 175.

200 *Rehbinder* ZGR 1989, 305, 314ff.; *ders.* ZHR 165 (2001) 1, 8ff.

I. Compliance-Stelle

I. Aufgaben

Die bereits skizzierten Aufgaben der Compliance-Stelle sind in Nr. 4.2 Compliance-Richtlinie umrissen. Sie gehen insbesondere über die materiellen Verhaltensregeln gemäß §§ 31 und 32 WpHG hinaus, wie sie für alle Mitarbeiter gelten. Denn es ist gerade die Compliance-Stelle, die die Einhaltung der sich aus dem WpHG ergebenden Pflichten sicherstellen soll. Besonderes Augenmerk der Compliance-Stelle hat auf der Prävention gegen und Aufdeckung von Insiderverstößen zu liegen. Das ist ihre grundlegende Aufgabe. Die Compliance-Stelle hat dazu als unabhängige Stelle im Sinne von Teil C. I. der Bekanntmachung von BAKred und BAWe über Mitarbeitergeschäfte[201] die Einhaltung dieser Leitsätze laufend zu kontrollieren. Dabei genügen Stichproben, die aber in einem angemessenen Verhältnis zum Geschäftsumfang stehen müssen.[202] Entsprechendes gilt für die Einhaltung der Grundsätze für die Kundenberatung im Wertpapier- und Derivatgeschäft. Die Compliance-Stelle hat bei all dem die Elemente einer Compliance-Organisation, also insbesondere die Watch- und Restricted List sowie Chinese Walls, so effektiv wie möglich einzusetzen. Zur Aufgabe von Compliance zählt auch die Erstellung und stete Aktualisierung eines unternehmensinternen Regelwerks zur Ausgabe an die von Maßnahmen betroffenen Mitarbeiter. Die Compliance-Stelle ist ferner beizuziehen, wenn der Vertrieb neuer Finanzprodukte geplant ist. Hier ist Aufgabe von Compliance, diese Produkte auf Kunden- und Kapitalmarkttauglichkeit anhand der rechtlichen Vorgaben zu prüfen. Nach Nr. 4.2 Compliance-Richtlinie hat die Compliance-Stelle der Geschäftsleitung mindestens einmal pro Jahr über ihre Tätigkeit zu berichten. Welche weiteren Aufgaben der Compliance-Stelle übertragen werden, ist in erster Linie Sache der unternehmensinternen Organisation. So kann es sich anbieten in einer börsennotierten Aktiengesellschaft auch die Durchführung der ad hoc-Publizität gemäß § 15 WpHG bei der Compliance-Stelle zu verorten.[203]

---

201 Bekanntmachung des Bundesaufsichtsamtes für das Kreditwesen und des Bundesaufsichtsamtes für den Wertpapierhandel über Anforderungen an Verhaltensregeln für Mitarbeiter der Kreditinstitute und Finanzdienstleistungsinstitute in Bezug auf Mitarbeitergeschäfte vom 7. 6. 2000; die Bekanntmachung ist auf der Homepage der BAFin unter www.bafin.de abrufbar.

202 Zu Möglichkeiten EDV-mäßiger Umsetzung knappe Hinweise bei *Than* in: Das Zweite Finanzmarktförderungsgesetz in der praktischen Umsetzung, S. 135, 156.

203 So etwa *Than* in: Das Zweite Finanzmarktförderungsgesetz in der praktischen Umsetzung, S. 135, 155.

II. Rechtsstatus

1. Kein Aufsichtsorgan

Die Compliance-Stelle ist kein mit öffentlichen Aufgaben betrautes Organ der BAFin, also nicht etwa ein betriebsinterner Aufpasser der Behörde. Obwohl sie, ebenso wie die Aufsichtsämter, primär die Anlegerinteressen und die Integrität des Kapitalmarktes im Blick haben muss,[204] obliegen ihr keine unmittelbar verwaltungsrechtlichen Pflichten. Es handelt sich vielmehr um einen institutionellen Funktionsträger des Unternehmens. Vergleichbar den Beauftragten im Umweltrecht, ist der Compliance Officer ein „Mann des Unternehmens", ohne öffentlich-rechtliche Pflichtenstellung gegenüber einer Behörde.[205] Das wird schon daran deutlich, dass es ja Aufgaben und Pflichten des Leitungsorgans sind, für deren effektive Erfüllung die Compliance-Stelle eingerichtet wird. Im Übrigen ist die Compliance-Stelle nicht gesetzlich vorgeschrieben, sondern lediglich über die Konkretisierung der WpHG-Organisationspflichten durch die BAFin. Dieses kann sich ohne ausdrückliche gesetzliche Grundlage jedoch keine innerhalb eines Unternehmens anzusiedelnde „Außenstelle" schaffen.

Die Compliance-Stelle ist danach eine – wenngleich in ihrer hierarchischen Ansiedlung besondere – Stelle im Unternehmen, die lediglich eine Art „Erfüllungsgehilfen" darstellt. Im Bereich der gesetzlich vorgesehenen Beauftragten ist freilich die Frage umstritten, ob die gesetzlichen Regelungen über den Betriebsbeauftragten das organisationsrechtliche Verhältnis oder jedenfalls das arbeitsvertragliche Grundverhältnis ausgestalten. Bejaht man dieses, so führt das zu unmittelbar daraus folgenden Rechten und Pflichten des Beauftragten gegenüber dem Unternehmen, aus denen heraus auch Befugnisse des Beauftragten abgeleitet werden können, in bestimmten Fällen an Stelle der Aufsichtsbehörde einzuschreiten.[206] Mangels solcher explizit gesetzlicher Regelungen fehlt es an Einflüssen auf das Grundverhältnis. Die Rechtsbeziehungen zwischen der Compliance-Stelle und dem Unternehmensträger richten sich in erster Linie nach den gesellschafts- und arbeitsrechtlichen Grundlagen. Allerdings darf die Compliance-Stelle zur Erhaltung ihrer effektiven Arbeitskraft keinen auf ihrer Tätigkeit beruhenden Benachteiligungen unterliegen. Das wird auch in der von der BAFin in Nr. 4.2 Compliance-Richtlinie für die Compliance-Stelle geforderten Weisungsunabhängigkeit deutlich.

---

204 *Koller* in: Assmann/Uwe H. Schneider, WpHG, § 33 Rn. 32.

205 Vgl. dazu *Rehbinder* ZGR 1989, 305, 318 m. w. Nachweisen in Fn. 34.

206 Nachweise zu diesem Streit bei *Rehbinder* ZGR 1989, 305, 319f.

2. *Ohne Außenkontakt*

Der Geldwäschebeauftragte ist Ansprechpartner der Strafverfolgungsbehörden. Das ergibt sich zum einen ausdrücklich aus § 14 Abs. 2 Nr. 1 GwG, folgt andererseits aber schon daraus, dass seine Bestellung die Kommunikation und Erleichterung zwischen Ermittlungsbehörde und Wirtschaftsunternehmen bezweckt.[207]

Für die Compliance-Stelle kann dies nicht gelten. Ihr obliegt die Überwachung der kapitalmarktrechtlichen Organisationspflichten im Inneren des Unternehmens. Ihre primär präventiven Aufgaben dienen dazu, von vornherein die Möglichkeiten unerlaubten Ausnutzens von compliance-relevanten Tatsachen zu verhindern. Dazu steht sie lediglich in engem Kontakt zur Unternehmensleitung. Letztere ist als Verantwortliche bei behördlichen Aufsichtsmaßnahmen der primäre Ansprechpartner der Behörde. Das wird auch in der Praxis so gehandhabt. Die BAFin adressiert ihre Anfragen an ein Wertpapierdienstleistungsunternehmen bzw. an die Geschäftsleitung und von dort werden diese dann an die intern zuständige Compliance-Stelle weitergeleitet. Dieser Weg entspricht exakt der rechtlichen Verantwortungsverteilung.

Es soll hier indes nicht übersehen werden, dass in der Praxis die Compliance-Stelle, jedenfalls was die Beantwortung entsprechender Anfragen der BAFin betrifft, der tatsächliche Ansprechpartner der Behörde ist. So werden die Anfragen, welche die BAFin aufgrund konkreter Geschäfte von Kunden und Mitarbeitern hinsichtlich möglicher Verstöße gegen das Insiderhandelsverbot an ein Institut stellt, im Regelfall direkt von der Compliance-Stelle beantwortet.[208] Dass die Mitarbeiter von Compliance ferner bei entsprechenden Kontakten zwischen der Behörde und dem Unternehmen hinzugezogen werden bzw. eigenständig mit dem BAWe verhandeln, liegt jedoch an ihrer Sachkunde und ihrem Einblick in alle rechtlichen wie tatsächlichen Problemfelder, nicht hingegen an einem in der Funktion angelegten Außenkontakt. Diesen erst zu legitimieren und damit rechtlich verbindliche Erklärungen für das Wertpapierdienstleistungsunternehmen durch die Compliance-Stelle zu ermöglichen, bedarf es einer Bevollmächtigung durch das Vertretungsorgan des Instituts.

207 *Fülbier/Aepfelbach* in: GwG – Kommentar zum Geldwäschegesetz, § 14 Rn. 8; *Werner* Bekämpfung der Geldwäsche in der Kreditwirtschaft, S. 175.

208 Vgl. nur *Bergles* ZBB 2000, 140, 141 der jedoch nicht zwischen lediglich zur Auskunft berechtigter Stelle und funktionellem Außenkontakt unterscheidet.

III. Kompetenzen

Unterschiede zwischen Geldwäschebeauftragtem und Compliance-Stelle bestehen auch in der kompetenziellen Ausstattung. Der für die Funktion des Geldwäschebeauftragten in Frage kommende Personenkreis ist im GwG selbst schon stark eingegrenzt. Nach § 14 Abs. 2 Nr. 1 GwG muss es sich um eine „leitende Person" handeln. Es kann nur eine (auch sonst) zur Außenvertretung des Unternehmens berechtigte und mit unternehmensinternen Weisungsbefugnissen ausgestattete Person bestellt werden.[209]

Die Compliance-Stelle dagegen ist eine neutrale Stabsstelle,[210] das heißt eine nicht von vornherein mit Weisungsbefugnissen ausgestattete Einheit. Dennoch muss sie, um ihren Aufgaben so effektiv wie möglich und damit auch im Interesse des Unternehmens nachkommen zu können, von der Unternehmensleitung mit den für ihre Tätigkeit erforderlichen Kompetenzen ausgestattet werden. Dazu gehört vor allem die Einräumung des von der BAFin in Nr. 4.2 vorgesehenen uneingeschränkten Auskunfts-, Zugangs und Einsichtsrechts hinsichtlich aller Unterlagen, Bücher und Aufzeichnungen sowie eventuell vorhandener Tonbandaufzeichnungen. Das bedeutet, dass die Compliance-Stelle mit der Befugnis ausgestattet werden muss, von anderen Stellen im Unternehmen die entsprechenden Unterlagen etc. anzufordern.[211]

Weitere Weisungsbefugnisse stehen ihr im Regelfall nicht zu. Die Compliance-Stelle nimmt ihre Aufgaben aufgrund einer Delegation des Leitungsorgans wahr. Stellt sie Mängel fest, so kann sie die betroffenen Stellen im Unternehmen auffordern, diese Mängel abzustellen und die rechtlich geforderte Situation herzustellen. Wird dies nicht befolgt, so hat die Compliance-Stelle das zuständige Organmitglied bzw. den zuständigen Mitarbeiter in Linie des Organs zu informieren. Nur hier kann die Entscheidungsbefugnis zur Abstellung der Mängel letzten Endes liegen. Denn hier liegt auch die rechtliche Verantwortung, wenn die von Compliance monierten Asymmetrien zwischen Recht und Zustand zu Rechtsverletzungen führen. Denn die Unternehmensleitung ist verantwortlich für die ordnungsgemäße Organisation des Unternehmens. Würde die Compliance-Stelle mit solchen Befugnissen ausgestattet, könnte dadurch das ausbalancierte unternehmensinterne

---

209 Vgl. Begründung zum Regierungsentwurf eines Gesetzes über das Aufspüren von Gewinnen aus schweren Straftaten, BT-Drucks. 12/2704, S. 19; *Fülbier/Aepfelbach* in: GwG – Kommentar zum Geldwäschegesetz, § 14 Rn. 25; *Werner* Bekämpfung der Geldwäsche in der Kreditwirtschaft, S. 174f.

210 *Eisele* WM 1993, 1021.

211 Dem korrespondiert dann die Pflicht der Adressaten einer solchen Anforderung, Einsicht zu gewähren.

Zuständigkeitsgefüge aufgrund von Kompetenzkonflikten Schaden nehmen. Das ginge zwangsläufig zu Lasten der Effektivität von Compliance.

IV. Organisationsrechtliche Stellung

1. Weisungsabhängigkeit

Für den Geldwäschebeauftragten wird vertreten, seine Leitungsfunktion schließe es nicht aus, seinerseits an Weisungen gebunden zu sein.[212] Die vom Geldwäschebeauftragten wahrgenommenen Pflichten seien eigentlich solche, die dem Unternehmen selbst obliegen. Daher müsse die Letztentscheidungsbefugnis auch beim Leitungsorgan verbleiben.[213]

Die BAFin fordert für die Compliance-Stelle, dass sie zwar der Geschäftsleitung unmittelbar verantwortlich ist, im Übrigen im Rahmen ihrer Aufgabenerfüllung jedoch weisungsunabhängig sein müsse, Nr. 4.2 Compliance-Richtlinie. Wenn damit ausgedrückt werden soll, dass selbst die Unternehmensleitung der Compliance-Stelle keine Weisungen hinsichtlich der ihr übertragenen Überwachungsaufgabe erteilen kann, so kann dem nicht gefolgt werden.

Zwar ist die weitgehende Unabhängigkeit der Compliance-Stelle Garant für ihre effektive Aufgabenerfüllung. Jedoch gilt auch hier wie beim Geldwäschebeauftragten: Die Compliance-Stelle sorgt für die Erfüllung der Pflichten des Unternehmens bzw. der Unternehmensleitung. Diese aber ist für das gesamte Geschehen im Unternehmen verantwortlich. Ihren Mitgliedern obliegt unabhängig von der jeweiligen Ressortzuständigkeit, die (Gesamt-)Verantwortung für die Funktionsfähigkeit und Wirksamkeit eines unternehmensinternen Compliance-Systems. Im Rahmen der Organisationspflichten nach § 33 Abs. 1 WpHG bedient sich die Unternehmensleitung der Compliance-Stelle, um ihrer Verantwortung sachkompetent gerecht zu werden. Letztendlich handelt es sich um eine in besonderem Maße institutionalisierte Delegation von Leitungspflichten auf nachgeordnete Stellen.[214] Die Verantwortung für Compliance ruht damit auf zwei Schultern, nämlich denen der subordinierten Mitarbeiter der Compliance-Stelle und der Mit-

---

212 Das kann freilich nur dann gelten, wenn die zum Geldwäschebeauftragte bestellte „leitende Person“ nicht dem Leitungsorgan angehört, sondern diesem untergeordnet ist.

213 *Fülbier/Aepfelbach* in: GwG – Kommentar zum Geldwäschegesetz, § 14 Rn. 27; *Höche* Die Bank 1998, 618, 622.

214 So wohl auch *Kümpel* Bank- und Kapitalmarktrecht, Rn. 16.564. Vgl. auch *Scharrenberg* in: Das neue Kapitalmarktrecht in Frage und Antwort, Kapitel E, S. 69, 85.

glieder des übergeordneten Leitungsorgans. Daher verbleibt die Letztentscheidungsbefugnis auch in Compliance-Fragen bei dem umfassend verantwortlichen Leitungsorgan.

Die hier vertretene Auffassung wird durch einen Vergleich mit dem Recht des Datenschutzbeauftragten nach BDSG bestätigt. Diesem wird durch § 36 Abs. 3 BDSG bei der Anwendung seiner Fachkunde explizit Weisungsfreiheit gewährt. Nur die ausdrückliche gesetzliche Anordnung der Weisungsfreiheit rechtfertigt es, in diesem Ausmaß in die unternehmerische Entscheidungs- und Direktionsfreiheit eingreifen zu können.[215] Die Compliance-Stelle ist weder gesetzlich angeordnet, noch kommt der Compliance-Richtlinie – über das oben herausgearbeitete Maß hinaus – ein quasi-gesetzlicher Charakter zu. Damit fehlt es aber an einer Rechtsgrundlage, um der Unternehmensleitung im Hinblick auf die Compliance-Stelle Kompetenzen zu entziehen.

Allerdings sollte die Compliance-Stelle weitgehend weisungsfrei ihre Aufgabe erfüllen können, um so effektiv wie möglich die nicht zuletzt auch im Unternehmensinteresse liegenden Organisationspflichten überwachen zu können. Das soll hier gar nicht bestritten werden.

Doch ist die Ausstattung der Compliance-Stelle mit weitgehend unabhängiger Arbeitsmöglichkeit keine Frage der rechtlichen Weisungsunabhängigkeit, sondern vielmehr der Führungsqualität des Leitungsorgans und seiner Mitglieder in Form einer vernunftgegründeten Selbstbescheidung sowie der hierarchischen Ansiedlung der Compliance-Stelle. Ein Beispiel ist hier die in Österreich auf freiwilliger Basis geregelte Bestimmung im *Standard Compliance Code* (SCC). Danach sind die Mitarbeiter der Compliance-Abteilung für einen bestimmten Zeitraum unabsetzbar und unversetzbar.[216]

---

215 Zur Parallelsituation beim Geldwäschebeauftragten vgl. *Fülbier/Aepfelbach* in: GwG – Kommentar zum Geldwäschegesetz, § 14 Rn. 27; *Findeisen* WM 2000, 1234, 1239; *Höche* Die Bank 1998, 618, 622.

216 Die österreichischen Kreditinstitute haben die ihnen nach dem österreichischen Börsegesetz obliegenden Sorgfaltspflichten (§ 82 Abs. 5 Z 3 BörseG i. V. m. § 18 Z 5 BörseG) in einer abgestimmten Mindestregelung, dem *Standard Compliance Code* (SCC) als einheitlicher Richtschnur für die Umsetzung, für sich verbindlich konkretisiert. Im SCC wird für die einzurichtende Compliance-Stelle u. a. festgelegt, dass sie direkt dem Vorstand untersteht und für einen bestimmten Zeitraum unabsetzbar und unversetzbar ist, §§ 5.2. und 5.4. SCC. Die weitgehende Unabhängigkeit der Compliance-Stelle entspricht folglich unmittelbar unternehmerischer Vernunft. Dazu zählt auch Unabhängigkeit von Weisungen in Bezug auf die Compliance-Tätigkeit. Zum Standard Compliance Code vgl. ausführlich *Hausmaninger* ÖBA 1993, 847ff. Der im Sommer 1999 im Hinblick auf die Bestimmungen des österreichischen Wertpapieraufsichtsgesetzes (WAG) überarbeitete SCC ist auf der Homepage der österreichischen Bundes-Wertpapieraufsicht unter www.bwa.at abrufbar.

2. Hierarchische Ansiedlung

Nach § 14 Abs. 2 Nr. 1 GwG muss der Geldwäschebeauftragte eine „leitende Person“ sein. Es kommen daher nur Mitglieder des Leitungsorgans bzw. (auch sonst) zur Außenvertretung berechtigte Mitarbeiter in Betracht. Damit ist eine zumindest herausgehobene Stellung im Unternehmen vorprogrammiert. Doch schließt dies nicht aus, dass es je nach Organisationsstruktur und Größe des Instituts zwischen dem Geldwäschebeauftragten und dem Leitungsorgan noch weitere Hierarchiestufen geben kann.[217]

Die Compliance-Richtlinie ordnet in Nr. 4.2 die Compliance-Stelle direkt der Geschäftsleitung unter. In der Praxis handelt es sich zumeist um eine neutrale Stabstelle.[218] Die Ansiedlung der Compliance-Stelle direkt unterhalb des Leitungsorgans ist nicht nur sinnvoll, sondern geradezu geboten. Denn die zur Aufgabe von Compliance gehörende Überwachung von Chinese Walls kann nur von einer Stelle ausgeführt werden, die sich über einer Wall befindet.[219]

Daraus folgt aber auch, dass nur eine direkt unter der Leitungsebene angeordnete Compliance-Stelle bestehende Chinese Walls effektiv überwachen kann. Außerdem führt die Compliance-Stelle die Watch und Restricted Lists. Alle diesbezüglichen Informationen laufen bei ihr zusammen. Sie gibt die ständig aktualisierte Restricted List heraus und verwaltet die strengvertraulichen Daten der Watch List. Auch dazu ist es erforderlich, dass die Compliance-Stelle so hoch wie möglich und völlig getrennt von allen übrigen Geschäftsbereichen und Stabsstellen im Unternehmen angesiedelt ist. Insbesondere sollte die Compliance-Stelle unabhängig von der Revisionsabteilung sein. Ihre Aufgaben sollten mithin nicht von dieser mit übernommen werden. Denn die Revisionsabteilung nimmt in erster Linie die Interessen des Wertpapierdienstleistungsunternehmens selbst wahr, wohingegen die Compliance-Stelle auf die gute Ordnung am Kapitalmarkt und dessen Integrität achtet.[220] Entscheidend ist letztlich jedoch, dass die mit Compliance-Aufgaben betrauten Mitarbeiter keinem Bereich angehören, der mit laufenden Bankgeschäften befasst ist und dass sie in Bezug auf ihre Compliance-Tätigkeit direkt der Geschäftsleitung unterstellt sind.

---

217 So auch *Fülbier/Aepfelbach* in: GwG – Kommentar zum Geldwäschegesetz, § 14 Rn. 27.

218 *Eisele* WM 1993, 1021. Vgl. auch *Weiss* Die Bank 1993, 136ff.

219 Näher zu Chinese Walls auf Führungsebene vgl. oben S. 87ff.

220 *Koller* in: Assmann/Uwe H. Schneider, WpHG, § 33 Rn. 32.

V. Rechtliche Verantwortlichkeit

Nach Ansicht der BAFin bleibt die Geschäftsleitung für die regelgerechte Gestaltung und Abwicklung der Geschäfte verantwortlich, Nr. 4.2 Compliance-Richtlinie. Bei ihr verbleibt gemäß Nr. 4.1 Compliance-Richtlinie auch im Falle der Delegation von Aufgaben die Gesamtverantwortung. Kommt es aufgrund von Verstößen gegen das WpHG zu Maßnahmen der BAFin gegen ein Wertpapierdienstleistungsunternehmen, so liegt die Verantwortung hierfür bei der Unternehmensleitung. Die nicht ordnungsgemäße Erfüllung der kapitalmarktrechtlichen Pflichten ist eine Verletzung der Sorgfaltspflicht des Leitungsorgans.

Damit liegt die Compliance-Richtlinie in dem auch hier zugrunde gelegten Verständnis der Verantwortungsverteilung, welches ungenau, aber prägnant formuliert lautet: Compliance ist Chefsache. Hinweise für die Verantwortlichkeit der Compliance-Stelle fehlen aber in der Compliance-Richtlinie der BAFin. Gesetzliche Regelungen dazu fehlen ohnehin. Ohne Frage trifft die Mitarbeiter von Compliance wie jeden anderen Mitarbeiter auch die Pflicht zur Unterlassung verbotenen Insiderhandels, § 14 Abs. 2 WpHG.

Auch im Recht gesetzlich vorgesehener Betriebsbeauftragter gibt es nur selten Regelungen über ihre rechtliche Verantwortlichkeit oder die des Unternehmers für den Beauftragten nach außen. Im Allgemeinen muss folglich die Verantwortlichkeit aus ihren Kompetenzen abgeleitet werden. Für Betriebsbeauftragte mit reiner Beratungsfunktion wird nach allgemeiner Meinung angenommen, dass sie grundsätzlich keiner straf- oder ordnungsrechtlichen Verantwortung unterliegen.[221] So wird etwa der Umweltschutzbeauftragte mit reiner Beratungsfunktion im Falle eines Unterlassens von Maßnahmen des Umweltschutzes nicht selbst strafrechtlich belangt, weil er keine Garantenstellung im Sinne von § 13 StGB oder § 8 OWiG besitzt. Er gilt auch nicht als besonders Beauftragter im Sinne von § 14 Abs. 2 StGB bzw. § 9 Abs. 2 OWiG.[222] Gelegentlich wird eine – allerdings begrenzte – Garantenstellung als „Überwachungsgarant" oder mittelbarer Täter diskutiert.[223] Von der Rechtsprechung wird bisweilen eine strafbare Beihilfe durch Unterlassen angenommen, wenn die eingetretene Rechtsverletzung kausal auf der unterlassenen Beratung beruht.[224] Doch dürfte der Nachweis

221 *Rehbinder* ZGR 1989, 305, 331 mit Nachweisen zum Meinungsstand.

222 So OLG Frankfurt NJW 1987, 2753 m.w.N. Vgl. ferner *Tröndle/Fischer* StGB, § 324 Rn. 9.

223 Nachweise bei *Rehbinder* ZGR 1989, 305, 331f.

224 OLG Frankfurt NJW 1987, 2753, 2756.

der Kausalität hier im Regelfall wohl schwierig zu führen sein.[225] Für die zivilrechtliche Haftung heißt dies, dass eine unerlaubte Handlung durch Unterlassen der Beratungspflicht durch den Beauftragten mit reiner Beratungsfunktion regelmäßig nicht in Betracht kommt und damit auch keine Haftung der Gesellschaft nach § 31 BGB begründet wird.[226]

Die Compliance-Stelle hat zwar nicht lediglich eine beratende Funktion, sondern nimmt die ihr vom Leitungsorgan übertragene Überwachungsaufgabe auch ausgestattet mit eigenen Befugnissen wie etwa einem umfassenden Zugangs-, Einsichts- und Auskunftsrecht wahr. Dennoch kann man einige der vorstehend skizzierten Grundsätz heranziehen. So gilt auch für die Compliance-Stelle, dass sie kein Beauftragter im Sinne von § 14 Abs. 2 StGB bzw. § 9 Abs. 2 OWiG ist.[227] Denn hierzu bedürfte es der Übertragung der Aufgabe der Unternehmensleitung „in eigener Verantwortung". Dieses sachlich bedeutende Merkmal engt die Anwendung der genannten Vorschriften nicht unerheblich ein.[228] Es liegt nur dann vor, wenn der Beauftragte in die Lage versetzt wird, von sich aus, also ohne Weisung des eigentlich Verpflichteten, die Maßnahmen zu ergreifen, die zur Aufgabenwahrnehmung und Pflichterfüllung notwendig sind.[229] Das schließt es nicht aus, Eigenverantwortlichkeit schon bei noch bestehender (End-)Kontrolle durch eine übergeordnete Stelle anzunehmen.[230] Es reicht aber nicht aus, dass der Beauftragte die Aufgabe übernommen hat und tatsächlich ausführt.

Die Compliance-Stelle müsste daher im Rahmen der Entscheidungsbefugnisse des Vertretenen, also hier des Leitungsorgans, handeln. Sie müsste hinsichtlich der Organisationspflichten aus § 33 Abs. 1 WpHG in den Verantwortungsbereich und den aufgabenspezifischen Pflichtenkreis des eigentlich Verpflichteten einrücken.[231] Zu einer solchen kompletten Auswechslung der Verantwortung kommt es hingegen nicht. Letztverantwortlich bleibt das Leitungsorgan. Davon gehen auch die umfangreichen Compliance-Handbücher der Kreditinstitute aus. Darin wird die „Unterstützung" oder auch „Begleitung" der Geschäftsleitung durch die Compliance-Abteilung beim Aufbau einer Compliance-Struktur beschrieben.[232] Nicht hingegen ist die Rede von der Durchsetzung organisatorischer oder disziplinarischer Maß-

---

225 So treffend *Rehbinder* ZGR 1989, 305, 332.
226 Vgl. wiederum *Rehbinder* ZGR 1989, 305, 332.
227 Anders *Cramer* in: Assmann/Uwe H. Schneider, WpHG, vor § 38 Rn. 28.
228 Vgl. etwa *Göhler* Gesetz über Ordnungswidrigkeiten, § 9 Rn. 30.
229 *Göhler* Gesetz über Ordnungswidrigkeiten, § 9 Rn. 31.
230 *Tröndle/Fischer* 14 Rn. 13; *Göhler* Gesetz über Ordnungswidrigkeiten, § 9 Rn. 31
231 *Tröndle/Fischer* StGB, § 14 Rn. 13.
232 Exemplarisch etwa Commerzbank, Compliance-Handbuch 2/1999, Nr. 4.2; Deutsche Bank, Compliance-Handbuch, Fassung 1999, S. 4.

nahmen durch das Compliance-Office oder seine Mitarbeiter. So kann die Compliance-Abteilung die im Unternehmen zu ziehenden Chinese Walls vorzeichnen und das ist in praxi auch Teil ihres Aufgabenbereichs. Doch die Einrichtung durchzusetzen, obliegt dem für die Organisationsstruktur des Unternehmens verantwortlichen Leitungsorgan.[233] Ferner kann die Compliance-Stelle bei im Rahmen ihrer Überwachungsaufgabe festgestellten Verstößen gegen Vorschriften des WpHG auch keine eigenen disziplinarischen Maßnahmen gegen die betroffenen Mitarbeiter einleiten. Dies obliegt den für das Personal zuständigen Stellen im Unternehmen bzw. auch hier letzten Endes der Unternehmensleitung. Der Compliance-Stelle ist die Aufgabe zugewiesen, die zuständigen Stellen zu informieren.[234] Das den Compliance-Mitarbeitern zustehende Zugangs-, Einsichts- und Auskunftsrecht rechtfertigt es jedenfalls nicht, diese in eine ordnungs- bzw. strafrechtliche Verantwortung gleich der eines Organmitglieds zu nehmen.

Damit verbleibt es bei der Verantwortung, wie sie jeden Mitarbeiter in nicht leitender Position trifft. Für die Bewertung der Pflichterfüllung sind in erster Linie der Anstellungsvertrag mit dem Wertpapierdienstleistungsunternehmen und die darin verankerten Pflichten maßgeblich. Werden diese nicht ordnungsgemäß erfüllt, kommen Ansprüche aus der Verletzung dieses Vertrages in Betracht. Wie bei den gesetzlichen Beauftragten könnte fraglich sein, ob die unterlassene Beratung der Geschäftsleitung eine deliktsrechtliche Verantwortlichkeit begründet. Doch stellt sich auch hier das Problem des Kausalitätsnachweises.[235]

---

233 Zur Verantwortung des Leitungsorgans, für die Schaffung der organisatorischen Grundvoraussetzungen zu sorgen vgl. aus ordnungsrechtlicher Sicht *Göhler* Gesetz über Ordnungswidrigkeiten, § 9 Rn. 39.

234 So heißt es etwa in Nr. 5.3 des Compliance-Handbuchs der Commerzbank zur Vorgehensweise bei Verstößen, dass Compliance die zuständige Personalabteilung einschalten wird, „sofern es sich um ein grobes Vergehen oder um wiederholte Verstöße gegen bestehende Richtlinien handelt“ und diese „arbeitsrechtliche Konsequenzen“ prüfen wird.

235 Dazu näher *Rehbinder* ZGR 1989, 305, 331 f.

Vierter Teil:

Outsourcing von Compliance-Funktionen

A. Überblick

Bislang gingen die Überlegungen von dem Fall aus, dass in einem Wertpapierdienstleistungsunternehmen die dem Leitungsorgan obliegenden Compliance-Pflichten durch eigene Mitarbeiter wahrgenommen werden. Das entspricht dem konzeptionellen Leitbild eines vollintegrierten Wertpapierdienstleistungsunternehmens, welches § 33 Abs. 1 zugrunde liegt.[1] Dagegen steht das allgemeine Bestreben einer Unternehmensleitung, welche auf betriebswirtschaftliche Zielvorgaben verpflichtet ist, Unternehmensfunktionen und -prozesse zu optimieren. Ineffektive Organisationsstrukturen sind teuer und Kunden sind in der Regel nicht bereit, solche nicht notwendigen Kosten zu tragen. Allerdings liegt das Heil nicht immer in finalen Lösungen, wie etwa einem fusionierenden Zusammenschluss von Instituten oder der umwandlungsrechtlichen Abspaltung oder Ausgliederung ganzer Bereiche (§ 123 Abs. 2 und 3 UmwG). Für manche Funktionen sind diese radikalen Schritte praktisch auch gar nicht zielführend, wenn man etwa an die ebenfalls sehr kostenintensive Reinigung der Geschäftsräume durch eigene Mitarbeiter denkt.[2]

Es bietet sich daher an, die Dienste externer Dritter in Anspruch zu nehmen, um eigene Kosten zu sparen. Die Auslagerung von Unternehmensfunktionen (auch Outsourcing oder Outside Resource Using genannt) ist ein weniger radikaler und geräuschloserer Weg, unnötige Kosten zu reduzieren.[3] Im Unterschied zur Ausgliederung eines ganzen (Geschäfts-)Bereichs, bei der sich das ausgliedernde Unternehmen vom Markt mit seiner Leistung zurückzieht, bleibt das auslagernde Unternehmen im Falle des Outsourcing am Markt präsent. Es bezieht lediglich Bestandteile der Leistung, die es bislang selbst erstellt hat, nunmehr am Markt. Beim Outsourcing handelt es sich demnach um eine nachträgliche „make or buy"-Entscheidung.[4] So werden in der Kreditwirtschaft Bereiche wie die interne Revision, die elek-

---

1 *Koller* in: Assmann/Uwe H. Schneider, WpHG, § 33 Rn. 40.

2 Auch Kantinenbetrieb, Wachschutz, Betriebsarzt, betriebspsychologische Betreuung, Baudienst, Unfallverhütung, Brandschutz usw.

3 Vgl. auch *Lamberti* in: Hadding/Hopt/Schimanksy (Hrsg.) Funktionsauslagerung (Outsourcing) bei Kreditinstituten, S. 59: Kostengründe, Investitionserfordernisse, Umwandlung von Personal- in Sachkosten, Variabilisierung der Fixkosten, Verbesserung der Servicequalität und Ausgleich fehlenden Know-hows.

4 Nach *Mülbert* in: Funktionsauslagerung (Outsourcing) bei Kreditinstituten, S. 6 reduziert das Unternehmen – produktionstechnisch gesprochen – seine Fertigungstiefe.

tronische Datenverarbeitung[5] oder Tätigkeiten der Kredit- und Wertpapiergeschäftsabwicklung, der Zahlungsverkehrsabwicklung, des Mahnwesens oder des Inkassowesens für die Institute von externen Dritten wahrgenommen. Das führt organisatorisch wie finanziell zu Erleichterungen bei dem auslagernden Unternehmen (Outsourcer) und aufgrund seiner Spezialisierung kann der mit diesen Aufgaben betraute Dritte (Insourcer), Effizienz- und Synergieeffekte an seinen Auftraggeber weitergeben.[6]

Die 6. KWG–Novelle[7] hat mit der Einführung von § 33 Abs. 2 WpHG eine aufsichtsrechliche Regelung getroffen, um Tätigkeiten im Bereich der Erbringung von Wertpapierdienstleistungen von anderen Unternehmen wahrnehmen zu lassen, also Funktionen des Wertpapiergeschäfts auszulagern.[8] Für Kredit- und Finanzdienstleistungsinstitute enthält § 25a Abs. 2 KWG eine wortgleiche Regelung.

Praktisch bedeutend ist die Auslagerung von Compliance-Funktionen für Finanz- und Wertpapierdienstleistungskonzerne. Die meisten großen Kreditinstitute sind Mutterunternehmen zu weiteren Kreditinstituten und Wertpapierdienstleistungsunternehmen. Hier bietet es sich an, bestimmte Aufgaben und Funktionen, organisatorisch bei einem Konzernunternehmen anzusiedeln und zentral für den gesamten Konzern wahrnehmen zu lassen. Auch die Auslagerung der Compliance-Funktionen von einem auf ein anderes Konzernunternehmen ist rechtstechnisch ein Fall des § 33 Abs. 2 WpHG.

B. Zur Auslegung von § 33 Abs. 2 WpHG

Zur Auslegung von § 33 Abs. 2 WpHG kann allerdings die Wertpapierdienstleistungsrichtlinie,[9] auf welche sich die Gesetzesbegründung[10] bezieht,

5 Dazu Beispiele bei *Eyles* WM 2000, 1217: Online-Verkehr, Client-Server-Technik, Netzwerke.

6 *Horchler* Outsourcing, S. 4ff.; *Eyles* WM 2000, 1217.

7 Gesetz zur Umsetzung von EG-Richtlinien zur Harmonisierung bank- und wertpapieraufsichtsrechtlicher Vorschriften, BGBl. I 1997, S. 2517, 2563.

8 Bislang war die Frage gesetzlich nicht geregelt. Für bestimmte Bereiche ging der Gesetzgeber auch schon vor der 6. KWG-Novelle davon aus, dass Outsourcing zulässig ist. Näher dazu *Braun* in: Boos/Fischer/Schulte-Mattler, KWG, § 25a Rn. 151f.

9 Richtlinie 93/22/EWG, ABl. EG Nr. L 141 vom 11.6.1993, S. 27ff.

10 Vgl. Begründung zum Regierungsentwurf eines Gesetzes zur Umsetzung von EG-Richtlinien zur Harmonisierung bank- und wertpapieraufsichtsrechtlicher Vorschriften 13/7142, S. 87, 109.

nur bedingt herangezogen werden.[11] Denn von Auslagerung bestimmter Funktionen ist dort nicht die Rede. Der einschlägige Art. 10 der Richtlinie ist mit § 33 Abs. 1 WpHG umgesetzt. Für § 33 Abs. 2 WpHG gibt es hingegen kein gemeinschaftsrechtliches Pendant. Die Auslegung von § 33 Abs. 2 WpHG hat sich damit in erster Linie nach dem klassischen Kanon deutscher Rechtsmethodik zu richten. Hinsichtlich der inhaltlichen Konkretisierung des nach § 33 Abs. 2 Satz 2 WpHG zu vereinbarenden Weisungsrechts des auslagernden Unternehmens wird allerdings auf Art. 10 Wertpapierdienstleistungsrichtlinie zurückzugreifen sein.

Unternehmen, die von vornherein bestimmte Funktionen von Dritten (Subunternehmen) ausführen lassen, dürfen dadurch gegenüber erst später auslagernden Unternehmen nicht begünstigt werden. Es kann daher bei der Auslegung von § 33 Abs. 2 WpHG nicht erst an die Maßnahme der Auslagerung angeknüpft werden. Vielmehr ist davon auszugehen, dass sich § 33 Abs. 2 WpHG an der Interpretation von § 33 Abs. 1 WpHG orientiert. Danach muss ein Wertpapierdienstleistungsunternehmen die ihm obliegenden Pflichten grundsätzlich mit eigenen Mitarbeitern erfüllen.[12]

Eine Auslagerung bestimmter Funktionen wirft Probleme aus unterschiedlichen Rechtsgebieten auf, die zum Teil eng miteinander verwoben sind. Im Arbeitsrecht etwa überschneiden sich die so unterschiedlichen Kreise des Individualarbeitsrechts, des kollektiven Arbeitsrechts sowie des – darüber hinausgehend auch gemeinschaftsrechtlich determinierten – Rechts des Betriebsübergangs gemäß § 613a BGB.[13] Auch umsatzsteuerrechtlich stellen sich beim Outsourcing komplexe Rechtsfragen.[14] Von erheblicher praktischer Bedeutung sind Fragen des Datenschutzes sowie des Bankgeheimnisses.[15]

Der Konzeption dieser Arbeit entsprechend, beschränken sich die folgenden Überlegungen auf die ineinander greifenden Fragen des kapitalmarktrecht-

---

11 Wie hier *Braun* in: Boos/Fischer/Schulte-Mattler, KWG, § 25a Rn. 4; *Eyles* WM 2000, 1217, 1218; *Hennrichs* WM 2000, 1561 mit Fn. 5; *Zerwas/Hanten* WM 1998, 1110, 1113 zur Parallelsituation bei § 25a Abs. 2 KWG. Zur richtlinienkonformen Auslegung der Organisationspflichten aus § 33 Abs. 1 WpHG vgl. oben S. 61ff.

12 *Koller* in: Assmann/Uwe H. Schneider, WpHG, § 33 Rn. 40. Nach *Eyles* WM 2000, 1217, 1221 ist dies von der individuellen Situation des betroffenen Instituts abhängig.

13 Zur Überlagerung des Rechts des Betriebsübergangs durch das europäische Gemeinschaftsrecht vgl. nur Palandt/*Putzo* BGB, § 613a Rn. 1 m.w.N. Zu arbeitsrechtlichen Fragen der Auslagerung am Beispiel von § 25a Abs. 2 KWG *v. Westphalen* WM 1999, 1810ff.

14 Vgl. dazu etwa *Mack/Streck/Schwedhelm* AG 2000, 39ff.

15 Vgl. dazu *Zerwas/Hanten/Bühl* ZBB 2002, 17ff.; *Eyles* WM 2000, 1217, 1218 mit weiteren Nachweisen in Fn. 5; *Deutsch* in: Funktionsauslagerung (Outsourcing) bei Kreditinstituten, S. 138ff.

lichen Aufsichtsrechts und des allgemeinen Gesellschafts- und Konzernrechts. Gerade an einem gesellschafts- und konzernrechtlichen Problembewusstsein fehlt es im Hinblick auf Outsourcing-Maßnahmen im Allgemeinen und insbesondere im Hinblick auf den hier interessierenden § 33 Abs. 2 WpHG noch. In dem eher aufsichtsrechtlich geprägten Schrifttum werden diese Fragen als weitgehend unproblematisch empfunden.[16] Doch zeigt sich gerade hier ein weiteres Mal die Wechselwirkung von Kapitalmarktrecht und Gesellschaftsrecht.

C. Aufsichtsrechtliche Voraussetzungen wirksamer Auslagerung

Eine wirksame Auslagerung von Bereichen, welche für die Durchführung von Wertpapierdienstleistungen und Wertpapiernebendienstleistungen wesentlich sind, ist nur unter Beachtung der Bestimmungen in § 33 Abs. 2 WpHG möglich. So dürfen wesentliche Bereiche nur unter der Bedingung ausgelagert werden, dass weder die Ordnungsmäßigkeit der Dienstleistungen noch die Wahrnehmung der Pflichten nach § 33 Abs. 1 WpHG durch die Auslagerung beeinträchtigt werden. Gleiches gilt für die entsprechenden Prüfungsrechte und Kontrollmöglichkeiten der BAFin. Insbesondere ist das auslagernde Wertpapierdienstleistungsunternehmen nach § 33 Abs. 2 Satz 2 WpHG verpflichtet, sich die erforderlichen Weisungsbefugnisse zu sichern und die ausgelagerten Bereiche in seine internen Kontrollverfahren einzubeziehen. Bei Verstößen gegen § 33 Abs. 2 WpHG kann die BAFin Anordnungen gegen das auslagernde Wertpapierdienstleistungsunternehmen nach § 4 Abs. 1 Satz 2 Alt. 2 und Satz 3 WpHG erlassen.

16 *Eyles* WM 2000, 1217f. zählt gesellschafts- und konzernrechtliche Probleme nicht zu den durch das Outsourcing aufgeworfenen komplexen Fragen. Im Vordergrund stehen nach *Eyles* neben den wertpapieraufsichtsrechtlichen Problemen des Outsourcings, vor allem arbeits- und umsatzsteuerechtliche sowie durch Datenschutz und Bankgeheimnis aufgeworfenen Fragen. Vgl. aber *Hirte* CR 1992, 193ff.; *Mülbert* in: Funktionsauslagerung (Outsourcing) bei Kreditinstituten, S. 3ff.; *Stein* ZGR 1988, 163ff.

I. Konkretisierung durch die BAFin

Das ehemalige BAWe hat in einem Rundschreiben[17] an die Verbände der Finanzdienstleistungsunternehmen und der Kreditwirtschaft angekündigt, in einer Richtlinie die in § 33 Abs. 2 WpHG festgelegten Voraussetzungen zu konkretisieren.[18] Diese Richtlinie liegt bislang nicht vor, weil das (damalige) BAWe zunächst das Rundschreiben des damaligen Bundesaufsichtsamtes für das Kreditwesen zur Auslagerung von Bereichen auf ein anderes Unternehmen gemäß § 25a Abs. 2 KWG abwarten wollte.[19] Die endgültige Fassung dieses BAKred-Rundschreibens, in welchem die Voraussetzungen von § 25a Abs. 2 KWG konkretisiert werden, ist am 6. Dezember 2001 veröffentlicht worden.[20]

II. Auslagerungsfähigkeit von Compliance

Zunächst ist zu fragen, ob es sich bei Compliance aufsichtsrechtlich überhaupt um eine Funktion handelt, die einem Externen übertragen werden kann, welcher die Überwachungsfunktion dann für das auslagernde Wertpapierdienstleistungsunternehmen wahrnimmt.

1. Gesetzeswortlaut

Der Gesetzeswortlaut gibt insofern keine konkreten Anhaltspunkte. § 33 Abs. 2 WpHG ist als Generalklausel ausgestaltet.[21] Wie festgestellt, fehlt es

---

17 Auslagerung von Bereichen auf ein anderes Unternehmen nach § 33 Abs. 2 WpHG – Rundschreiben des Bundesaufsichtsamtes für den Wertpapierhandel an die Verbände der Finanzdienstleistungsunternehmen und der Kreditwirtschaft der Bundesrepublik Deutschland vom 18. August 1998. Das Rundschreiben ist – wie später die Richtlinie zu § 33 Abs. 2 WpHG selbst – auf der Homepage der BAFin unter www.bafin.de abrufbar.

18 Dabei wird es sich wie bei der § 33 Abs. 1 WpHG konkretisierenden Compliance-Richtlinie um eine Richtlinie gemäß § 35 Abs. 6 WpHG – nach der hier vertretenen Auffassung mithin eine normkonkretisierende Verwaltungsvorschrift – handeln.

19 *Eyles* WM 2000, 1217, 1219.

20 BAKred, Rundschreiben zu der Auslagerung von Bereichen auf ein anderes Unternehmen gemäß § 25a Abs. 2 KWG vom 6.12.2001. Das Rundschreiben ist abgedruckt in ZBB 2002, 66 und auch unter www.bafin.de abrufbar. Zu dem Rundschreiben vgl. näher *Sanio* Outsourcing aus aufsichtsrechtlicher Sicht, passim; *Zerwas/Hanten/Bühl* ZBB 2002, 17 ff.

21 *Eyles* WM 2000, 1217, 1219.

im Übrigen an einer langfristigen Verwaltungspraxis bzw. einer konkretisierenden Richtlinie der BAFin, so dass auch hier keine Richtschnur zu finden ist. Allerdings führt das damalige BAKred in seinem bereits erwähnten Rundschreiben vom August 1998, in welchem es eine Richtlinie zu § 33 Abs. 2 WpHG ankündigt, den Bereich Compliance als Beispiel für eine mögliche Auslagerung an und hegt dagegen keine grundsätzlichen Bedenken.[22] Dieses Rundschreiben kann eine Prüfung jedoch nicht ersetzen.

2. *Auffassung des BAKred zu § 25a Abs. 2 KWG*

Nach Auffassung des BAKred ist grundsätzlich jeder Tätigkeitsbereich eines Instituts zulässigerweise auslagerbar, sofern durch die Auslagerung weder die Ordnungsmäßigkeit der betriebenen Bankgeschäfte oder der erbrachten Finanzdienstleistungen noch die Steuerungs- und Kontrollmöglichkeiten der Geschäftsleitung noch die Prüfungsrechte und Kontrollmöglichkeiten des Bundesaufsichtsamtes beeinträchtigt werden. Eine Beeinträchtigung in diesem Sinne liegt nach Auffassung des BAKred ausnahmslos bei solchen Auslagerungslösungen vor, die dazu führen, dass die von einem Institut nach § 25a Abs. 1 KWG zwingend verlangten Mindestanforderungen an eine ordnungsgemäße Geschäftsorganisation als auch das in § 32 Abs. 1 Satz 1 KWG vorausgesetzte Bestehen eines in kaufmännischer Weise eingerichteten Geschäftsbetriebes nicht mehr bejaht werden können.[23] Das bedeutet, dass die Bildung eines nur virtuellen Instituts, bei dem also mangels nennenswerter eigener sachlicher oder personeller Unternehmenseinheiten kein in kaufmännischer Weise eingerichteter Geschäftsbetrieb mehr besteht, nicht zulässig ist.[24]

Wegen des Grundsatzes der eigenverantwortlichen Unternehmensleitung sind zentrale Leitungsfunktionen nicht auslagerbar. Dazu zählen alle Maßnahmen der Unternehmensplanung, -organisation, -steuerung und -kontrolle als originäre Leitungsaufgaben. Darunter fällt insbesondere auch der einstimmige Beschluss der Geschäftsleiter eines Instituts über die Gewährung

22 Vgl. Auslagerung von Bereichen auf ein anderes Unternehmen nach § 33 Abs. 2 WpHG – Rundschreiben des Bundesaufsichtsamtes für den Wertpapierhandel an die Verbände der Finanzdienstleistungsunternehmen und der Kreditwirtschaft der Bundesrepublik Deutschland vom 18. August 1998. Abrufbar unter www.bafin.de.

23 Vgl. BAKred, Rundschreiben zu der Auslagerung von Bereichen auf ein anderes Unternehmen gemäß § 25a Abs. 2 KWG vom 6. 12. 2001, Tz. 12.

24 Dazu mit weiteren Nachweisen *Benzler* in: Risikomanagement nach dem KonTraG, Rn. 45ff.; *Eyles* WM 2000, 1217, 1224; *Zerwas/Hanten/Bühr* ZBB 2002, 17, 20; *Zerwas/Hanten* ZBB 2000, 276, 280.

oder Zusage von Groß- oder Organkrediten nach § 13 Abs. 2 Satz 1, § 13a Abs. 2 und § 15 Abs. 1 Satz 1 KWG.[25]

Auslagerungsfähige wesentliche Funktionen für die Erbringung von Bankgeschäften und Finanzdienstleistungen sind alle internen bankbetrieblichen Funktionen, die sich auf Erfassung, Begrenzung, Überwachung und Steuerung von Markt-, Kredit-, Ausfall-, Abwicklungs-, Liquiditäts und Reputationsrisiken sowie auf rechtliche und operationelle Risiken beziehen können.[26] Hierzu zählen insbesondere die Bereiche der Datenverarbeitung, der Bankbuchhaltung, der Verwaltung von Datenträgern und Schriftverkehr, die Innenrevision (in den erwähnten Beschränkungen des BAKred-Rundschreibens zu den Mindestanforderungen an die Ausgestaltung der Internen Revision der Kreditinstitute [MaR])[27] das aufsichtsrechtliche Meldewesen und – im Gegensatz zum strategischen Controlling – das operative Controlling, der Datenschutz sowie die Compliance-Funktionen.[28]

3. Auslegung von § 33 Abs. 2 WpHG

Die vorstehend für Kredit- und Finanzdienstleistungsinstitute geltenden Grundsätze sind mangels einer entsprechenden BAFin-Richtlinie auf ihre Übertragbarkeit in das Aufsichtsrecht für Wertpapierdienstleistungsunternehmen zu untersuchen. Das soll sich hier auf die Frage beschränken, inwieweit die Funktionen von Compliance auslagerungsfähig im Sinne von § 33 Abs. 2 WpHG sind. Die Funktionen von Compliance werden im Hinblick auf § 25a Abs. 2 KWG als auslagerungsfähige Funktionen eingeordnet. Auch das frühere BAKred geht, wie erwähnt, von der Auslagerungsfähigkeit von Compliance aus und nennt gerade den Bereich Compliance in seinem, eine Richtlinie zu § 33 Abs. 2 WpHG ankündigenden Rundschreiben[29] als Beispiel für auslagerungsfähige Funktionen.

---

25 Vgl. BAKred, Rundschreiben zu der Auslagerung von Bereichen auf ein anderes Unternehmen gemäß § 25a Abs. 2 KWG vom 6.12.2001, Tz. 13. Dort auch zu noch zulässigen Ausnahmen.

26 BAKred, Rundschreiben zu der Auslagerung von Bereichen auf ein anderes Unternehmen gemäß § 25a Abs. 2 KWG vom 6.12.2001, Tz. 10; *Eyles* WM 2000, 1217, 1229.

27 BAKred, Rundschreiben I/2000 vom 17. Januar 2000 zu den Mindestanforderungen an die Ausgestaltung der Internen Revision der Kreditinstitute (MaR), Tz. 39–46.

28 Zur Auslagerung der hausinternen Rechtsabteilung vgl. *Eyles* WM 2000, 1217, 1229 m.w.N.

29 Auslagerung von Bereichen auf ein anderes Unternehmen nach § 33 Abs. 2 WpHG – Rundschreiben des Bundesaufsichtsamtes für den Wertpapierhandel an die Verbände der Finanzdienstleistungsunternehmen und der Kreditwirtschaft der Bundesrepublik Deutschland vom 18. August 1998. Abrufbar unter www.bafin.de.

Das trifft zu. Denn die Auslagerung von Compliance, also die Überwachung der kapitalmarktrechtlichen Organisationspflichten von Wertpapierdienstleistungsunternehmen, beeinträchtigt weder die Ordnungsmäßigkeit der betriebenen Bankgeschäfte oder der erbrachten Finanzdienstleistungen noch die Steuerungs- und Kontrollmöglichkeiten der Geschäftsleitung noch die Prüfungsrechte und Kontrollmöglichkeiten des Bundesaufsichtsamtes. Andererseits können Wertpapierdienstleistungen oder Wertpapiernebendienstleistungen ohne eine funktionierende Überwachung der den Unternehmen nach dem WpHG obliegenden Pflichten für die Kunden nicht ordnungsgemäß erbracht werden. Ein Wertpapierdienstleistungsunternehmen kann auf Compliance nicht verzichten, wenn es die Aufträge seiner Kunden mit der erforderlichen Sorgfalt und Gewissenhaftigkeit und insbesondere ohne Beeinträchtigung der Kundeninteressen durch Interessenkonflikte ausführen will. Compliance kann daher nicht hinweggedacht werden, ohne dass die ordnungsgemäße Durchführung der Kundenaufträge gefährdet würde.[30] Es handelt sich danach bei Compliance um eine wesentliche Funktion, deren Auslagerung den aufsichtsrechtlichen Anforderungen genügen muss.

Gesetzliche oder sonstige Hindernisse einer Auslagerung sind nicht ersichtlich, wenn die formellen Voraussetzungen von § 33 Abs. 2 WpHG eingehalten werden.[31] Insbesondere ist, anders als im Falle des nach § 14 Abs. 2 Nr. 1 GwG von den Instituten zu bestellenden Geldwäschebeauftragten, im WpHG weder die Bestellung eines Compliance Officers vorgesehen, noch ist die Wahrnehmung der Überwachungsaufgaben durch unternehmensexterne Dritte aufsichtsrechtlich ausgeschlossen. Auch insofern spricht nichts dagegen, dass sich die compliance-verantwortliche Unternehmensleitung unter Beachtung von § 33 Abs. 2 WpHG externer Dritter zur Erfüllung ihrer Compliance-Pflichten bedient. Ihre Letztverantwortung für die Beachtung der dem Unternehmen auferlegten Organisationspflichten wird dadurch aber nicht aufgehoben.

---

30 *Koller* in: Assmann/Uwe H. Schneider, WpHG, § 33 Rn. 40.

31 Formelle Zulässigkeitsvoraussetzung ist die Anzeigepflicht nach § 25a Abs. 2 Satz 3 KWG. Diese umfasst auch die Auslagerung von Bereichen, die sich aus dem WpHG ergeben. Die Modalitäten der Absichts- und Vollzugsanzeige gegenüber der BAFin nach § 25a Abs. 2 Satz 3 KWG regelt § 20 AnzV. Vgl. näher *Eyles* WM 2000, 1217, 1230, 1232; *Schlüter* Wertpapierhandelsrecht, F Rn. 64.

D. Gesellschaftsrechtliche Probleme der Auslagerung

I. Problemaufriss

Handelt es sich nach alledem bei Compliance um einen aufsichtsrechtlich auslagerungsfähigen Bereich im Sinne von § 33 Abs. 2 WpHG, so stellt sich ferner auch gesellschaftsrechtlich die Frage nach den Grenzen für die Auslagerung unternehmerischer Funktionen und vor allem nach den unternehmensinternen Auslagerungskompetenzen. Die Bedeutung dieser Frage wird deutlich, wenn man sich vergegenwärtigt, dass etwa die Auslagerung der gesamten EDV eines Unternehmens dieses quasi „kopflos" werden lässt.[32] Die Verwaltung der unternehmenseigenen Daten führt dazu, dass das Unternehmen in vielen Fällen des täglichen Geschäfts von der Funktionstauglichkeit des externen Dienstleisters abhängig wird. Zumeist geht damit einher, dass das auslagernde Unternehmen mangels eigenen Fachpersonals kaum mehr in der Lage ist, die ausgelagerten Funktionen in kurzer Zeit wieder selbst zu übernehmen. Das Leitungsorgan begibt sich damit hinsichtlich der ausgelagerten Unternehmensfunktionen seiner direkten Einwirkungsmöglichkeiten. Es ist offensichtlich, dass dies nicht nur ein Problem der EDV-Auslagerung ist. In Frage steht die organisationsrechtliche Zulässigkeit der Selbstentmachtung des Leitungsorgans und für den Fall der (auch) gesellschaftsrechtlich zulässigen Auslagerung ihre inhaltliche Ausgestaltung. Neben spezialgesetzlichen Auslagerungshindernissen kommen insbesondere verbandsrechtliche Strukturprinzipen als Auslagerungsschranken in Betracht. Davon handeln die folgenden Überlegungen.

Auf ein weiteres Problem sei schon an dieser Stelle hingewiesen. Neben der gerade dargelegten tatsächlichen Abhängigkeit im Sinne einer zumindest langfristigen Unmöglichkeit eigener Leistungserbringung bei Ausfall des externen Dienstleisters stellt sich ferner die Frage, ob hiermit auch konzernrechtlich eine Grenze überschritten wird. Konkret gefragt: Begründet die Auslagerung von Unternehmensfunktionen eine konzernrechtlich relevante Abhängigkeit des auslagernden Unternehmens?

32 Ein solcher Fall lag LG Darmstadt, AG 1987, 218ff. = EWiR § 111 AktG 1/86, 853 (*Hirte*) zugrunde. Dazu *Stein* ZGR 1988, 163ff. mit allen Nachweisen. Weitere Instanzen OLG Frankfurt a. M., ZIP 1988, 233 = EWiR § 111 AktG 1/88, 211 (*Krieger*) und BGHZ 106, 54ff. (Opel-Paisy) = ZIP 1989, 23ff.

II. Grenzen der Auslagerungsfähigkeit

1. Grundsätze ordnungsgemäßer Unternehmensorganisation

In der Literatur[33] ist die Frage aufgeworfen worden, ob einer Funktionsauslagerung unter Rückgriff auf betriebswirtschaftliche Grundsätze ordnungsgemäßer Unternehmensorganisation (GoF), insofern also außerhalb des Gesellschaftsrechts liegende Grenzen, gezogen sein können.[34] Solchen Grundsätzen wird allerdings lediglich die Funktion von unverbindlichen Handlungsanweisungen für Unternehmensleiter zugemessen. Sie erlangen keinen normativen Charakter und dienen insofern bei der Konkretisierung des allgemeinen Sorgfaltsmaßstabs für Geschäftsleiter allenfalls als Verhaltensmaßstab zur Ausfüllung einer gesetzlichen Generalklausel (§§ 93 Abs. 1 Satz 1 AktG, 43 Abs. 1 GmbHG).[35] Daher lassen sich aus den Grundsätzen ordnungsgemäßer Unternehmensführung,[36] deren Entwicklung und erste Formulierungen überhaupt erst noch am Anfang der betriebswirtschaftlichen Diskussion steht,[37] jedenfalls keine rechtlichen Schlüsse auf die Zulässigkeit der Auslagerung bestimmter Funktionen ziehen. Mithin verspricht eine vertiefte Untersuchung auch für die hier in Rede stehende Auslagerung von Compliance keinen Erkenntnisgewinn.

2. Gesetzliche Schranken

Grenzen zulässiger Auslagerung könnten sich aus den Vorschriften des Gesellschaftsrechts selbst ergeben. Dabei stehen so weit ersichtlich keine

33 *Mülbert* in: Funktionsauslagerung (Outsourcing) bei Kreditinstituten, S. 9f.

34 Zur Diskussion einer Methodik der Rezeption betriebswirtschaftlicher Grundsätze vgl. etwa *Hommelhoff/Schwab* in: *v. Werder* (Hrsg.) Grundsätze ordnungsmäßiger Unternehmensführung (GoF) für die Unternehmensleitung (GoU), Überwachung (GoÜ) und Abschlussprüfung (GoA), S. 149ff.

35 So auch Scholz/*Uwe H. Schneider* GmbHG, § 43 Rn. 71, der (entgegen der Deutung von *Mülbert* in: Funktionsauslagerung (Outsourcing) bei Kreditinstituten, S. 9 mit Fn. 12) eine Normativierung betriebswirtschaftlicher Grundsätze gerade nicht befürwortet. Ferner *Hommelhoff/Schwab* in: *v. Werder* (Hrsg.) Grundsätze ordnungsmäßiger Unternehmensführung (GoF) für die Unternehmensleitung (GoU), Überwachung (GoÜ) und Abschlussprüfung (GoA), S. 149, 171. Nicht ganz deutlich insofern Hachenburg/*Mertens* GmbHG, § 43 Rn. 24.

36 Darunter werden im Einzelnen Grundsätze für die Unternehmensleitung (GoU), Überwachung (GoÜ) und Abschlussprüfung (GoA) verstenden.

37 Vgl. dazu *v. Werder* in: *ders.* (Hrsg.) Grundsätze ordnungsmässiger Unternehmensführung (GoF) für die Unternehmensleitung (GoU), Überwachung (GoÜ) und Abschlussprüfung (GoA), S. 27ff.

spezialgesetzlichen Normen einer Auslagerung von Unternehmensfunktionen allgemein und mit Blick auf Compliance im Besonderen entgegen.[38] Ein Konflikt zu der aufsichtsrechtlich nach § 33 Abs. 2 WpHG gerade zulässigen Auslagerung von Compliance besteht also nicht.

3. *Eigenverantwortliche Leitung*

Eine Auslagerungsgrenze bildet die in § 76 Abs. 1 AktG postulierte eigenverantwortliche Leitung der Aktiengesellschaft durch den Vorstand. Seine originären Führungsaufgaben kann der Vorstand ohne Verletzung seiner Organpflichten nicht delegieren.[39] Grob skizziert unterteilen sich die originären Führungsfunktionen in die Unternehmensplanung, Unternehmenskoordination und Unternehmenskontrolle sowie die Führungspostenbesetzung.[40] Hinzu kommen die gesetzlich dem Vorstand als Kollegialorgan zugewiesenen Aufgaben, wie die mit dem KonTraG[41] notwendig gewordene Entscheidung über Einrichtung und Ausgestaltung eines Überwachungs- oder Frühwarnsystems gemäß § 91 Abs. 2 AktG,[42] die Vergabe eines Organkredits gemäß §§ 89, 115 AktG oder der Aufsichtsratsbericht nach § 90 AktG.

Bei der GmbH liegt die unternehmerische Initiativ- und Entscheidungsmacht[43] bei ihrem Geschäftsführer und auch dieser ist, wie der Vorstand einer Aktiengesellschaft, grundsätzlich der Träger der originären Führungsfunktionen.[44] Allerdings gilt es hier die besondere Stellung der Gesellschafter zu beachten. Ihnen sind in viel ausgeprägterem Maße als den Aktionären einer Aktiengesellschaft besondere Entscheidungen im GmbHG vorbehalten. Dazu zählt etwa die Abschlussfeststellung (§§ 42a Abs. 2, 46 Nr. 1 GmbHG), die Ergebnisverwendung (§§ 29 Abs. 2, 46 Nr. 1 GmbHG), die Bestellung von

---

38 Paralleler Befund und näher zu §§ 91 Abs. 2, 128 Abs. 2 AktG *Mülbert* in: Funktionsauslagerung (Outsourcing) bei Kreditinstituten, S. 11f.

39 *Semler* Leitung und Überwachung der Aktiengesellschaft, Rn. 23; *Mertens* in: Kölner Kommentar zum Aktiengesetz, § 76 Rn. 43. Dazu auch *Hommelhoff* Konzernleitungspflicht, S. 485f.

40 Umfassend dazu *Semler* Leitung und Überwachung der Aktiengesellschaft, Rn. 11f. und 16ff. Vgl. auch *Hüffer* Aktiengesetz, § 76 Rn. 8; *Mertens* in: Kölner Kommentar zum Aktiengesetz, § 76 Rn. 5.

41 Gesetz zur Kontrolle und Transparenz im Unternehmensbereich (KonTraG), BGBl. I 1998, 786ff.

42 Die tatsächliche Überwachungstätigkeit gehört jedoch nicht zum Kreis originärer Führungsfunktionen, vgl. auch *Mülbert* in: Funktionsauslagerung (Outsourcing) bei Kreditinstituten, S. 13 mit Fn. 30.

43 OLG Karlsruhe GmbHR 1996, 209.

44 *Lutter/Hommelhoff* GmbHG, § 37 Rn. 4.

Prokuristen und Handlungsbevollmächtigten (§ 46 Nr. 7 GmbHG) aber auch die Entscheidung über ungewöhnliche Geschäfte,[45] die Unternehmenspolitik[46] oder der Fall, dass die Gesellschafterversammlung ad hoc Führungsentscheidungen an sich gezogen hat.[47] Daneben können die Gesellschafter die Verteilung der Zuständigkeiten für Leitungsentscheidungen in der Satzung abweichend regeln.[48]

Sowohl die hier skizzierte rechtliche Verteilung der Leitungsverantwortung des Vorstands einer Aktiengesellschaft als auch der Geschäftsführungszuständigkeit eines GmbH-Geschäftsführers hinsichtlich der unternehmerischen Führungsfunktionen machen deutlich, dass prinzipiell alle Maßnahmen der Leitung bzw. Geschäftsführung auslagerungsfähig sind, so weit sie nicht originäre Führungsfunktionen darstellen, weil das Leitungsorgan diese auch unternehmensintern delegieren dürfte.[49] Oben ist bereits herausgearbeitet worden, dass die in § 33 Abs. 1 WpHG geregelten Überwachungspflichten auch nach dem allgemeinen Gesellschaftsrecht auf eine Compliance-Stelle delegiert werden können. Es handelt sich mithin nicht um eine Funktion aus dem Kernbereich der Geschäftsführung, die das Leitungsorgan zwingend selbst wahrzunehmen hat.[50] Folgt man ferner der hier zugrunde gelegten These, dass alle Unternehmensfunktionen auslagerungsfähig sind, welche unternehmensintern auch delegiert werden können, so handelt es sich bei der Auslagerung von Compliance auch unter Berücksichtigung der eigenverantwortlichen Unternehmensleitung nicht um eine organisationsrechtlich unzulässige Selbstentmachtung des Leitungs- bzw. Geschäftsführungsorgans. Jedoch bleibt auch im Falle einer Pflichtendelegation die Unternehmensleitung letztverantwortlich.

---

45 Dazu näher Baumbach/Hueck-*Zöllner* GmbHG, § 37 Rn. 6a ff.

46 Die GmbH-rechtliche Zuständigkeitsverteilung hinsichtlich der Entscheidung über die Unternehmenspolitik ist umstritten. Vgl. mit allen Nachweisen *Lutter/Hommelhoff* GmbHG, § 37 Rn. 8; Scholz/*Uwe H. Schneider* GmbHG, § 37 Rn. 5ff.; Baumbach/Hueck-*Zöllner* GmbHG, § 37 Rn. 6g.

47 Selbst wenn gesellschaftsvertraglich die ausdrückliche Entscheidungskompetenz der Geschäftsführung zugewiesen ist, können die Gesellschafter diese Regel ad hoc mit satzungsändernder Mehrheit durchbrechen. Zu den Anforderungen an eine ad hoc-Satzungsdurchbrechung vgl. näher *Priester* ZHR 151 (1987) 40, 47ff.

48 Zu den Anforderungen (nicht lediglich einfacher Gesellschafterbeschluss oder Geschäftsordnungsbestimmung, Reichweite der Übertragung auf Dritte, etc.) vgl. *Lutter/Hommelhoff* GmbHG, § 37 Rn. 14; *Semrau* Die Dritteinflussnahme auf die Geschäftsführung von GmbH und Personengesellschaften, S. 219 ff. und S. 260ff.

49 Vgl. *Mülbert* in: Funktionsauslagerung (Outsourcing) bei Kreditinstituten, S. 15.

50 Grundsätzlich zur Delegationsfähigkeit *Abeltshauser* Leitungshaftung im Kapitalgesellschaftsrecht, S. 226.

4. *Unternehmensgegenstand*

Eine weitere Grenze für Auslagerungen könnte der Unternehmensgegenstand bilden. Dieser ist sowohl für die Aktiengesellschaft als auch für die GmbH zwingend in der Satzung anzugeben, §§ 23 Abs. 3 Nr. 2 AktG, 3 Abs. 1 Nr. 2 GmbHG. Legt die Satzung den Unternehmensgegenstand detailliert fest, so ist eine Auslagerung von im satzungsgemäßen Kernbereich liegenden Tätigkeiten ohne Satzungsänderung nicht möglich.[51]

Fehlt es an der detaillierten Festschreibung des Unternehmensgegenstandes oder bilden die auszulagernden Unternehmensfunktionen bzw. -tätigkeiten gerade nicht den Kernbereich des Unternehmensgegenstandes, so bedarf es für die Auslagerung keiner Satzungsänderung. Der Unternehmensgegenstand steht dann einer Auslagerung von Unternehmensfunktionen nicht entgegen. Im Übrigen ist es wohl nur in Ausnahmefällen möglich, dass eine Funktionsauslagerung derart gewichtig ist, dass der Unternehmensgegenstand davon betroffen ist.[52]

Für ein Wertpapierdienstleistungsunternehmen, welches unternehmensgegenständlich auf die Erbringung von Wertpapierdienstleistungen und Wertpapiernebendienstleistungen festgelegt ist, bildet der satzungsmäßige Unternehmensgegenstand folglich keine Auslagerungsschranke im Hinblick auf eine Auslagerung der Compliance-Funktionen sowohl auf externe Dienstleister als auch konzernintern.

5. *Prinzip der Verbandssouveränität*

Weder aus den Grundsätzen ordnungsgemäßer Unternehmensorganisation oder gar aus Spezialgesetzen noch aus der Leitungsverantwortung und dem Unternehmensgegenstand ergeben sich also Hindernisse für eine Auslagerung der Compliance-Funktionen aus einem Wertpapierdienstleistungs-

---

51 Nach *Mülbert* soll dies jedoch nur bei einer Auslagerung auf externe Dienstleister gelten, nicht hingegen beim konzerninternen Outsourcing. Denn das herrschende Unternehmen verwirkliche seinen Unternehmensgegenstand gerade auch über die Tätigkeit in einer Tochtergesellschaft, *ders.* in: Funktionsauslagerung (Outsourcing) bei Kreditinstituten, S. 18f. Vgl. auch *ders.* Aktiengesellschaft, Unternehmensgruppe und Kapitalmarkt, S. 376, 378f., 381f. Es ist indes nicht unumstritten, ob eine detaillierte Vorgabe der einzelnen Methoden und Tätigkeiten, die zur Ausfüllung des Unternehmensgegenstandes erforderlich sind oder dafür gehalten werden, aktienrechtlich überhaupt zulässig ist, *Röhricht* in: Großkommentar zum Aktiengesetz, § 23 Rn. 84ff.

52 Vgl. dazu die Beispiele bei *Mülbert* in: Funktionsauslagerung (Outsourcing) bei Kreditinstituten, S. 19: Produktion, Vertrieb.

unternehmen auf einen externen Dienstleister. Dennoch bleibt es bei der eingangs erwähnten Tatsache, dass eine Auslagerung von Unternehmensfunktionen zu einer Einschränkung der Fähigkeit eigener Leistungserbringung am Markt führt. Das Unternehmen ist für die ordnungsgemäße Erbringung seiner Wertpapierdienstleistungen auf die Funktionsfähigkeit des Auslagerungsunternehmens angewiesen.

Gesetzgeberisches Leitbild einer Aktiengesellschaft oder GmbH mit gesetzestypischem Verbandszweck ist hingegen die autonome Gesellschaft mit eigenverantwortlicher Verwaltung durch die dazu berufenen Organe.[53] Die eigenbestimmt – allein aufgrund eines vom Geschäftsführungsorgan oder einer Gesellschafterversammlung gebildeten Willens – handelnde, autonome Gesellschaft ist ein „fundamentales Prinzip des Gesellschaftsrechts".[54] So ist der Organisationsstatus einer gesetzestypischen und unverbundenen Aktiengesellschaft eigentlich konzernierungsresistent. *Mülbert* hat dies anhand des Zusammenspiels des Grundsatzes der Satzungsstrenge nach § 23 Abs. 5 AktG und der aktiengesetzlichen Regelungen zum Beherrschungsvertrag und zur Eingliederung überzeugend dargelegt.[55] Eine konzernöffnende Preisgabe des Eigenwillens der Gesellschaft kann selbst über eine Satzungsänderung durch die Hauptversammlung wegen der Schranke des § 23 Abs. 5 AktG nicht erfolgen. Dieser Autonomiegrundsatz wird jedoch durch die Regeln des Beherrschungsvertrages, insbesondere durch das in § 308 Abs. 1 AktG bzw. § 323 Abs. 1 AktG normierte Weisungsrecht (als Kernelement des Beherrschungsvertrags und der Eingliederung), durchbrochen. Daher ordnet das Gesetz in § 293 Abs. 1 AktG für den Abschluss eines Beherrschungsvertrages und in §§ 319 Abs. 1, 320 Abs. 1 AktG für die Eingliederung einen Hauptversammlungsbeschluss an. Der Verbandszweck der konzernierten Gesellschaft wird so im Hinblick auf den Eigenwillen und das Eigeninteresse konzernöffnend umgeformt.[56]

Die beschriebene Autonomie bzw. Souveränität einer Gesellschaft kann durch Auslagerung von Unternehmensfunktionen eine erhebliche faktische

---

53 Vgl. etwa BGH WM 1992, 524, 526 (für die GmbH). So schon *Würdinger* in: Großkommentar zum Aktiengesetz, 3. Auflage, Einl. § 292 und § 292 Rn. 6. Vgl. auch *Flume* Die Juristische Person, S. 190ff.; *Mülbert* Aktiengesellschaft, Unternehmensgruppe und Kapitalmarkt, S. 157; *Hommelhoff* Gutachten G für den 59. DJT, S. G 35 mit Fn. 63; *Lutter* in: Festschrift für Barz, S. 199, 212f.; *Karsten Schmidt* Gesellschaftsrecht, § 5 I 3b, S. 89f. und § 17 I 1a, S. 493f.; *Wiedemann* in: Festschrift für Schilling, S. 105, 111ff.

54 *Koppensteiner* in: Kölner Kommentar zum Aktiengesetz, vor § 291 Rn. 68.

55 Zum Folgenden vgl. *Mülbert* Aktiengesellschaft, Unternehmensgruppe und Kapitalmarkt, S. 163ff.; *ders.* ZHR 163 (1999) 1, 25.

56 Vgl. auch *Karsten Schmidt* Gesellschaftsrecht, § 31 III 2b, S. 954f.

Beeinträchtigung erfahren. So werden die originären Führungsfunktionen der Planungs-, Koordinations- und Kontrolltätigkeit des Geschäftsleitungsorgans beschnitten. Beschäftigt die Gesellschaft selbst keine fachkundigen Personen mehr, so verliert sie die Kontrolle über die ausgelagerten Bereiche.[57] Das ist insofern von Bedeutung, als sich nach § 33 Abs. 2 Satz 2 WpHG das auslagernde Unternehmen die erforderlichen Kontrollbefugnisse gegenüber dem Auslagerungsunternehmen sichern muss. Fehlt es ihm aber an Spezialisten, die eine Kontrolle überhaupt sachkundig vornehmen können, so liefe ein vereinbartes Kontrollrecht ins Leere. Am Beispiel der elektronischen Datenverarbeitung eines Unternehmens hat *Stein* die Frage problematisiert, ob der Vorstand einer Aktiengesellschaft die Übertragung der gesamten EDV auf einen Dritten „ohne funktionswidrige Einbuße an Autonomie und damit zulässigerweise übertragen" kann.[58] Für *Stein* darf die Auslagerung unternehmerischer Funktionen den Vorstand in seinen Führungsfunktionen nicht stärker beeinträchtigen, als dies auch bei der unternehmensinternen Delegation der Fall ist.[59]

Im Mittelpunkt steht hier allerdings nicht die Suche nach etwa bestehenden Auslagerungsgrenzen aus dem Prinzip der Verbandssouveränität. Die noch offene Frage hinsichtlich des Grundsatzes der Autonomie der Gesellschaft lautet vielmehr, ob das Leitungsorgan, also der Vorstand oder Geschäftsführer, die Auslagerung der gesamten Compliance-Funktionen eigenverantwortlich entscheiden kann? Anders gewendet: Hat der unstreitig mit einer Outsourcing-Maßnahme einhergehende Autonomieverlust, Einfluss auf die innergesellschaftliche Kompetenzverteilung?[60] Bevor jedoch dieser Frage nachgegangen werden kann, ist abschließend noch eine allgemein-konzernrechtlich Auslagerungsschranke denkbar.

6. § 311 Abs. 1 AktG als Auslagerungsschranke

a) Ausgleichssystem der §§ 311ff. AktG

Wertpapierdienstleistungsunternehmen sind häufig Töchter eines Bank- oder Versicherungsunternehmens. Hier bietet es sich an, Unternehmensfunktionen in einem Unternehmen zu bündeln und daraus Synergieeffekte zu ziehen. In der Praxis werden die Compliance-Funktionen dann meist von der Muttergesellschaft wahrgenommen, dass heißt von der Tochter auf die

57 *Stein* ZGR 1988, 163, 172f.
58 *Stein* ZGR 1988, 163, 174f.
59 *Stein* ZGR 1988, 163, 171.
60 Dazu sogleich unter d).

Mutter ausgelagert.[61] Problematisch ist der Fall, dass die Muttergesellschaft die Tochtergesellschaft zur Auslagerung der Compliance-Funktionen veranlasst und es an einer beherrschungsvertraglichen Grundlage fehlt. Der faktisch abhängigen Gesellschaft darf nach geltendem Recht aus ihrer Abhängigkeit kein Nachteil erwachsen.[62] Gemäß § 311 Abs. 1 AktG ist die Veranlassung zu einem nachteiligen Rechtsgeschäft nur zulässig, wenn der Nachteil ausgeglichen wird. Neben dem faktischen Abhängigkeitsverhältnis setzt die Ausgleichspflicht nach § 311 Abs. 1 AktG die Veranlassung einer für das abhängige Unternehmen nachteiligen Maßnahme oder eines nachteiligen Rechtsgeschäfts durch das herrschende Unternehmen voraus. Eine solche Veranlassung liegt nicht nur im Falle ausdrücklicher Weisungen vor. Das würde § 311 Abs. 1 AktG praktisch wirkungslos werden lassen. Vielmehr ist Veranlassung im Sinne der Vorschrift jede Form der Verlautbarung, die dem abhängigen Unternehmen signalisiert, dass das herrschende Unternehmen ein bestimmtes Verhalten für wünschenswert hält. Denn die Sorge um die persönliche Stellung schränkt die Entscheidungsfreiheit des Verlautbarungsadressaten mehr oder minder stark ein und macht ein wunschkonformes Verhalten wahrscheinlich.[63] Problematisch ist hier vor allem die Frage, ob und in welchem Umfang die Veranlassung des herrschenden Unternehmens bei dem abhängigen Unternehmen zu einem Nachteil geführt hat.

Insbesondere schwierig zu beantworten ist dies für Maßnahmen der Konzernintegration, das heißt die Ausrichtung der Unternehmenspolitik oder etwa dem auch hier in Frage stehenden Verzicht auf Unternehmensfunktionen. Solche strukturverändernden Maßnahmen sind zum Beispiel[64] die Aufgabe der eigenen Produktion oder einer eigenen Forschungs- und Entwicklungsabteilung des abhängigen Unternehmens oder etwa die Aufgabe eines eigenen Vertriebsapparates.[65] Folgeeffekte für die Vermögens-, Ertrags- und Finanzlage der Gesellschaft lassen sich hier nur schwer quantifizieren, weil sie meist nicht unmittelbar eintreten.

---

61 Zu der Frage in welcher rechtstechnischen Form in diesem Fall das nach § 33 Abs. 2 WpHG aufsichtsrechtlich erforderliche Weisungsrecht zu vereinbaren ist, vgl. ausführlich unten S. 228ff.

62 *Hüffer* Aktiengesetz, § 311 Rn. 1; *Habersack* in: Emmerich/Habersack, Aktien- und GmbH-Konzernrecht, § 311 Rn. 1. S. auch *Kropff* Aktiengesetz, S. 408f.

63 *Emmerich/Sonnenschein* Konzernrecht, § 20 I, S. 338ff.; *Koppensteiner* in: Kölner Kommentar zum Aktiengesetz, § 311 Rn. 2; *Habersack* in: Emmerich/Habersack, Aktien- und GmbH-Konzernrecht, § 311 Rn. 12.

64 Beispiele nach *Hommelhoff* Konzernleitungspflicht, S. 132. Vgl. auch *Koppensteiner* in: Kölner Kommentar zum Aktiengesetz, Vorb. § 311 Rn. 18; *Emmerich/Sonnenschein* Konzernrecht, § 20 II 4, S. 345f.

65 Dazu am Beispiel konzernzugehöriger Bausparkassen *Baums/Steck* WM 1998, 2261ff.

Mit Blick auf die erwähnten Beispielsfälle wird die Anwendbarkeit des Ausgleichssystems der §§ 311 ff. AktG von *Hommelhoff* denn auch bestritten. Danach werden konzernintegrative Maßnahmen vom Ausgleichssystem nach den §§ 311 ff. AktG gar nicht erfasst. Denn der vermögensmäßige Nachteil, den § 311 Abs. 1 AktG voraussetzt, sei für konzernintegrative Veranlassungen der Konzernspitze kein tauglicher Kontrollmaßstab.[66] Vielmehr sei hypothetisch zu prüfen, ob die Gesellschaft, wenn sie der Veranlassung Folge leistet, noch den Status eines selbständigen Unternehmensträgers innehat. Ist dies nicht der Fall, so sei die Maßnahme grundsätzlich unzulässig.[67] Ein Schutzsystem gegen solchermaßen unzulässige Veranlassungen müsste außerhalb des aktiengesetzlichen Ausgleichssystems bei faktischer Konzernierung entwickelt werden, da die §§ 311 ff. AktG nicht passen.[68] Dabei wird an die allgemeinen Vorschriften für unabhängige Gesellschaften gedacht, das heißt in erster Linie ist § 117 AktG angesprochen.[69]

Dem wird überwiegend entgegengehalten, dass damit das Risiko von, auf Veranlassungen der Konzernspitze basierenden, unvorhergesehenen zukünftigen Entwicklungen der abhängigen Gesellschaft auferlegt wird. Demgegenüber hätte das Ausgleichssystem der §§ 311 ff. AktG den Vorteil, an einen unterbliebenen Nachteilsausgleich ohne weiteres die Schadenersatzpflicht des § 317 Abs. 1 AktG zu knüpfen.[70]

Folgt man dieser überwiegenden Ansicht, so stellt sich, wie in allen anderen Fällen der Veranlassung von Rechtsgeschäften und Maßnahmen durch das herrschende Unternehmen, die Frage, ob darin ein Nachteil für das abhängige Unternehmen liegt. Nachteil im Sinne von § 311 Abs. 1 AktG ist eine Folge der Abhängigkeit und setzt insoweit eine Sorgfaltspflichtverletzung des Veranlassungsadressaten voraus.[71] Es ist also zu prüfen, ob sich ein ordentlicher und gewissenhafter Geschäftsleiter einer unabhängigen Gesellschaft ebenso

---

66 So vor allem *Hommelhoff* Konzernleitungspflicht, S. 132 ff., 135.

67 *Hommelhoff* Konzernleitungspflicht, S. 138. Anders nur, wenn die Maßnahme unverzichtbar erforderlich wäre, damit überhaupt ein faktischer Konzern entsteht (S. 137).

68 Dazu – allerdings nur skizzierend – *Hommelhoff* Konzernleitungspflicht, S. 139 f.

69 *Hommelhoff* Konzernleitungspflicht, S. 139. Vgl. auch *Koppensteiner* in: Kölner Kommentar zum Aktiengesetz, Vorb. § 311 Rn. 18 und § 311 Rn. 32; *Baums/Steck* WM 1998, 2261, 2262.

70 So insbesondere *Koppensteiner* in: Kölner Kommentar zum Aktiengesetz, § 311 Rn. 32; dem folgend *Baums/Steck* WM 1998, 2261, 2262.

71 *Habersack* in: Emmerich/Habersack, Aktien- und GmbH-Konzernrecht, § 311 Rn. 26; *Koppensteiner* in: Kölner Kommentar zum Aktiengesetz, 311 Rn. 22; MünchHdb.AG/*Krieger* § 69 Rn. 64 f.; *Kropff* in: Gessler/Hefermehl/Eckardt/Kropff, Aktiengesetz, § 311 Rn. 108 jeweils m. w. N.

oder anders verhalten hätte.[72] Nur im letzteren Fall liegt ein Nachteil im Sinne des § 311 Abs. 1 AktG vor.[73]

Dabei darf ein sorgfältiger Geschäftsleiter nicht lediglich die mit dem Rechtsgeschäft oder der Maßnahme verbundenen vorteilhaften Synergieeffekte in seine Entscheidungsfindung einbeziehen, sondern er muss auch die mit seiner Entscheidung verbundenen Risiken bedenken. Gerade bei den erwähnten konzernintegrativen Maßnahmen stellen sich zwar oft kurzfristig Vorteile ein, etwa bei der Etablierung eines gemeinsamen Konzernvertriebsapparates. Ohne eigenen Vertrieb droht der abhängigen Gesellschaft allerdings bei einer Insolvenz des herrschenden Unternehmens oder einer Konzernumstrukturierung die Gefahr, ihre Produkte nicht mehr am Markt absetzen zu können. Die sorgfaltswidrige Übernahme derart unkalkulierbarer Risiken durch die abhängige Gesellschaft ist nach allgemeiner Ansicht für diese nachteilig.[74] Für die Feststellung eines Nachteils im vorgenannten Sinne ist, anders als für die ex post vorzunehmende Feststellung eines Schadens, der Zeitpunkt der Vornahme des Rechtsgeschäfts bzw. der Maßnahme entscheidend (ex ante).[75] Für das Beispiel der Aufgabe des eigenen Vertriebs bedeutet dies, dass ein so unübersichtliches Risiko einen Nachteil im Sinne des § 311 Abs. 1 AktG darstellt.[76] Ähnliches gilt für eine Veranlassung, die dazu führt, dass das abhängige Unternehmen eigene Produkte nur noch konzernintern und nicht mehr über den Markt absetzen kann. Derartige Maßnahmen sind nach § 311 Abs. 1 und 2 AktG nur dann zulässig, wenn der abhängigen Gesellschaft die möglichen Risiken abgenommen werden, der Nachteil also ausgeglichen wird.[77] Dem veranlassten Nachteil muss ein entsprechender, den erlittenen Nachteil zumindest aufwiegender Vorteil gegenüberstehen. Das bedeutet, dass der Vorteil die anhängige Gesellschaft so stellen soll, wie sie ohne Nachteilszufügung stehen würde. Die mit Art und Form des Vorteils und der Frage nach seiner Bilanzierungsfähigkeit oder seinem Wert zusammenhängenden streitigen Fragen brauchen indes nicht vertieft zu werden. Denn die Antwort auf die hier interessierende Frage, ob § 311 Abs. 1

72 Vgl. Nachweise in Fn. (zuvor) und *Emmerich/Sonnenschein* Konzernrecht, § 20 II 1a, S. 342; *Hommelhoff* Konzernleitungspflicht, S. 118 m.w.N.

73 Statt vieler *Hüffer* Aktiengesetz, § 311 Rn. 27.

74 Vgl. nur *Koppensteiner* in: Kölner Kommentar zum Aktiengesetz, § 311 Rn. 31 m.w.N.

75 *Hüffer* Aktiengesetz, § 311 Rn. 28; *Habersack* in: Emmerich/Habersack, Aktien- und GmbH-Konzernrecht, § 311 Rn. 29 und 30.

76 *Baums/Steck* WM 1998, 2261, 2262.

77 Zu der umstrittenen Rechtsnatur dieser Ausgleichspflicht vgl. *Habersack* in: Emmerich/Habersack, Aktien- und GmbH-Konzernrecht, § 311 Rn. 40 m.w.N.

AktG eine Auslagerungsschranke bildet, ist nach den bisherigen Ausführungen nunmehr zu verneinen.

b) Keine Schranke für Auslagerung von Compliance

Die Auslagerung der Compliance-Funktionen auf ein herrschendes Unternehmen stellt zwar auf den ersten Blick und im weitesten Sinne eine konzernintegrative Maßnahme dar. Das Tochterunternehmen begibt sich immerhin einer Unternehmensfunktion und wird dadurch stärker in den Konzernverbund einbezogen. Doch kann die Auslagerung von Compliance nicht mit der Aufgabe des eigenen Vertriebsapparates oder der eigenen Forschungs- und Entwicklungsabteilung gleichgesetzt werden. Es ist schon fraglich, ob in der die Auslagerung herbeiführenden Veranlassung des herrschenden Unternehmens ein Nachteil im genannten Sinne zu sehen ist. Denn immerhin stellt sich die Auslagerung auch aus der Sicht eines ordentlichen und gewissenhaften Geschäftsleiters eines unabhängigen Unternehmens als betriebswirtschaftlich sinnvolle, weil kostensenkende Maßnahme dar.[78] Das Risiko der Insolvenz des herrschenden Unternehmens und damit des Wegfalls der Wahrnehmung der Compliance-Funktionen für das abhängige Unternehmen ist insoweit mit der jederzeit auch bei einem externen Dienstleister möglichen Entwicklung vergleichbar. Selbst wenn man dies aber so sehen wollte, sicherten doch die aufsichtsrechtlich gemäß § 33 Abs. 2 WpHG zwingend beim auslagernden Unternehmen verbleibenden Einflussrechte, dass das Unternehmen jederzeit in der Lage ist, die Situation zu überwachen und nötigenfalls gegenzusteuern.[79] Es ist gerade Sinn und Zweck des nach § 33 Abs. 2 WpHG zwingend zu vereinbarenden Weisungs- und Kontrollrechtes, bei defizitärer Leistungserbringung durch den Funktionsübernehmer ausreichende Steuerungsinstrumente in der Hand zu haben, um dem entgegenzuwirken, nötigenfalls den Auslagerungsvertrag zu lösen und den ausgelagerten Bereich auf einen anderen Dienstleister zu übertragen oder gar wieder selbst zu übernehmen.[80] Das Risiko des Ausfalls oder der Schlechtleistung des Funktionsübernehmers ist nach den aufsichtsrechtlichen Bestimmungen im eigenen Risikomanagement und Risikocontrollingsystem des auslagernden Unternehmens zu berücksichtigen. Dazu gehört insbesondere, dass entsprechende Notfallmaßnahmen geplant werden.

---

78 Zu den Gründen für eine Auslagerung vgl. oben S. 203f.

79 Ähnlich am Beispiel der Vertriebsauslagerung einer konzernierten Bausparkasse *Baums/Steck* WM 1998, 2261, 2262.

80 *Eyles* WM 2000, 1217, 1231; *Koller* in: Assmann/Uwe H. Schneider, WpHG, 2. Aufl., 1999, § 33 Rn. 40.

III. Gesellschaftsinterne Auslagerungskompetenz

Die vorstehenden Überlegungen lassen sich dahingehend zusammenfassen, dass gesellschafts- oder konzernrechtliche Schranken für die Auslagerung der Compliance-Funktionen nicht bestehen. Offen geblieben ist noch, welchen Einfluss der mit einer Outsourcingmaßnahme einhergehende Autonomieverlust auf die innergesellschaftliche Kompetenzverteilung hat.

1. Kompetenzverteilung in der GmbH

Das GmbH-Recht kennt zwar keine genaue Trennung zwischen Geschäftsführungskompetenzen der Geschäftsführer und der Gesellschafter. Die Gesellschafter üben die Herrschaft in der Gesellschaft aus, wozu insbesondere die Weisungsmöglichkeit gegenüber dem Geschäftsführer zählt. Grundsätzlich anerkannt ist allerdings, dass ungewöhnliche Geschäftsführungsmaßnahmen allein in die Entscheidungszuständigkeit der Gesellschafter fallen.[81] Insoweit trifft den Geschäftsführer eine Pflicht zur Einholung eines Gesellschafterbeschlusses zu der geplanten (ungewöhnlichen) Maßnahme, § 49 Abs. 2 GmbHG.[82] Fraglich und sehr problematisch ist hier aber der Beurteilungsmaßstab, dass heißt wann eine Geschäftsführungsmaßnahme so ungewöhnlich ist, dass die Vorlagepflicht des Geschäftsführers ausgelöst wird.[83]

2. Kompetenzverteilung in der Aktiengesellschaft

Für die Aktiengesellschaft liegt die Geschäftsführungszuständigkeit bei dem eigenverantwortlichen Vorstand, § 76 Abs. 1 AktG. Ein Beschluss der Hauptversammlung ist gemäß § 119 Abs. 1 AktG nur in den im Gesetz und in der Satzung bestimmten Fällen erforderlich. Darüber hinaus kann der Vorstand, wenn er es für erforderlich erachtet, die Hauptversammlung auch mit Fragen der Geschäftsführung befassen, § 119 Abs. 2 AktG. Doch muss der Vorstand nach der „Holzmüller"-Rechtsprechung des BGH einen Beschluss der Haupt-

---

81 So die h. M. Vgl. etwa *Lutter/Hommelhoff* GmbHG, § 37 Rn. 10, 11; Scholz/*Uwe H. Schneider* GmbHG, § 37 Rn. 12; *Altmeppen* in: Roth/Altmeppen, GmbHG, § 37 Rn. 18 jeweils mit weiteren Nachweisen. Anders Baumbach/Hueck-*Zöllner* GmbHG, § 37 Rn. 6a ff. mit Differenzierung nach Fallgruppen.

82 BGH NJW 1973, 1039; *Karsten Schmidt* Gesellschaftsrecht, § 36 I 2b, S. 1070.

83 Vgl. *Lutter/Hommelhoff* GmbHG, § 37 Rn. 10; Scholz/*Uwe H. Schneider* GmbHG, § 37 Rn. 12.

versammlung auch dann, das heißt in ungeschriebenen Fällen, einholen, wenn eine strukturrelevante Geschäftsführungsmaßnahme tief in die Mitgliedschaft der Aktionäre und deren im Anteilseigentum verkörpertes Vermögensinteresse eingreift.[84] Der Anwendungsbereich dieser sog. „Holzmüller-Doktrin“ wird – zumindest im Schrifttum – immer weiter gezogen.[85] Das betrifft zum Beispiel Überlegungen, auch für den bereits erwähnten Fall der Auslagerung der gesamten EDV eine Hauptversammlungskompetenz anzunehmen.[86]

3. *Bedeutung für die Auslagerung von Compliance*

Für die hier untersuchte Konstellation der Auslagerung der Compliance-Funktionen, das heißt der Überwachungsaufgaben nach § 33 Abs. 1 WpHG, trifft indes schon der Ausgangspunkt der „Holzmüller“-Grundsätze nicht zu, dass das Geschäftsführungsorgan – mit den Worten des BGH – „vernünftigerweise nicht annehmen kann (es dürfe die Entscheidung) in ausschließlich eigener Verantwortung treffen, ohne die Hauptversammlung zu beteiligen“.[87] Insbesondere stellt die Auslagerung von Überwachungstätigkeiten nicht einen so tiefen Eingriff in die Mitgliedschaft der Anteilseigner dar, dass diese an der Auslagerungsentscheidung zu beteiligen wären. Die Inanspruchnahme fremder Dienstleistungen ist nicht vergleichbar einer Ausgliederung ganzer Vermögensteile des Unternehmens. Zu einer Verwässerung der Mitwirkungsrechte der Anteilseigner des auslagernden Unternehmens kommt es hier also gar nicht. Die aufsichtsrechtlich zwingend vorgegebene Vereinbarung von Kontroll- und Weisungsrechten zugunsten des auslagernden Unternehmens verhindert überdies, dass das Leitungsorgan die Kontrolle vollständig aus der Hand gibt. Dem Autonomieverlust, wie er mit der Auslagerung von Unternehmens-Funktionen notwendig verbunden ist, sind mit der Auslagerungsvereinbarung im Sinne des § 33 Abs. 2 WpHG wirksame Grenzen gesetzt. Danach besteht weder in einer GmbH noch in einer Aktiengesellschaft eine Pflicht für Geschäftsführer oder Vorstand, vor der Auslagerung der Compliance-Funktionen einen Beschluss der Gesellschafterversammlung bzw. der Hauptversammlung herbeizuführen. Die Entscheidung,

84 BGHZ 83, 122ff. „Holzmüller“. Zu dem, der Entscheidung nachfolgenden, äußerst umfangreichen Schrifttum vgl. statt vieler *Hüffer* Aktiengesetz, § 119 Rn. 16ff.

85 Vgl. zu solchen Tendenzen näher *Mülbert* in: Großkommentar zum Aktiengesetz, § 119 Rn. 30 m.w.N.

86 So etwa *Hirte* CR 1992, 193, 194f.

87 BGHZ 83, 122, 131.

die Überwachungstätigkeit nach § 33 Abs. 1 WpHG nicht mit eigenen Mitarbeitern durchzuführen, sondern damit einen externen Dienstleister zu beauftragen, steht folglich im unternehmerischen Ermessen des Leitungsorgans.

Für die erwähnten Fälle der Auslagerung der gesamten EDV wird im Schrifttum unterschieden zwischen der Ausgliederung auf ein Tochterunternehmen und der Funktionsauslagerung auf einen externen Dienstleister. Dabei geht *Stein* davon aus, dass bei der Ausgliederung auf eine 100%ige Tochtergesellschaft wegen der direkten gesellschafts- und konzernrechtlichen Kontrollmöglichkeit durch den Vorstand der Muttergesellschaft keine Probleme bestehen. Vergleichbar der innergesellschaftlichen Delegation bedürfe es strukturell folglich keiner besonderen Absicherung der Vorstandsautonomie.[88] Hingegen sei die Auslagerung der gesamten EDV eines Unternehmens auf einen externen, nur schuldrechtlich verbundenen Dienstleister, wegen fehlender im Gesellschaftsrecht wurzelnder Kontrollmöglichkeiten, mit einer stärkeren Gefährdung der Autonomie verbunden. Gegen die Zulässigkeit der Auslagerung der gesamten EDV hegt *Stein* daher grundsätzliche Bedenken.[89] *Hirte* teilt diese Bedenken und verlangt daher für jeden Auslagerungsfall die Zustimmung der Gesellschafter- bzw. Hauptversammlung.[90] Im Falle von Compliance besteht aber schon die von *Stein* und *Hirte* beschworene Gefahr nicht, dass die Gesellschaft durch die Outsourcing-Maßnahme kopflos wird.[91] Daher bleibt es hier allgemein bei einer Ermessensentscheidung des Leitungsorgans.

Freilich darf auch das grundsätzlich breite Ermessen nicht zu willkürlichen Outsourcing-Maßnahmen führen. Zu bedenken ist immerhin, dass jedes Outsourcing von Unternehmensfunktionen zu einem Verlust an Autonomie des auslagernden Unternehmens führt. Insofern müssen bei der Auslagerungsentscheidung der erwartete Nutzen (Kostensenkung, etc.) mit den zu gewärtigen Autonomieeinbußen abgewogen werden.[92] Das unterscheidet sich im Grundsatz indes nicht von anderen unternehmerischen Ermessensentscheidungen.

---

88 *Stein* ZGR 1988, 163, 171. So auch *Jungkurth* Konzernleitung bei der GmbH, S. 125f. mit Fn. 117.

89 Vgl. *Stein* ZGR 1988, 163, 174, 177f.

90 *Hirte* CR 1992, 193, 195.

91 Zu recht weißt *Hirte* auf den besonderen Charakter der Unternehmens-EDV als „Nervenzentrum" des Unternehmens hin, CR 1992, 193, 195.

92 Wie hier *Mülbert* in: Funktionsauslagerung (Outsourcing) bei Kreditinstituten, S. 23. Zum Beispiel ist die Auslagerung von Funktionen für einen vertraglich festgeschriebenen sehr langen Zeitraum meist unumgänglich, weil das Auslagerungsunternehmen erst mit Blick auf die langfristige Bindung wirtschaftlich in der Lage ist, die für eine optimale Dienstleistung erforderlichen Investitionen zu tätigen.

E. Auslagerung im Sinne von § 33 Abs. 2 WpHG

I. Dauerhafter Fremdbezug

Eine wirksame Auslagerung der Compliance-Funktionen im Sinne von § 33 Abs. 2 WpHG setzt voraus, dass die Überwachungsaufgaben nicht oder nicht mehr vollständig von dem auslagernden Unternehmen, sondern dauerhaft von dem funktionsaufnehmenden Unternehmen wahrgenommen werden. Es muss sich mithin um eine fremdbezogene Dienstleistung handeln.[93] Der Fremdbezug der ausgelagerten Dienstleistung muss ferner nachhaltig sein, so dass die Einschaltung von Experten in nur wenigen Einzelfällen keine Auslagerung im Sinne des § 33 Abs. 2 WpHG ist.[94] Eine räumliche Trennung zwischen auslagerndem Unternehmen und dem die Compliance-Funktionen wahrnehmenden Insourcer ist weder hinreichend noch notwendig. Den Übergang eines Betriebsteils im Sinne von § 613a Abs. 1 BGB setzt § 33 Abs. 1 Satz 1 WpHG nicht voraus, die Verlagerung einer Unternehmensfunktion genügt.[95]

II. Eigenständige Rechtspersönlichkeit

Weiteres Merkmal des Auslagerungstatbestandes nach § 33 Abs. 2 WpHG ist die Auslagerung auf ein „anderes Unternehmen". Im Hinblick auf die gesetzgeberische Zielsetzung, nämlich die „Sicherstellung der aufsichtsrechtlichen Kontroll- und Prüfungsrechte", kommen als Auslagerungsunternehmen natürliche Personen oder sonst Unternehmen in jeder Rechtsform in Betracht.[96] Wichtig ist allein, dass es sich bei dem anderen Unternehmen im Sinne von § 33 Abs. 2 WpHG um eine eigenständige Rechtspersönlichkeit handelt. Ob das Auslagerungsunternehmen seinen Sitz bzw. seine Haupt-

93 *Braun* in: Boos/Fischer/Schulte-Mattler, KWG, § 25a Rn. 161f.; *Eyles* WM 2000, 1217, 1220.

94 Zu denken wäre hier an die Inanspruchnahme von gelegentlichen Beratungsdiensten hinsichtlich einer effektiven Compliance-Organisation oder die Beauftragung externer Experten für die Lösung eines komplexen Einzelfallproblems.

95 *Eyles* WM 2000, 1217, 1220; *Koller* in: Assmann/Uwe H. Schneider, WpHG, § 33 Rn. 40. Zu arbeitsrechtlichen Fragen beim Outsourcing, vgl. *von Westphalen* WM 1999, 1810ff.

96 *Braun* in: Boos/Fischer/Schulte-Mattler, KWG, § 25a Rn. 166; *Eyles* WM 2000, 1217, 1222; *Schlüter* Wertpapierhandelsrecht, F Rn. 55; *Zerwas/Hanten* WM 1998, 1110, 1113.

verwaltung im Inland hat oder ein ausländisches Unternehmen ist, ist ebenfalls ohne Bedeutung für die nach § 33 Abs. 2 WpHG zu erfüllenden Voraussetzungen.[97] Denn § 33 Abs. 2 WpHG differenziert ebenso wenig wie § 25a Abs. 2 KWG nach dem Status des Insourcers. Es kommt allein darauf an, dem Aufsichtsamt die Aufsichtsmöglichkeit zu erhalten. Auch die Auslagerung von Compliance-Funktionen auf eine Mutter- oder Tochtergesellschaft oder eine Schwestergesellschaft richtet sich folglich nach § 33 Abs. 2 WpHG. Allerdings wird hier bei der Bewertung der materiellen Zulässigkeitsvoraussetzungen der Auslagerung zu differenzieren sein. Denn die Frage nach der Ordnungsmäßigkeit der Dienstleistung sowie der Kontroll- und Steuerungsmöglichkeiten des auslagernden Unternehmens und des Aufsichtsamtes wird bei einer – womöglich gar beherrschungsvertraglich grundierten – konzerninternen Auslagerung mit Aufsichtspflichtigkeit auch des Auslagerungsunternehmens anders zu beurteilen sein als bei der Auslagerung auf ein nicht dem Wertpapiergeschäft entstammendes und nicht gesellschaftsrechtlich verbundenes Drittunternehmen.[98] Das Gleiche gilt für Verbundunternehmen, welche für eine Gruppe von angeschlossenen oder an ihnen beteiligten Instituten zentrale Funktionen wahrnehmen sowie für Partnerschafts- oder Kooperationsmodelle.[99] § 33 Abs. 2 WpHG gilt ferner für alle rechtlich unselbständigen Zweigniederlassungen im Ausland, weil die BAFin auf diese keinen direkten Zugriff hat.[100] Hingegen handelt es sich bei inländischen Zweigniederlassungen von Wertpapierdienstleistungsunternehmen mit Sitz in einem anderen Staat des europäischen Wirtschaftsraums (§ 53b KWG) wegen der direkten Zugriffsmöglichkeit der BAFin nicht um ein anderes Unternehmen im Sinne von § 33 Abs. 2 WpHG.[101]

Von § 25a Abs. 2 KWG und § 33 Abs. 2 WpHG nicht erfasst ist die Verlagerung bestimmter Geschäftsbereiche innerhalb des Instituts, von der Hauptniederlassung auf eine rechtlich unselbständige Zweigniederlassung

---

97 *Eyles* WM 2000, 1217, 1222.

98 Hier stellen sich indes gesellschafts- und konzernrechtliche Probleme, auf die sogleich gesondert einzugehen ist.

99 Zu der Kritik, die aus Kreisen der betroffenen Institute und den Spitzenverbänden der Kreditwirtschaft an der fehlenden Privilegierung konzerninterner Auslagerungen des BAKred in seinem Rundschreiben-Entwurf vom 13. August 1998 geäußerten worden ist, vgl. *Eyles* WM 2000, 1217, 1223.

100 Vgl. BAKred, Rundschreiben zu der Auslagerung von Bereichen auf ein anderes Unternehmen gemäß § 25a Abs. 2 KWG vom 6. 12. 2001, Tz. 5; *Zerwas/Hanten* WM 1998, 1110, 1113.

101 BAKred, Rundschreiben zu der Auslagerung von Bereichen auf ein anderes Unternehmen gemäß § 25a Abs. 2 KWG vom 6. 12. 2001, Tz. 5; *Braun* in: Boos/Fischer/Schulte-Mattler, KWG, § 25a Rn. 167.

(auch wenn diese im Ausland ist), von Zweigniederlassungen auf andere rechtlich unselbständige Zweigniederlassungen des Instituts oder von Zweigniederlassungen auf die Hauptniederlassung.[102]

III. Ordnungsmäßigkeit der Geschäfte

§ 33 Abs. 2 WpHG soll sicherstellen, dass die Wertpapierdienstleistungsgeschäfte auch dann ordnungsgemäß erbracht werden, wenn dies nicht vollumfänglich durch das gegenüber dem Kunden verpflichtete und vom Aufsichtsamt primär überwachte Unternehmen geschieht. Die Auslagerung bestimmter Bereiche darf weder die Ordnungsmäßigkeit dieser Dienstleistungen noch die Prüfungs- und Kontrollmöglichkeiten der BAFin beeinträchtigen, § 33 Abs. 2 Satz 1 WpHG. Risiken sollen auf der Ebene des auslagernden Unternehmens begrenzt werden. Die Anforderungen und Grenzen an eine wirksame Auslagerung sind daher an den Organisationspflichten des § 33 Abs. 1 WpHG zu messen. Diese Grundsätze konkretisieren die gesellschaftsrechtlichen Anforderungen an eine ordnungegemäße Geschäftsführung. Bei einer Auslagerung von Compliance-Funktionen muss folglich die gleiche Sorgfalt angewendet werden, die von dem auslagernden Wertpapierdienstleistungsunternehmen selbst zu beachten wäre.[103] Alle einschlägigen Rechtsvorschriften sind von dem Auslagerungsunternehmen zu beachten. Dafür trägt das auslagernde Unternehmen weiterhin die Verantwortung. Es muss daher Verstöße gegen die Compliance-Vorschriften des WpHG gegenüber dem BAWe so vertreten, als hätte es die Compliance-Funktionen nicht ausgelagert. Das Leitungsorgan des auslagernden Unternehmens bleibt somit aufsichtsrechtlich neben den Repräsentanten des Auslagerungsunternehmens verantwortlich. Es hat die Ordnungsmäßigkeit der Funktionswahrnehmung sicherzustellen.[104] Das hierfür zentrale Instrument gibt § 33 Abs. 2 Satz 2 WpHG selbst vor. Danach hat sich das auslagernde Unternehmen die erforderlichen Weisungsbefugnisse vertraglich zu sichern und die ausgelagerten Bereiche in seine internen Kontrollverfahren einzubeziehen.

---

102 BAKred, Rundschreiben zu der Auslagerung von Bereichen auf ein anderes Unternehmen gemäß § 25a Abs. 2 KWG vom 6. 12. 2001, Tz. 6.

103 Das betrifft insbesondere die zu beachtenden Qualitätsstandards. Näher *Braun* in: Boos/Fischer/Schulte-Mattler, KWG, § 25a Rn. 190; *Zerwas/Hanten* WM 1998, 1110, 1114. Vgl. dazu auch am Beispiel der EDV-Auslagerung *Stein* ZGR 1988, 163ff.

104 So auch *Braun* in: Boos/Fischer/Schulte-Mattler, KWG, § 25a Rn. 191f.

F. Weisungsrecht nach § 33 Abs. 2 Satz 2 WpHG

I. Inhalt des Weisungsrechts

Das zwischen Outsourcer und Funktionsübernehmer zu vereinbarende Weisungsrecht dient der Gewährleistung der Ordnungsmäßigkeit der Geschäfte beim Auslagerungsunternehmen.[105] Eine detaillierte Einflussnahme auf einzelne Betriebsabläufe des Auslagerungsunternehmens kann allerdings nicht verlangt werden. Das würde bedeuten, die Weisungsbefugnis ähnlich einem arbeitsvertraglichen Direktionsrecht auszugestalten. Dadurch würden jedoch die mit Outsourcing-Maßnahmen erreichbaren Vorteile zum Teil stark relativiert. Vielmehr soll aber das Weisungsrecht wie erwähnt „nur" garantieren, dass die von dem auslagernden Unternehmen zu beachtenden Qualitätsstandards auch durch den Funktionsübernehmer eingehalten werden. Dies muss vertraglich klar definiert werden. Dazu bedarf es allerdings keines Eingriffsrechtes in die Geschäftsprozesse, sondern das aufsichtsrechtlich vorgesehene Weisungsrecht ist im Sinne eines Rechts zur Vorgabe von Qualitätsstandards auszulegen.[106]

Um die Einhaltung dieser Standards überwachen zu können, dürfen die Steuerungs- und Kontrollmöglichkeiten der Geschäftsleitung durch eine Auslagerung nicht beeinträchtigt werden. Erforderlich ist die vertragliche Vereinbarung von Prüfungs- und Kontrollrechten, welche bei Abweichung von den vereinbarten Standards dem auslagernden Unternehmen direkte Weisungs- und Eingriffsrechte einräumen, etwa das Recht zur fristlosen Kündigung der Auslagerungsvereinbarung.[107] Der ausgelagerte Compliance-Bereich ist dafür so in die internen Kontrollverfahren einzubeziehen (§ 33 Abs. 2 Satz 2 WpHG), als würde die Überwachungsfunktion von dem auslagernden Unternehmen selbst wahrgenommen.[108] Dazu hat sich das aus-

---

105 Zum Folgenden ausführlich *Braun* in: Boos/Fischer/Schulte-Mattler, KWG, § 25a Rn. 190ff., 200ff., 211ff.; *Eyles* WM 2000, 1217, 1230; *Zerwas/Hanten* WM 1998, 1110ff.

106 Vgl. nur *Braun* in: Boos/Fischer/Schulte-Mattler, KWG, § 25a Rn. 194.

107 Näher zu aufsichtsrechtlichen Detailfragen des Weisungsrechts *Braun* in: Boos/Fischer/Schulte-Mattler, KWG, § 25a Rn. 194; *Eyles* WM 2000, 1217, 1231; *Zerwas/Hanten* WM 1998, 1110, 1114.

108 *Braun* in: Boos/Fischer/Schulte-Mattler, KWG, § 25a Rn. 201. Unter laufenden Steuerungs- und Kontrollmöglichkeiten werden in erster Linie verstanden die Kostenrechnungs-, Planungs- und Controllingsysteme, die Durchführung der Innenrevision sowie Führungsinstrumente, die der Entscheidungsfindung der Geschäftsleitung dienen.

lagernde Wertpapierdienstleistungsunternehmen die nötigen Auskunfts-, Einsichts-, Zutritts- und Zugangsrechte vertraglich zu sichern.[109]

Entsprechend den Steuerungs- und Kontrollmöglichkeiten der Geschäftsleitung dürfen auch Prüfungsrechte und Kontrollmöglichkeiten der BAFin durch die Auslagerung keine Beeinträchtigung erleiden.[110] Ein Auslagerungsunternehmen, das selbst kein Wertpapierdienstleistungsunternehmen ist, wird von den Befugnissen des Aufsichtsamtes nicht erfasst. Daher muss die Erstreckung der Aufsichtsbefugnisse vertraglich sichergestellt werden. Daraus folgt, dass die Verträge zwischen auslagerndem Unternehmen und funktionsübernehmenden Unternehmen gewährleisten müssen, dass die BAFin ihre Prüfungs- und Kontrollrechte so wahrnehmen kann, als ob keine Auslagerung vorliegt.[111] Das ist insbesondere bei grenzüberschreitenden Auslagerungen von Bedeutung. Hier trägt das auslagernde Institut die Verantwortung, dass die BAFin gemäß § 44 KWG ihre Auskunftsrechte, einschließlich der Befugnis, die Vorlage von Unterlagen zu fordern, und ihre Prüfungsrechte wahrnehmen kann.[112]

II. Weisungsadressat

In § 33 Abs. 2 WpHG ist nicht bestimmt, wer Adressat des Weisungsrechts ist. Das BAKred hat in seinem ersten Rundschreibenentwurf noch die Geschäftsführung des Auslagerungsunternehmens als Adressaten angesehen. In dem endgültigen Rundschreiben vom 6. 12. 2001 heißt es aber lediglich, dass sich das auslagernde Institut Weisungs- und Kontrollrechte vom Auslagerungsunternehmen vertraglich einräumen zu lassen hat.[113] In Frage kommen drei mögliche Adressaten, nämlich das Auslagerungsunternehmen selbst, dessen Leitungsorgan sowie die Mitarbeiter des Funktionsübernehmers.

---

109 BAKred, Rundschreiben zu der Auslagerung von Bereichen auf ein anderes Unternehmen gemäß § 25a Abs. 2 KWG vom 6. 12. 2001, Tz. 30; *Eyles* WM 2000, 1217, 1231.

110 Im Anwendungsbereich von § 25a Abs. 2 KWG gilt dies entsprechend für das BAKred.

111 Vgl. BAKred, Rundschreiben zu der Auslagerung von Bereichen auf ein anderes Unternehmen gemäß § 25a Abs. 2 KWG vom 6. 12. 2001, Tz. 33.

112 BAKred, Rundschreiben zu der Auslagerung von Bereichen auf ein anderes Unternehmen gemäß § 25a Abs. 2 KWG vom 6. 12. 2001, Tz. 46. Sollte sich die Ausübung bzw. Durchsetzung dieser Rechte als nicht möglich erweisen, ist die Auslagerung rückgängig zu machen.

113 BAKred, Rundschreiben zu der Auslagerung von Bereichen auf ein anderes Unternehmen gemäß § 25a Abs. 2 KWG vom 6. 12. 2001, Tz. 30.

Der oben näher betrachtete Grundsatz der Gesamtverantwortung des Organs steht einem vertraglichen Weisungsrecht gegenüber einzelnen Mitgliedern des Leitungsorgans entgegen.[114] Auch ein direktes Weisungsrecht des Organs des auslagernden Unternehmens gegenüber den einzelnen Mitarbeitern des funktionsübernehmenden Unternehmens kommt nicht in Betracht, weil dies einen erheblichen Eingriff in die innere Organisationsstruktur der anderen Gesellschaft bedeuten und zudem auch ganz erhebliche arbeitsrechtliche (Zuordnungs-)Probleme aufwerfen würde.[115] Damit verbleiben als Weisungsadressaten das Auslagerungsunternehmen bzw. sein Rechtsträger selbst oder dessen Leitungsorgan.

Das aufsichtsrechtliche Schrifttum – soweit es sich überhaupt damit befasst – ist der Ansicht, dass ein Weisungsrecht direkt gegenüber der Geschäftsleitung des Auslagerungsunternehmens zu vereinbaren ist.[116] Das würde mit dem schon angedeuteten gesetzgeberischen Leitbild von § 33 Abs. 2 WpHG übereinstimmen. Dieses geht von einem Wertpapierdienstleistungsunternehmen aus, welches grundsätzlich die gesamte Leistungserbringung im eigenen Unternehmen sicherstellt.[117] In der Vorstellung eines vollintegrierten Wertpapierdienstleistungsunternehmens hätte die Geschäftsleitung des Insourcers die Stellung eines Abteilungs- oder Bereichsleiters. Im Falle defizitärer Leistungserbringung stünde der Unternehmensleitung aufgrund ihres arbeitsvertraglichen Direktionsrechts eine direkte Einflussnahme auf die Verantwortlichen zu. Das muss im Prinzip auch beim Outsourcing gewährleistet sein. Zu fragen ist nach den rechtlichen Möglichkeiten zur wirksamen Begründung eines Weisungsrechts, um eine entsprechende Einflussnahmemöglichkeit zu garantieren.

Allerdings darf hierbei der Umstand nicht ausgeblendet werden, dass beim Outsourcing zwei rechtlich selbständige Unternehmen beteiligt sind. Bei der vorliegend interessierenden Compliance-Auslagerung handelt es sich in der Regel um GmbH oder Aktiengesellschaften. Das wirft die Frage auf, ob Grundsätze aus dem Recht der beteiligten Unternehmen einem direkten Weisungsrecht des auslagernden Unternehmens gegenüber dem Leitungsorgan des Funktionsübernehmers entgegenstehen. Zu untersuchen sind folglich mögliche gesellschaftsrechtliche und – wenn zudem ein Unternehmen an dem Anderen beteiligt ist – etwa bestehende konzernrechtliche Schranken.

---

114 Das folgt für die Aktiengesellschaft auch bereits aus § 23 Abs. 5 AktG.

115 Dazu *Zerwas/Hanten* WM 1998, 1110, 1114 m. w. N. Zu der auch für den Beherrschungsvertrag umstrittenen Adressateneigenschaft der Mitarbeiter vgl. *Emmerich/Sonnenschein* Konzernrecht, § 18 II 2b, S. 315.

116 *Zerwas/Hanten* WM 1998, 1110, 1114; *Eyles* WM 2000, 1217, 1231; *Braun* in: Boos/Fischer/Schulte-Mattler, KWG, § 25a Rn. 193.

117 *Koller* in: Assmann/Uwe H. Schneider, WpHG, § 33 Rn. 40.

G. Gesellschafts- und konzernrechtliche Probleme eines direkten Weisungsrechts

I. Gesellschaftsrechtskonforme Gestaltungsmöglichkeiten

Die autonome Gesellschaft mit eigenverantwortlicher Verwaltung durch die dazu berufenen Organe ist das gesetzgeberische Leitbild einer Aktiengesellschaft oder GmbH mit gesetzestypischem Verbandszweck.[118] Nach diesem gesellschaftsrechtlichen Autonomiegrundsatz – oder auch Grundsatz der Verbandssouveränität –, sind direkte Weisungsbefugnisse externer Dritter gegenüber dem eigenverantwortlichen Leitungsorgan grundsätzlich nur in engen Grenzen möglich, nämlich in zwei gesellschaftsrechtlich zulässigen Formen.[119]

Zum einen kann einem Dritten in der Satzung eine Weisungskompetenz gegenüber dem Geschäftsleitungsorgan eingeräumt werden. Dieses Weisungsrecht für einen Nichtgesellschafter ist vor allem aus dem GmbH-Recht bekannt.[120] Da eine souveräne Gesellschaft allein durch Willensbildung und eigenverantwortliche Entscheidung ihrer Organe gesteuert wird,[121] liegt rechtstechnisch im statutarischen Weisungsrecht zugunsten eines Dritten die Etablierung eines zusätzlichen Organs mit dem Weisungsberechtigten als einzigem berufenem Mitglied.[122] Gegen die statutarische Verankerung spricht grundsätzlich nicht, dass ein Weisungsrecht gemäß § 33 Abs. 2 WpHG „vertraglich“ zu vereinbaren ist. Denn vom Wortlaut sind damit

---

118 Vgl. etwa BGH WM 1992, 524, 526 (für die GmbH); *Flume* Die Juristische Person, S. 190ff.; *Mülbert* Aktiengesellschaft, Unternehmensgruppe und Kapitalmarkt, S. 157; *Hommelhoff* Gutachten G für den 59. DJT, S. G 35 mit Fn. 63; *Lutter* in: Festschrift für Barz, S. 199, 212f.; *Karsten Schmidt* Gesellschaftsrecht, § 5 I 3b, S. 89f. und § 17 I 1a, S. 493f.; *Wiedemann* in: Festschrift für Schilling, S. 105, 111ff.

119 *Lutter/Hommelhoff* GmbHG, § 37 Rn. 20; *Karsten Schmidt* Gesellschaftsrecht, § 5 I 3c, S. 92; *diesen* folgend *Mülbert* in: Funktionsauslagerung (Outsourcing) bei Kreditinstituten, S. 27.

120 Vgl. *Herfs* Einwirkungen Dritter auf den Willensbildungsprozess der GmbH, S. 137, 141; *Semrau* Die Dritteinflussnahme auf die Geschäftsführung von GmbH und Personengesellschaften, S. 267ff. und S. 275; Hachenburg/*Mertens* GmbHG, § 37 Rn. 17; Rowedder/*Koppensteiner* GmbHG, § 37 Rn. 20; *Lutter/Hommelhoff* GmbHG, § 37 Rn. 15, 20. Ablehnend Scholz/*Uwe H. Schneider* GmbHG, § 37 Rn. 34.

121 *Wiedemann* in: Festschrift für Schilling, S. 105, 111ff. Siehe auch *Karsten Schmidt* Gesellschaftsrecht, § 17 I 1, S. 493f.

122 *Mülbert* in: Funktionsauslagerung (Outsourcing) bei Kreditinstituten, S. 27.

auch die Satzung bzw. der Gesellschaftsvertrag als rechtsgeschäftliche Verbandsgrundlage umfasst.

Außerhalb einer solchen statutarischen Regelung kann eine Weisungsbefugnis zugunsten eines Dritten nur unter den Voraussetzungen eines Beherrschungsvertrages (§ 291 Abs. 1 Satz 1 AktG) begründet werden.[123] Durch diesen unterstellt eine Gesellschaft ihre Leitung einem anderen Unternehmen. Dogmatischer Ausgangspunkt dieser Gestaltungsvariante ist, dass auch die Verbandsautonomie als Bestandteil des Verbandszwecks grundsätzlich privatautonomer Satzungsgestaltung zugänglich ist.[124] Im Unterschied zur statutarisch begründeten Weisungsbefugnis wird mit Abschluss eines Beherrschungsvertrags ein Weisungsrecht gegenüber dem Geschäftsleitungsorgan begründet, ohne dass der Weisungsberechtigte Organqualität besitzt. Mit der gesetzlichen Regelung des Beherrschungsvertrages in § 291 Abs. 1 Satz 1 AktG und dem daraus folgenden Weisungsrecht gegenüber dem Vorstand (§ 308 Abs. 1 AktG) hat der Gesetzgeber diese Autonomieeinschränkung anerkannt.[125] Auch im GmbH-Recht wird die vertragliche Konzernierungsmöglichkeit durch Rechtsprechung[126] und Literatur[127] grundsätzlich nicht mehr in Zweifel gezogen. Der Gesetzgeber hat dies im Übrigen mit § 1 MitbestErgG sowie § 17 KStG 1977 anerkannt. Umstritten ist allerdings noch die beherrschungsvertragliche Konzernierung von Personengesellschaften. Überwiegend wird dies für zulässig gehalten.[128]

Neben diesen beiden Gestaltungsvarianten darf über die Verbandsautonomie nicht privatautonom disponiert werden. Ein direktes Weisungsrecht gegenüber dem Leitungsorgan kann außerhalb der aufgezeigten statutarischen

---

123 *Fleck* ZGR 1988, 133, 104, 133ff.; *Lutter/Hommelhoff* GmbHG, § 37 Rn. 20. Nach *Karsten Schmidt* verläuft daher an dieser Stelle auch die entscheidende Verbindungslinie zwischen innerem Verbandsrecht und Konzernrecht, vgl. *ders.* Gesellschaftsrecht, § 5 I 3c, S. 92.

124 Vgl. *Mülbert* in: Funktionsauslagerung (Outsourcing) bei Kreditinstituten, S. 27.

125 Zutreffend *Mülbert* in: Funktionsauslagerung (Outsourcing) bei Kreditinstituten, S. 27.

126 BGHZ 105, 324ff. „Supermarkt" ergangen auf Vorlage von BayObLGZ 1988, 208 = AG 1988, 379ff.

127 Statt vieler *Lutter/Hommelhoff* GmbHG, Anhang § 13 Rn. 47; Scholz/*Emmerich* GmbHG, Anhang Konzernrecht, Rn. 232.

128 Dafür *Emmerich/Sonnenschein* Konzernrecht, § 27 III 1b, S. 440; *Kleindiek* Strukturvielfalt im Personengesellschafts-Konzern, 1991, S. 110ff.; *Ulmer* in: Staub, HGB, Anhang § 105 Rn. 16, 68. Dagegen *Uwe H. Schneider* ZGR 1975, 253, 269ff.; *ders.* ZGR 1980, 511, 518ff.; *ders.* BB 1980, 1057, 1062; *Emmerich* in: Festschrift für Stimpel, S. 743, 755. Umfassend zum Ganzen *Mülbert* in: Münchner Kommentar zum HGB, Band 3, Konzernrecht der Personengesellschaften, Rn. 165ff. mit allen Nachweisen.

und konzernrechtlichen Möglichkeiten nicht begründet werden. Im Aktienrecht folgt dies aus der Satzungsstrenge gemäß § 23 Abs. 5 AktG. Im GmbH-Recht verbietet dies die Verbandssouveränität in allen Fällen, in denen dem Weisungsberechtigten nicht Organqualität eingeräumt wird.[129]

II. Folgerungen für das auslagernde Unternehmen

Eine Gestaltung der Outsourcingvereinbarung nach den beiden eben dargestellten gesellschaftsrechtskonformen Möglichkeiten, also eines statutarischen Weisungsrechts oder des Abschlusses eines Beherrschungsvertrages, kommt für ein Wertpapierdienstleistungsunternehmen vor allem bei der Auslagerung auf konzernzugehörige Beteiligungsunternehmen in Frage. Dies wird deutlich, wenn man sich vergegenwärtigt, dass beide Formen zu ihrer Begründung auf Seiten des Auslagerungsunternehmens eines qualifizierten Hauptversammlungs- bzw. Gesellschafterbeschlusses bedürfen. Für die satzungsförmige Begründung eines Weisungsrechts ergibt sich dies schon daraus, dass darin die Etablierung eines zusätzlichen Organs mit dem Weisungsberechtigten als einzigem berufenen Organmitglied liegt. Für die beherrschungsvertragliche Begründung eines Weisungsrechts ergibt sich die Zustimmungspflicht der Hauptversammlung einer funktionsübernehmenden Aktiengesellschaft aus § 293 Abs. 1 Satz 1 AktG. Erforderlich ist eine qualifizierte Mehrheit, § 293 Abs. 1 Satz 2 AktG. Den Schutz außenstehender Aktionäre gewähren die aktienrechtlichen Ausgleichs- und Abfindungsansprüche nach §§ 304, 305 AktG.

Für die GmbH ist die erforderliche Mehrheit eines Zustimmungsbeschlusses zum Beherrschungsvertrag umstritten. Einigkeit besteht darin, dass der Abschluss eines Beherrschungsvertrages satzungsändernde Wirkung entfaltet und daher zumindest die für Satzungsänderungen geltenden Regeln greifen, also gemäß § 53 Abs. 2 Satz 1 GmbHG mindestens eine Dreiviertelmehrheit erforderlich ist. Gerade dieses „zumindest" ist indes der streitige Punkt. So geht die h. M. vom Erfordernis der Einstimmigkeit für den Abschluss eines Beherrschungsvertrages aus.[130] Nach anderer Auffassung ist dies seit dem UmwG von 1994 nicht mehr haltbar, weil darin für alle Struk-

---

129 *Fleck* ZGR 1988, 133ff.; *Lutter/Hommelhoff* GmbHG, § 37 Rn. 20; *Wiedemann* in: Festschrift für Schilling, S. 105, 112.

130 Vgl. Scholz/*Emmerich* GmbHG, Anhang Konzernrecht, Rn. 155; Baumbach/Hueck-*Zöllner* GmbHG-Konzernrecht, Rn. 39; *Roth/Altmeppen* GmbHG, Anhang § 13 Rn. 36; ähnlich Hachenburg/*Ulmer* GmbHG, § 53 Rn. 143, 145 i. V. m. Anh § 77 Rn. 199.

turänderungen einer GmbH die satzungsändernde Mehrheit genügt. Daher genüge auch für den Abschluss von Beherrschungsverträgen die satzungsändernde Mehrheit nach den Regeln der betroffenen GmbH, also mindestens Dreiviertelmehrheit.[131]

Dieser Streit bedarf hier keiner Entscheidung, denn allein die Zustimmungspflichtigkeit auf Seiten des Funktionsübernehmers kann eine Outsourcing-Maßnahme sowohl in Form eines statutarischen als auch eines beherrschungsvertraglichen Weisungsrechts erheblich erschweren. Aus der Sicht eines Auslagerungsunternehmens ist es nur schwer vorstellbar, dass es zur Dienstleistungserbringung erforderlich sein sollte, sich so weitgehender gesellschaftsrechtlicher Einflussnahmemöglichkeiten von Seiten des Auftraggebers auszusetzen.

Neben dem Beschlusserfordernis bestehen aber auch noch weitere Hindernisse. Der Einräumung eines statutarischen Weisungsrechts steht für eine Aktiengesellschaft der Grundsatz der Satzungsstrenge nach § 23 Abs. 5 AktG zwingend entgegen. Gesetzlich vorgesehene Abweichungen sind – namentlich bei dem in Frage stehenden § 76 Abs. 1 AktG – nicht ersichtlich.[132]

Bei Personengesellschaften ist der Kreis der möglichen Weisungsberechtigten auf die Gesellschafter selbst beschränkt. Denn auch für die gesellschaftsinterne Willensbildung gilt der Grundsatz der Selbstorganschaft.[133]

Allein im GmbH-Recht ist also, wie erwähnt, ein gesellschaftsvertraglich begründetes Weisungsrecht auch zugunsten von Nichtgesellschaftern möglich. Es hat sich gezeigt, dass es zur Wahrung der Verbandssouveränität nicht ausreicht, dem Dritten die entsprechende Kompetenz einzuräumen. Vielmehr muss er strikt in die Organisationsverfassung der Gesellschaft eingebunden werden, das heißt ihm muss Organqualität zukommen.[134] Das zwischen den gesetzestypischen Organen der Gesellschaft bestehende Kompetenz- und Verantwortungsverhältnis darf jedoch durch ein im Gesellschaftsvertrag zusätzlich etabliertes Organ nicht aufgehoben werden. Daher müssen den übrigen Gesellschaftern – quasi in einem ausgleichenden Gegen-

---

131 Vor allem *Lutter/Hommelhoff* GmbHG, Anh § 13 Rn. 64. Ebenso Rowedder/*Koppensteiner* GmbHG, Anh § 52 Rn. 43 m. w. N. Speziell dagegen Baumbach/Hueck-*Zöllner* GmbHG, GmbH-Konzernrecht, Rn. 39. Das UmwG sei keine Wertungsgrundlage, weil dort der Minderheitenschutz erheblich wirksamer ist, als bei Unternehmensverträgen.

132 Zutreffend *Mülbert* in: Funktionsauslagerung (Outsourcing) bei Kreditinstituten, S. 29. S. auch *Karsten Schmidt* Gesellschaftsrecht, § 39 II 1, S. 1212f.

133 Vgl. *Mülbert* in: Funktionsauslagerung (Outsourcing) bei Kreditinstituten, S. 29 m. N.; *Ulmer* in: Staub, HGB, § 109 Rn. 35.

134 *Lutter/Hommelhoff* GmbHG, § 37 Rn. 15; *Teubner* ZGR 1986, 568ff.

zug – Rechte eingeräumt werden, um das Drittverhalten in der Gesellschaft beeinflussen zu können.[135]

Allerdings stünde dies im Widerspruch zu dem mit dem Weisungsrecht im Sinne von § 33 Abs. 2 Satz 2 WpHG verfolgten aufsichtsrechtlichen Sinn und Zweck. Das Weisungsrecht soll gerade sicherstellen, dass bei defizitärer Leistungserbringung das auslagernde Unternehmen die Behebung der Mängel und die Einhaltung der vertraglich vereinbarten Qualitätsstandards durchsetzen kann.[136] Eine gesellschaftsrechtlich zugunsten der übrigen Gesellschafter erforderliche Beeinflussungs-, das heißt auch Negierungsmöglichkeit dieser Weisungsbefugnis, konterkariert den aufsichtsrechtlichen Normzweck.

Auch die noch verbleibende Gestaltungsmöglichkeit des Abschlusses eines Beherrschungsvertrages ist gesellschaftsrechtlich nicht unproblematisch. Zwar kann Partner eines Beherrschungsvertrags – außer bei den Personengesellschaften[137] – auch ein Nichtgesellschafter sein.[138]

Allerdings ergeben sich aus dem Recht des Beherrschungsvertrags für die hier interessierenden Outsourcing-Maßnahmen auch erhebliche Nachteile.

Zunächst ist mittels eines Beherrschungsvertrages die Auslagerung von einer Tochter auf eine Muttergesellschaft nicht möglich. Denn ein herrschendes Unternehmen kann sich nicht zugleich der Leitung eines von ihm abhängigen Unternehmen unterwerfen.[139]

Eine weitere Schwierigkeit ergibt sich, wenn das Auslagerungsunternehmen – wie es nicht selten der Fall ist – für mehrere auslagernde Unternehmen tätig ist. Abgesehen davon, dass es in der Praxis kaum vorkommen wird, dass sich ein Unternehmen durch mehrere Beherrschungsverträge der Leitung mehrerer, unabhängig voneinander agierender herrschender Unternehmen unterstellt, ist dies grundsätzlich auch rechtlich unzulässig. Rechtsfolge mehrerer Beherrschungsverträge wäre, dass diese verschiedenen, unabhängig voneinander agierenden Unternehmen gegenüber dem weisungsunterworfenen Unternehmen gemäß § 308 Abs. 1 AktG weisungsberechtigt sind. Damit würde die Gefahr von einander widersprechenden Weisungen begründet.[140]

---

135 *Teubner* ZGR 1986, 568.

136 *Braun* in: Boos/Fischer/Schulte-Mattler, KWG, § 25a Rn. 193f.

137 Vgl. *Mülbert* in: Funktionsauslagerung (Outsourcing) bei Kreditinstituten, S. 30.

138 OLG Nürnberg AG 1996, 228, 229; *Koppensteiner* in: Kölner Kommentar zum Aktiengesetz, § 291 Rn. 79; *Hüffer* Aktiengesetz, § 291 Rn. 36. Allerdings werden Beherrschungsverträge im Regelfall mit Gesellschaftern geschlossen. Daher ist auch die Anwendbarkeit der Vermögensbindungsvorschriften (§§ 57, 58 und 60) in § 291 Abs. 3 AktG ausgeschlossen.

139 Zutreffend *Mülbert* in: Funktionsauslagerung (Outsourcing) bei Kreditinstituten, S. 30.

140 LG Frankfurt DB 1990, 624; *Koppensteiner* in: Kölner Kommentar zum Aktiengesetz, § 291 Rn. 39; MünchHdb.AG/*Krieger* § 70 Rn. 11.

Das gilt jedenfalls bei unkoordinierten Herrschaftssubjekten. Für untereinander koordinierte Unternehmen kann hier eine Ausnahme in Betracht kommen. Eine solche Gestaltung ist zum Beispiel aus dem Steuerrecht seit langem als Mehrmütterorganschaft und im Übrigen unter der Bezeichnung Mehrmütterherrschaft bekannt. Dabei bilden mehrere Unternehmen zum gemeinsamen Nutzen ein Gemeinschaftsunternehmen durch Gründung oder Anteilserwerb an Tochtergesellschaften.[141] In diesem Falle ist auch der Abschluss von Beherrschungsverträgen mit jeder Muttergesellschaft zulässig. Wegen der Verfolgung eines gemeinsamen Nutzens liegt zwischen ihnen eine BGB-Gesellschaft vor. Von koordinierten Interessen kann mithin ausgegangen werden.[142]

Viele Wertpapierdienstleistungsunternehmen gehören als Tochtergesellschaften zu einem Bank- oder Versicherungskonzern. So haben alle großen Kreditinstitute und Versicherungsgesellschaften zahlreiche Tochtergesellschaften, die wiederum Kreditinstitute oder Dienstleister im Bereich Asset Management und folglich Wertpapierdienstleistungsunternehmen sind. Gerade hier bietet es sich an, die den einzelnen Wertpapierdienstleistungsunternehmen nach § 33 Abs. 1 WpHG obliegenden Compliance-Pflichten zentral von einer Konzern-Compliance-Stelle wahrnehmen zu lassen.[143] Soll diese zentrale Compliance-Stelle organisatorisch bei der Muttergesellschaft verankert werden, so scheidet die Etablierung des aufsichtsrechtlich erforderlichen Weisungsrechts der auslagernden Tochtergesellschaft durch einen Beherrschungsvertrag wie festgestellt aber aus, weil die Muttergesellschaft nicht ihrerseits von der Tochtergesellschaft abhängig sein kann. Kurz: Es gibt keine beherrschungsvertraglich vereinbarte Auslagerung „von unten nach oben"!

Abgesehen davon ist dieser Weg selbst in der umgekehrten und rechtlich zulässigen Richtung nicht passend. Denn beim Beherrschungsvertrag würde das Auslagerungsunternehmen der umfassenden Leitung des auslagernden Unternehmens unterstellt. Aber das aufsichtsrechtlich erforderliche Weisungsrecht im Sinne von § 33 Abs. 2 Satz 2 WpHG entspricht nicht dem Weisungsrecht nach § 308 Abs. 1 AktG. Es soll lediglich sicherstellen, dass die aufsichtsrechtlichen Anforderungen auch hinsichtlich der ausgelagerten Unternehmensfunktionen gewährleistet sind. Es besteht hingegen kein auf-

141 BGHZ 62, 193, 196 „Seitz"; 74, 359, 363 „WAZ"; 80, 69, 73 „Süssen"; 99, 1, 3ff. Zum Schrifttum vgl. nur *Hüffer* Aktiengesetz, § 17 Rn. 13 m. w. N.

142 *Koppensteiner* in: Kölner Kommentar zum Aktiengesetz, 291 Rn. 40; *Hüffer* Aktiengesetz, § 291 Rn. 16.

143 Zur Frage inwieweit eine Konzernobergesellschaft eines Wertpapierdienstleistungsunternehmens zur Sicherstellung der Compliance-Pflichten in der Tochtergesellschaft verpflichtet ist, vgl. ausführlich unten 5. Teil.

sichtsrechtliches Gebot, den Funktionsübernehmer der umfassenden Leitung des auslagernden Unternehmens zu unterstellen. Damit könnte die Frage nach der Verankerung des Weisungsrechts in so genannten Teilbeherrschungsverträgen, also Beherrschungsverträgen mit funktionell eingeschränktem Weisungsrecht, aufgeworfen sein. Die Zulässigkeit solcher Teilbeherrschungsverträge wird überwiegend bejaht.[144] Doch auch in diesem Fall bliebe es dabei, dass ein Beherrschungsvertrag nur vorliegt, wenn im Ergebnis eine einheitliche Leitung hergestellt wird.[145] Das liegt jedoch zum einen nicht im Interesse des Funktionsübernehmers und kann zum anderen mit einem Weisungsrecht im Sinne von § 33 Abs. 2 Satz 2 WpHG auch gar nicht erreicht werden.[146] Denn mit dem Beherrschungsvertrag wird – wie mehrfach erwähnt – eine andere Zielrichtung verfolgt, als es Normzweck des aufsichtsrechtlichen Weisungsrechts ist.

Schließlich ist die Begründung eines Weisungsrechts mittels eines Beherrschungsvertrags auch dann problematisch, wenn eine Unternehmensfunktion auf einen ausländischen Dienstleister ausgelagert werden soll. Hier hängt die Wirksamkeit des Beherrschungsvertrages davon ab, ob das maßgebliche ausländische Gesellschaftsstatut einen solchen Vertrag überhaupt zulässt.[147]

III. Zwischenergebnis

Demnach lässt sich festhalten, dass die Begründung eines direkten Weisungsrechts des auslagernden Unternehmens gegenüber dem Geschäftsführungs- bzw. Leitungsorgan des Auslagerungsunternehmens starken gesellschafts- und konzernrechtlichen Bedenken ausgesetzt ist. Ein statutarisches Weisungsrecht lässt sich allein im Gesellschaftsvertrag einer GmbH, nicht hingegen in

---

144 *Emmerich/Sonnenschein* Konzernrecht, § 8 V 3b, S. 144; *Hüffer* Aktiengesetz, § 291 Rn. 10 i. V. m. 15; MünchHdb.AG/*Krieger* § 70 Rn. 4. A. A. *Koppensteiner* in: Kölner Kommentar zum Aktiengesetz, § 291 Rn. 32ff.

145 *Emmerich/Sonnenschein* Konzernrecht, § 8 V 3b.

146 Die Unterstellung unter die Leitung eines anderen Unternehmens im Sinne von § 291 Abs. 1 Satz 1 AktG setzt zumindest voraus, dass sich die Leitung auf einen herausgehobenen Teilbereich der Geschäftsführung bezieht. In Betracht kommen insofern die Unternehmensplanung, -koordination, -kontrolle und die Personalführung, vgl. *Hüffer* Aktiengesetz, § 291 Rn. 10.

147 Zutreffend *Mülbert* in: Funktionsauslagerung (Outsourcing) bei Kreditinstituten, S. 30. Zur Maßgeblichkeit des Gesellschaftsstatuts vgl. Staudinger/*Großfeld* BGB, Internationales Gesellschaftsrecht, Rn. 576; *Koppensteiner* in: Kölner Kommentar zum Aktiengesetz, Vorb. § 291 Rn. 88.

der Satzung einer Aktiengesellschaft begründen. Aber auch bei der GmbH ist dies gesellschaftsrechtlich nur zulässig, wenn den übrigen Gesellschaftern Möglichkeiten der Einflussnahme auf das Drittverhalten verbleiben. Dem steht jedoch das Aufsichtsrecht entgegen. Die Etablierung eines Weisungsrechts mittels eines Beherrschungsvertrages ist nur „von oben nach unten" möglich und kommt für einen Mehrmandantendienstleister nur in Betracht, wenn die verschiedenen Mandanten in einer Mehrmütterherrschaft zu dem Dienstleister stehen. Schließlich ist sehr fraglich, ob der mit dem Weisungsrecht nach § 33 Abs. 2 Satz 2 WpHG verfolgte gesetzgeberische Zweck nur über eine beherrschungsvertragliche Konzernierung des funktionsübernehmenden Dienstleisters, das heißt einem erheblichen Einschnitt in dessen Organisationsstruktur, erreicht werden kann.

H. Gesellschafts- und konzernrechtliche Probleme einer schuldrechtlichen Outsourcingvereinbarung

Die Begründung des aufsichtsrechtlich erforderlichen Weisungsrechts gegenüber dem funktionsübernehmenden Auslagerungsunternehmen ist auch im Rahmen einer schuldrechtlichen Outsourcingvereinbarung möglich. Eine solche Vereinbarung wird regelmäßig als Geschäftsbesorgungsvertrag zu qualifizieren sein. Verpflichtet wird das Auslagerungsunternehmen. Das in dem Vertrag zu vereinbarende Weisungsrecht richtet sich damit gegen den Rechtsträger, also die Gesellschaft. Damit ist das Leitungsorgan, wie bei allen anderen durch die Gesellschaft vertraglich begründeten Pflichten, für die Erfüllung und Durchsetzung der Weisungen verantwortlich.

Auch bei dieser Form des Weisungsrechts ergeben sich jedoch gesellschafts- und konzernrechtliche Besonderheiten, welche die Wirksamkeit dieses Vertrages beeinflussen oder zu ungewollten Haftungsfolgen führen können. Dies soll nachfolgend untersucht werden.

I. Kein atypischer Beherrschungsvertrag

In einer schuldrechtlichen Outsourcing-Vereinbarung könnte ein atypischer Beherrschungsvertrag liegen.[148] Darunter versteht man Verträge, die in ihren

148 Dieses Phänomen wird unterschiedlich bezeichnet. Vgl. *Mülbert* in: Funktionsauslagerung (Outsourcing) bei Kreditinstituten, S. 31: verdeckter Beherrschungsvertrag; MünchHdb.AG/*Krieger* § 70 Rn. 12 oder § 72 Rn. 34: verschleierter Beherrschungsvertrag.

Auswirkungen den Beherrschungsverträgen entsprechen, ohne jedoch die gesellschaftsrechtlichen Anforderungen voll zu erfüllen. Diskutiert wird dies vor allem für Betriebspacht- und Betriebsüberlassungsverträge sowie für Betriebsführungsverträge; es handelt sich also vor allem um ein Problem der Abgrenzung zwischen § 291 und § 292 AktG.[149] Allerdings können dem Vertragspartner auch durch andere Vertragsgestaltungen so umfassende Einwirkungsmöglichkeiten eingeräumt sein, dass fraglich sein kann, ob es dadurch zu einem Leitungstransfer kommt, welcher qualitativ § 291 Abs. 1 AktG entspricht.[150] Das wird etwa angenommen, wenn sich in einem Betriebspachtvertrag der Pächter Weisungsrechte auch hinsichtlich des pachtfreien Unternehmensbereiches ausbedingt und damit dem Verpächter eine eigene Unternehmenspolitik unmöglich macht.[151]

Danach könnte auch die schuldrechtliche Vereinbarung über die Auslagerung von Compliance als ein atypischer Beherrschungsvertrag zu qualifizieren sein. Denn immerhin räumt das aufsichtsrechtlich zwingend zu vereinbarende Weisungsrecht gemäß § 33 Abs. 2 WpHG dem auslagernden Unternehmen im Falle defizitärer Leistungserbringung des Funktionsübernehmers weitgehende Steuerungsmöglichkeiten bei diesem ein. Zudem ist der Funktionsübernehmer in das interne Kontrollsystem des auslagernden Unternehmens einbezogen.[152]

Damit ist die Frage aufgeworfen, ob derartige Abreden den für einen Beherrschungsvertrag geltenden Regeln unterliegen, ob also ihr Abschluss der für Beherrschungsverträge vorgesehenen Form bedarf. Nach zutreffender herrschender Ansicht bedürfen auch atypische Beherrschungsverträge zu ihrer Wirksamkeit der Einhaltung der für Beherrschungsverträge geltenden Formvorschriften.[153] Denn verbirgt sich hinter einer wie auch immer bezeichneten schuldrechtlichen Vereinbarung tatsächlich ein, die Abhängigkeit eines Unternehmens begründender, Beherrschungsvertrag, so müssen die dafür vorgesehenen Schutzvorkehrungen auch auf diesen Vertrag

---

149 *Koppensteiner* in: Kölner Kommentar zum Aktiengesetz, 291 Rn. 15. Vgl. auch schon *Mestmäcker* in: Festgabe für Kronstein, S. 129, 148ff.

150 *Emmerich* in: Emmerich/Habersack, Aktien- und GmbH-Konzernrecht, § 291 Rn 21; *Koppensteiner* in: Kölner Kommentar zum Aktiengesetz, 291 Rn. 15, 29; MünchHdb.AG/*Krieger* § 72 Rn. 35.

151 Beispiel nach *Emmerich* in: Emmerich/Habersack, Aktien- und GmbH-Konzernrecht, § 292 Rn. 47.

152 So auch *Mülbert* in: Funktionsauslagerung (Outsourcing) bei Kreditinstituten, S. 31f.

153 Vgl. *Emmerich* in: Emmerich/Habersack, Aktien- und GmbH-Konzernrecht, § 291, Rn. 21 und § 292 Rn. 48f.; MünchHdb.AG/*Krieger* § 72 Rn. 36; *Hüffer* Aktiengesetz, § 291 Rn. 14 alle m.w.N.

Anwendung finden. Charakterisiert man eine schuldrechtliche Outsourcing-Vereinbarung als atypischen Beherrschungsvertrag, so bedeutet dies, dass auf Seiten einer auslagernden Aktiengesellschaft (§ 293 Abs. 2 AktG) oder GmbH[154] ein auf die Vertretungsmacht im Außenverhältnis durchschlagender Gesellschafterbeschluss mit qualifizierter Mehrheit erforderlich ist. Gleiches gilt für eine funktionsübernehmende Aktiengesellschaft (§ 293 Abs. 1 AktG), GmbH[155] oder Personengesellschaft.[156] Hinzu kommt, dass bei einer funktionsübernehmenden Aktiengesellschaft (§ 294 AktG) oder GmbH[157] die Vereinbarung der konstitutiven Eintragung in das Handelsregister bedarf.[158] Werden diese Formvorschriften nicht beachtet, ist die Vereinbarung zivilrechtlich unwirksam.[159] Damit wären auch die aufsichtsrechtlichen Anforderungen nach § 33 Abs. 2 WpHG nicht erfüllt und die Auslagerung wäre insgesamt unwirksam.

Es kommt folglich entscheidend darauf an, ob das in einer schuldrechtlichen Outsourcing-Abrede zu vereinbarende, aufsichtsrechtlich erforderliche Weisungsrecht dazu führt, dass der Vertrag als Beherrschungsvertrag zu klassifizieren ist.

Die Frage ist indes zu verneinen, wenn man sich vor Augen führt, dass es Sinn und Zweck eines Beherrschungsvertrages ist, die Leitung einer Gesellschaft vertraglich einer anderen zu unterstellen, § 291 Abs. 1 Satz 1 AktG. Welche Kriterien außerhalb eines typischen Beherrschungsvertrages hier maßgeblich sind, ist zwar noch wenig geklärt. Doch unstreitig müssen die vertraglichen Einwirkungsmöglichkeiten des Unternehmens umfassender Natur sein.[160] Werden etwa in einem Kreditvertrag Leitungsbefugnisse des Kreditgebers vereinbart und dienen diese allein der Kreditsicherung, so liegt hierin keine umfassende Leitungsmöglichkeit, die den Kreditvertrag als atypischen Beherrschungsvertrag qualifiziert.[161]

---

154 BGHZ 105, 324, 333ff. „Supermarkt"; BGH WM 1992, 524, 525.

155 BGHZ 105, 324, 333ff. „Supermarkt".

156 Vgl. *Mülbert* in: Münchner Kommentar zum HGB, Band 3, Konzernrecht der Personengesellschaften, Rn. 258 i. V. m. 155, 160.

157 BGHZ 105, 324, 333ff. „Supermarkt"; BGH WM 1992, 524, 525.

158 Für vertraglich zu konzernierende Personengesellschaften gilt dies nicht, vgl. nur *Mülbert* in: Münchner Kommentar zum HGB, Band 3, Konzernrecht der Personengesellschaften, Rn. 159.

159 KG NZM 2000, 1132, 1133; *Emmerich* in: Emmerich/Habersack, Aktien- und GmbH-Konzernrecht, § 291 Rn. 23; *Hüffer* Aktiengesetz, § 291 Rn. 14; *Koppensteiner* in: Kölner Kommentar zum Aktiengesetz, 291 Rn. 18ff.

160 Vgl. nur *Koppensteiner* in: Kölner Kommentar zum Aktiengesetz, 291 Rn. 29; MünchHdb.AG/*Krieger* § 72 Rn. 35.

161 *Koppensteiner* in: Kölner Kommentar zum Aktiengesetz, 291 Rn. 29; *diesem* folgend *Mülbert* in: Funktionsauslagerung (Outsourcing) bei Kreditinstituten, S. 33f.

Ähnlich ist dies im Falle des Weisungsrechts nach § 33 Abs. 2 WpHG. Damit kann und soll keinesfalls die Leitung des Funktionsübernehmers durch das auslagernde Unternehmen übernommen werden. Lediglich die Einhaltung der aufsichtsrechtlichen Regeln ist Sinn und Zweck der eng auf die aufsichtsrechtlichen Erfordernisse begrenzten Weisungsbefugnis des auslagernden Unternehmens. Das Weisungsrecht soll die jederzeitige vertragsgemäße Leistungserbringung sicherstellen.[162] Eine entsprechend vertragszweckkonforme Ausübung des Weisungsrechts richtet sich auf die Garantie der erforderlichen, auch durch das Auslagerungsunternehmen einzuhaltenden Qualitätsstandards. Eine konzernstiftende Zusammenfassung unter einheitlicher Leitung, wie sie § 18 Abs. 1 Satz 2 AktG für beherrschungsvertraglich verbundene Unternehmen unwiderleglich vermutet, liegt darin keinesfalls.[163]

II. Kein Zustimmungserfordernis

Zwar liegt wie gesehen in der Outsourcing-Vereinbarung regelmäßig kein atypischer Beherrschungsvertrag und ihr Abschluss ist damit grundsätzlich formfrei möglich. Jedoch ist eine andere Frage noch offen. Ist nämlich das auslagernde Unternehmen an dem funktionsübernehmenden Unternehmen beteiligt, so wirft dies die Frage auf, inwieweit das zusätzlich zu dieser Beteiligung vereinbarte schuldrechtliche Weisungsrecht konzernrechtliche Relevanz besitzt.

Es ist allgemein anerkannt, dass von Abhängigkeit im Sinne von § 17 Abs. 1 AktG nur ausgegangen werden kann, wenn der Einfluss eines potentiell herrschenden Unternehmens gesellschaftsrechtlich vermittelt ist. Voraussetzung für einen konzernrechtlichen Abhängigkeitstatbestand ist also eine mitgliedschaftliche Beteiligung.[164] Nicht ausreichend ist die rein tatsächliche Abhängigkeit aufgrund wirtschaftlicher Beziehungen, wie etwa umfang-

---

162 Vgl. *v. Westphalen* WM 1999, 1810, 1813.

163 Ähnlich unter Heranziehung von BAKred, Rundschreiben-Entwurf zu der Auslagerung von Bereichen auf ein anderes Unternehmen gemäß § 25a Abs. 2 KWG vom 13. 8. 1998, Tz. 25ff., Für *Mülbert* in: Funktionsauslagerung (Outsourcing) bei Kreditinstituten, S. 33f. führt der mit der Vorgabe von Qualitätsstandards verbundene gewisse Einfluss des Outsourcers auf die Investitionspolitik des Auslagerungsunternehmens nicht zu einer konzernrechtlich relevanten einheitlichen Finanzplanung der beiden Unternehmen.

164 BGHZ 90, 381, 395ff. „BuM/WestLB"; 121, 137, 145 „WAZ"; 135, 107, 114 „VW"; *Emmerich* in: Emmerich/Habersack, Aktien- und GmbH-Konzernrecht, § 17 Rn. 13; MünchHdb.AG/*Krieger* § 68 Rn. 40; *Karsten Schmidt* Gesellschaftsrecht, § 31 II 3b, S. 945f. Zur Maßgeblichkeit von Optionen und Erwerbsrechten näher *Windbichler* in: Großkommentar zum Aktiengesetz, § 17 Rn. 26.

reiche Liefer- und Kreditbeziehungen.[165] Nicht jede Beteiligung führt jedoch zur Abhängigkeit. Vielmehr müssen dem herrschenden Unternehmen gesicherte rechtliche Möglichkeiten zur Verfügung stehen, um dem abhängigen Unternehmen seinen Willen aufdrängen zu können.[166] Es ist dafür allerdings auch nicht erforderlich, dass eine Mehrheitsbeteiligung besteht. Kommen zu einer Minderheitsbeteiligung bestimmte tatsächliche oder rechtliche einflussverstärkende Umstände hinzu, so kann auch diese Kombination aus einer gesellschaftsrechlich vermittelten und um tatsächliche oder rechtliche Elemente verstärkten Einflussmöglichkeit Abhängigkeit im Sinne von § 17 Abs. 1 AktG begründen.[167]

Das ist nicht unbestritten. So wird etwa vorgebracht, dass Einflussmöglichkeiten, die isoliert betrachtet zur Abhängigkeitsbegründung untauglich sind, nicht plötzlich den Abhängigkeitstatbestand begründen können, nur weil mehrere davon gleichzeitig vorliegen.[168] Diese Kritik aber trifft die hier zugrunde gelegte Ansicht nicht wirklich. Denn es bleibt bei der Grundvoraussetzung, dass Abhängigkeit nur angenommen werden kann, wenn der Einfluss gesellschaftsrechtlich vermittelt ist, das heißt eine mitgliedschaftliche Beteiligung vorliegt. Es geht mithin nicht darum, mehreren gleichzeitig vorliegenden tatsächlichen oder (nichtgesellschafts-)rechtlichen Einflussmöglichkeiten konzernrechtliche Relevanz zu verleihen, sondern vielmehr um die Frage nach außergesellschaftsrechtlicher Intensivierung der schon bestehenden gesellschaftsrechtlichen Einflussmöglichkeiten. Es kann nicht übersehen werden, dass etwa eine Minderheitsbeteiligung des Hauptabnehmers der Produktion eines Unternehmens dem Minderheitsgesellschafter eine ganz andere Stellung im Unternehmen verschafft, als sie vergleichbaren Gesellschaftern ohne wirtschaftliche Beziehungen zukommt. Einflussverstärkende Umstände, die zu einer Beteiligung hinzukommen, sind damit zumindest darauf zu untersuchen, ob sie den gesellschaftsrechtlichen Ein-

---

165 Vgl. die in der Vorfußnote Genannten. Nach anderer – vor allem für Just-in-Time-Zulieferverträge vertretenen – Auffassung, soll hingegen auch eine rein wirtschaftliche Abhängigkeit zur Begründung konzernrechtlicher Abhängigkeit ausreichen. So etwa *Bernhard-Eckel* Der Just-in-Time Vertrag, S. 118ff.; *Nagel/Riess/Theiss* DB 1989, 1505, 1509; siehe auch LG Oldenburg, ZIP 1992, 1632, 1636. Auch in der Begründung des Regierungsentwurf zum AktG 1965 findet sich eine ähnliche Formulierung, *Kropff* Aktiengesetz, S. 31. Zu ähnlichen Überlegungen in der Schweiz vgl. *Druey* ZSR 1980 II, S. 273, 339; *Koppensteiner* SAG 1985, 74, 78 m.w.N.

166 Vgl. nur *Emmerich/Sonnenschein* Konzernrecht, § 3 II 1a, S. 39f.

167 BGHZ 69, 334, 337 „VEBA/Gelsenberg“, BGH ZIP 1997, 887, 889f. So auch schon RGZ 167, 40, 49.

168 Vgl. dazu den Überblick bei *Basten* Zur Frage einer Konzernbildungskontrolle für Aktiengesellschaften als faktische Konzerntöchter, S. 161ff.

fluss zur Beherrschung verstärken.[169] Solche einflussverstärkenden Umstände können ferner sein: Stimmbindungsverträge,[170] das Depotstimmrecht, personelle Verflechtungen, eine geschlossen auftretende Familie oder auch längerfristige Vertragsbeziehungen.[171]

Gerade im Hinblick auf den Abschluss langfristiger schuldrechtlicher Vereinbarungen werden hier interessierende konzernrechtliche Fragen aufgeworfen. Führt der Abschluss eines einflussverstärkenden Rechtsgeschäfts mit einem beteiligten Unternehmen zur Abhängigkeit des Unternehmens im Sinne von § 17 Abs. 1 AktG, so liegt darin eine strukturverändernde Maßnahme des Leitungsorgans (§§ 311, 317 AktG), weil die satzungsmäßige Festlegung als einer autonomen Gesellschaft dadurch aufgehoben würde.[172]

Der GmbH-Geschäftsführer bedarf für eine solchermaßen ungewöhnliche Geschäftsführungsmaßnahme der Zustimmung der Gesellschafter.[173] Entsprechendes gilt für verbandszweckändernde Geschäftsführungs-Maßnahmen des Vorstands einer Aktiengesellschaft. Auch hier könnte mithin die Frage aufzuwerfen sein, ob für den Abschluss eines Rechtsgeschäfts, welches die Abhängigkeit der Gesellschaft zu begründen in der Lage ist, von einer ungeschriebenen Hauptversammlungskompetenz auszugehen ist.

Wäre dies der Fall, so fehlte dem Geschäftsführer für dieses Rechtsgeschäft mit dem Gesellschafter die Vertretungsmacht. Zwar ist die Vertretungsmacht grundsätzlich weder durch die Satzung noch durch Gesellschafterbeschluss, Anstellungsvertrag oder sonstiges im Außenverhältnis beschränkbar, § 37 Abs. 2 GmbHG. Doch gelten Ausnahmen von diesem Grundsatz. So schlägt eine – im Innenverhältnis ohne Frage zulässige – Beschränkung der Vertretungsmacht des Geschäftsführers auf das Außenverhältnis durch, wenn es sich um Fälle des Missbrauchs der Vertretungsmacht handelt.[174]

---

169 Vgl. auch *Ulmer* ZGR 1978, 457, 472f.

170 Vgl. aber Sachverhalt von OLG Hamm, DB 2001, 134.

171 Der abhängigkeitsbegründende Charakter jeder dieser Umstände ist umstritten. Vgl. *Emmerich/Sonnenschein* Konzernrecht, § 3 II 1c, S. 43f.; *Ulmer* ZGR 1978, 457, 473f.; *Windbichler* in: Großkommentar zum Aktiengesetz, § 17 Rn. 22ff. jeweils mit weiteren Nachweisen. Unklar *Hüffer* Aktiengesetz, § 17 Rn. 8, 10. Ganz gegen die Möglichkeit einer Abhängigkeit aufgrund einer Kombination gesellschaftsrechtlicher (mitgliedschaftlicher) und anderer Umstände *Koppensteiner* in: Kölner Kommentar zum Aktiengesetz, § 17 Rn. 56; *Mertens* AG 1996, 241, 246.

172 *Mülbert* in: Funktionsauslagerung (Outsourcing) bei Kreditinstituten, S. 34f.

173 *Lutter/Hommelhoff* GmbHG, § 37 Rn. 11; Scholz/*Uwe H. Schneider* GmbHG, § 37 Rn. 13. Anders Baumbach/Hueck-*Zöllner* GmbHG, § 37 Rn. 6b, nach *dem* die Maßnahme grundsätzlich unzulässig ist.

174 Vgl. im Einzelnen Baumbach/Hueck-*Zöllner* GmbHG, § 37 Rn. 25ff.; *Lutter/Hommelhoff* GmbHG, § 37 Rn. 2 i. V. m. § 35 Rn. 12ff.; Scholz/*Uwe H. Schneider*

Ferner kann eine Beschränkung auch im Außenverhältnis Wirkung entfalten, wenn es sich um ein Geschäft mit einem Gesellschafter handelt. Für diesen gilt der Verkehrsschutzgesichtspunkt des § 37 Abs. 2 GmbHG nicht. Gesellschafter und Organmitglieder haben eine Innenbeschränkung grundsätzlich gegen sich gelten zu lassen.[175] Dies ist auf den hier in Frage stehenden Fall zu übertragen, dass für ein Geschäft der erforderliche Beschluss der Gesellschafter fehlt. Auch dann schlägt die fehlende Gesellschafterzustimmung auf die unbeschränkbare organschaftliche Vertretungsbefugnis des Geschäftsführers durch. Für die unbeschränkte organschaftliche Vertretungsmacht des Vorstands einer Aktiengesellschaft, § 82 Abs. 1 AktG gilt nichts anderes.[176] Grundsätzliche Bedenken gegen die Gleichstellung eines Aktionärs mit einem GmbH-Gesellschafter bestehen hier nicht.[177]

Die entscheidende Frage, ob das soeben skizzierte Szenario eintritt, ist jedoch die nach der einflussverstärkenden und die Abhängigkeit der Gesellschaft begründenden Wirkung der zu schließenden Outsourcing-Vereinbarung. Wie bereits oben bei der Untersuchung nach etwaiger beherrschungsvertraglicher Qualität einer schuldrechtlichen Outsourcing-Vereinbarung, ist dies auch hier zu verneinen. Zwar sind bei grundsätzlicher Einigkeit über die Möglichkeit der Abhängigkeitsbegründung durch schuldrechtliche Abreden, die zu einer Beteiligung hinzutreten, noch keine maßgeblichen Kriterien gefunden, ab wann eine derartige Einflussverstärkung vorliegt. Doch muss es sich um eine Intensivierung des gesellschaftsrechtlich vermittelten Einflusses handeln. Das heißt, das Leitungsorgan muss den Weisungen mit Blick auf die im Falle einer Nichtbefolgung möglicherweise drohenden Nachteile Folge leisten, also etwa die drohende Nichtwiederbestellung fürchten.[178]

Das bedarf indes keiner weiteren Vertiefung, denn daran fehlt es hier. Die nach § 33 Abs. 2 WpHG erforderliche Weisungsbefugnis ist nur auf die Sicherstellung einer ordnungsgemäßen Leistungserbringung auf Seiten des Dienstleisters gerichtet. Darüber hinaus begründet sie keinen weiteren Ein-

---

GmbHG, § 37 Rn. 68 i. V. m. § 35 Rn. 23; *Karsten Schmidt* Gesellschaftsrecht, § 10 II 2, S. 264ff.

175 So schon RGZ 73, 345. Ebenso BGHZ 38, 32; BGH GmbHR 1998, 933.

176 Anders *Mertens* in: Kölner Kommentar zum Aktiengesetz, § 82 Rn. 38.

177 Wie hier *Mülbert* in: Funktionsauslagerung (Outsourcing) bei Kreditinstituten, S. 36, der treffend darauf hinweist, dass eine Beschränkung der Geschäftsführungsbefugnis durch einfachen Gesellschafterbeschluss in der Akteingesellschaft praktisch gar nicht vorkommt und in speziellen Problemfällen (Zustimmungserfordernis des Aufsichtsrates) die Grundsätze über die Duldungs- und Anscheinsvollmacht ausreichenden Aktionärsschutz bieten. Vgl. ferner *Mertens* in: Kölner Kommentar zum Aktiengesetz, § 78 Rn. 6.

178 *Koppensteiner* in: Kölner Kommentar zum Aktiengesetz, § 17 Rn. 56; *ders.* SAG 1985, 74, 78.

fluss auf das Unternehmen. Insbesondere berechtigt das Weisungsrecht im Sinne von § 33 Abs. 2 WpHG nicht zu steuernden Eingriffen in das funktionsübernehmende Unternehmen. Von einer Einflussverstärkung kann hier folglich nicht gesprochen werden.

Eine konzernrechtliche Abhängigkeit von einem Minderheitsgesellschafter wird über eine Outsourcing-Vereinbarung mit aufsichtsrechtlich erforderlichem Weisungsrecht des Outsourcers nach alledem nicht begründet.

III. Konzernhaftung des Outsourcers?

Abschließend ist in diesem Zusammenhang auf eine mögliche konzernrechtliche Haftung des Outsourcers aufgrund der schuldrechtlichen Outsourcingvereinbarung einzugehen.[179] In Betracht kommt eine Haftung aus § 317 AktG oder nach den Grundsätzen der Haftung im qualifiziert faktischen Konzern. Die Frage stellt sich allerdings nur dann, wenn der Outsourcer an dem Funktionsübernehmer beteiligt ist. Denn wie vorstehend dargelegt, ist Voraussetzung des Abhängigkeits- bzw. Konzerntatbestands und damit auch der daraus folgenden Haftungsansprüche, eine mitgliedschaftliche Beteiligung bzw. ein gesellschaftsrechtlich vermittelter Einfluss. Daran fehlt es bei der Auslagerung auf einen bloßen externen Dienstleister. Konzernhaftungsrechtliche Ansprüche scheiden in diesem Fall von vornherein aus.

Aber auch für den Fall, dass der Outsourcer Gesellschafter oder Aktionär des Funktionsübernehmers ist, ergibt sich aus den vorstehenden Überlegungen, dass konzernhaftungsrechtliche Ansprüche nicht in Betracht kommen. Denn es fehlt bereits am Tatbestandsmerkmal der Abhängigkeit, weil eine Minderheitsbeteiligung durch eine schuldrechtliche Vereinbarung des aufsichtsrechtlich erforderlichen Weisungsrechts, wie gesehen, nicht zu einem Abhängigkeitsverhältnis erstarkt.[180]

---

179 Zum Folgenden *Mülbert* in: Funktionsauslagerung (Outsourcing) bei Kreditinstituten, S. 37.

180 Folgt man der hier abgelehnten Ansicht, dass Abhängigkeit im konzernrechtlichen Sinne auch durch rein tatsächliche – etwa wirtschaftliche – Machtverhältnisse begründet wird, so ändert sich an diesem Befund ebenfalls nichts. Denn Voraussetzung für den Anspruch aus § 317 AktG wäre ein ausgleichspflichtiger Nachteil des abhängigen Unternehmens. Die Ausübung des Weisungsrechts nach den Bestimmungen der Auslagerungsvereinbarung, also im Einklang mit dem Aufsichtsrecht, kann einen solchen Nachteil nicht zur Folge haben. Zu denken ist hier an die Weisung des Outsourcers gegenüber dem Funktionsübernehmer, die Qualitätsstandards an das aufsichtsrechtlich geforderte Maß anzupassen. Gleiches gilt für die Voraussetzung der Haftung aufgrund qualifiziert faktischer

IV. Ergebnis

Nach alledem kann ein Weisungsrecht im Sinne von § 33 Abs. 2 Satz 2 WpHG nur mittels einer schuldvertraglichen Vereinbarung zwischen den beteiligten Unternehmen begründet werden. Weisungsadressat ist in diesem Fall das Auslagerungsunternehmen, genauer: sein Rechtsträger. Dieser Befund ergibt sich, wie erwähnt, nicht ohne weiteres aus dem Wortlaut von § 33 Abs. 2 WpHG. Die Norm verlangt vielmehr lediglich nach einem Weisungsrecht, ohne dessen rechtstechnische Form und insbesondere den Weisungsadressaten näher festzulegen. Eine unbefangene Betrachtung lässt insofern auf den ersten Blick sowohl ein direktes als auch ein schuldrechtlich vereinbartes Weisungsrecht zu.

Für *Mülbert* ergibt sich aus dieser offenen Formulierung des Gesetzes die Schwierigkeit, dass letztverbindlich wohl nur normauslegende Gerichte im Konfliktfall die Entscheidung darüber treffen können, ob § 33 Abs. 2 WpHG ein direktes Weisungsrecht verlangt oder ob ein schuldrechtlich vereinbartes Weisungsrecht zulässigerweise vereinbart werden kann.[181] Dem ist entgegenzuhalten, dass mit der hier vertretenen Qualifizierung der BAFin-Richtlinie als einer normkonkretisierenden Verwaltungsvorschrift,[182] Rechtssicherheit unmittelbar herbeigeführt werden kann. Eine Richtlinie der BAFin zu § 33 Abs. 2 WpHG sollte daher die gesellschaftrechtlichen Bedenken berücksichtigen und die Vorschrift dahingehend konkretisieren, dass das erforderliche Weisungsrecht mittels einer schuldrechtlichen Outsourcing-Vereinbarung zu vereinbaren ist.[183]

Schließlich haben die vorstehenden Überlegungen ergeben, dass in einer schuldrechtlichen Auslagerungsvereinbarung im Sinne von § 33 Abs. 2 WpHG kein (atypischer) Beherrschungsvertrag zu sehen ist. Ihr Abschluss führt nicht zur Konzernhaftung des auslagernden Unternehmens.

Konzernierung des Funktionsübernehmers. Die vertragskonforme Weisung des Outsourcers ist keine Zufügung eines nicht durch Einzelausgleichsmaßnahmen kompensationsfähigen Nachteils ohne Rücksicht auf die eigenen Belange der abhängigen Gesellschaft, wie es seit BGHZ 122, 123, 130 – „TBB" für eine Haftung erforderlich ist.

181 *Mülbert* in: Funktionsauslagerung (Outsourcing) bei Kreditinstituten, S. 26.

182 Vgl. dazu oben S. 39ff., S. 50ff.

183 Dies berücksichtigt BAKred, Rundschreiben zu der Auslagerung von Bereichen auf ein anderes Unternehmen gemäß § 25a Abs. 2 KWG vom 6. 12. 2001, Tz. 30. Danach hat sich das auslagernde Institut zur Wahrnehmung seiner Überwachungsfunktionen Weisungs- und Kontrollrechte „vertraglich einräumen" zu lassen.

Fünfter Teil:

Compliance-Verantwortung im Konzern

A. Fragestellung

Die bisherigen Untersuchungen hatten das unverbundene, selbständige Wertpapierdienstleistungsunternehmen im Blick. Das ist indes nicht der Regelfall, denn viele Wertpapierdienstleistungsunternehmen gehören zu einem Konzern. Dabei kommen in der Praxis viele unterschiedliche Konstellationen vor. Zu denken ist vor allem an den verzweigten Finanzdienstleistungskonzern mit einem großen Kreditinstitut an der Spitze und mit wenigen bis vielen kleineren, etwa auf bestimmte Geschäftsfelder spezialisierten Finanz- oder Wertpapierdienstleistungsunternehmen als Tochterunternehmen. Zu denken ist auch an das Industrieunternehmen, das sich an einem Kreditinstitut konzernbegründend beteiligt oder gar selbst ein Kreditinstitut oder Wertpapierdienstleistungsunternehmen als Tochterunternehmen gründet.[1]

Auch in einem Konzernverhältnis stellt sich dann die Frage nach der Verantwortlichkeit für die Wahrnehmung der kapitalmarktrechtlichen Pflichten eines Wertpapierdienstleistungsunternehmens. Dabei ist weiter zu unterscheiden zwischen der Frage, welchem Unternehmen in einem Konzern die kapitalmarktrechtlichen Pflichten obliegen und – darüber hinausgehend –, ob auch das Mutterunternehmen hinsichtlich dieser Pflichten qualifiziert oder sonst dafür verantwortlich ist, dass die Pflichten des Tochterunternehmens erfüllt werden.

Die Frage ist beispielsweise in Großbritannien erheblich geworden, als es in den späten achtziger Jahren bei mehreren Tochtergesellschaften der National Westminster Bank[2] zu erheblichen aktien- und kapitalmarktrechtlichen Verfehlungen gekommen ist. Der Chairman der National Westminster Bank, *Lord Boardman*, legte damals sein Amt mit der Begründung nieder, dass er als Chairman der Muttergesellschaft die Verantwortung für die Verfehlungen in den Tochtergesellschaften übernimmt.[3] In diesen selbst hatte er keine Organstellung. Hier ist danach zu fragen, ob die im konkreten Fall von *Lord Boardman* übernommene Verantwortung tatsächlich rechtlicher oder „lediglich“ politisch-moralischer Natur ist.

---

1 Als Beispiel soll hier genügen die Volkswagen AG mit ihrem Tochterunternehmen der Volkswagen Bank GmbH. Diese Konstellation findet sich bei allen Automobilunternehmen.

2 Die National Westminster Bank plc gehört heute zur Royal Bank of Scotland Group.

3 Der entscheidende Passus der damaligen Pressemitteilung der National Westminster Bank lautete „There were serious failings within a part of the Group for which he must accept ultimate responsibility“. Zitiert nach *Uwe H. Schneider* in: Festschrift 100 Jahre GmbHG, S. 473, 489f.

Das Problem konzernweiter Pflichten stellt sich nicht nur im Kapitalmarktrecht. Die besondere Brisanz zeigt sich zum Beispiel an einem Fall aus der Schweiz, in welchem es um die Einhaltung der Vorschriften über den Export von „dual-use-Gütern" ging.[4] Das Schweizerische Bundesstrafgericht hat im Jahre 1996 den Vorsitzenden der Konzernleitung einer Holdinggesellschaft wegen einer Zuwiderhandlung gegen das schweizerische Kriegsmaterialgesetz (KMG) zu einer Gefängnisstrafe und zu einer Geldbuße verurteilt, weil es in Tochtergesellschaften zu Verstößen gegen das KMG gekommen war.[5] Ohne eine persönliche Tathandlung des Konzernleiters kam das Schweizerische Bundesstrafgericht aufgrund seiner konzernleitenden Funktion zu einer Verurteilung, weil es der Konzernleiter unterlassen habe, „die nötigen organisatorischen Maßnahmen zu treffen".[6]

B. Konzerndimensionale Auslegung von § 33 Abs. 1 WpHG?

I. Gesetzliche Ausgangslage

Adressat der gesetzlichen Organisationspflichten aus § 33 Abs. 1 WpHG sind Wertpapierdienstleistungsunternehmen. Auch die Richtlinie der BAFin zur Konkretisierung von § 33 Abs. 1 WpHG adressiert an Wertpapierdienstleistungsunternehmen. In Konzernverhältnissen stellt sich die Frage, ob auch ein Unternehmen, welches ein Wertpapierdienstleistungsunternehmen beherrscht und konzernweit die Geschäftspolitik bestimmt, dem Begriff des Wertpapierdienstleistungsunternehmens unterfällt. Das ist zu verneinen, denn welches Unternehmen ein Wertpapierdienstleistungsunternehmen ist, wird in § 2 Abs. 4 WpHG genau definiert. Die Qualifizierung als Wertpapierdienstleistungsunternehmen hängt danach entscheidend davon ab, ob das Unternehmen im Außenverhältnis Wertpapierdienstleistungen und Wertpapiernebendienstleistungen gewerbsmäßig oder in einem Umfang erbringt, der einen in kaufmännischer Weise eingerichteten Geschäftsbetrieb

---

4 Der Umgang mit und der Export von so genannten „dual-use-Gütern" ist gemeinschaftsweit geregelt in der Verordnung des Rates über eine Gemeinschaftsregelung der Ausfuhrkontrolle von Gütern mit doppeltem Verwendungszweck, ABl.EG Nr. L 467 vom 19. 12. 1994, S. 1 ff.

5 BGE 122 IV, 103 ff. Vgl. dazu das Editorial von *Uwe H. Schneider* in EuZW 1997, Heft 14.

6 BGE 122 IV, 103, 128. Zur Umwelthaftung im Konzern *Ossenbühl* Umwelthaftung im Konzern, passim.

erfordert. Es gibt keine gesetzliche Definition, nach welcher ein herrschendes Unternehmen dadurch zu einem Wertpapierdienstleistungsunternehmen im Sinne des WpHG wird, dass es ein Wertpapierdienstleistungsunternehmen beherrscht und dessen Geschäftspolitik bestimmt, selbst jedoch keine entsprechenden Dienstleistungen erbringt.[7]

Damit gilt grundsätzlich: Das Gesetz enthält keinen Anhaltspunkt, dass ein Mutterunternehmen eines Wertpapierdienstleistungsunternehmens für die Beachtung der Organisationspflichten aus § 33 Abs. 1 WpHG auch in konzernierten Tochterunternehmen Sorge zu tragen hat. Auch wenn das einzelne Wertpapierdienstleistungsunternehmen ein konzerniertes Unternehmen ist, ist nur es selbst zu einer § 33 Abs. 1 WpHG entsprechenden Organisation verpflichtet. Denn nur bei diesem Unternehmen ist der gesetzliche Qualifizierungstatbestand erfüllt.

Dennoch stellt sich die Frage nach einer konzerndimensionalen Auslegung von § 33 Abs. 1 WpHG. Denn im Kapitalmarktrecht gibt es durchaus Vorschriften, die im Vergleich zur Verantwortung einer konzernfreien Einheitsgesellschaft eine erweiterte Verantwortung des herrschenden Unternehmens im Konzern begründen und zudem explizit oder zumindest als notwendigen Annex auch konzerndimensional erweiterte Organisationspflichten statuieren. Hier könnte eine konzerndimensionale Auslegung auch der Organisationspflichten gemäß § 33 Abs. 1 WpHG ansetzen.

II. Erweiterte Verantwortung des herrschenden Unternehmens

1. *Wertpapierhandelsgesetz*

Im WpHG selbst findet sich keine ausdrückliche Erweiterung der Verantwortlichkeit eines herrschenden Unternehmens.[8] Auf den ersten Blick wäre hier zwar an § 24 WpHG zu denken. Danach kann ein Mutterunternehmen im Sinne der §§ 290, 340 i HGB die kapitalmarktrechtlichen Mitteilungspflichten nach § 21 Abs. 1 und 1 a WpHG anstelle des mitteilungspflichtigen Tochterunternehmens erfüllen. § 24 WpHG dient jedoch der Erleichterung der Erfüllung der Mitteilungspflichten und soll Mehrfachmeldungen vermeiden helfen. Keinesfalls aber ist damit die eigenständige Mitteilungspflicht eines Unternehmens aufgrund seiner Funktion als Mutterunternehmen begründet. § 24 WpHG enthält vielmehr lediglich einen Befreiungstatbestand

7 Vgl. *Uwe H. Schneider* ZGR 1996, 225, 234f. zu der entsprechenden Lage bei der Einordnung eines Unternehmens als Kreditinstitut gemäß § 1 KWG.

8 Zu der aus § 22 WpHG folgenden Organisationspflicht sogleich unten S. 250ff.

vom Grundsatz der doppelten Mitteilungspflicht, der die konzernweite Organisation der Mitteilungspflichten erleichtern soll. Denn erst wenn das Mutterunternehmen die Mitteilungspflicht des Tochterunternehmens ordnungsgemäß erfüllt hat, ist das Tochterunternehmen von seiner Mitteilungspflicht befreit.[9] Mithin lässt sich aus § 24 WpHG auch nicht die eigenständige Pflicht des Mutterunternehmens ableiten, die Erfüllung der Meldepflichten durch das Tochterunternehmen sicherzustellen.[10]

2. *Sonstiges Kapitalmarktrecht*

Erweiterte Verantwortlichkeiten eines Unternehmens, die sich aus seiner Funktion und Stellung als Konzernobergesellschaft ergeben, finden sich allerdings in anderen kapitalmarktrechtlichen Regelungsbereichen. Exemplarisch sollen nachfolgend Vorschriften aus dem Rechnungslegungsrecht, dem Bank- und Kreditwesenrecht sowie aus dem Geldwäschegesetz dargelegt werden.

a) Konzernrechnungslegung

Eine Erweiterung der Verantwortlichkeit aufgrund der Beherrschung eines anderen Unternehmens stellt die Pflicht zur Konzernrechnungslegung dar.[11] Gemäß § 290 Abs. 1 HGB ist ein Mutterunternehmen im Sinne dieser Vorschrift – also eine Kapitalgesellschaft, welche die einheitliche Leitung über andere Unternehmen (Tochterunternehmen) ausübt – zur Aufstellung eines Konzernabschlusses und eines Konzernlageberichts verpflichtet.[12] Der Grund für die Erweiterung der Rechnungslegungspflicht ist die Stellung des pflichtigen Unternehmens an der Spitze eines Konzerns und die Tatsache, dass der Konzern wirtschaftlich betrachtet eine Einheit bildet. Nach § 297

---

9 *Uwe H. Schneider* in: Assmann/Uwe H. Schneider, WpHG, § 24 Rn. 6f., 15; *ders.* AG 1997, 81, 83. Anders *Hüffer* Aktiengesetz, Anhang § 22 AktG, § 24 WpHG Rn. 3.

10 *Uwe H. Schneider* in: Assmann/Uwe H. Schneider, WpHG, § 24 Rn. 7.

11 Die Beschreibung des genauen Gegenstands des Kapitalmarktrechts ist bislang nicht exakt gelungen. In einem weiten Verständnis gehört dazu all das, was mit Blick auf den Kapitalmarkt von Bedeutung ist. Insofern gehört auch das Bilanzrecht zum Kapitalmarktrecht und daher ist das Recht des Konzernabschlusses hier systematisch zusammen mit den „klassischen" kapitalmarktrechtlichen Regelungsbereichen des Bankaufsichts- und Wertpapierrechts erfasst. Vgl. zum Gegenstand des Kapitalmarktrechts näher *Uwe H. Schneider* AG 2001, 269, 270f.

12 Zu dem gemeinschaftsrechtlichen Hintergrund des Rechts der Konzernrechnungslegung vgl. näher *Schwarz* Europäisches Gesellschaftsrecht, Rn. 471ff.

Abs. 2 Satz 2 HGB hat der Konzernabschluss ein den tatsächlichen Verhältnissen entsprechendes Bild der Vermögens-, Finanz- und Ertragslage des Konzerns zu vermitteln. Dies ist aber allein über die separate Betrachtung der Abschlüsse der einzelnen Konzernunternehmen nicht erreichbar.[13] Die Einbindung in ein Konzernverhältnis und die darin exponierte Stellung als Mutterunternehmen führen damit zu einer weitergehenden Verpflichtung, als sie ein zwar ebenfalls rechnungslegungspflichtiges, aber konzernfreies Unternehmen diesbezüglich hat.

b) Bank- und Kreditwesen

Bestimmungen über eine erweiterte Verantwortung für Konzernobergesellschaften enthalten auch die aufsichtsrechtlichen Vorschriften für Kreditinstitute, Finanzdienstleistungsinstitute, Finanzholding-Gesellschaften und Finanzunternehmen. So ist nach § 10a Abs. 8 KWG das übergeordnete Unternehmen für eine angemessene Eigenmittelausstattung der Gruppe verantwortlich. Das schließt die Verantwortung für die bankaufsichtsrechtliche Zusammenfassung nach § 10a Abs. 6 und 7 KWG ein, denn aus § 10a Abs. 6 Satz 1 KWG ergibt sich, dass die Beurteilung, ob die Eigenmittelausstattung einer Gruppe angemessen ist, anhand der Zusammenfassung der Eigenmittel und sonstigen Positionen aller Unternehmen der Gruppe erfolgt.[14]

Gemäß § 12a Abs. 1 KWG hat das übergeordnete Unternehmen sicherzustellen, dass es die für die Erfüllung bestimmter Anzeigepflichten nach den §§ 10a, 13b und 25 Abs. 2 KWG erforderlichen Angaben von den untergeordneten Unternehmen erhält. Nach § 13b Abs. 4 Satz 1 KWG hat das übergeordnete Unternehmen die Anzeigepflichten bei Großkrediten für die gesamte Gruppe zu erfüllen. Im Übrigen ist es gemäß § 13b Abs. 4 Satz 2 KWG dafür verantwortlich, dass die gruppenangehörigen Unternehmen insgesamt die gesetzlichen Bestimmungen über Großkredite einhalten.

c) Geldwäschegesetz

Kredit- und Finanzdienstleistungsinstitute sind nach § 15 GwG verpflichtet, dafür Sorge zu tragen, dass die Pflichten nach dem GwG (zum Beispiel Identifizierungs-, Aufzeichnungs- und Aufbewahrungspflichten sowie die Bestellung eines Geldwäschebeauftragten) auch von ihren Zweigstellen und

---

13 Dazu *Busse von Colbe* in: Münchner Kommentar zum HGB, Vor. § 290 Rn. 26f.

14 *Boos* in: Boos/Fischer/Schulte-Mattler, KWG, § 10a Rn. 76.

von abhängigen Unternehmen im Ausland, die mit dem Institut unter einheitlicher Leitung zusammengefasst sind, erfüllt werden. Auch hiernach besteht also eine erweiterte Verantwortlichkeit eines Unternehmens aufgrund seiner Stellung als Konzernobergesellschaft im Vergleich zu einem zwar gemäß § 14 Abs. 1 Nr. 1 bis 6 dem GwG unterfallenden, aber im Übrigen konzernfreien Kredit- und Finanzdienstleistungsunternehmen. Der Wortlaut deutet zunächst darauf hin, dass eine entsprechende Verantwortung für inländische Tochterunternehmen nicht besteht.[15] Doch kann § 15 GwG sinnvollerweise nur weit ausgelegt werden. Die Vorschrift begründet die Verpflichtung eines herrschenden Unternehmens alle ihm nachgeordneten Unternehmen, also auch die inländischen Tochterunternehmen, zur Beachtung der Verpflichtungen nach dem Geldwäschegesetz anzuhalten.[16]

Qualitativ handelt es sich allerdings um eine andere Pflicht als die zuvor dargestellten Erweiterungen der Verantwortlichkeit. Das herrschende Unternehmen ist nur ergänzend für die Erfüllung der hauptsächlich den einzelnen Tochterunternehmen obliegenden Pflichten verantwortlich. Im Bereich der Rechnungslegung und der Eigenmittelausstattung hingegen trifft das Mutterunternehmen für die Erstellung des Konzernabschlusses bzw. die angemessene Eigenmittelausstattung die primäre Verantwortlichkeit.

III. Konzerndimensionale kapitalmarktrechtliche Organisationspflichten

Neben den zuvor angeführten Vorschriften, die ausdrücklich die Verantwortlichkeit eines Unternehmens aufgrund seiner Stellung als Konzernobergesellschaft erweitern, gibt es ferner konzerndimensionale Organisationspflichten, die entweder ausdrücklich vorgeschrieben sind oder zumindest einen notwendigen Annex bilden.

15 So in der Tat *Feick* Die Wahrnehmung öffentlich-rechtlicher Pflichten im konzernfreien und im konzernverbundenen Unternehmen, S. 127.

16 Vgl. BAKred, Verlautbarung des Bundesaufsichtsamtes für das Kreditwesen über Maßnahmen der Kreditinstitute zur Bekämpfung und Verhinderung der Geldwäsche vom 30. März 1998, Tz. 5. Die Verlautbarung ist auf der Homepage der BAFin www.bafin.de abrufbar. Ferner *Körner/Dach* Geldwäsche, S. 137; *Uwe H. Schneider* ZGR 1996, 225, 241.

1. Konzernrechnungslegung

Die Erfüllung der oben angesprochenen Pflicht zur Aufstellung eines Konzernabschlusses setzt voraus, dass das zur Aufstellung verpflichtete Mutterunternehmen über die erforderlichen Informationen verfügt. Im Gegensatz zu dem Geschäftsleitungsorgan in einem Einheitsunternehmen ist die Konzernobergesellschaft aber nicht ohne weiteres berechtigt, sich jede Information innerhalb des Konzerns zu beschaffen bzw. sind die Konzernunternehmen nicht ohne weiteres allein aufgrund des Konzernverhältnisses berechtigt, auf Verlangen (oder gar auf eigene Initiative) Informationen an das herrschende Unternehmen weiterzugeben.[17] Aus diesem Grund gibt § 294 Abs. 3 HGB dem Mutterunternehmen gegenüber allen Tochterunternehmen einen Anspruch auf Überlassung aller für die Aufstellung des Konzernabschlusses und Konzernlageberichts erforderlichen Informationen.[18]

2. Recht der Eigenmittelausstattung

Von einer Organisationspflicht flankiert wird auch die bereits erwähnte Pflicht des übergeordneten Unternehmens, für eine angemessene Eigenmittelausstattung der Institutsgruppe oder Finanzholding-Gruppe Sorge zu tragen, § 10a Abs. 8 Satz 1 KWG. Die gruppenangehörigen Unternehmen sind gemäß § 10a Abs. 9 Satz 1 KWG verpflichtet, im Hinblick auf die Zurechnung von Kapitalanteilen und die Ermittlung einer angemessenen Eigenkapitalausstattung eine ordnungsgemäße Organisation und angemessene Kontrollverfahren einzurichten. Sie sind ferner gemäß § 10a Abs. 9 Satz 2 KWG verpflichtet, dem übergeordneten Unternehmen die für die Zusammenfassung nach § 10a Abs. 6 und 7 KWG erforderlichen Angaben zu übermitteln, damit dieses seine monatliche Meldepflicht gegenüber BAFin und Deutscher Bundesbank (§ 10a Abs. 8 Satz 3 i.V.m. § 10 Abs. 1 Satz 4 KWG) erfüllen kann.

3. Geldwäschegesetz

Im GwG fehlt es zwar an der ausdrücklichen Normierung einer die Pflicht aus § 15 GwG flankierenden Organisationspflicht des herrschenden Unternehmens, für das normgemäße Verhalten der Zweigstellen und Tochtergesellschaften Sorge zu tragen. Nach Auffassung des BAKred folgt aus dem

---

17 *Semler* Leitung und Überwachung der Aktiengesellschaft, Rn. 290.

18 Näher zu den Vorlagepflichten und Auskunftsrechten nach § 294 Abs. 3 Satz 1 und 2 HGB vgl. *Pfaff* in: Münchner Kommentar zum HGB, § 294 Rn. 26ff.

Normbefehl an das herrschende Unternehmen allerdings ganz allgemein die Pflicht zu einer Konzernorganisation, die geeignet ist, Verstöße gegen das GwG zu verhindern.[19]

4. Wertpapierhandelsgesetz

Wer durch Erwerb, Veräußerung oder auf sonstige Weise bestimmte Grenzen der Stimmrechte an einer börsennotierten Gesellschaft erreicht, überschreitet oder unterschreitet, muss dies gemäß § 21 Abs. 1 WpHG der Gesellschaft und dem BAWe melden. Der Meldepflichtige muss sich bei der Berechnung der Höhe des Stimmrechtsanteils weitere Stimmrechte zurechnen lassen. Die Voraussetzungen einer solchen Zurechnung sind geregelt in § 22 WpHG.[20] Die Zurechnung bedeutet für den nach § 21 WpHG Meldepflichtigen einen erheblichen organisatorischen Mehraufwand, denn dieser muss sich die zu meldenden Informationen über den Umfang der ihm zuzurechnenden weiteren Stimmrechte zunächst einmal beschaffen. Erforderlich ist mithin ein umfangreiches Melde- und Berichtswesen.[21]

Im Konzern stellt sich das Problem, dass die Einrichtung eines konzernweiten Meldesystems grundsätzlich auf gesellschaftsrechtliche Schranken stößt. Im Vertragskonzern lassen sich die Informationen – so weit das nötig sein sollte – noch mittels Ausübung des Weisungsrechts gemäß § 308 Abs. 1 AktG beschaffen. Fehlt es an einer beherrschungsvertraglichen Grundlage, liegt also ein faktischer Konzern vor, so mangelt es auch an einer rechtlichen Durchsetzungsmöglichkeit des Auskunftsverlangens.[22]

Mit Blick darauf ist es zumindest bemerkenswert, dass zur Frage der Auskunftsansprüche des Mitteilungspflichtigen und zu den korrespondierenden Auskunftspflichten der Tochterunternehmen im WpHG überhaupt keine Regelung getroffen ist. Andererseits lassen sich die Meldepflichten ohne Anerkennung von Informationsansprüchen des Mitteilungspflichtigen gar nicht erfüllen. Im Übrigen bestehen in anderen Regelungsbereichen durchaus solche Informationspflichten. Das hat die vorstehende Skizze zu den Mitteilungspflichten über die angemessene Eigenmittelausstattung einer Institutsgruppe im Sinne des KWG und zur Konzernrechnungslegung gezeigt.

---

19 Vgl. BAKred, Verlautbarung des BAKred über Maßnahmen der Kreditinstitute zur Bekämpfung und Verhinderung der Geldwäsche vom 30. März 1998, Tz. 5. Die Verlautbarung ist unter www.bafin.de abrufbar.

20 Zu praktischen Anwendungsproblemen der §§ 21 ff. WpHG *Uwe H. Schneider* in: Festschrift für Brandner, S. 565 ff.

21 *Uwe H. Schneider* in: Assmann/Uwe H. Schneider, WpHG, § 22 Rn. 13.

22 Hier gelten dann nur die allgemeinen gesellschaftsrechtlichen Auskunftsrechte.

In entsprechender Anwendung von § 10a Abs. 9 KWG und § 294 Abs. 3 Satz 2 HGB wird daher auch für § 21 WpHG ein Auskunftsrecht des Mitteilungspflichtigen als kapitalmarktrechtliches Annexrecht begründet. Aus diesen Normen folge ein allgemeiner Rechtsgrundsatz, welcher lautet: Obliegt einem Mutterunternehmen eine öffentlich-rechtliche Pflicht, die sie nur erfüllen kann, wenn sie Angaben des oder der Tochterunternehmen übermittelt bekommt, so steht dem Mutterunternehmen ein Auskunftsanspruch gegen das Tochterunternehmen zu.[23] Diesem Auskunftsanspruch korrespondiert notwendig eine Auskunftserteilungspflicht des Tocherunternehmens.

5. *Fazit: Kein genereller Grundsatz*

Von diesen Einzelfällen abgesehen, fehlt es im Bereich des Kapitalmarktrechts an gesetzlich angeordneten konzernweiten Organisationspflichten, ganz zu schweigen von einer allgemeinen gesetzlichen Regelung.

IV. Kein einheitlicher kapitalmarktrechtlicher Konzernbegriff

Eine an anderen kapitalmarktrechtlichen Regelungsbereichen orientierte konzerndimensionale Auslegung der Organisationspflichten aus § 33 Abs. 1 WpHG setzt voraus, dass in den zur Begründung herangezogenen ähnlichen Normkomplexen ein einheitlicher Konzernbegriff verwendet wird.

Nach der aktiengesetzlichen Definition liegt ein Konzern vor, wenn ein herrschendes Unternehmen mit einem oder mehreren abhängigen Unternehmen unter der einheitlichen Leitung des herrschenden Unternehmens zusammengefasst sind, § 18 Abs. 1 Satz 1 AktG. Die darin enthaltenen und die weiteren zentralen Grundbegriffe des Rechts der verbundenen Unternehmen – unter diesen Oberbegriff fällt auch der Konzern – sind in den §§ 15 – 19 AktG geregelt. Die Rechtsfolgen des Aktiengesetzes zu verbundenen Unternehmen (§§ 20 bis 22, §§ 291 bis 307, §§ 308 bis 318, §§ 319 bis 327 sowie § 328 AktG) knüpfen ebenso wie zahlreiche weitere verbundbezogene aktiengesetzliche Einzelbestimmungen an diese Begriffsdefinitionen an. Daneben finden sich auch in anderen Rechtsgebieten verbund- oder konzernbezogene Regelungen. Die aktienrechtlichen Grundbegriffe sind damit auch über den Geltungsbereich des Aktiengesetzes hinaus maßgeblich.[24]

---

23 *Uwe H. Schneider* in: Assmann/Uwe H. Schneider, WpHG, § 22 Rn. 14; *ders.* in: Festschrift für Brandner, S. 565, 573f. Vgl. auch *Feick* Die Wahrnehmung öffentlich-rechtlicher Pflichten im konzernfreien und im konzernverbundenen Unternehmen, S. 179f.

24 MünchHdb.AG/*Krieger* § 68 Rn. 2.

Dennoch bestehen etwa im Kapitalmarkt- und Rechnungslegungsrecht bereits terminologische Unterschiede, die auch auf einen unterschiedlichen Konzernbegriff schließen lassen. So spricht das KWG nicht von verbundenen Kreditinstituten oder vom Finanzdienstleistungskonzern oder ähnlichen, an das AktG angelehnten Begriffen, sondern definiert in § 10a Abs. 2 KWG den Begriff der Institutsgruppe und in § 10a Abs. 3 KWG den Begriff der Finanzholding-Gruppe. Im Recht der Konzernrechnungslegung spricht § 290 Abs. 1 und 2 HGB nicht von dem herrschenden Unternehmen, sondern verwendet den Begriff des Mutterunternehmens, der im AktG nicht vorkommt.[25] Dem AktG ist schließlich auch der Begriff des kontrollierten Unternehmens im Sinne von §§ 21, 22 Abs. 3 WpHG fremd.

Hinter den unterschiedlichen Termini stehen denn auch unterschiedliche Konzernbegriffe. Die Konsolidierungspflicht gemäß § 290 HGB stellt nicht primär auf den deutschen Konzerntatbestand ab, also auf das Vorliegen von „Abhängigkeit" und die Zusammenfassung unter „einheitlicher Leitung", sondern basiert auf dem aus dem britischen Recht bekannten control-Konzept, das bereits an die Möglichkeit der Beherrschung anknüpft.[26] Dementsprechend definiert § 290 Abs. 2 HGB die Tatbestände der Beherrschungsmöglichkeit. Gleichwohl ist das deutsche „Konzern-Konzept" von § 290 HGB mitumfasst. Das zeigt das zusätzliche Erfordernis einheitlicher Leitung des oder der Tochterunternehmen durch das Mutterunternehmen.[27] *Ulmer* hat dargelegt, dass der im Recht des Konzernabschlusses durchgehend verwendete Begriff „Konzern" der Sache nach weiter ist als der aktiengesetzliche Konzernbegriff des § 18 Abs. 1 AktG.[28]

Für die Zurechnung von Stimmrechten gemäß § 22 WpHG ist der Begriff des Tochterunternehmens maßgeblich, der in § 22 Abs. 3 WpHG in Anlehnung an § 290 HGB definiert wird. Angeknüpft wird damit auch hier nicht in erster Linie an das Vorliegen von „Abhängigkeit" im Sinne von § 17 Abs. 1 AktG oder an die Übernahme „einheitlicher Leitung" im Sinne von § 18 Abs. 1 AktG.[29] Vielmehr kommt es für die Bestimmung des kontrollierten Unternehmens entscheidend auf die Mehrheit der Stimmrechte (§ 22 Abs. 3 WpHG i.V.m. § 290 Abs. 2 Nr. 1 HGB), das Recht der Bestellung oder Abberufung der Mitglieder des Verwaltungs-, Leitungs- oder Aufsichts-

---

25 Ähnlich § 24 WpHG.

26 Vgl. zu der gemeinschaftsrechtlichen Herkunft der Konsolidierungspflicht umfassend *Schwarz* Europäisches Gesellschaftsrecht, Rn. 471ff.

27 So auch *Ulmer* in: Festschrift für Goerdeler, S. 623, 640; *Uwe H. Schneider* in: Assmann/Uwe H. Schneider, WpHG, § 22 Rn. 51.

28 *Ulmer* in: Festschrift für Goerdeler, S. 623, 642.

29 Vgl. näher *Uwe H. Schneider* in: Assmann/Uwe H. Schneider, WpHG, § 22 Rn. 52ff.

organs (§ 22 Abs. 3 WpHG i. V. m. § 290 Abs. 2 Nr. 2 HGB) oder auf das Recht, einen beherrschenden Einfluss auf Grund eines Beherrschungsvertrages oder einer Satzungsbestimmung (§ 22 Abs. 3 WpHG i. V. m. § 290 Abs. 2 Nr. 3 HGB) an.[30]

Im Bereich der aufsichtsrechtlichen Konsolidierungsregeln nach § 10a KWG sind die Begriffe Institutsgruppe und Finanzholding-Gruppe seit der 6. KWG-Novelle[31] zunächst durch die Begriffe übergeordnetes und nachgeordnetes Unternehmen konkretisiert, die in § 10a Abs. 2 und 3 KWG definiert werden. Danach sind nachgeordnete Unternehmen Tochterunternehmen eines Instituts, die selbst Institute, Finanzunternehmen oder Unternehmen mit bankbezogenen Hilfsdiensten sind. Mit der Verwendung des Begriffs des Tochterunternehmens greift § 10a Abs. 2 KWG über § 1 Abs. 7 KWG auf den schon erwähnten handelsrechtlichen Begriff des Tochterunternehmens im Sinne von § 290 HGB zurück.[32]

Dieser kursorische Überblick zeigt, dass ein einheitlicher Konzernbegriff nicht existiert. Vielmehr bestehen in unterschiedlichen Regelungsbereichen unterschiedliche, an die jeweiligen Erfordernisse angepasste Konzernbegriffe.

V. Insidereigenschaft des herrschenden Unternehmens

Oben ist herausgearbeitet worden, dass ein herrschendes Unternehmen in einem Konzern als beteiligungsbedingter Insider nach § 13 Abs. 1 Nr. 2 WpHG oder als aufgabenbedingter Insider nach § 13 Abs. 1 Nr. 3 WpHG qualifiziert werden kann. Im Falle der Insidereigenschaft des Unternehmens folgt daraus die Verantwortung des Leitungsorgans, auch im Nicht-Wertpapierdienstleistungsunternehmen für die Beachtung des Insiderhandelsverbots Sorge zu tragen. Dies bezieht sich grundsätzlich auf das eigene als Insider qualifizierte Unternehmen und nicht auf Tochterunternehmen. Auch lässt die Insidereigenschaft eines Unternehmens dieses nicht zum Wert-

30 Der Begriff des Tochterunternehmens wurde durch das Gesetz zur Regelung von öffentlichen Angeboten zum Erwerb von Wertpapieren und von Unternehmensübernahmen – WpÜG (BGBl. I 2001 Nr. 72, S. 3822) eingeführt und löste den Begriff des kontrollierten Unternehmens ab. Nach der Entwurfsbegründung zum WpÜG sollte damit unter anderem das dem § 22 WpHG bislang zugrunde liegende Control-Concept um Elemente des Konzern-Konzepts erweitert werden, vgl. dazu *Witt* AG 2001, 233, 240.

31 Gesetz zur Umsetzung von EG-Richtlinien zur Harmonisierung bank- und wertpapieraufsichtsrechtlicher Vorschriften vom 22. Oktober 1997, BGBl. I 1997, S. 2517ff.

32 Näher *Boos* in: Boos/Fischer/Schulte-Mattler, KWG, § 10a Rn. 11ff.

papierdienstleistungsunternehmen werden. Denn dies hängt allein von der Erfüllung der tatbestandlichen Voraussetzungen des § 2 Abs. 4 WpHG ab.

VI. Folgerung für die Auslegung von § 33 Abs. 1 WpHG

Die vorstehenden Darlegungen zeigen, dass eine konzerndimensionale Auslegung von § 33 Abs. 1 WpHG nicht in Betracht kommt. Die Vorschrift richtet sich nur an Wertpapierdienstleistungsunternehmen im Sinne von § 2 Abs. 4 WpHG. Ferner fehlt es zunächst schon im WpHG an Normen, deren entsprechende Anwendung bzw. deren Rechtsgedanke eine konzerndimensionale Auslegung von § 33 Abs. 1 WpHG rechtfertigen könnten. § 24 WpHG begründet gerade nicht eigenständige Pflichten eines herrschenden Unternehmens, sondern dient lediglich der Erleichterung der konzerninternen Organisation des Meldewesens.

Auch eine analoge Anwendung von sonstigen kapitalmarktrechtlichen Normen kommt nicht in Betracht. Vergleichbar wäre auf den ersten Blick die Vorschrift des § 15 GwG, also die Verantwortlichkeit des herrschenden Unternehmens für die Beachtung des GwG in Zweigstellen und Tochtergesellschaften. Aus dieser vereinzelten Regelung lässt sich hingegen kein analogiefähiger kapitalmarktrechtlicher Grundsatz erweiterter Organisationspflichten eines herrschenden Unternehmens im Konzern ableiten. Vielmehr beruht § 15 GwG auf rechtspolitischen Vorstellungen zur Eindämmung der Geldwäschekriminalität.[33] Hinzu kommt, dass in § 15 GwG bereits der Normbefehl an das herrschende Unternehmen enthalten ist, für das gesetzmäßige Verhalten der Tochtergesellschaften Sorge zu tragen. Die daraus geschlossene Organisationspflicht ist ein erforderlicher Pflichtenannex und somit in der primären Pflicht aus § 15 GwG bereits angelegt. In § 33 Abs. 1 WpHG hingegen fehlt es schon an dieser Festlegung primärer Verantwortung eines herrschenden Unternehmens für seine Tochtergesellschaft(en).

Ähnliches gilt für die Überlegung, Vorschriften des Kreditaufsichts- oder Konzernbilanzrechts entsprechend heranzuziehen. Denn auch die analoge Anwendung von § 10a Abs. 9 KWG und § 294 Abs. 3 Satz 2 HGB auf die Mitteilungspflicht nach § 21 WpHG ist mit der Rechtslage bei § 33 Abs. 1 WpHG nicht vergleichbar. Die Begründung eines Auskunftsanspruchs des meldepflichtigen Mutterunternehmens rechtfertigt sich allein aus der Tatsache einer vergleichbaren Regelungs- und Interessenlage. Denn § 21 WpHG begründet gleichermaßen wie § 10a Abs. 8 KWG und § 290 Abs. 1 HGB eine

---

33 Vgl. *Feick* Die Wahrnehmung öffentlich-rechtlicher Pflichten im konzernfreien und im konzernverbundenen Unternehmen, S. 133.

erweiterte öffentlich-rechtliche Pflicht des herrschenden Unternehmens. Anders jedoch als die Regelungskomplexe im KWG und im HGB regelt § 21 WpHG keine zur Erfüllung der Mitteilungspflicht notwendigen Annexrechte, also Auskunftsansprüche und Informationspflichten. Ohne diese ist die Mitteilungspflicht schlechterdings aber nicht erfüllbar. In § 33 Abs. 1 WpHG fehlt es, wie bereits festgestellt, schon an der konzernerweiterten Verantwortung eines herrschenden Unternehmens.

Gegen eine konzerndimensionale Auslegung unter Rückgriff auf ähnliche Regelungsbereiche spricht schließlich, dass in den verschiedenen Regelungsbereichen unterschiedliche, jeweils an die spezifischen Rechtsgebiete angepasste Konzernbegriffe existieren. Im Übrigen zeigen die wenigen, auf Einzelfälle beschränkten konzernweiten kapitalmarktrechtlichen Organisationspflichten, dass es einen allgemeinen Rechtssatz nicht gibt, nach welchem ein herrschendes Unternehmen für die Erfüllung der kapitalmarktrechtlichen Pflichten des Tochterunternehmens Sorge zu tragen hätte.

Auch die auf einem Konzernverhältnis basierende Insidereigenschaft eines Unternehmens bietet, wie gesehen, keinen Ansatzpunkt für eine konzerndimensionale Auslegung von § 33 Abs. 1 WpHG. Denn aus der Insidereigenschaft der juristischen Person folgt nur eine Verantwortung ihres Leitungsorgans, für eine Unternehmensorganisation zu sorgen, die geeignet ist, Insiderverstöße im eigenen Unternehmen zu verhindern.

VII. Zusammenfassung und offene Fragen

Das WpHG enthält keine Regelungen dazu, ob bei Vorliegen eines Konzerns das herrschende Unternehmen für die Erfüllung der Organisationspflichten aus § 33 Abs. 1 WpHG durch das Tochterunternehmen verantwortlich ist. Der Gesetzgeber hat zwar einzelne kapitalmarktrechtliche Regelungskomplexe konzernbezogen ausgestaltet. Für die in dieser Arbeit untersuchten Compliancepflichten ergeben sich hingegen weder aus dem WpHG noch aus dem sonstigen Kapitalmarktrecht verallgemeinerungsfähige Schlussfolgerungen im Hinblick auf die Fragestellung. Auch eine konzerndimensionale Auslegung dieser Vorschrift kommt nicht in Betracht.

Demgegenüber gehören in der Rechtswirklichkeit viele Wertpapierdienstleistungsunternehmen zu einem Konzern. Große Finanzdienstleistungsunternehmen stehen oft an der Spitze eines weit verzweigten Finanzdienstleistungskonzerns mit zahlreichen (100 %-igen) Tochterunternehmen, die etwa auf besondere Dienstleistungen für spezielle Kundenkreise oder spezifische Kundeninteressen ausgerichtet sind. Die Geschäftspolitik und Unternehmensstrategie der Tochtergesellschaften wird dabei nicht selten zentral von der Konzernspitze aus gesteuert und – zumindest in der Richtung – vorgegeben. Nach dem Vorstehenden bleibt es auch in solchen Finanz- und Wertpapierdienstleistungskonzernen lediglich bei der Verantwortlichkeit jedes einzelnen Wertpapierdienstleistungsunternehmens, für die Erfüllung der bestehenden Compliancepflichten zu sorgen. Eine auf dem Konzernverhältnis beruhende, kapitalmarktrechtlich erweiterte Verantwortlichkeit des herrschenden Unternehmens besteht nicht.

Es bleibt allerdings zu fragen, ob sich eine Verantwortung des herrschenden Unternehmens in dem beschriebenen Sinne aus dem allgemeinen, das heißt privatrechtlichen Gesellschafts- und Konzernrecht ergibt. Das soll nachfolgend untersucht werden.

C. Pflichtenverfassung im Konzern

Jeder Frage nach Haftung ist die Frage nach entsprechender Verantwortung vorgelagert. Daher darf bei der in diesem Zusammenhang fast ausschließlich geführten Diskussion der Haftungsverfassung im Konzern, die Frage nach der organisationsrechtlichen Pflichtenverfassung im Konzern nicht vernachlässigt, ja muss jener vielmehr vorgelagert werden.[34] Ohne rechtliche Verantwortung für eine Gefahrenquelle oder Untergebene usw. gibt es keine Haftung. Es ist daher mit Blick auf den Konzern von entscheidender Bedeutung, ob aus der Übernahme einheitlicher Leitung durch das herrschende Unternehmen, ein erweiterter Aufgabenbereich für dessen Leitungsorgan folgt. Ist dies der Fall, so ergibt sich auch ein erweiterter Pflichtenkreis. Dazu soll zunächst ein Blick auf die privatrechtliche Lage im Konzern geworfen werden. Wegen der immer noch bestehenden Unklarheiten zum Regelungsobjekt eines Konzernrechts und den sich daraus ergebenden Rechtsfragen muss hierfür weiter ausgeholt werden.

I. Konzern als Regelungsobjekt

Die Suche nach einem (Organisations-)Modell für den Konzern muss bei der Frage nach dem Regelungsobjekt beginnen.[35] Bevor also überhaupt nach einer rechtlichen Ordnung der Verhältnisse im Konzern gefragt werden kann, muss zunächst Klarheit über die Rechtsnatur des Phänomens Konzern

34 Treffend *Uwe H. Schneider* ZGR 1996, 225, 240.
35 So auch *Ehricke* ZGR 1996, 300, 303.

bestehen. Dies ist, seit das Gespür für die (gefolgt von dem Interesse an den) Besonderheiten, welche miteinander verbundene Unternehmen aufweisen, aufgekommen ist, umstritten.[36]

Es handelt sich hierbei um die *Seins*-Frage[37] des Konzerns. Was ist ein Konzern in der Rechtswirklichkeit? Ohne Klarheit auf der *Seins*-Ebene können die Antworten auf Fragen des *Sollens* nicht gefunden werden.[38] Erst auf letzterer Ebene wird gefragt, welche Regeln für eine funktionierende Ordnung des festgestellten *Seins* aufzustellen sind. Aufgabe eines Organisationsrechts ist es, bestimmte *Seins*-Erscheinungen zu verrechtlichen. Dabei können nur solche Rechtsnormen die Akzeptanz der Regelungsadressaten finden, die nicht an der Wirklichkeit vorbeinormieren.[39] Gegenstand der nachfolgenden Untersuchung ist der Unterordnungskonzern.

1. Strukturveränderungen im Unterordnungskonzern

Die Beteiligung einer Gesellschaft an einer anderen Gesellschaft und die Übernahme der einheitlichen Leitung im Sinne von § 18 Abs. 1 AktG verändern das gesetzliche Typenbild dieser Gesellschaften im Hinblick auf die Interessenausrichtung zugunsten eines Konzerninteresses, im Hinblick auf die wirtschaftliche Entfaltung sowie im Hinblick auf den vermögens- und gesellschaftsrechtlichen Status der beteiligten Gesellschaften.[40] Hierüber muss zunächst Klarheit bestehen, bevor im Anschluss daran zu fragen ist, welcher bekannte oder gar unbekannte gesellschaftsrechtliche Typus dieser neu entstandenen Verbindung zugrunde liegt.

a) Strukturelle Veränderungen in der abhängigen Gesellschaft

Bereits in den ersten beiden Dekaden des 20. Jahrhunderts waren konzernrechtliche Fragen Gegenstand wissenschaftlichen Interesses und wissenschaftlicher Diskussion sowie teilweise der Rechtsprechung. Dabei ging es vornehmlich um den Einfluss der Muttergesellschaft auf die Verwaltung der

---

36 Umfassend zur historischen Entwicklung des Konzernrechts vgl. die ausgezeichnete Darstellung bei *Hommelhoff* Konzernleitungspflicht, S. 2ff.; vgl. auch *Dettling* Die Entstehungsgeschichte des Konzernrechts im Aktiengesetz 1965, passim.

37 *Amstutz* Konzernorganisationsrecht, S. 167.

38 Vgl. auch *von Nell-Breuning* in: Festgabe für Kronstein, S. 47.

39 *Bydlinski* Juristische Methodenlehre und Rechtsbegriff, S. 179ff., 299ff.; *F. Müller* Juristische Methodik, S. 182ff.; *Mestmäcker* in: *ders.* Recht und ökonomisches Gesetz, S. 369, 390ff.; *Ehricke* ZGR 1996, 300, 306.

40 So auch schon BVerfGE 14, 263, 281 „Feldmühle“.

Tochtergesellschaft und dessen Grenzen, den konzernweiten Schutz des gebundenen Vermögens, die Informationspflichten der Verwaltung der Muttergesellschaft und die Informationsrechte der Aktionäre über Vorgänge in den Tochtergesellschaften sowie den Schutz der Minoritäre in der abhängigen Gesellschaft.[41] Schon früh ist erkannt worden, dass die Wirkung der Konzernorganisation auf die Organe der abhängigen Gesellschaft, ein zentrales Problem im Konzernrecht ist.[42] Denn die innere Entscheidungsstruktur im Konzernverbund unterscheidet sich von derjenigen in einer unabhängigen Gesellschaft durch ein zusätzliches Moment, nämlich die Unterwerfung unter einen einheitlichen Plan, für dessen Aufstellung und Durchführung die Konzernleitung sorgt. Die Verfassung der in einem Konzern verbundenen Unternehmen, wird durch das Element der Leitungsmacht des herrschenden Unternehmens geprägt. In deren Folge kommt es zu einer Verschiebung der Macht- und Entscheidungsstrukturen in den einzelnen Untergesellschaften,[43] das heißt zu einem von der rechtlichen Formalstruktur divergierenden ökonomischen Sachverhalt. Das einzelne abhängige Unternehmen ist nur noch ein Teil des Ganzen, nämlich des Konzernverbundes. Es verfolgt grundsätzlich keine eigenständige Unternehmenspolitik mehr, sondern agiert nach dem Willen der Konzernleitung und innerhalb der von dieser belassenen Spielräume.[44] Hierin wird teilweise auch ein Bedeutungswechsel für die juristische Person an sich gesehen, der hin zu einem „rein instrumentellen" Zweck führt.[45] Die juristische Person ist danach das Hilfsmittel im Dienste der immer nach neuen Wegen suchenden modernen Wirtschaft.[46]

Nach der ursprünglichen Idee von der juristischen Person war kein Platz für die Herrschaft einer Gesellschaft über eine andere. Als sich Aktiengesellschaften anschickten, sich an anderen zu beteiligen, wurde dies denn auch

41 *Lutter* ZHR 151 (1987) 444ff. Umfassend *Hommelhoff* Konzernleitungspflicht, S. 2ff.

42 Für manchen ist es *das* Problem des Konzernrechts, *Mestmäcker* Verwaltung, Konzerngewalt und Recht der Aktionäre, S. 97; *ders*. in: Festgabe für Kronstein, S. 129, 131f. Dabei konnte sich *Mestmäcker* auf eine lange Tradition der konzernrechtlichen Diskussion stützen, die lediglich in den Jahren von 1933 bis zur Wiederbelebung durch die Studienkommission des Deutschen Juristentages, Untersuchungen zur Reform des Unternehmensrechts, im Jahre 1955 und die Verhandlungen des 42. Deutschen Juristentages 1957 brachgelegen hatte. Vgl. dazu auch *Lutter* ZHR 151 (1987) 444, 445.

43 Vgl. *Ehricke* ZGR 1996, 300, 302.

44 Dies hat *Kronstein* Die abhängige juristische Person, S. 7f., schon 1931 herausgearbeitet. Näher dazu *Mestmäcker* Verwaltung, Konzerngewalt und Recht der Aktionäre, S. 20ff.

45 Vgl. *Ott* Recht und Realität der Unternehmenskorporation, S. 122 m.w.N.

46 *Bürgi* in: Festgabe Nawiasky, S. 259.

heftig bekämpft.[47] All dies ist lange her. Niemand streitet heute mehr über die Frage, ob eine juristische Person sich an einer anderen beteiligen kann und zahlreiche Normen gehen wie selbstverständlich davon aus.[48]

b) Strukturelle Veränderungen in der herrschenden Gesellschaft

Doch es bleibt nicht bei strukturellen Veränderungen auf der Ebene der abhängigen Gesellschaft. Auch im herrschenden Unternehmen, der Konzernobergesellschaft, kommt es zu Veränderungen der Machtverhältnisse im Vergleich zur gesellschaftsrechtlichen Ausgangslage der unverbundenen Gesellschaft.[49] Auch hier zeigt sich, dass der Schutz der herrschenden Gesellschaft, ihrer außenstehenden Gesellschafter und ihrer Gläubiger Aufgabe eines Rechts der verbundenen Unternehmen ist. Der BGH hat diese zunächst in der Literatur[50] vorbereiteten Überlegungen in seiner berühmten „*Holzmüller*"-Entscheidung aufgenommen und ungeschriebene konzernspezifische Hauptversammlungskompetenzen begründet.[51] Die Erweiterung des Blickwinkels auch auf die Obergesellschaft erweitert auch den Ansatz eines Konzernrechts über Schutzgesichtspunkte hinaus. Zusätzlich zur Aufgabe der Anpassung des Rechts der einzelnen Konzernunternehmen an die Konzernlage stellen sich Fragen nach den Beziehungen zwischen den Konzernunternehmen und den Beziehungen der Konzernunternehmen zu Dritten.[52] Die Probleme

---

47 Näher und mit weiteren Nachweisen *Ott*, Recht und Realität der Unternehmenskorporation, S. 122f. Für *Ott*, hat die Sprengung der Grundform der juristischen Person durch Öffnung der Mitgliedschaft für andere juristische Personen unter Preisgabe des Prinzips der Selbständigkeit der juristischen Person den Charakter einer *Revolution*. Und das zu Recht, denn erst dadurch wurden Kartell- und Konzernbildung ermöglicht, welche für das heutige Wirtschaftsleben eine so immens wichtige Bedeutung haben.

48 *Großfeld* Aktiengesellschaft, Unternehmenskonzentration und Kleinaktionär, S. 149f., und S. 163ff. zu der unterschiedlichen Entwicklung in den USA.

49 Vgl. *Lutter* DB 1976, Beilage 21; *ders.* in: Festschrift für Barz, S. 199, 207ff.; *ders.* in: Festschrift für Westermann, S. 347, 349, 350; *Mülbert* Aktiengesellschaft, Unternehmensgruppe und Kapitalmarkt, S. 360ff.; *Uwe H. Schneider* in: Der GmbH-Konzern, S. 78, 81; *Emmerich/Sonnenschein* Konzernrecht, S. 17; *Wiedemann* Die Unternehmensgruppe im Privatrecht, S. 38ff., 70.

50 Insbesondere *Lutter* in: Festschrift für Westermann, S. 347, 357ff.; *Timm* Die Aktiengesellschaft als Konzernspitze, S. 130ff., 165ff.

51 BGHZ 83, 122ff. Vgl. dazu *Hüffer* Aktiengesetz, § 119 Rn. 16ff. mit zahlreichen Nachweisen.

52 Vgl. nur *Uwe H. Schneider* in: Das Gesellschaftsrecht der Konzerne im internationalen Vergleich, S. 563, 570.

werden unter den Stichworten Konzernorganisations-[53] bzw. Konzernverfassungsrecht[54], Konzernleitungspflicht sowie Konzernbildungs- und Konzernleitungskontrolle diskutiert.[55] In jüngerer Zeit wird zudem verstärkt die Frage nach einer Konzernvertrauenshaftung aufgeworfen.[56] Damit wird die Betrachtungsweise des Konzerns bei der Entwicklung konzernrechtlicher Lösungen, die bisher vornehmlich aus der Perspektive der Tochtergesellschaft erfolgte, umgedreht und – ausgehend von der Muttergesellschaft – das Gesamtunternehmen in den Mittelpunkt des Interesses gerückt. Die Betrachtung von „unten nach oben" wird zu einer Betrachtung von „oben nach unten".[57]

Aus dieser Perspektive muss das ausschließliche Verständnis vom Konzernrecht als bloßem Schutzrecht aufgegeben werden. Ein solcher Ansatz ist zu eng,[58] denn die Schutzrechtskonzeption betrachtet nur einen Teil dessen, was sich als umfassendes Konzernorganisationsrecht langsam zu entwickeln beginnt: Ein Organisations- und Verhaltensrecht für eine besondere Unternehmensform. Indem die Konzernproblematik von oben beleuchtet wird, wird dort angesetzt, wo die Konzernherrschaft tatsächlich ausgeübt wird.[59] Mit *Lutter*: Konzernrecht ist neben Schutzrecht *auch* Organisationsrecht. Das ergibt sich schon aus der Tatsache, dass Konzerne gegründet, einheitlich geleitet[60] und oft auch einheitlich finanziert werden, Rechnung legen[61], interne Interessenkonflikte unter den „Mitgliedern" zu lösen haben, fusionieren können und sich schließlich wieder auflösen.[62] All dies entspricht in seinem realen Erscheinungsbild so deutlich auch anderen Korporationen,[63] dass schon hieraus die Notwendigkeit der Umfassung durch ein Organisationsrecht folgt. Auch sonst, das heißt außerhalb des Konzernrechts, besteht das

53 So z. B. *Amstutz* Konzernorganisationsrecht.

54 Vgl. den Untertitel der *Hommelhoff'schen* Habilitationsschrift „Zentrale Aspekte eines Konzernverfassungsrechts".

55 *Emmerich/Sonnenschein* Konzernrecht, S. 17, befürchten, dass darüber die, von ihnen „klassisch" genannten, schutzrechtlichen Fragestellungen des Konzernrechts in Vergessenheit geraten.

56 Zu dieser Diskussion vgl. insbesondere *Fleischer* ZHR 163 (1999) 461ff.; *ders.* NZG 1999, 685ff.

57 Vgl. *Timm* Die Aktiengesellschaft als Konzernspitze, S. 3.

58 *Ehricke* ZGR 1996, 300, 303.

59 *Karsten Schmidt* Gesellschaftsrecht, § 17 I 2b, S. 497f.

60 § 18 Abs. 1 AktG.

61 §§ 290ff. HGB, § 337 AktG, § 28 EGAktG, § 11 PublG.

62 *Lutter* ZGR 1987, 324, 329; *ders.* in: Das St. Galler Konzernrechtsgespräch, S. 225, 226f.; *ders.* in: Festschrift für Stimpel, S. 825, 827f.

63 Dagegen insbesondere *Mülbert* Aktiengesellschaft, Unternehmensgruppe und Kapitalmarkt, S. 25f.

Gesellschaftsrecht ja nicht nur aus Schutznormen für die Minderheitsgesellschafter oder die Gläubiger. Denn es werden etwa die Gründung und Finanzierung, die Zuständigkeit der Organe, die Rechte und Pflichten der Anteilseigner geregelt.[64]

2. *Konzernvorstellungen*

Für die Frage nach einer konzernverfassungs- bzw. -organisationsrechtlichen Leitungsverantwortung ist von Bedeutung, welches Verständnis von der Natur des Konzerns, also seinem gesellschaftsrechtlichen Typus zugrunde gelegt wird. Denn greift man zum Beispiel bei der Typisierung auf eine der vorhandenen Verbandsformen zurück, so müssten die Rechte und Pflichten der einzelnen Konzerngliedgesellschaften aus dem Recht dieser Verbandsform entwickelt werden. Die Frage lautet indes: Lässt sich der Konzern einer vorhandenen Rechtsform subsumieren? Den Ausgangspunkt aller diesbezüglichen Überlegungen gibt das Aktiengesetz in seinen rechtsformunabhängig geltenden §§ 15ff. vor: Die rechtliche Selbständigkeit der verbundenen Unternehmen. Dennoch darf dabei die oben schon angeklungene Tatsache nicht außer Acht gelassen werden, dass in einem Konzern die verschiedenen Unternehmen unter einheitlicher Leitung zusammengefasst werden und so betrachtet eine wie auch immer zu benennende Einheit bilden. Für die rechtliche Erfassung dieser Einheit bei gleichzeitiger Anerkennung der aktiengesetzlich vorgegebenen Vielheit werden verschiedene Konzepte vertreten, die nachfolgend kurz skizziert werden sollen. Dabei ist das Meinungsspektrum weit. Grob überblicksartig können drei Richtungen unterschieden werden. Zum einen wird die Ansicht vertreten, der Konzern sei lediglich eine wirtschaftlich einheitliche Gruppe. Die rechtlichen Regeln knüpfen danach an die einzelnen Unternehmen der Gruppe an.[65] Dabei werden allerdings die oben beschriebenen strukturellen Veränderungen in Konzernunternehmen übersehen. Die daraus abgeleitete Notwendigkeit der Entwicklung eines Konzernorganisationsrechts ist auf dieser Basis nicht möglich. Dieser Ansatz soll daher hier nicht weiter verfolgt werden.

Genau entgegengesetzt wird vertreten, der Konzern sei auch eine rechtliche Einheit, also ein eigenes Rechtssubjekt. Dazwischen liegt – im Detail freilich mit erheblichen Unterschieden – die Ansicht vom Konzern als einer wirtschaftlichen Organisation, wobei diese organisatorische Einheit (Gesamtunternehmung) rechtlich verfasst werden soll. Die beiden letzten Mei-

---

64 *Lutter* in: Das St. Galler Konzernrechtsgespräch, S. 225, 229.

65 Zu diesem „dezentralsten Ansatz", der vor allem in Frankreich und Großbritannien vertreten wird vgl. *Ehricke* ZGR 1996, 300, 306 mit Fn. 25.

nungen lassen sich also unterscheiden in die Vorstellung vom Konzern als rechtlicher Einheit einerseits und als organisatorischer Einheit andererseits.

a) Der Konzern als rechtliche Einheit

aa) Rechtssubjektivität des Konzerns

Die Auffassung, der Konzern sei eine rechtliche Einheit, ist die früheste Vorstellung von der rechtlichen Verfassung miteinander verbundener Unternehmen. Bereits am Anfang des 20. Jahrhunderts hat *Isay* davon gesprochen, mehrere Unternehmen seien „zusammengesetzte oder komplexe Unternehmungen" und insofern als „Unternehmenskomplex" zu bezeichnen.[66] Trotz Verschiedenheit der beteiligten Rechtssubjekte liege ein einheitliches, wenn auch zusammengesetztes Unternehmen vor, an dem ein einheitliches subjektives Recht bestehe.[67] Dieses „subjektive Recht" am Unternehmenskomplex war das eigentliche Anliegen der Arbeit *Isays*, dem es weniger um eine organisationsrechtliche Ausgestaltung des Konzerns als vielmehr um den Schutz des Unternehmens(-komplexes) u. a. im Rahmen der §§ 823 Abs. 1, 826 BGB, §§ 1, 14 UWG ging.[68] So gesehen hat *Isay*, entgegen anders lautender Interpretationen, nie vertreten, dass es sich bei einem Konzern um ein Rechtssubjekt handele.[69] Die rechtliche Selbständigkeit der verbundenen Unternehmen steht einer solcherart rechtlichen Einheitsbetrachtung ohnehin entgegen, seit dies erstmals durch § 15 Abs. 1 AktG 1937 postuliert worden ist. Unter Geltung des AktG 1965 erhielt die Einheitsbetrachtung zwar auf den ersten Blick betrachtet neuen Schub. Jedoch geht es dabei weniger um die Anerkennung des Konzerns als eigenständiges Rechtssubjekt, sondern überwiegend um den Versuch einer gesellschaftsrechtlichen Einordnung des Phänomens Konzern.[70]

---

66 *Isay* Das Recht am Unternehmen, S. 96.

67 *Isay* Das Recht am Unternehmen, S. 104.

68 Vgl. zur Problemstellung der Arbeit *Isay* Das Recht am Unternehmen, S. 1ff.

69 Die Diskussion um die rechtliche Einheit des Konzerns wurde zumeist unter dem Schlagwort der Diskussion über die sog. Einheitstheorie geführt. Damit verbindet sich eine Kette von Missverständnissen (vgl. *Hommelhoff* Konzernleitungspflicht, S. 10f.; *Mülbert* Aktiengesellschaft, Unternehmensgruppe und Kapitalmarkt, S. 21). Denn eine Einheitstheorie dergestalt, dass der Konzern eine rechtliche Einheit bilde, ist, wie *Kronstein* (Die abhängige juristische Person, S. 3) herausgearbeitet hat, nie vertreten worden. Gerade dies aber war von anderer Seite unter Bezug auf *Isay* behauptet worden, insbesondere von *Haussmann* Die Tochtergesellschaft, S. 26ff.; *ders*. Grundlegung des Rechts der Unternehmenszusammenfassungen, S. 92ff.

70 *Mülbert* Aktiengesellschaft, Unternehmensgruppe und Kapitalmarkt, S. 23.

bb) Der Konzern als Gesellschaft bürgerlichen Rechts

Eine Möglichkeit der Erfassung des Konzerns, ist die Einordnung in bestehende Rechtsformen des Gesellschaftsrechts. So will *Harms* den Konzern als Gesellschaft bürgerlichen Rechts qualifizieren. Im Vertrags- und im faktischen Konzern soll eine qualifizierte Form der Innengesellschaft bürgerlichen Rechts liegen, deren gemeinsamer Zweck im Konzerninteresse besteht.[71] Dies folge zunächst aus der Konzern-Definition, nämlich einer bestimmten Art der Zusammenfassung von Rechtseinheiten zu wirtschaftlichen Zwecken.[72] Weil diese Zwecke nicht nur die Interessen der Konzernspitze seien und also auch die Interessen der Tochtergesellschaft einschließen, liege kein nur einer Rechtseinheit spezifisch eigener, sondern ein gemeinsamer Zweck vor. Dies aber sei der Zweck der Gesellschaft bürgerlichen Rechts im Sinne von § 705 BGB, der schon dann vorliegt, wenn jeder Gesellschafter in irgendeiner Weise an seiner Erreichung beteiligt ist.[73] Da die Gesellschaft bürgerlichen Rechts nichts anderes als eine Zusammenfassung selbständiger Rechtssubjekte sei, sei der Konzernbegriff schon qua definitione davon umschlossen.[74] Das Merkmal der einheitlichen Leitung begründet *Harms* über die „Huldigung der abhängigen Gesellschaft".[75] Hierin sollen sozial-typische Erklärungen liegen, durch die der Gesellschaftsvertrag geschlossen wird.[76]

Diese Ansicht ist richtigerweise überwiegend abgelehnt worden. Insbesondere sprechen die oben dargelegten strukturellen Veränderungen in konzernverbundenen Gesellschaften gegen eine Klassifizierung des Konzerns als Gesellschaft bürgerlichen Rechts. Ein derart einschneidendes Ungleichgewicht der Machtverhältnisse, wie es mit Begründung eines Unterordnungskonzerns entsteht, lässt sich mit der gleichordnenden Figur der Gesellschaft nicht vereinbaren.[77]

---

71 *Harms* Konzerne im Recht der Wettbewerbsbeschränkungen, S. 147, 156.

72 Hier greift *Harms* Konzerne im Recht der Wettbewerbsbeschränkungen, S. 147, auf § 15 Abs. 1 AktG 1937 zurück.

73 *Harms* Konzerne im Recht der Wettbewerbsbeschränkungen, S. 147.

74 *Harms* Konzerne im Recht der Wettbewerbsbeschränkungen, S. 148.

75 *Harms* Konzerne im Recht der Wettbewerbsbeschränkungen, S. 148. Vgl. zur Kritik an dieser, „dem Gesellschaftsrecht bis dahin unbekannten Rechtsfigur", nur *Mülbert* Aktiengesellschaft, Unternehmensgruppe und Kapitalmarkt, S. 22 m.w.N.

76 *Harms* Konzerne im Recht der Wettbewerbsbeschränkungen, S. 148 zieht hier eine Parallele zu „allmählichen Gesellschaftsgründungen natürlicher Personen", wie etwa zwischen Ehegatten und Miterben.

77 So insbesondere *Rehbinder* Konzernaußenrecht und allgemeines Privatrecht, S. 77ff.; *Bälz* in: Festschrift für Raiser, S. 287, 323. Vgl. auch *Lutter* in: Das St. Galler Konzernrechtsgespräch, S. 225.

Allerdings ist noch ein weiteres Mal im Schrifttum der Versuch unternommen worden, den Konzern, namentlich nur den faktischen, als Innen-Gesellschaft bürgerlichen Rechts zu erklären. *Wilhelm* will über die einheitliche Leitung den faktischen Konzern als Gesellschaft bürgerlichen Rechts konstituieren.[78] Indem die einheitliche Leitung mehrere Unternehmen zur Förderung des Gesamtgewinns koordiniert, ist sie mit dem Gesellschaftszweck des faktischen Konzerns selbst identisch. Aufgrund der Gleichberechtigung der Partner habe die herrschende Gesellschaft bei der Ausübung der einheitlichen Leitung die Interessen der abhängigen Gesellschaft zu beachten.[79] Auf der anderen Seite bestehe die Zweckförderungspflicht der abhängigen Gesellschaft (§ 705 BGB) im Befolgen der – im Rahmen der konkludent anerkannten einheitlichen Leitung vorgenommenen – Geschäftsführungsmaßnahmen der herrschenden Gesellschaft. Die abhängige Gesellschaft vereinbart in dieser Sichtweise die einheitliche Leitung durch die herrschende Gesellschaft als gemeinsamen Zweck im Sinne von § 705 BGB und löst damit für sich eine entsprechende Zweckförderungspflicht aus.

Auch diese Konstruktion begegnet durchgreifenden Bedenken. *Wilhelm* schließt damit, wie vor ihm schon *Harms*, von wirtschaftlicher Macht auf konkludente Willenserklärungen.[80] Rechtlich läuft die Gleichordnung der Interessen auf eine Loslösung des faktischen Konzerns von einem Verhältnis der Über- und Unterordnung in Richtung eines Gleichordnungskonzerns hinaus. Der Regelung der §§ 311ff. AktG liegt aber die Konzeption von Herrschaft und Abhängigkeit zugrunde und nicht die des Gleichordnungskonzerns.[81] Die Selbstverpflichtung der faktisch abhängigen Gesellschaft zu einer Zweckverfolgung im erwähnten Sinne ist mit dem Verbandszweck einer autonomen Gesellschaft grundsätzlich nicht vereinbar. Vor allem darauf begründet sich das Erfordernis eines zweckändernden Hauptversammlungsbeschlusses zum Abschluss eines – Folgepflichten auslösenden – Unternehmensvertrages gemäß § 293 Abs. 1 AktG.[82] Das sieht *Wilhelm* nicht. Ferner wird die einheitliche Leitung auch nur vom herrschenden Unter-

78 *Wilhelm* Rechtsform und Haftung bei der juristischen Person, S. 226.

79 *Wilhelm* Rechtsform und Haftung bei der juristischen Person, S. 224.

80 So *Westermann* Vertragsfreiheit und Typengesetzlichkeit, S. 182f.

81 S. nur *Karsten Schmidt* Gesellschaftsrecht, § 31 IV 2b, S. 963f. Dagegen bestreitet *Wilhelm* Rechtsform und Haftung bei der juristischen Person, S. 221ff., einen „Rechtsstatus der Abhängigkeit" als Grundlage der §§ 311ff. und damit die rechtliche Unterworfenheit einer abhängigen Gesellschaft und kommt darüber zur Annahme der Gleichberechtigung von Mutter- und Tochtergesellschaft. Dazu auch *ders.* Kapitalgesellschaftsrecht, S. 130f. Vgl. auch *Hommelhoff* Konzernleitungspflicht, S. 125.

82 Vgl. Regierungsbegründung, in: *Kropff* Aktiengesetz 1965, S. 381.

nehmen ausgeübt. Das abhängige Unternehmen ist daran nicht beteiligt. Auch insofern fehlt es an einem gemeinsamen Zweck im Sinne von § 705 BGB.[83] In der Sache zielt die Konstruktion *Wilhelms* auf die Erhaltung der Selbständigkeit einer in Abhängigkeit geratenen Gesellschaft. Dagegen sprechen aber die tatsächlichen Gegebenheiten, an denen nicht einfach mittels juristischer Kunstgriffe vorbeigesehen werden kann.[84]

cc) Der Konzern als polykorporatives Netzwerk

Ebenfalls nicht durchsetzen konnte sich ein neueres, stark organisationssoziologisch geprägtes Konzernkonzept, welches im Konzern ein polykorporatives Unternehmen höherer Ordnung[85] bzw. ein polykorporatives Netzwerk[86] sieht. Darin liegt der Versuch, den als eine rechtliche Einheit in tradierter Rechtsform nicht fassbaren Konzern, abstrahierend auf einer höheren Ebene zu erfassen.[87] Grundlage des, hier vereinfachend Netzwerk-Konzept genannten, Konzepts ist die organisations-theoretische bzw. -soziologische Einsicht, dass die in der Theorie formulierten Konstitutivmerkmale jeder formalen Organisation, nämlich die hierarchische Ordnung durch straffe Regelung von Aufbau- und Ablaufprozessen in der Praxis generell oder wenigstens ab einer bestimmten Größenordnung selten in dieser reinen Form vorliegen bzw. nicht mehr funktionieren können.[88] Da dennoch meist funktionierende Organisationen entstehen, müssten diesen andere Merkmale zugrunde liegen, als bisher angenommen. Daraus wird gefolgert, eine Ordnung der Organisationen erfolge über die Interaktion ihrer Teile, sei also heterarchisch strukturiert. Auszugehen sei nicht von einem einheitlichen Aktions- und Willenszentrum, sondern von einer Vielzahl autonomer Entscheidungszentren. In dieser Folge löst sich das Netzwerk-Konzept von dem Ziel, ein Konzernorganisationsrecht zu entwickeln, welches die zu einem Unternehmen zusammengefassten, hierarchisch gestuften Gliedgesellschaften

---

83 *Mülbert* Aktiengesellschaft, Unternehmensgruppe und Kapitalmarkt, S. 23.

84 Auch der Gesetzesgeber des AktG 1965 geht davon aus, dass das Recht nicht fähig ist, mit seinen Mitteln die Selbständigkeit in Abhängigkeit geratener Gesellschaften wiederherzustellen, wenn zum Abschnitt über verbundene Unternehmen formuliert wird „Jeder Versuch, der aktienrechtlichen Zuständigkeitsordnung, namentlich in konzernmäßigen Bindungen, wieder unter allen Umständen Wirklichkeitswert zu verschaffen, würde ... an der Macht der Tatsachen scheitern." Vgl. Regierungsbegründung, in: *Kropff* Aktiengesetz 1965, S. 374.

85 *Bälz* in: Festschrift für Raiser, S. 287, 320.

86 *Teubner* ZGR 1991, 189, 204.

87 *Mülbert* Aktiengesellschaft, Unternehmensgruppe und Kapitalmarkt, S. 23 spricht von „einer Art Meta-Gesellschaftsrecht".

88 *Teubner* ZGR 1991, 189, 197.

als nunmehr wirtschaftliche Einheit mit den entsprechenden Rechten und Pflichten untereinander organisiert.[89] Vielmehr soll Aufgabe eines Konzernorganisationsrechts in dieser Interpretation der Konzernnatur sein, auf das dynamische Zusammenspiel einer Vielzahl autonomer Aktionszentren abzustellen, welches in der Konzernspitze (nur mühsam) koordiniert wird.[90] Das Netzwerk, also der Konzern als Ganzes, ist nach dieser Vorstellung ein eigenständiges Rechtssubjekt, wenn auch sui generis.[91] Denn nicht die einheitliche Zurechnung an einzelne Gesellschaften im Konzern, sondern die „simultane Vielfachzurechnung" von Handlungen und Rechtspositionen an das Netzwerk begründe dessen Rechtssubjektivität.[92]

Auch das Netzwerkkonzept ist indes mit dem geltenden Recht nicht zu vereinbaren. Dagegen spricht bereits, dass Rechtsfähigkeit im deutschen System der Normativbestimmungen nur durch den Gesetzgeber verliehen werden kann.[93] Zudem besteht in der Praxis trotz des Vorhandenseins von vielen kleineren Willensbildungszentren immer eine zentrale Stelle der Willensbildung für das Ganze, nämlich die Geschäftsleitung der Obergesellschaft.[94] Das spricht gegen die These von der allein heterarchischen Ordnung innerhalb eines Konzerns.

b) Der Konzern als organisatorische Einheit

aa) Grundlagen

Nach neuerem Verständnis ist der Konzern ein durch eine Mehrheit von Unternehmen unter einheitlicher Leitung konstituiertes Gesamtunternehmen.[95] Diese Vorstellung vom Typus des Konzerns basiert auf der oben dargelegten Überlegung, dass der Verbund von Unternehmen strukturelle Auswirkungen auch in der Obergesellschaft zeitigt. In dieser Konsequenz ist Konzernorganisationsrecht das Recht des Gesamtunternehmens Konzern und es verabschiedet sich damit von der bloßen Einzelbetrachtung der jeweils beim einzelnen Konzernunternehmen vorzunehmenden Anpassungen an die durch Konzernierung aufgeworfenen Fragen.

---

89 *Ehricke* ZGR 1996, 300, 311; *Amstutz* Konzernorganisationsrecht, S. 321ff.

90 *Teubner* ZGR 1991, 189, 203.

91 *Bälz* in: Festschrift für Raiser, S. 287, 331ff.; *Teubner* ZGR 1991, 189, 204.

92 *Teubner* ZGR 1991, 189, 204f.

93 *Karsten Schmidt* Gesellschaftsrecht, § 8 II 5, S. 199ff.

94 So auch *Everling* DB 1981, 2549, 2551.

95 *Hommelhoff* in: Das Gesellschaftsrecht der Konzerne im internationalen Vergleich, S. 91ff.; *Lutter* in: Das St. Galler Konzernrechtsgespräch, S. 225ff.; *Uwe H. Schneider* BB 1981, 249, 250ff.; *ders.* in: Das Gesellschaftsrecht der Konzerne im internationalen Vergleich, S. 563, 566f.; *Timm* AG 1980, 171, 181.

Lutter sieht im Konzern die „Organisationsform des einen Unternehmens“, das als solches keine Rechtsform hat.[96] Ausgangspunkt seiner Überlegungen ist die Erkenntnis, es handele sich bei einem Konzern um einen rechtlich relevanten Tatbestand, für den bisher die rechtliche Kategorie fehle.[97] Dies ist mit dem Hinweis auf die fehlende Rechtsform gemeint. Organisationsformen für zweckgerichtetes unternehmerisches Handeln seien zwar die Personengesellschaften[98] und die vom Recht geschaffenen Kapitalgesellschaften.[99] Aber auch der Konzern sei ein Zusammenschluss mehrerer Korporationen zu einem unternehmerischen Verbund und zu zweckgerichtetem Handeln. Nur stelle das Recht bislang keine passende Rechtsform bereit.[100]

Im Konzern wird danach eine hierarchisch[101] geordnete Verbindung aus rechtlich selbständigen Einheiten gesehen, die kein gemeinsames Vermögen bildet, sondern in der Hand der Obergesellschaft ein Vermögen ist.[102] Rechtlich betrachtet handelt es sich danach beim Konzern um einen polykorporativen Verband.[103]

Der Konzern sei ein gesellschaftsrechtlich eigenständiges Rechtsgebilde ohne eigene Rechtsfähigkeit. Er ähnelt in dieser Sichtweise einer Gesellschaft, sei jedoch selbst keine.[104] Da diese Ähnlichkeit des Konzerns mit einer Gesellschaft im Grundsatz nicht zu bestreiten sei, müssten daraus entsprechende Konsequenzen gezogen werden. So habe der Verband Konzern, wie jeder Verband, eigene Interessen. Diese müssten auch nicht immer mit denen der einzelnen Konzerngliedgesellschaften übereinstimmen.

---

96 *Lutter* in: Festschrift für Stimpel, S. 825, 829 in Folge zu *Ballerstedt* in: Die Konzentration in der Wirtschaft, S. 603, 630f.

97 *Lutter* in: Das St. Galler Konzernrechtsgespräch, S. 225, 226.

98 Diese sind nach *Lutter* „vom Rechte eingefangene“ Organisationsformen, da sie sich vom „reinen Sein“ zu einem rechtlichen Gebilde entwickelt haben, *Lutter* in: Festschrift für Stimpel, S. 825, 827.

99 *Lutter* in: Festschrift für Stimpel, S. 825, 827.

100 *Lutter* in: Festschrift für Stimpel, S. 825, 827.

101 So dezidiert *Lutter* in: Das St. Galler Konzernrechtsgespräch, S. 225, 226. Entgegen der Systematisierung bei *Amstutz* Konzernorganisationsrecht, S. 269ff., verfolgt *Lutter* folglich gerade keine heterarchische Konzernrechtsstrategie, sondern geht von der alles steuernden Konzernspitze aus. Dies ist die vielzitierte Betrachtung des Konzerns „von oben nach unten“.

102 *Lutter* in: Das St. Galler Konzernrechtsgespräch, S. 225, 226.

103 *Lutter* ZGR 1987, 324, 329. Vgl. auch *Bälz* in: Festschrift für Raiser, S. 287, 320 („Polykorporatives Unternehmen“).

104 Auch nach *Lutter* ist der Konzern somit einer Gesellschaft ähnlich, was ja bereits andere dazu veranlasst hatte, in ihm eine Gesellschaft bürgerlichen Rechts zu erblicken (vgl. nur *Harms* Konzerne im Recht der Wettbewerbsbeschränkungen, 1968). Hiergegen wendet sich *Lutter* aber ausdrücklich mit dem Hinweis auf die partnerschaftliche Verfassung einer Gesellschaft *Lutter* ZGR 1987, 324, 334f.

Daraus aber folgt nach Ansicht von *Lutter*, dass sich in einem Konzern die gleichen Probleme stellen wie bei den anderen Organisationsformen auch.[105] Das bedeutet im Einzelnen: Der Konzern wird gegründet, muss finanziert, geleitet und auch überwacht werden. Die im Konzern auftretenden Interessenkonflikte sollen gelöst werden, der Konzern muss Rechnung legen und schließlich werden Konzerne auch wieder aufgelöst.[106]

Im Ergebnis sei diese „zweckgerichtete Handlungseinheit" nichts anderes als ein Unternehmen.[107] Dieses aber müsse handlungsfähig sein, um die erwähnten Aufgaben erledigen zu können. Damit ist die Frage nach Konzernorganen aufgeworfen. Ausgehend von dem Befund, dass das wichtigste Element einer unternehmerischen Organisation ihre Verwaltung ist, stellt sich zunächst die Frage nach der Konzernverwaltung. Dabei umfasst Verwaltung im weitesten all das, was zwischen Gründung und Auflösung der Organisation geschieht, also Leitung, Überwachung, Rechnungslegung und – über die gewöhnliche Leitung hinausgehende – zu treffende Grundentscheidungen.[108] Im deutschen Recht sei all dies für den Konzern in den Organen der Obergesellschaft gebündelt.[109] Die Organe der Obergesellschaft sind nach *Lutter* folglich gleichzeitig Organe des (Gesamt-)Konzerns.[110]

Für *Uwe H. Schneider* ist der Konzern die besondere Rechtsform für ein Gesamtunternehmen im wirtschaftlichen Sinne.[111] Im Unterschied zur Auffassung von *Lutter* nimmt *Uwe H. Schneider* die rechtliche Segmentierung und organisatorische Gliederung des Konzerns als etwas Besonderes im Vergleich mit anderen Organisationen hin.[112] Wegen der rechtlichen Selbständig-

105 *Lutter* in: Festschrift für Stimpel, S. 825, 827. Ähnlich *Hommelhoff* in: Das St. Galler Konzernrechtsgespräch, S. 107, 109, *Uwe H. Schneider* in: Das Gesellschaftsrecht der Konzerne im internationalen Vergleich, S. 563, 569.

106 *Lutter* ZGR 1987, 324, 329; *ders.* in: Festschrift für Stimpel, S. 825, 827f.; *ders.* in: Das St. Galler Konzernrechtsgespräch, S. 225, 226 f.; *Uwe H. Schneider* BB 1981, 249f.

107 *Lutter* in: Festschrift für Stimpel, S. 825, 829 Fn. 29.

108 *Lutter* in: Festschrift für Stimpel, S. 825, 830.

109 *Lutter* in: Festschrift für Stimpel, S. 825, 831.

110 *Lutter* in: Festschrift für Stimpel, S. 825, 829, 831ff. Diesen Überlegungen von *Lutter* und *Timm* Die Aktiengesellschaft als Konzernspitze, 1980, hat der BGH dann im berühmten *Holzmüller*-Fall (BGHZ 83, 122ff.) für die Hauptversammlung der Obergesellschaft als Organ des Gesamtkonzerns zum Durchbruch verholfen.

111 So oder ähnlich *Uwe H. Schneider* in: Das Gesellschaftsrecht der Konzerne im internationalen Vergleich, S. 563, 568ff.; *ders.* BB 1981, 249; *ders.* BB 1980, 1057, 1058; *ders.* ZHR 143 (1979) 485, 490f.

112 In BB 1986, 1993 Fn. 1 bezeichnet *Schneider* die Auffassung von *Lutter* in: Festschrift für Stimpel, S. 225, 227, nach welcher der Konzern eine Rechtsform sui generis sei, als *andere Ansicht* im Vergleich zu seinem Konzept der besonderen Organisationsform.

keit der einzelnen Konzerngesellschaften handele es sich um ein rechtlich gegliedertes, nichtsdestotrotz aber wirtschaftlich einheitliches Gesamtunternehmen.[113]

Während im Vertrags- und Eingliederungskonzern die vertraglichen Grundlagen organisationsrechtlicher Natur sind und die abhängige Gesellschaft dadurch zu einer Konzerngesellschaft umgebildet wird, fehlt es daran zwar in faktischen Konzernverhältnissen. Hier jedoch kommt es aufgrund der Übernahme der einheitlichen Leitung zu einem organisationsrechtlichen Rechtsverhältnis zwischen den Konzernunternehmen. Aus dieser Sicht muss konsequenterweise eine Ausdehnung von Sinn und Zweck eines Konzernorganisationsrechts gefolgert werden. Denn wenn der Konzern die Organisationsform eines Gesamtunternehmens ist, dann muss Konzernrecht das Organisations- und Verhaltensrecht für diese besondere Unternehmensform sein.[114] Das bisherige Verständnis des Konzernrechts als Schutzrecht zugunsten außenstehender Aktionäre und Gläubiger ist demnach nur ein Ausschnitt aus einem viel umfassenderen Konzernorganisationsrecht. Würde man den Blick nur auf diesen Schutzrechts-Aspekt beschränken, so blieben damit wichtige Probleme unbedacht. Ein umfassendes Konzernverfassungsrecht hat danach von der Regelung der Beziehung der Konzernunternehmen zu Dritten, der Regelung der Beziehung zwischen den Konzernunternehmen und der Anpassung des Rechts der beteiligten Konzernunternehmen an die Konzernlage zu handeln.[115]

bb) Aufgabe eines Konzernorganisationsrecht

Als Konsequenz dieses – im Lichte der oben dargelegten strukturellen Veränderungen in den beteiligten Gesellschaften zutreffenden – Verständnisses vom Konzern ergibt sich die Funktion eines Konzernorganisationsrechts: Die Ordnung der eigenständigen Organisationsform Konzern.[116] Das umfasst auch Regelungen zum Schutz außenstehender Aktionäre und Gläubiger, die jedoch nur ein Bestandteil des viel umfassenderen Regelungsbereichs des Konzern(organisations)rechts sind. Das Konzernorganisationsrecht ist auf drei Ebenen zu entwickeln, nämlich hinsichtlich der Regelung der Beziehungen der Konzernunternehmen zu Dritten, der Regelung des Verhältnisses der Konzernunternehmen untereinander und schließlich durch die Anpassung

---

113 *Uwe H. Schneider* BB 1981, 249; *ders.* ZHR 143 (1979) 485, 490f.; vgl. auch *Timm* ZHR 153 (1989) 60, 61.

114 *Uwe H. Schneider* BB 1981, 249.

115 *Uwe H. Schneider* BB 1981, 249.

116 Dezidiert gegen die rechtliche Verfassung einer Organisationseinheit „Konzern“ *Mülbert* Aktiengesellschaft, Unternehmensgruppe und Kapitalmarkt, zusammenfassend S. 514.

des Rechts der einzelnen Konzernunternehmen an die Konzernlage.[117] Letzteres bedeutet die Schaffung eines Sonderrechts der konzernierten Gesellschaft. In diesem Programm wird deutlich, dass sich alle Fragestellungen, die sich bei einer einzelnen Gesellschaft ergeben, für den Konzern wiederholen. Zu regeln sind die Leitungs- und Überwachungszuständigkeiten im Konzern, die Finanzierungsfragen hinsichtlich der Konzerngründung und später der Kapitalerhaltung, Haftungsfragen, betriebsverfassungsrechtliche Fragen, Rechnungslegung und Liquidation.[118]

cc) Insbesondere Konzernleitungspflicht

Für die hier interessierende Frage nach der Verantwortung für die Einhaltung der aufsichtsrechtlichen Organisationspflichten im abhängigen Unternehmen, ist insbesondere die Untersuchung der Leitungspflichten im Konzern von Bedeutung. Im Mittelpunkt steht die Frage nach Bestehen und Inhalt einer Konzernleitungspflicht. Seit *Hommelhoffs*[119] gleich lautender Untersuchung, herrscht über die Existenz einer Konzernleitungspflicht bzw. – im Falle ihrer grundsätzlichen Bejahung – über deren Inhalt und Intensität heftiger Streit.

Hierbei wird allerdings oft übersehen, dass für die Beantwortung der Frage nach einer Konzernleitungspflicht genau unterschieden werden muss zwischen den Pflichten des Leitungsorgans des herrschenden Unternehmens und den Pflichten des herrschenden Unternehmens selbst.[120] Fraglich ist folglich, ob der Geschäftsleiter des herrschenden Unternehmens gegenüber seiner eigenen Gesellschaft zur Konzernleitung verpflichtet ist, ferner ob ihm diese Pflicht auch gegenüber dem abhängigen Unternehmen obliegt und ob drittens auch das herrschende Unternehmen gegenüber dem abhängigen Unternehmen im Konzern eine Konzernleitungspflicht trifft.

II. Leitungspflichten im Konzern

Das Aktiengesetz enthält keine ausdrücklichen Regeln über die konzernspezifischen Pflichten der Mitglieder des Vorstandes gegenüber seiner

117 *Uwe H. Schneider* BB 1981, 249.

118 *Uwe H. Schneider* BB 1986, 1993. Bildhaft bei *Lutter* in: Das St. Galler Konzernrechtsgespräch, S. 225, 226f.

119 *Hommelhoff* Die Konzernleitungspflicht.

120 Unklar auch MünchHdb.AG/*Krieger* § 69 Rn. 21: Hinsichtlich der Konzernleitungspflicht des herrschenden Unternehmens sei zu unterscheiden, ob diese gegenüber dem *herrschenden Unternehmen* (Hervorhebung durch den Autor) oder gegenüber der abhängigen Gesellschaft besteht.

Gesellschaft. Auch § 93 AktG handelt lediglich von der Verantwortung und den Pflichten des Vorstandes in Bezug auf die Führung dieser Gesellschaft, nicht auch von Pflichten hinsichtlich einer abhängigen Gesellschaft.[121] Die Frage ist daher heftig umstritten. Im Brennpunkt der Diskussion stehen Fragen nach Leitungs- und Loyalitätspflichten innerhalb von Konzernbeziehungen.[122] Hierbei handelt es sich nicht um eigenständige, von einander unabhängige Pflichtenkomplexe. Zum Teil wird vertreten, dass über die in den aktienrechtlichen Vorschriften zum Vertragskonzern geregelten Sorgfaltsanforderungen bei Erteilung von Weisungen an das abhängige Unternehmen (§§ 309, 323 AktG) keine weiteren Leitungspflichten im Konzern[123] bestehen. Die Verantwortung des herrschenden Unternehmens ist danach nur eine „besonders institutionalisierte Loyalitätspflicht" des Mehrheitsgesellschafters.[124] Andere leiten im Falle eines Vertragskonzerns weitergehende konzernrechtliche Pflichten des herrschenden Unternehmens aus dem Beherrschungsvertrag ab.[125]

1. Konzernleitung durch Geschäftsleiter des herrschenden Unternehmens

Über den Anknüpfungspunkt zur Bestimmung der konzernrechtlichen (Leitungs-)Organpflichten besteht im Grundsatz Einigkeit. Der Vorstand einer Aktiengesellschaft leitet diese eigenverantwortlich, § 76 Abs. 1 AktG. So legt es das AktG seit 1937 fest.[126] Dies ändert sich für die herrschende

121 Entsprechendes gilt mit Blick auf § 43 GmbHG.

122 *Uwe H. Schneider* ZGR 1996, 225, 240.

123 Weder im Vertragskonzern noch im faktischen Konzern.

124 *Wiedemann* Gesellschaftsrecht, S. 350; *Gessler* in: Gessler/Hefermehl/Eckardt/Kropff, Aktiengesetz, § 308 Rn. 61; *Würdinger* in: Großkommentar zum Aktiengesetz, § 308 Anm. 3.

125 Entscheidend kommt es dabei auf das Grundverständnis der nach § 309 AktG begründeten Haftung an. Vertragliche Pflichten lassen sich aus § 309 AktG nämlich nur dann herleiten, wenn die Haftungsgrundlage vertraglicher Natur ist und § 309 AktG nicht Ausdruck einer speziellen Organhaftung ist. Für Vertragshaftung *Koppensteiner* in: Kölner Kommentar zum Aktiengesetz, § 309 Rn. 25 unter Berufung auch auf die Regierungsbegründung, in: *Kropff* Aktiengesetz 1965, S. 404f. Zu dieser aber kritisch *Mertens* AcP 168 (1968) 225, 228: § 309 AktG als Pflichtverletzungstatbestand, das heißt organhaftungsrechtliche Prägung von § 309 AktG. Vgl. auch *Beuthien* DB 1969, 1781, der für eine unternehmensrechtliche Organhaftung in analoger Anwendung des § 309 Abs. 2 AktG in Verbindung mit § 31 BGB plädiert.

126 § 70 Abs. 1 AktG 1937 lautete „Der Vorstand hat unter eigener Verantwortung die Gesellschaft so zu leiten, wie das Wohl des Betriebs und seiner Gefolgschaft und der gemeine Nutzen von Volk und Reich es erfordern".

Gesellschaft auch im Konzern nicht.[127] An der Tatsache, dass der Gesellschaft andere Gesellschaften untergeordnet sind, kann indes nicht vorbei gesehen werden.[128] Die Leitungsaufgabe des Vorstandes erweitert sich daher infolge der Konzernierung. Die Frage ist nun, wie stark die Leitungsverantwortung erweitert wird. Im Grundsatz geht es dabei um die Unterscheidung zwischen einer Konzernleitungsverantwortung und einer intensiveren Konzernleitungspflicht. Während eine Konzern(leitungs-)verantwortung grundsätzlich, zum Teil auch in der Qualität einer allgemeinen Konzernleitungspflicht[129], bejaht wird,[130] ziehen nur wenige daraus die viel weitergehende Folgerung einer rechtlichen Verpflichtung des Vorstandes der herrschenden Gesellschaft, diese ihm gegebene Leitungsmacht auch auszuüben.[131] Daran schließt sich die Frage, wem gegenüber eine Konzernleitungsverantwortung bzw. Konzernleitungspflicht besteht. Ohne Ansehen der zum Teil erheblichen Abweichungen im Hinblick auf die Intensität der Konzernleitungsverantwortung bzw. Konzernleitungspflicht, trifft diese den Vorstand der Obergesellschaft im Verhältnis zur eigenen Gesellschaft. Fraglich ist aber, ob auch im Verhältnis zur abhängigen Gesellschaft bzw. deren Aktionären eine Leitungsverantwortung besteht.

2. *Konzernleitungsverantwortung gegenüber herrschendem Unternehmen*

a) Allgemeine Konzernleitungsverantwortung

Jeder Konzern basiert auf der Beteiligung eines Unternehmens an dem stimmberechtigten Eigenkapital eines oder mehrerer anderer Unternehmen. Insofern handelt es sich zunächst um eine Vermögensanlage der Obergesell-

---

127 *Semler* Leitung und Überwachung der Aktiengesellschaft, S. 158; *Hommelhoff* in: Festschrift für Stimpel, S. 603, 604, 611; *Götz* AG 1995, 337, 339; *Hoffmann-Becking* ZHR 195 (1995) 325, 331.

128 *Martens* in: Festschrift für Heinsius, S. 523, 531.

129 *Mertens* in: Kölner Kommentar zum Aktiengesetz, § 76 Rn. 54.

130 Vgl. *Altmeppen* ZHR 164 (2000) 556, 558; *Lutter* in: Festschrift für Westermann, S. 347, 357; *Mertens* in: Kölner Kommentar zum Aktiengesetz, § 76 Rn. 54f.; *Martens* in: Festschrift für Heinsius, S. 523, 531; *ders.* ZGR 1984, 417, 425f.; *Scheffler* DB 1985, 2005; *Karsten Schmidt* in: Festschrift für Lutter, S. 1167, 1175; *Semler* Leitung und Überwachung der Aktiengesellschaft, Rn. 270 jeweils mit weiteren Nachweisen.

131 So vor allem *Hommelhoff* Konzernleitungspflicht, S. 165ff., 184ff. Zustimmend *Kropff* ZGR 1984, 112, 116; *Timm* Die Aktiengesellschaft als Konzernspitze, S. 95ff.

schaft.[132] Reduziert man die Sicht darauf, so erweitert sich der Aufgabenbereich des Vorstands der herrschenden Gesellschaft allein um die Verwaltung des Beteiligungsvermögens, das heißt die Wahrnehmung der Mitverwaltungsrechte. Dies greift jedoch zu kurz. Die einflussermöglichende Beteiligung an einem anderen Unternehmen darf vom Leitungsorgan nicht einfach als Kapitalanlage behandelt werden, es sei denn der Unternehmensgegenstand ist genau darauf gerichtet.[133] Neben dem gesetzlichen Anknüpfungspunkt, nämlich der Entwicklung der Konzernverantwortung des Leitungsorgans der Obergesellschaft aus § 76 Abs. 1 AktG, wird dies heute allgemein anerkannt.[134] Die untergeordnete Gesellschaft kann nicht einfach aus der Leitungspflicht des Organs der Obergesellschaft abgekoppelt werden.[135] Hat das herrschende Unternehmen die einheitliche Leitung (§ 18 Abs. 1 AktG) übernommen, so liegt qualitativ etwas anderes vor als eine bloße Beteiligungsverwaltung.[136] Daher ist aufgrund seiner Leitungsmacht das Leitungsorgan der herrschenden Gesellschaft seiner Gesellschaft gegenüber auch dafür verantwortlich, die abhängige Gesellschaft so einzusetzen, dass sie zum Erfolg der Obergesellschaft und damit des gesamten Konzerns beiträgt.[137] Kurz: Den Geschäftsleiter trifft eine Verantwortung für das Ganze. Dazu gehört im Rahmen einer ordnungsgemäßen Konzerngeschäftsführung[138] die Beachtung der Vermögensinteressen der eigenen Anstellungskörperschaft und die Einflussnahme auf abhängige Unternehmen, so dass

---

132 *Semler* Leitung und Überwachung der Aktiengesellschaft, Rn. 270.

133 Darauf läuft es jedoch hinaus, wenn man es in das Ermessen des Organs der Obergesellschaft stellt, ob und wie die untergeordnete Unternehmen in die Leitung einzubeziehen sind. So aber *Hüffer* Aktiengesetz, § 76 Rn. 16.

134 In dieser Richtung *Semler* Leitung und Überwachung der Aktiengesellschaft, Rn. 270, 277; *Timm* Die Aktiengesellschaft als Konzernspitze, S. 95ff.; *Hommelhoff* Konzernleitungspflicht, S. 43ff.; *Götz* AG 1995, 337, 339f.; *Kropff* ZGR 1984, 112, 115f., 127ff.; *Lutter* in: Festschrift für Westermann, S. 347, 357; *Martens* ZGR 1984, 417, 425f.; *Rehbinder* ZHR 147 (1983) 464, 467; *Rittner* AcP 183 (1983) 295, 301, 306ff.; *Uwe H. Schneider* BB 1981, 249, 253, 256.

135 *Rittner* AcP 183 (1983) 295, 301.

136 Vgl. schon *Uwe H. Schneider* ZHR 143 (1979) 485, 497.

137 *Mertens* in: Kölner Kommentar zum Aktiengesetz, § 76 Rn. 54 vermeidet zwar, für seine Zwecke verständlich, den hier verwandten Ausdruck des „Einsetzens" der Tochter- zum Zwecke der Obergesellschaft. Nur so aber kann sinnvoll eine Verantwortung des Vorstands der Obergesellschaft des Inhalts begründet werden, dafür Sorge zu tragen, dass die Untergesellschaft zum Erfolg der Obergesellschaft beiträgt. Dies kann nur bedeuten, dass lenkend Einfluss genommen wird. Insofern ist das später von *Mertens*, a.a.O. zugelassene weite Ermessen des Muttervorstands, Leitung auszuüben oder nicht, zumindest widersprüchlich.

138 Anders *Hoffmann-Becking* ZHR 159 (1995) 325, 331.

Fehlentwicklungen vermieden werden, die sich auf den Gesamtkonzern bzw. die herrschende Gesellschaft haftungsrechtlich oder sonst schädlich auswirken können.[139] Die Konzernierung begründet deshalb für das Leitungsorgan der herrschenden Gesellschaft eine allgemeine Konzernleitungsverantwortung im Rahmen seiner Geschäftsführung.[140]

b) Pflicht zur Konzernleitung?

Nach Ansicht von *Hommelhoff* besteht eine Pflicht des Vorstands der Konzernobergesellschaft zur Leitung des Gesamtkonzerns.[141] Sein Ansatzpunkt liegt bei der Geschäftsführung der Obergesellschaft.[142] Aus § 76 AktG folge für die Verwaltung der Konzernspitze die grundsätzliche Pflicht zur Konzernleitung. Diese bestehe in der Pflicht, Gesellschaften, an denen die eigene Gesellschaft beteiligt ist, unter einheitlicher Leitung zusammenzufassen. Damit wird der Vorstand der Obergesellschaft zugleich zum Konzernvorstand.[143] Dieses Ergebnis begründet *Hommelhoff* mit der Pflicht zur Verwirklichung des Gesellschaftszwecks der Obergesellschaft. Denn die Beteiligung, das heißt das in der Untergesellschaft angelegte Kapital, gehöre zu den Ressourcen der Obergesellschaft und diese habe der Vorstand für die Verwirklichung des Gesellschaftszwecks optimal einzusetzen sowie den Unternehmensgegenstand auszufüllen.[144] Insofern könne er sich auch nicht allein mit der Verwaltung der Beteiligung, vergleichbar einer normalen Kapitalanlage, begnügen. Die Konzernleitungspflicht entspricht in ihrer Intensität der Leitungspflicht des Vorstands einer unverbundenen, rechtlich ungegliederten Gesellschaft. Aus dieser Pflicht zur Konzernleitung folgt, dass im Falle des Bestehens bloßer Herrschaftsmacht nach § 17 AktG, diese zur Konzernleitung verdichtet und intensiviert werden muss.[145] Der eigene

---

139 *Altmeppen* ZHR 164 (2000) 556, 558.

140 *Semler* Leitung und Überwachung der Aktiengesellschaft, Rn. 277; *Uwe H. Schneider* ZHR 143 (1979) 485, 497. Manche sehen hierin eine *allgemeine* Konzernleitungspflicht, ohne aber damit bereits etwas über deren Umfang oder Intensität sagen zu wollen, vgl. nur *Götz* ZGR 1998, 524, 526 m.w.N.

141 *Hommelhoff* Die Konzernleitungspflicht, insbesondere S. 53ff., 65ff., 417ff.; grundsätzlich zustimmend *Kropff* ZGR 1984, 112, 116.

142 Bei der Geschäftsführung der Obergesellschaft setzt auch *Uwe H. Schneider* BB 1981, 249ff. für die Begründung einer Konzernleitungspflicht an.

143 *Hommelhoff* Konzernleitungspflicht, S. 104; Vgl. auch *Lutter* in: Festschrift für Stimpel, S. 825, 829ff.

144 *Hommelhoff* Konzernleitungspflicht, S. 54ff., 65ff.

145 *Hommelhoff* Konzernleitungspflicht, S. 77; Vgl. auch *Timm* Die Aktiengesellschaft als Konzernspitze, S. 95ff.; *ders.* AG 1980, 172, 181; *Mecke* Konzernstruktur und Aktionärsentscheid, S. 59f.; *Kropff* ZGR 1984, 112, 116, 127ff.

gesetzliche Leitungsauftrag des Vorstands der Untergesellschaft nach § 76 AktG, der ja im Gesetz nicht mit der Begründung der Konzerneinbindung aufgehoben oder eingeschränkt wird, ist nach *Hommelhoff* lediglich eine rechtliche Beschränkung des Leitungsauftrags des Vorstands der Obergesellschaft, nicht jedoch eine tatsächliche Restriktion.[146]

Nach Ansicht von *Götz* besteht eine derart weitgehende Konzernleitungspflicht nur dann, wenn die Konzernleitung entweder erforderlich ist, um wesentliche Synergieeffekte nutzbar zu machen oder aber sonst gewichtige Beiträge zum Erfolg des abhängigen Unternehmens leistet.[147]

Überwiegend wird eine so weitgehende Verpflichtung des Geschäftsleiters der Konzernobergesellschaft abgelehnt.[148] Gegen eine extensive Konzernleitungspflicht *Hommelhoff*'scher Prägung sind eine ganze Reihe durchgreifender Bedenken eingewandt worden, die vor allem gegen ihre Vereinbarkeit mit der lex lata zielen. So ist bereits fraglich, ob einem gesetzestypischen Vorstand einer unverbundenen Gesellschaft eine derart intensive Leitungspflicht zukommt, wie *Hommelhoff* sie für den Vorstand einer herrschenden Gesellschaft weiterentwickelt.[149] Ferner ist fraglich, ob eine intensive Konzernleitungspflicht mit der gesellschaftsrechtlich ohne Frage zulässigen Spartenorganisation (Divisionalisierung) vereinbar ist.[150] Schließlich bedeutet nach verbreiteter Ansicht eine derart dichte Verpflichtung zur Konzernleitung die Unzulässigkeit dezentralistisch geführter Konzerne,[151] was im Ergebnis der mit §§ 291 ff., 311 ff. AktG verbundenen konzernrechtlichen Organisationsflexibilität, also einer wirtschaftlich den jeweiligen Gegebenheiten folgenden Konzernorganisation entgegenstünde.[152] Abschließend sei darauf hingewiesen, dass erfolgreiches Wirtschaften nur möglich ist, wenn den Akteuren ein weiter Bereich unternehmerischer Gestaltungs- und Entscheidungsfreiheit

146 *Hommelhoff* Konzernleitungspflicht, S. 155 f.

147 Dies soll im Rahmen eines Abwägungsprozesses ermittelt werden, vgl. *Götz* ZGR 1998, 524, 529.

148 *Habersack* in: Emmerich/Habersack, Aktien- und GmbH-Konzernrecht, Vor § 311 Rn. 7; *Koppensteiner* in: Kölner Kommentar zum Aktiengesetz, Vorb. § 291 Rn. 30; *Kropff* ZGR 1984, 112, 116, 130 f.; *Martens* in Festschrift für Heinsius, S. 523, 531; *Semler* Leitung und Überwachung der Aktiengesellschaft, Rn. 275 ff. mit Fn. 410.

149 Vgl. schon *Rehbinder* ZHR 147 (1983) 464, 468.

150 In dieser Richtung *Rehbinder* ZHR 147 (1983) 464, 468; *Rittner* AcP 183 (1983) 295, 309 mit Fn. 11. Vgl. jetzt auch *Hommelhoff* in: Das Gesellschaftsrecht der Konzerne im internationalen Vergleich, S. 91, 106.

151 Vgl. nur *Koppensteiner* in: Kölner Kommentar zum Aktiengesetz, Vorb. § 291 Rn. 30; *Mülbert* Aktiengesellschaft, Unternehmensgruppe und Kapitalmarkt, S. 13 und 29. Gegen diese Interpretation *Hommelhoff* Konzernleitungspflicht, S. 75 f.

152 *Abeltshauser* Leitungshaftung im Kapitalgesellschaftsrecht, S. 45.

hinsichtlich ihrer Zweckverfolgung verbleibt. Das schließt es ein, mit der herrschenden Ansicht dem Geschäftsleiter eines Unternehmens die Wahl verschieden intensiver Leitungsmodelle zu überlassen.[153] Eine stark verdichtete (Konzern-)Leitungspflicht würde dagegen nur restriktiv wirken. Auch de lege ferenda ist eine derart intensive Konzernleitungspflicht damit abzulehnen.

Auf eine ausführlichere Diskussion der Intensität der Konzernleitungspflicht des Geschäftsleiters des herrschenden Unternehmens kann hier verzichtet werden, denn bereits aus der zuvor unter a) dargelegten allgemeinen Konzernleitungsverantwortung bzw. Pflicht zur ordnungsgemäßen Konzerngeschäftsführung folgen Sorgfalts- und Leitungspflichten. Auch der Gesetzgeber geht von einer Konzernleitungsverantwortung des Geschäftsleiters der Obergesellschaft aus. Denn nach der Regierungsbegründung zu § 91 Abs. 2 AktG erstreckt sich die Verpflichtung des Vorstands, ein Risikoüberwachungssystem einzurichten, insbesondere auch auf Gefahren für und durch Konzernunternehmen.[154]

c) Leitungsfunktionen im Konzern

Bei Zugrundelegung einer allgemeinen Konzernleitungsverantwortung des Geschäftsleiters der Konzernobergesellschaft liegt die tatsächliche Ausfüllung der Konzerngeschäftsführung im unternehmerischen Ermessen des Geschäftsleiters. Es bleibt ihm überlassen, ob er die Leitungsmacht überwiegend selbst wahrnimmt oder ob er sich auf eine dezentrale Leitung unter weitgehender Delegation der Leitungsfunktionen beschränkt. Allerdings ergeben sich entsprechend der Rechtslage im Einheitsunternehmen Führungsfunktionen, auf deren Wahrnehmung ebenso wenig verzichtet werden darf, wie dies für den Geschäftsleiter einer unverbundenen Gesellschaft gilt. Das betrifft die Konzernplanung, Konzernkoordination, Konzernkontrolle sowie Konzernpersonalpolitik.[155]

---

153 *Kropff* ZGR 1984, 112, 116, 130f.; *Mertens* in: Kölner Kommentar zum Aktiengesetz, § 76 Rn. 54; *Rittner* AcP 183 (1983) 295, 301ff.; *Rehbinder* ZHR 147 (1983) 464, 467f.; *Semler* Leitung und Überwachung der Aktiengesellschaft, Rn. 280; MünchHdb.AG/*Krieger* § 69 Rn. 21.

154 Vgl. Regierungsbegründung zum KonTraG, BT-Drucks. 13/9712, S. 15.

155 Vgl. *Götz* ZGR 1998, 524, 531; *Mertens* in: Kölner Kommentar zum Aktiengesetz, § 76 Rn. 54; *Martens* in Festschrift für Heinsius, S. 523, 531f.; *Uwe H. Schneider* BB 1981, 249, 250; *Semler* Leitung und Überwachung der Aktiengesellschaft, Rn. 273.

3. Konzernleitungsverantwortung gegenüber abhängigem Unternehmen

Der Vorstand einer Aktiengesellschaft bzw. der Geschäftsführer einer GmbH ist grundsätzlich nur seiner eigenen Anstellungskörperschaft gegenüber verpflichtet. Das folgt aus seiner Stellung als Organ dieser Gesellschaft. Ist die Gesellschaft herrschendes Unternehmen in einem Konzern, so folgt daraus wie gesehen für den Geschäftsleiter eine auf den gesamten Konzernbereich erweiterte Leitungsverantwortung. Auch diese allgemeine Konzernleitungsverantwortung bzw. Pflicht zur sorgfältigen Konzerngeschäftsführung obliegt ihm gegenüber seiner eigenen Gesellschaft. Fraglich ist indes, ob dem Geschäftsleiter der Obergesellschaft auch gegenüber den untergeordneten Konzerngesellschaften Leitungs- und Sorgfaltspflichten obliegen.

a) Gesetzliches Verantwortlichkeitssystem

Rechtsformübergreifende gesetzliche Vorschriften finden sich lediglich im Dritten Buch des Aktiengesetzes. Im Vertrags- und Eingliederungskonzern ist der gesetzliche Vertreter einer herrschenden Gesellschaft bei der Erteilung von Weisungen auf die Sorgfalt eines ordentlichen und gewissenhaften Geschäftsleiters verpflichtet, §§ 309 Abs. 1 AktG und 323 Abs. 1 i. V. m. § 309 Abs. 1 AktG. Die Verletzung dieser Pflicht begründet einen Schadenersatzanspruch der abhängigen bzw. eingegliederten Gesellschaft, § 309 Abs. 2 AktG und §§ 323 Abs. 1 i. V. m. 309 Abs. 2 AktG. Im faktischen Konzern haftet der Geschäftsleiter nach § 317 Abs. 1 und 3 AktG nur *neben* seiner – nämlich der herrschenden – Gesellschaft für den Schaden, der dem abhängigen Unternehmen aufgrund einer kompensationslosen nachteiligen Veranlassung im Sinne von § 311 Abs. 1 AktG entstanden ist.[156]

Nach dem Aktiengesetz haftet also der Geschäftsleiter gegenüber einer abhängigen Gesellschaft nur dann, wenn er Leitung tatsächlich ausgeübt hat. Erforderlich ist mithin eine aktive Einflussnahme. Für Unterlassungen wird dagegen nicht gehaftet. Denn das würde eine Handlungspflicht voraussetzen, die grundsätzlich[157] weder §§ 308, 309 noch § 317 AktG begründen.[158]

---

156 Vgl. auch *Kropff* Aktiengesetz, S. 419.

157 Zu Ausnahmen etwa aufgrund einer vorangegangenen Weisung, die weitere Handlungen – allerdings des herrschenden Unternehmens – erforderlich macht, vgl. *Hüffer* Aktiengesetz, § 309 Rn. 10; *Altmeppen* in: Münchner Kommentar zum Aktiengesetz, § 309 Rn. 56ff.

158 *Gessler* in: Gessler/Hefermehl/Eckardt/Kropff, Aktiengesetz, § 309 Rn. 17; *Hüffer* Aktiengesetz, § 309 Rn. 10; *Koppensteiner* in: Kölner Kommentar zum Aktien-

§ 309 Abs. 1 und 2 AktG gilt entsprechend für eine vertraglich beherrschte GmbH.[159]

b) Meinungsspektrum

aa) Vertrag mit Schutzwirkung zugunsten Dritter

Die Frage nach einer direkten Leitungsverantwortung des Geschäftsleiters einer Konzernobergesellschaft gegenüber den Konzernunternehmen wird noch wenig diskutiert.[160] Hingegen werden verschiedene dogmatische Ansätze zu der Parallelproblematik organisationsrechtlicher Pflichten des Geschäftsführers der Komplementär-GmbH gegenüber der Kommanditgesellschaft in einer GmbH & Co. KG vertreten. Dabei stellt sich über die unstreitige unmittelbare Haftung des Geschäftsführers gegenüber der Kommanditgesellschaft für unerlaubte Handlungen[161] hinaus die Frage, ob auch solche Schäden von der Kommanditgesellschaft unmittelbar gegen den Geschäftsführer geltend gemacht werden können, die durch fehlerhafte Unternehmensleitung verursacht worden sind.

Der BGH und Teile des Schrifttums befürworten eine Konstruktion über den Vertrag mit Schutzwirkung zugunsten Dritter. Danach soll die Kommanditgesellschaft in den Schutzbereich entweder der Organstellung[162] oder des Anstellungsvertrags, also des schuldrechtlichen Dienstverhältnisses (§ 675 BGB),[163] des Geschäftsführers der Komplementär-GmbH einbezogen sein, wenn es die wesentliche Aufgabe der GmbH ist, die Geschäfte der Kommanditgesellschaft zu führen.[164] Der BGH rekurriert dabei auf den Sinn und Zweck des Anstellungsvertrages des GmbH-Geschäftsführers unter Rückgriff auf den Grundsatz von Treu und Glauben. Die Aufgabe der Führung der Geschäfte der Kommanditgesellschaft durch die Komplementär-GmbH bestimme auch zugleich den Inhalt des Dienstvertrages des Geschäftsführers mit der Komplementär-GmbH, wobei sich Fehlleistungen der Geschäftsführung in erster Linie zum Nachteil der Kommanditgesell-

---

gesetz, § 309 Rn. 3; **a. A.** *Würdinger* in: Großkommentar zum Aktiengesetz, § 309 Rn. 3.

159 Streitig, wie hier Hachenburg/*Ulmer* GmbHG, Anh. § 77 Rn. 220; *Kropff* in: Festschrift für Semler, S. 517, 528f.; Rowedder/*Koppensteiner* GmbHG, Anhang nach § 52 Rn. 79.

160 Vgl. aber insbesondere Scholz/*Uwe H. Schneider* GmbHG, § 43 Rn. 279ff.

161 Dazu Scholz/*Uwe H. Schneider* GmbHG, § 43 Rn. 285.

162 *Brandes* WM 1997, Sonderbeilage 1, S. 7; *Hüffer* ZGR 1981, 348, 356.

163 BGHZ 75, 321, 323 f.; BGH WM 1980, 589.

164 Dieses Erfordernis ist offen gelassen in BGH WM 1992, 691 mit Anm. *Uwe H. Schneider* WuB, II C. § 43 GmbHG 1.92.

schaft auswirken.[165] Hinzu komme, dass der Kommanditgesellschaft eine direkte Einwirkungsbefugnis auf den Geschäftsführer fehle und die GmbH grundsätzlich die Möglichkeit habe, auf Ersatzansprüche gegen ihren Geschäftsführer zu verzichten, ihn trotz Pflichtverletzungen zu entlasten oder einfach durch Absehen von einem Gesellschafterbeschluss nach § 46 Nr. 8 GmbHG eine Entschädigung der Kommanditgesellschaft zu vereiteln.[166] Nach Ansicht des BGH wäre es „unerträglich und mit der … klar einsichtigen Rechtswirklichkeit unvereinbar“, hier allein die GmbH mit ihrer gesetzlich vorgesehenen Haftungsbeschränkung haften zu lassen.[167] Vielmehr sei die Erstreckung der Verantwortlichkeit des Geschäftsführers der Komplementär-GmbH auf die Kommanditgesellschaft in diesem Fall gerechtfertigt und liege sogar im wohlverstandenen Interesse der Komplementär-GmbH. Denn dieses sei auf eine ordnungsgemäße Leitung auch der Kommanditgesellschaft gerichtet.[168] Zwar war der BGH zwischenzeitlich von dem Argument der Schutzwirkung des Anstellungsvertrags zugunsten der Kommanditgesellschaft abgerückt,[169] hat es aber später wieder aufgenommen.[170] Auch die übrige Rechtsprechung folgt dieser Argumentation.[171]

Für Konzernlagen könnte aus dieser GmbH & Co. KG-spezifischen Rechtsprechung gefolgert werden, dass auch der Anstellungsvertrag des Geschäftsleiters des herrschenden Unternehmens im Konzern hinsichtlich des abhängigen Unternehmens drittschützende Wirkung entfaltet.

bb) Stellungnahme

Diese Rechtsprechung zur GmbH & Co. KG zielt zwar in die richtige Richtung. Gegen die dogmatische Konstruktion einer drittschützenden Wirkung des Anstellungsvertrags spricht hingegen zum einen, dass die Drittbegünstigung nicht damit begründet werden kann, sie liege auch im wohlverstandenen Interesse der Komplementär-GmbH. Zwar trifft es zu, dass diese als persönlich haftende Gesellschafterin an einer sorgfältigen Geschäftsführung der

---

165 BGHZ 75, 312, 323. Vgl. auch *Karsten Schmidt* Gesellschaftsrecht, § 56 IV 3b, S. 1651.

166 BGHZ 75, 312, 323.

167 BGHZ 75, 312, 324.

168 Ebenso *Hüffer* ZGR 1981, 348, 357ff., wenn der Gesellschaftszweck der GmbH ganz oder wesentlich in der Führung der Geschäfte der Kommanditgesellschaft liege.

169 BGH DStR 1992, 549 (mit Anm. *Goette*) = GmbHR 1992, 303. Kritisch zur widersprüchlichen Rechtsprechung des BGH Scholz/*Uwe H. Schneider* GmbHG, § 43 Rn. 286.

170 So etwa BGH ZIP 1995, 738 = EWiR § 43 GmbHG 1/95, 677 (*Westermann*).

171 So etwa OLG München, DStR 1991, 1291; OLG Hamm GmbHR 1999, 819 (Leitsatz) = NZG 1999, 453; OLG Hamm GmbHR 1993, 294.

Kommanditgesellschaft interessiert sein muss. Allerdings ist ihr Interesse nicht auf eine persönliche Haftung ihres Geschäftsführers gegenüber der Kommanditgesellschaft gerichtet, sondern vielmehr allein auf ihre eigenen Ansprüche aus § 43 GmbHG.[172] Auch wird der Pflichtenkreis des Geschäftsführers primär durch das Organisationsrecht der Gesellschaft bestimmt und im Anstellungs- oder Dienstvertrag nur aufgenommen.[173] Hinzu kommt, dass der BGH in Begründungsschwierigkeiten gerät, wenn ein Anstellungsvertrag zwischen der GmbH und ihrem Geschäftsführer gar nicht besteht.[174] Anders könnte dies zu beurteilen sein, wenn die drittschützende Wirkung hinsichtlich der Kommanditgesellschaft an die Organstellung des Geschäftsführers anknüpfte.[175] Allerdings lässt sich ohne weitere Voraussetzungen aus der bloßen Organstellung keine drittschützende Wirkung folgern.[176] Erforderlich wäre zusätzlich, dass die Leitung der Kommanditgesellschaft die wesentliche Aufgabe der Komplementär-GmbH ist.[177] Doch würde auch damit das im Grundsatz durchaus zutreffende Ziel, dem Geschäftsführer hinsichtlich der Leitung der Kommanditgesellschaft die Sorgfalt eines ordentlichen Geschäftsmannes aufzuerlegen, dann nicht erreicht, wenn es gerade nicht die wesentliche Aufgabe der GmbH ist, die Geschäfte der Kommanditgesellschaft zu führen.[178] Schließlich bleibt dabei fraglich, ob das schuldrechtliche Dienstverhältnis zwischen Geschäftsführer und Komplementär-GmbH auch dann drittschützende Wirkungen entfalten soll, wenn sich die GmbH erst nach Abschluss des Anstellungsvertrages als Komplementär an der Kommanditgesellschaft beteiligt.[179]

Nach alledem bestehen in dem Konzept einer dogmatischen Anknüpfung an die Grundsätze des Vertrags mit Schutzwirkung zugunsten der Kommanditgesellschaft Lücken, wenn der Sachverhalt von einer der diesem Konzept zugrunde liegenden Entscheidungen abweicht. Entsprechend kann es auch

---

172 So auch Scholz/*Uwe H. Schneider* GmbHG, § 43 Rn. 289; dem folgend auch *Jungkurth* Konzernleitung bei der GmbH, S. 188.

173 *Hüffer* ZGR 1981, 348, 356, der ferner darauf hinweist, dass der BGH sich bei seiner dogmatischen Konstruktion über den Vertrag mit Schutzwirkung zwar auf den ersten Blick auf ein anerkanntes zivilrechtliches Institut beruft, hingegen dem entschiedenen Fall gerade eine Fallgruppe zugrunde lag über deren Systematik noch wenig Klarheit herrscht, nämlich die der reinen Vermögensschäden.

174 Treffend Scholz/*Uwe H. Schneider* GmbHG, § 43 Rn. 289.

175 So *Brandes* WM 1997, Sonderbeilage 1, S. 7.

176 Ebenso entfaltet der Anstellungsvertrag zwischen Gesellschaft und Organ auch keine drittschützende Wirkung gegenüber einem Mitglied, vgl. jüngst OLG Hamm, EWiR 2001, 431 (*Bayer*) für eine Genossenschaft.

177 So *Hüffer* ZGR 1981, 348, 358.

178 Scholz/*Uwe H. Schneider* GmbHG, § 43 Rn. 289.

179 Offen gelassen in BGHZ 75, 321, 325; dort auch m.w.N.

nicht für die Beantwortung der Ausgangsfrage nach Leitungs- und Sorgfaltspflichten des Geschäftsleiters der herrschenden Gesellschaft gegenüber den abhängigen Unternehmen im Konzern fruchtbar gemacht werden.

Die Lösung ist vielmehr im gesellschaftsrechtlichen Organisationsrecht denn in schuldrechtlichen Konstruktionen zu suchen. Damit ist der Anknüpfungspunkt aber nicht mehr allein der Geschäftsleiter der Obergesellschaft, sondern der Blick weitet sich auf die Frage nach Leitungs- und Organisationspflichten, welche das herrschende Unternehmen selbst gegenüber dem oder den abhängigen Unternehmen treffen. Konkret stellt sich die Frage, ob das herrschende Unternehmen im Konzern gegenüber den abhängigen Unternehmen zur ordnungsgemäßen Konzernleitung verpflichtet ist. Sollte dies im Ergebnis bejaht werden, so hätte das auch Konsequenzen für die aus seiner Organstellung folgenden Pflichten des Geschäftsleiters der Obergesellschaft.

4. Konzernleitungspflicht des herrschenden Unternehmens

a) Gesetzliches Verantwortlichkeitssystem

Eine gesetzliche Vorschrift zur Haftung des herrschenden Unternehmens für sorgfaltswidrige Weisungen bei Bestehen eines Beherrschungsvertrages existiert nicht. Der Gesetzgeber hielt eine solche Regelung für nicht erforderlich, weil sich die Haftung des herrschenden Unternehmens gegenüber dem abhängigen Unternehmen bereits aus allgemeinen Rechtsgrundsätzen aufgrund des zwischen ihnen bestehenden Vertrags ergibt.[180] Wegen dieser gesetzgeberischen Auffassung ist allgemein anerkannt, dass auch das herrschende Unternehmen selbst Schadenersatz schuldet, wenn die Voraussetzungen von § 309 Abs. 1 und 2 AktG erfüllt sind.[181] Umstritten ist allerdings die Anspruchsgrundlage. Nach vorherrschender Ansicht ist sie in Übereinstimmung mit der gesetzgeberischen Vorstellung in der Verletzung des Beherrschungsvertrags (pVV) zu sehen.[182] Andere gehen in Verbindung

---

180 *Kropff* Aktiengesetz, S. 404f. Der gesetzlichen Regelung bedurfte es, weil der gesetzliche Vertreter nicht Vertragspartner eines Beherrschungsvertrags ist. Allerdings war noch im Referentenentwurf zum AktG 1965 in § 283 auch eine Schadenersatzpflicht des herrschenden Unternehmens selbst ausdrücklich vorgesehen.

181 *Hüffer* Aktiengesetz, § 309 Rn. 26; *Koppensteiner* in: Kölner Kommentar zum Aktiengesetz, § 309 Rn. 25; *Emmerich* in: Emmerich/Habersack, Aktien- und GmbH-Konzernrecht, § 309 Rn. 17f. alle m.w.N.

182 So vor allem *Emmerich* in: Emmerich/Habersack, Aktien- und GmbH-Konzernrecht, § 309 Rn. 18; *Gessler* in: Gessler/Hefermehl/Eckardt/Kropff, Aktiengesetz, § 309 Rn. 47ff.; *Koppensteiner* in: Kölner Kommentar zum Aktiengesetz, § 309 Rn. 25.

mit § 31 BGB von einer direkten[183] oder in Verbindung mit § 278 BGB von einer analogen Anwendung von § 309 AktG aus. Schließlich wird vertreten, es handele sich um einen ungeschriebenen Fall der Organhaftung.[184] Der Streit hat insofern keine praktische Bedeutung, als unstreitig jedenfalls § 309 Abs. 3 bis 5 AktG Anwendung finden.[185] Über diese Haftung aufgrund Pflichtverletzung hinaus ist das herrschende Unternehmen im Vertragskonzern dem abhängigen Unternehmen gegenüber zur Verlustübernahme gemäß § 302 Abs. 1 AktG verpflichtet.[186] Das gilt unabhängig davon, ob Weisungen erteilt worden sind oder nicht[187] und führt damit im Vertragskonzern zu einer Risikogemeinschaft zwischen dem herrschenden und dem abhängigen Unternehmen.[188]

Im faktischen Konzern haftet das herrschende Unternehmen nach dem Regelungssystem der §§ 311 ff. AktG nur für veranlasste Maßnahmen (Einzelausgleichssystem). Eine Verlustübernahmepflicht ist nicht vorgeschrieben.

b) Meinungsspektrum

aa) Konzernleitungspflicht als Rechtsgrundsatz des Organisationsrechts

Nach Ansicht von *Uwe H. Schneider* ist das herrschende Unternehmen gegenüber dem abhängigen Unternehmen zur Konzernleitung verpflichtet.[189] Zur Begründung knüpft er an die Übernahme der „einheitlichen Leitung" durch das herrschende Unternehmen im Konzern an, § 18 Abs. 1 AktG. Denn damit bestünde nicht mehr lediglich beherrschender Einfluss. Das herrschende Unternehmen würde vielmehr anstelle des geschäftsführenden Organs des abhängigen Unternehmens tätig. Im Konzern sei der Geschäftsleiter der Tochtergesellschaft folglich nicht mehr in der Lage, das Unternehmen ordnungsgemäß zu führen, wenn und weil das herrschende Unternehmen die Leitung ausübe. Das bedeute, dass die wesentlichen unternehmerischen Fragestellungen im Hinblick auf Planung, Entscheidung und Kontrolle

---

183 *Beuthien* DB 1969, 1781 ff.; *Uwe H. Schneider* BB 1981, 249, 256 mit Fn. 64. Kritisch dazu *Wiedemann* Gesellschaftsrecht I, S. 351 mit eigenem Konzept.

184 Zum vorstehenden insgesamt *Hüffer* Aktiengesetz, § 309 Rn. 27; *Emmerich/Sonnenschein* Konzernrecht, § 18 VI 2a, S. 325 f.

185 *Emmerich* in: Emmerich/Habersack, Aktien- und GmbH-Konzernrecht, § 309 Rn. 18; *Hüffer* Aktiengesetz, § 309 Rn. 27.

186 §§ 302, 303 AktG gelten analog im qualifiziert faktischen Konzern. Vgl. dazu *Karsten Schmidt* Gesellschaftsrecht, § 39 III 3, S. 1220 ff.

187 *Emmerich/Sonnenschein* Konzernrecht, § 16 VI 2 b, S. 261.

188 *Uwe H. Schneider* BB 1981, 249, 156.

189 Vgl. zum Folgenden *Uwe H. Schneider* BB 1981, 249, 256 ff.; *ders.* ZGR 1980, 511, 532 ff.; *ders.* ZHR 143 (1979) 485, 503 ff.

von dem Leitungsorgan der Obergesellschaft konzernweit entschieden werden.[190] Dies aber sei eine andere Ausgangssituation als in bloßen Abhängigkeitslagen. Konzernleitung sei folglich etwas qualitativ anderes als die Wahrnehmung von Beteiligungsrechten im Rahmen einer bloßen Beteiligungsverwaltung, nämlich ähnlich der Unternehmensleitung im Einheitsunternehmen.[191]

Aus der tatsächlichen Übernahme der Leitung müsse für die Bestimmung des Pflichtenkreises des herrschenden Unternehmens folgen, dass dieses sich nicht lediglich darauf beschränken kann, schädigende Maßnahmen zu unterlassen. Vielmehr müsse die Leitung der abhängigen Unternehmen insgesamt mit der Sorgfalt eines ordentlichen und gewissenhaften Geschäftsleiters wahrgenommen werden.[192] Ausgehend vom Konzern als einem wirtschaftlichen Gesamtunternehmen und in Analogie zu den §§ 76, 93 AktG, § 43 GmbHG und § 34 GenG, formuliert *Uwe H. Schneider* einen allgemeinen Rechtsgrundsatz des Organisationsrechts: „Wer die Leitung über ein Unternehmen übernimmt, hat sie mit der Sorgfalt eines ordentlichen und gewissenhaften Geschäftsleiters auszuüben.“[193]

Dieser Grundsatz habe für das geschäftsführende Organ in den §§ 76, 93 AktG, § 43 GmbHG und § 34 GenG seine ausdrückliche gesetzliche Regelung gefunden. Er gelte aber darüber hinaus auch für den faktischen Geschäftsführer, für das fehlerhaft berufene faktische Vorstandsmitglied und auch für den hier untersuchten Fall des beherrschenden Gesellschafters, der nicht nur einzelne Maßnahmen veranlasst, sondern vielmehr wie ein Organ faktisch leitet.[194]

bb) Haftung aus pflichtwidriger Fremdgeschäftsführung

Nach anderer Lehre soll der Gesellschafter wegen seiner Einflussnahme auf die Gesellschaft in ein Pflichten- und Haftungsmodell der negotiorum gestio, also der pflichtwidrigen Fremdgeschäftsführung, eingebunden werden.[195] Ausgangspunkt der Überlegungen ist auch hier, dass in einem Konzern der Geschäftsleiter des abhängigen Unternehmens Gefahr läuft, zur Vollzugs-

---

190 *Uwe H. Schneider* ZHR 143 (1979) 485, 506.

191 *Uwe H. Schneider* ZHR 143 (1979) 485, 497.

192 *Uwe H. Schneider* ZHR 143 (1979) 485, 507; *ders.* ZGR 1980, 511, 534.

193 *Uwe H. Schneider* BB 1981, 249, 257.

194 *Uwe H. Schneider* BB 1981, 249, 257.

195 So vor allem *Altmeppen* in: Roth/Altmeppen, GmbHG, § 43 Rn. 54ff., § 13 Rn. 71ff.; *ders.* Die Haftung des Managers im Konzern, S. 75ff.; *Flume* Die Juristische Person, S. 61f., 85ff., 88f.; *Karsten Schmidt* Gesellschaftsrecht, § 37 III 7, S. 1147ff. und § 40 III 3c, S. 1252f.; *Wilhelm* Rechtsform und Haftung bei der juristischen Person, S. 285ff., 330ff., 344f. Kritisch dazu *Ulmer* ZHR 148 (1984) 391, 413ff.

person des herrschenden Unternehmens herabgestuft zu werden. Daher müsse die Muttergesellschaft Sorgfaltspflichten treffen, wenn ihre Geschäftsleitung der Geschäftsleitung des abhängigen Unternehmens die Führung aus der Hand nimmt.[196] Gesellschafter, welche die Geschicke der Gesellschaft bestimmten, seien dabei an die Sorgfalt eines ordentlichen und gewissenhaften Geschäftsleiters gebunden.[197]

Dies unterscheidet sich auf den ersten Blick nicht wesentlich von dem oben dargelegten von *Uwe H. Schneider* formulierten Rechtsgrundsatz. Insofern wird von Vertretern dieses Haftungsmodells daher auch vorgebracht, dass es eines Rückgriffs auf die Begründung einer Konzernleitungspflicht nicht bedürfe. Vielmehr gehe es in Wirklichkeit um die Frage, wann ein beherrschender Gesellschafter in die Sorgfaltshaftung gerate, weil er sich an der organschaftlichen Leitung seiner Gesellschaft beteiligt, ohne dies zu müssen.[198] Die Haftung wegen pflichtwidriger Fremdgeschäftsführung greift danach also nur dann ein, *wenn* ein herrschender Gesellschafter eine Leitungsmaßnahme vorgenommen hat. Ähnlich argumentiert *Stein*. Sie hält den herrschenden Gesellschafter im Wege einer partiellen Haftungserweiterung nur insoweit für verpflichtet, selbst die Organpflichten mit der organüblichen Sorgfalt zu erfüllen, wie er das eigentliche Leitungsorgan aus seiner Pflichtenstellung verdrängt.[199]

cc) Keine Konzernleitungspflicht

Eine Konzernleitungspflicht des herrschenden Unternehmens wird überwiegend aber sowohl für den Vertragskonzern als auch für den faktischen Konzern abgelehnt.[200] Dies wird für den Vertragskonzern hauptsächlich damit begründet, dass aus § 308 Abs. 1 AktG zwar ein Weisungsrecht des herrschenden Unternehmens folge, nicht hingegen eine Weisungspflicht. Denn indem § 309 Abs. 1 AktG die Sorgfaltspflicht nur an die tatsächliche

---

196 Vgl. *Altmeppen* ZHR 164 (2000) 556, 561; *Flume* Die Juristische Person, S. 88.

197 *Flume* Die juristische Person, S. 88; *Wilhelm* Rechtsform und Haftung bei der juristischen Person, S. 336ff., 354ff.

198 *Altmeppen* ZHR 164 (2000) 556, 561. Nach *Flume* Die Juristische Person, S. 90 Fn. 97 ist die Annahme einer Konzernleitungspflicht eine „grundsätzliche Verkehrung“.

199 Vgl. *Stein* Das faktische Organ, S. 189.

200 Baumbach/Hueck-*Zöllner* GmbHG, Anhang GmbH-Konzernrecht, Rn. 106; *Habersack* in: Emmerich/Habersack, Aktien- und GmbH-Konzernrecht, Vor § 311 Rn. 7; *Hüffer* Aktiengesetz, § 311 Rn. 8; *Koppensteiner* in: Kölner Kommentar zum Aktiengesetz, § 308 Rn. 41 und Vorb. § 311 Rn. 6; *Kropff* in: Gessler/Hefermehl/Eckardt/Kropff, Aktiengesetz, § 311 Rn. 27; *Semler* Leitung und Überwachung der Aktiengesellschaft, Rn. 279; *Ulmer* ZHR 148 (1984) 391, 413ff.; *Wiedemann* Die Unternehmensgruppe im Privatrecht, S. 84ff.

Erteilung von Weisungen anknüpfe, bringe das Gesetz zum Ausdruck, dass es eine Haftung für pflichtwidrig unterlassene Weisungen nicht gäbe.[201] Zudem wird gegen eine Konzernleitungspflicht ins Feld geführt, sie basiere auf der Annahme einer Fürsorgepflicht des herrschenden Unternehmens gegenüber dem abhängigen Unternehmen, was im Ergebnis einer Existenzgarantie gleichkäme.[202] Für den faktischen Konzern ergebe sich aus dem Regelungssystem der §§ 311 ff. AktG, dass das herrschende Unternehmen nur hafte, wenn es nachteilige Maßnahmen veranlasst habe. Weitergehende Pflichten des herrschenden gegenüber dem abhängigen Unternehmen bestünden dagegen nicht.[203]

Für den faktischen GmbH-Konzern wird gegen eine Konzernleitungspflicht bzw. gegen eine Verantwortung des herrschenden Unternehmens nach § 43 GmbHG im Sinne der Ansicht von der negotiorum gestio mit der gesetzlichen Kompetenzverteilung zwischen Geschäftsführern und Gesellschaftern in der GmbH argumentiert. Es sei gerade gesetzlich vorgesehen, dass ein Gesellschafter Einfluss auf die Geschäftsführung nehmen könne, ohne deswegen den für Geschäftsführer geltenden Sorgfaltspflichten zu unterfallen.[204] Komme ein Geschäftsführer einer Weisung nach, die zwar auf einem Gesellschafterbeschluss beruht, für die GmbH aber nachteilig ist, so sei er von der Haftung aus § 43 GmbHG frei. Es ginge nicht an, nunmehr die ihr gesetzliches Weisungsrecht wahrnehmenden Gesellschafter der organschaftlichen Haftung zu unterwerfen.[205]

dd) Stellungnahme

Die Einbindung des herrschenden Unternehmens in ein Haftungssystem der pflichtwidrigen Fremdgeschäftsführung erfasst die Problematik nicht voll. Zwar trifft es zu, dass bei einzelnen tatsächlichen Leitungsmaßnahmen des herrschenden Unternehmens nach beiden Ansichten, also der Annahme einer Konzernleitungspflicht einerseits und der Haftung wegen pflichtwidriger

---

201 *Altmeppen* in: Münchner Kommentar zum Aktiengesetz, § 309 Rn. 48 ff.; *ders.* Die Haftung des Managers im Konzern, S. 32; *Hüffer* Aktiengesetz, § 309 Rn. 10; *Koppensteiner* in: Kölner Kommentar zum Aktiengesetz, § 308 Rn. 41 und § 309 Rn. 3.

202 *Wiedemann* Die Unternehmensgruppe im Privatrecht, S. 86 f.

203 Vgl. *Gessler* in: Gessler/Hefermehl/Eckardt/Kropff, Aktiengesetz, § 308 Rn. 61; *Koppensteiner* in: Kölner Kommentar zum Aktiengesetz, Vorb. § 311 Rn. 6; *Hüffer* Aktiengesetz, § 311 Rn. 8; *Habersack* in: Emmerich/Habersack, Aktien- und GmbH-Konzernrecht, Vor § 311 Rn. 7; *Würdinger* Großkommentar zum Aktiengesetz, 3. Aufl. 1975, § 308 Rn. 3.

204 So insbesondere *Ulmer* ZHR 148 (1984) 391, 414. Vgl. auch *Limmer* Die Haftungsverfassung des faktischen GmbH-Konzerns, S. 77.

205 *Ulmer* ZHR 148 (1984) 391, 415.

Fremdgeschäftsführung andererseits, kein wesentlicher Unterschied besteht. Hingegen setzt die Haftung als negotiorum gestior aber eben erst dann ein, wenn das herrschende Unternehmen konkrete Leitungsmaßnahmen vorgenommen hat.[206]

Hier liegt jedoch gerade der entscheidende Unterschied zur Annahme einer Konzernleitungspflicht des herrschenden Unternehmens. Bejaht man diese, so trifft das herrschende Unternehmen nicht nur dann Sorgfaltspflichten, wenn es konkret in die Leitung des abhängigen Unternehmens eingreift. Vielmehr hat es mit der Übernahme der einheitlichen Leitung diese grundsätzlich vollumfänglich – das bedeutet entsprechend den im Gesetz für Geschäftsleiter vorgesehenen organisationsrechtlichen Leitungs- und Sorgfaltspflichten – auszuüben. Die Ausübung von Leitung besteht nicht lediglich in positivem Agieren, sondern schließt es ein, Entwicklungen auch laufen zu lassen. Werden Maßnahmen unterlassen, so ist aber bei Annahme einer Konzernleitungspflicht auch die Entscheidung darüber mit der Sorgfalt eines ordentlichen Geschäftsleiters zu treffen. Das schließt eine Haftung aufgrund sorgfaltswidriger Unterlassung ein.[207]

Die Überlegenheit der Lehre von der Konzernleitungspflicht des herrschenden gegenüber dem abhängigen Unternehmen zeigt sich ferner an einem Vergleich zur Haftung nach § 317 Abs. 1 AktG. Der maßgebliche Zeitpunkt für die Bestimmung des nachteiligen Charakters einer Maßnahme oder eines Rechtsgeschäfts im Sinne von § 311 Abs. 1 AktG ist derjenige ihrer Vornahme. Ist eine Maßnahme nach den Umständen, die ein ordentlicher und gewissenhafter Geschäftsleiter kannte oder kennen musste, zum Zeitpunkt ihrer Vornahme nicht nachteilig, so ändert sich ihre Beurteilung auch dann nicht, wenn später eine negative Entwicklung eintritt.[208] Indem die vorherrschende Ansicht eine Konzernleitungspflicht ablehnt, verlagert sie spätere prognosewidrige Entwicklungen der entscheidungsrelevanten Umstände voll zu Lasten des abhängigen Unternehmens. Geht man hingegen von einer Konzernleitungspflicht des herrschenden Unternehmens aus, so sind dieses und damit seine Geschäftsleitung verpflichtet zu überwachen, wie sich von ihm veranlasste Vorgänge im abhängigen Unternehmen

---

206 Vgl. *Altmeppen* ZHR 164 (2000) 556, 561.

207 So aber auch *Flume* Die juristische Person, S. 89 auf der Basis seines Systems der negotiorum gestio. Zwar lehnt *Flume* a.a.O, S. 90 in Fn. 97 die Konzernleitungspflicht als „grundsätzliche Verkehrung“ ab, andererseits heißt es aber weiter „Wenn allerdings das herrschende Unternehmen die einheitliche Leitung übernimmt, steht es auch in der Pflicht der Leitung.“

208 So die h. M. Vgl. *Habersack* in: Emmerich/Habersack, Aktien- und GmbH-Konzernrecht, § 311 Rn. 29; *Hommelhoff* Konzernleitungspflicht, S. 119f.; *Hüffer* Aktiengesetz, § 311 Rn. 28 jeweils m. w. N.

bzw. im Konzern entwickeln.[209] Das herrschende Unternehmen ist damit nicht schon deshalb aus seiner (Haftungs-)Verantwortung entlassen, weil zum Zeitpunkt der Entscheidung für die Veranlassung eine positive Prognose bestand. Vielmehr ist das herrschende Unternehmen mit Übernahme einheitlicher Leitung insgesamt zu einer ordnungsgemäßen Konzerngeschäftsführung verpflichtet.[210] Das beinhaltet auch die Pflicht zur Korrektur von erst später nachteiligen Veranlassungen.

Auch die auf die gesetzliche Kompetenzverteilung in der GmbH gestützte Ablehnung einer Konzernleitungspflicht überzeugt nicht. Denn es geht hier nicht darum, dass der Gesellschafter, der sein gesetzliches Weisungsrecht wahrnimmt, dabei dem Sorgfaltsmaßstab des § 43 GmbHG unterworfen wird.[211] Das GmbHG geht allerdings vom Leitbild der unverbundenen Gesellschaft aus, mit ihren lediglich auf die Mitwirkung bei der Oberleitung und Beaufsichtigung der Geschäfte beschränkten Gesellschaftern.[212] Insofern erfasst es die hier in Frage stehende Übernahme der einheitlichen Leitung durch einen Gesellschafter unter Verdrängung der eigentlichen Geschäftsführung auch nicht. Wie oben dargelegt ist Konzernleitung etwas qualitativ anderes als die Mitwirkung im Rahmen der Beteiligungsverwaltung. Diesem Umstand trägt die Verantwortung des umfassend leitenden herrschenden Unternehmens entsprechend den für Organe geltenden Sorgfaltspflichten Rechnung, ohne dabei zugleich den „normalen" (Mehrheits-) Gesellschafter einer GmbH zu erfassen, der sein „reguläres" Weisungsrecht wahrnimmt.

Wenn schließlich die herrschende Ansicht aus dem Regelungssystem der §§ 311 ff. AktG keine weitergehenden Pflichten des herrschenden Unternehmens herleiten will, so trifft auch dies im Grundsatz zu. Vernachlässigt wird dabei indes, dass die §§ 311 ff. AktG an den Tatbestand der Abhängigkeit anknüpfen

209 Anschaulich dazu das Beispiel von *Jungkurth* Konzernleitung bei der GmbH, S. 165: Veranlasst das herrschende Unternehmen ein konzernweites, zentral bei einem – zunächst wirtschaftlich gesunden – Konzernunternehmen gebündeltes Cash-Management und gerät die Betreibergesellschaft erst später in wirtschaftliche Schwierigkeiten, so läge ein nachteiliger Charakter der Maßnahme im Sinne von §§ 311 Abs. 1, 317 Abs. 1 AktG nicht vor. Nach der Lehre von der Konzernleitungspflicht ist das herrschende Unternehmen in diesem Falle aber verpflichtet, das konzernweite Cash-Management laufend zu überwachen und bei Anzeichen einer Krise sofort einzugreifen. Vgl. ferner dazu *Uwe H. Schneider* in: Lutter/Scheffler/Schneider, Handbuch der Konzernfinanzierung, Rn. 25.29, 25.45.

210 *Lutter* ZGR 1982, 244, 264 ff.; *Uwe H. Schneider* BB 1981, 249, 257.

211 So auch ausdrücklich *Uwe H. Schneider* BB 1981, 249, 257.

212 Vgl. Begründung GmbHG, S. 34. *Ulmer* ZHR 148 (1984) 391, 414.

und nicht an die besondere Situation der Übernahme einheitlicher Leitung im Konzern.[213]

Nach alledem verdient die Ansicht Zustimmung, nach der im Konzern das herrschende Unternehmen dem abhängigen Unternehmen gegenüber entsprechend den §§ 76, 93 AktG, § 43 GmbHG und § 34 GenG zur ordnungsgemäßen Konzernleitung verpflichtet ist. Die Wahrnehmung dieser Konzernleitungspflicht obliegt dem Geschäftsleitungsorgan der Obergesellschaft.

D. Compliancespezifischer Inhalt der Konzernleitungspflicht

I. Leitungs-, Legalitäts- und Organisationspflichten des herrschenden Unternehmens

Die vorstehende Untersuchung der Leitungspflichten im Konzern hat ergeben, dass eine Pflicht zur Konzernleitung zum einen das Leitungsorgan der herrschenden Gesellschaft gegenüber seiner eigenen Anstellungskörperschaft trifft.

Ferner ist aber auch das herrschende Unternehmen gegenüber dem konzernierten Unternehmen zur Konzernleitung verpflichtet. Bei Übernahme der einheitlichen Leitung durch das herrschende Unternehmen gelten dann die für Geschäftsleiter bestehenden Sorgfaltspflichten entsprechend. Der Konzernleitung obliegen die Leitungs-, Legalitäts- und Organisationspflichten, die auch für das Leitungsorgan einer Einheitsgesellschaft bestehen.[214] Das herrschende Unternehmen und sein geschäftsführendes Leitungsorgan sind damit grundsätzlich dafür verantwortlich, dass sich die konzernierten Unternehmen im Rahmen des geltenden Rechts bewegen. Dieser Grundsatz ist in seiner Allgemeinheit nach dem bisher Gesagten zwar leidlich zu formulieren. Doch bleibt der Pflichteninhalt noch offen.

Denn festzuhalten ist an dieser Stelle auch, dass die Leitungsorgane der Tochterunternehmen trotz der Verantwortung des herrschenden Unternehmens nicht entlastet werden.[215] Sie bleiben für die Vorgänge in ihrer Gesellschaft voll verantwortlich. Will man die Pflichten nicht unerfüllbar überziehen, so bedeutet das, dass die Anforderungen an die Sorgfaltspflichten im Rahmen der Konzernleitung nicht identisch sein können mit den oben für das Einheitsunternehmen untersuchten Pflichten. Die Konzernleitungs-

---

213 Zutreffend *Uwe H. Schneider* ZGR 1980, 511, 532; *ders.* BB 1981, 249, 257.

214 Ebenso *Abeltshauser* Leitungshaftung im Kapitalgesellschaftsrecht, S. 243.

215 Vgl. schon *Hommelhoff* Konzernleitungspflicht, S. 226.

verantwortung durch das herrschende Unternehmen und sein geschäftsführendes Leitungsorgan ist folglich mit der Leitungsverantwortung des Geschäftsführungsorgans des abhängigen Unternehmens abzustimmen.

Dabei kommt es auf den Zentralisationsgrad des Konzerns an. Handelt es sich um einen stark zentralisierten Konzern, hat also das herrschende Unternehmen in nahezu allen unternehmerischen Bereichen die einheitliche Leitung an sich gezogen, so trifft es eine vollumfängliche Verantwortung für die Planung, Lenkung und Kontrolle des Geschehens im Konzern. Hat das herrschende Unternehmen im Rahmen seines unternehmerischen Ermessens entschieden, die Tochtergesellschaften weitgehend selbständig wirtschaften zu lassen und beschränkt es sich auf die Festlegung einheitlicher Konzernziele und der Konzernstrategie, so handelt es sich um einen dezentralisierten Konzern. Hier bleibt das herrschende Unternehmen aufgrund seiner Konzernleitungspflicht zu einer umfassenden Konzernkontrolle verpflichtet.[216]

Schon für das unverbundene Unternehmen ließ sich aus den allgemeinen gesellschaftsrechtlichen Regeln keine Rechtspflicht zur Ergreifung bestimmter Compliance-Maßnahmen ableiten. Vielmehr kommt es für die Beurteilung nach § 93 Abs. 1 AktG und § 43 Abs. 1 GmbHG entscheidend darauf an, dass es zu keinen Gesetzesverstößen im Unternehmensbereich kommt. Mit welchen Maßnahmen der Vorstand bzw. der Geschäftsführer dies erreichen, steht in ihrem unternehmerischen Ermessen. Für Wertpapierdienstleistungsunternehmen ergibt sich aus § 33 Abs. 1 WpHG grundsätzlich nichts anderes, weil darin kein normativer Befehl zu spezifischen Compliance-Maßnahmen liegt. Allerdings ist oben herausgearbeitet worden, dass die Organwalter eines Wertpapierdienstleistungsunternehmens die konkretisierenden Richtlinien der BAFin zu § 33 WpHG im Rahmen einer sorgfältigen Unternehmensleitung zu beachten haben. Hieraus leitet sich die Pflicht zur Einrichtung einer richtliniengemäßen Compliance-Organisation ab.

Für den Konzern folgt daraus, dass das herrschende Unternehmen jedenfalls nicht für die konkrete Compliance-Organisation in der Tochtergesellschaft verantwortlich ist. Mit Blick darauf ist nun der Inhalt der Konzernleitungspflicht hinsichtlich der aufgeworfenen Fragestellung zu beleuchten. Die Richtlinie der BAFin zu § 33 Abs. 1 WpHG enthält allerdings keine konzernbezogenen Regeln, so dass der Pflichteninhalt nach den allgemeinen Regeln des Gesellschafts- und Konzernrechts zu entwickeln ist. Dabei kann hier nur der grobe Inhalt umrissen werden. Was konkret von der Obergesellschaft zu verlangen ist, kann im Einzelfall nur aufgrund des konkreten Geschäfts und der Realstruktur des zu bewertenden Konzernverhältnisses ermittelt werden. Dazu kann der nachfolgend zu umreißende Rahmen dienen.

---

216 Zu vorstehendem *Uwe H. Schneider* BB 1981, 249, 258.

II. Ordnungsgemäße Konzernleitung

1. Grundsätzliches

Das herrschende Unternehmen und seine geschäftsführenden Organmitglieder haben den Konzern so zu organisieren, zu koordinieren und zu planen, dass die im Konzern vorhandenen Potentiale effizient genutzt werden können. Unter dem Oberbegriff ordnungsgemäßer Konzernorganisation lassen sich vier Hauptführungsfunktionen unterscheiden: Konzernplanung, Konzernkoordination, Konzernkontrolle und Konzernpersonalpolitik.[217] Zuvörderst ist die effizienteste Konzernstruktur und -organisation festzulegen. Das betrifft insbesondere die Frage nach der Organisationsverfassung des Konzerns, das heißt, ob eine Eingliederung der abhängigen Unternehmen erfolgt, ein Unternehmensvertrag geschlossen wird oder eine rein faktische Beziehung die Grundlage der Unternehmensgruppe bilden soll.[218] Ferner gehört zu einer sorgfältigen Konzernleitung die Konzernplanung. Sie beinhaltet eine längerfristige Zielsetzung und die Planung der Maßnahmen und Wege zur Erreichung dieser Ziele.[219] Für den Erfolg des Gesamtkonzerns ist eine effiziente Harmonisierung der im Unternehmensverbund vorhandenen Potentiale von erheblicher Bedeutung. Das Leitungsorgan der Konzernmuttergesellschaft hat daher einer sinnvollen Koordination der geschäftlichen Aktivitäten der einzelnen Konzerngliedgesellschaften besondere Aufmerksamkeit zu widmen. Zumeist ergeben sich aus der einheitlichen Gestaltung des Finanz- und Rechnungswesens erhebliche Synergievorteile. Auch die gemeinsame Inanspruchnahme von Diensten der Stabsabteilungen, wie der Rechts-, Werbe- oder Organisationsabteilung, bietet sich gerade in einem Konzernverbund wegen der damit verbundenen Kostenvorteile an.[220]

Aus Sicht einer effizienten Konzernkoordination gehört auch eine zentrale Compliance-Stelle zu den ökonomisch sinnvollen Maßnahmen. Denn Compliance bedeutet in der Praxis in erster Linie einen erheblichen organisatorischen Aufwand. Hierbei können die Compliance-Pflichten aus dem WpHG,

---

217 Vgl. *Semler* Leitung und Überwachung der Aktiengesellschaft, Rn. 274. Ähnlich *Jungkurth* Konzernleitung bei der GmbH, S. 52f. Für die Einheitsgesellschaft *Hüffer* Aktiengesetz, § 76 Rn. 8; *Mertens* in: Kölner Kommentar zum Aktiengesetz, § 76 Rn. 5.

218 Vgl. *Götz* ZGR 1998, 524, 531; *Semler* Leitung und Überwachung der Aktiengesellschaft, Rn. 280.

219 Vgl. dazu *Götz* ZGR 1998, 524, 532f.; umfassend schon *Hardach* ZfhF 1961, 713, 714ff.

220 Weitere Beispiele und näher dazu bei *Semler* Leitung und Überwachung der Aktiengesellschaft, Rn. 316ff.

gebündelt für alle Wertpapierdienstleistungsunternehmen im Konzernverbund, vom Mutterunternehmen bzw. einem anderen Konzernunternehmen wahrgenommen werden.

Eine solche Konzernorganisation hat allerdings den aufsichtsrechtlichen Vorgaben gemäß § 33 Abs. 2 WpHG zu entsprechen. Denn aus der Sicht des Tochterunternehmens liegt in der zentralen Wahrnehmung der Compliance-Pflichten durch das Mutterunternehmen bzw. ein Schwesterunternehmen eine Auslagerung unternehmerischer Funktionen. Das ist oben ausgeführt worden. Das Mutterunternehmen kommt als Funktionsübernehmer nach den vorstehenden Untersuchungen zur konzerndimensionalen Verantwortlichkeit besonders in Frage, weil es, wie gesehen, schon nach den allgemeinen Regeln für die Beachtung der WpHG-Organisationspflichten des Tochterunternehmens verantwortlich ist.

Von besonderer Bedeutung für die hier interessierende Verantwortlichkeit für die Beachtung der Organisationspflichten durch die Tochterunternehmen sind die Konzernkontrolle sowie die Besetzung und Überwachung von Führungsstellen im Konzern. Diesen Komponenten der Konzernleitung kommt in vorliegendem Zusammenhang eine gesteigerte Bedeutung zu, weil das herrschende Unternehmen wie festgestellt nicht für die Implementation eines auf das jeweilige Tochterunternehmen zugeschnittenen konkreten Compliance-Systems verantwortlich ist. Ihm obliegt vielmehr die Sicherstellung, dass das Tochterunternehmen den aufsichtsrechtlichen Vorgaben entsprechend organisiert ist.

2. *Konzernkontrolle*

a) Allgemeines

Die Überwachung des Unternehmens ist eine wesentliche Voraussetzung für eine erfolgreiche Geschäftsführung. Vorstand und Geschäftsführer müssen zeitnah einen vollen Einblick in alle relevanten Vorgänge im Unternehmensbereich haben. Dazu haben sie ein System zur intensiven Unternehmenskontrolle einzurichten. Dies schreibt der durch das KonTraG[221] eingeführte § 91 Abs. 2 AktG[222] nunmehr zwar ausdrücklich vor. Die Notwendigkeit der Installation eines unternehmensinternen Berichts- und Überwachungssystems ist indes schon von jeher als wesentliche Aufgabe der Geschäftsführung angesehen worden.[223]

---

221 Gesetz zur Kontrolle und Transparenz im Unternehmensbereich (KonTraG), BGBl. I 1998, 786ff.

222 Zu § 91 Abs. 2 vgl. oben S. 149ff.

223 Vgl. etwa *Hommelhoff/Mattheus* BfuP 2000, 217, 219.

Von ebenso zentraler Bedeutung wie die Überwachung des Einheitsunternehmens ist die Überwachung des Konzerns durch das herrschende Unternehmen und sein geschäftsführendes Organ. Oben ist festgestellt worden, dass sich ein herrschendes Unternehmen nicht auf die bloße Beteiligungsverwaltung zurückziehen kann. In gleichem Maße kann das herrschende Unternehmen die Überwachung des Konzerns nicht darauf beschränken, dass diese ausschließlich durch seine Repräsentanten in deren Aufsichtsräten erfolgt.[224] Vielmehr ist entsprechend der Lage im Einheitsunternehmen auch im Konzernverbund ein Überwachungssystem zu installieren, mittels dessen die zeitnahe und vollständige Unterrichtung des Geschäftsleitungsorgans sichergestellt ist. Entsprechend weist auch die Gesetzesbegründung zu § 91 Abs. 2 AktG darauf hin, dass die Überwachungs- und Organisationspflicht bei Mutterunternehmen im Sinne von § 290 HGB nicht nur, wie es eine unbefangene Betrachtung nahe legt, auf die einzelne rechtliche Einheit bezogen sei. Vielmehr sei sie konzernweit zu verstehen, sofern von Tochterunternehmen den Fortbestand des Mutterunternehmens gefährdende Entwicklungen ausgehen können.[225] Das folgt allerdings nicht erst aus einer – auf diese gesetzgeberische Bemerkung gestützten – konzerndimensionalen Auslegung von § 91 Abs. 2 AktG, sondern schon aus der allgemeinen Konzernleitungspflicht des herrschenden Unternehmens und seines Geschäftsführungsorgans, wie sie oben herausgearbeitet worden ist.

Denn Leitungsverantwortung bedeutet immer auch Kontrollverantwortung. Auf den Konzern bezogen: Zumindest wenn ein wesentlicher Teil des Vermögens des herrschenden Unternehmens in den abhängigen Unternehmen liegt, ist die fehlende oder mangelhafte Konzernüberwachung als Organisationsmangel und damit als Sorgfaltspflichtverletzung zu qualifizieren.[226] Gleichermaßen muss dies, bereits nach allgemeinen Regeln und daher unabhängig von § 91 Abs. 2 AktG, gelten, wenn aus der Sphäre der Tochterunternehmen erhebliche Risiken drohen. Dass solche zum Teil existenziellen Gefahren auch und gerade im Bereich des Wertpapiergeschäfts drohen, ist oben aufgezeigt worden.[227]

---

224 Zutreffend *Götz* ZGR 1998, 524, 535.

225 Begründung zum Regierungsentwurf zu § 91 Abs. 2 AktG, BT-Drucks. 13/9712, S. 15. Abgedruckt auch bei *Ernst/Seibert/Stuckert* KonTraG, KapAEG, StückAG, EuroEG, S. 53.

226 *Götz* ZGR 1998, 524, 537.

227 Gefahren drohen vor allem aus aufsichtsrechtlichen Sanktionen wie Bußgeldern und dem Wegfall der Zulassung, erheblichen Schadenersatzforderungen der Kunden, daraus folgenden Prozesskosten, dem für den geschäftlichen Erfolg eines (Wertpapierdienstleistungs-)Unternehmens eminent wichtigen *public standing*, Kursverlusten, zusätzlichen Managementkosten etc. Vgl. zum Kurseinbruch

Auf welcher organisationsrechtlichen Verfassung das Konzernverhältnis gründet, ist für die Begründung der Kontrollpflicht nicht von Bedeutung, denn sowohl im Vertragskonzern als auch in faktischen Konzernverhältnissen können sich Risiken des Tochterunternehmens auf die Muttergesellschaft auswirken.[228] Für den Fall publik werdender Verstöße gegen das Insiderhandelsverbot wäre es naiv zu glauben, dass in der Öffentlichkeit zwischen den verschiedenen, rechtlich selbständigen Unternehmen eines Finanzkonzerns unterschieden würde. Vielmehr handelt es sich in der öffentlichen Wahrnehmung dann um einen Vorfall zum Beispiel des großen und prominenten Kreditinstituts an der Spitze des Konzerns. Dem vorzubeugen, gehört zur Aufgabe und Pflicht des Leitungsorgans des herrschenden Unternehmens. Entsprechend muss ein Überwachungssystem ausgestaltet sein.

Die übliche Konzernüberwachung hat zwei wesentliche Komponenten, nämlich das Beteiligungs- oder Konzern-Controlling und die konzernweite interne Revision. Hier interessieren vor allem die rechtlichen Anforderungen an beide Komponenten.

b) Konzern-Controlling

Das Konzern-Controlling soll eine zeitnahe und vollständige Information des Geschäftsführungsorgans der Konzernobergesellschaft zur Ermöglichung der Planung, Koordinierung und Kontrolle der Tochtergesellschaften sicherstellen.[229] Das Konzern-Controlling hat eine unmittelbar zielorientierte Planung und Überwachung des Konzerns zur Erreichung der Unternehmensziele zum Gegenstand. Es unterstützt damit die Erreichung der Wert- und Sachziele des Konzerns. Hierzu bedarf es eines funktionierenden konzernweiten Informationssystems, dessen Erarbeitung und Implementation ebenfalls Aufgabe des Konzern-Controlling ist. Dieses Informationssystem muss in der Lage sein, dem Geschäftsführungsorgan der Muttergesellschaft alle überwachungsrelevanten Daten zu liefern. Dazu gehören Absatz, Umsatz, Kosten- und Betriebsergebnis, das Gesamtergebnis vor und nach Steuern, das Investitionsvolumen, die vorhandenen liquiden Mittel des Unternehmens, Informationen über die Auftragsentwicklung, die Fixkosten etc.[230] Diese Daten versetzen das Konzern-Controlling und über dieses die Konzern-

---

nach bloßem Verdacht über Insidergeschäfte Frankfurter Allgemeine Zeitung Nr. 141 vom 21.6.2001, S. 25.

228 *Hommelhoff/Mattheus* BfuP 2000, 217, 219.

229 Vgl. *Decher* ZHR 158 (1994) 473, 478.

230 Vgl. *Scheffler* Konzernmanagement, S. 87. Dazu ferner *Decher* ZHR 158 (1994) 473, 478; *Götz* ZGR 1998, 524, 537.

leitung in die Lage, anhand eines Soll-/Ist-Vergleiches periodisch den Erfolg der vorgegebenen Unternehmensstrategie zu ermitteln. Das Konzern-Controlling ist damit ein ganz wesentliches Element der Konzernführung, oder genauer: Konzernüberwachung.

c) Interne Konzernrevision

Ebenso wesentlich wie das Konzern-Controlling ist die interne Konzernrevision. Für das Einheitsunternehmen ist oben dargelegt worden, dass eine interne Revisionsabteilung von der Rechtsprechung im Zusammenhang mit § 130 OWiG jedenfalls für größere Unternehmen für zwingend erforderlich gehalten wird.[231] Wegen der bei Nichtbeachtung erhöhten Bebußungsgefahr ist dies zugleich eine Frage des § 93 Abs. 1 AktG bzw. § 43 Abs. 1 GmbHG.

Entsprechendes gilt für die Einrichtung einer Konzernrevision. Anders als das unmittelbar wert- und sachzielorientierte Controlling hat die Überwachung durch die Revision eine andere Qualität. Denn im Unterschied zum zielorientierten Konzern-Controlling ist die interne Konzernrevision auf die Einhaltung des Rechts- und Ordnungsrahmens des Konzerns ausgerichtet.[232] Ihre Aufgabe ist damit nicht ein an der Konzernplanung orientierter, ständiger Soll-/Ist-Vergleich, sondern die Prüfung von Geschäftsvorfällen sowie die Prüfung der Funktionen von Abteilungen und Bereichen auf ihre Ordnungsmäßigkeit.[233] Von anlassverursachten Prüfungen abgesehen, gehört zu einer ordnungsgemäßen internen Revision vor allem die Entwicklung und Durchführung regelmäßiger, stichprobenartiger Prüfungsverfahren und Prüfungsmethoden. Ferner ist die interne Revision für die ständige Überprüfung des unternehmens- und konzerninternen Regelungsrahmens zuständig. Ergeben sich hier Schwachstellen und Lücken, so ist es Aufgabe der Revision, für Empfehlungen an die Leitungsorgane zu sorgen, wie die festgestellten Mängel abgestellt werden können.

Es ist schon für das Einheitsunternehmen aufgezeigt worden, dass die Revisionsabteilung nicht die richtige Stelle zur Wahrnehmung und Überwachung der Compliance-Pflichten im Unternehmen ist. Bei aller äußeren Ähnlichkeit der Tätigkeitsfelder ist die Zielrichtung von interner Revision und Compliance dafür zu verschieden. Zwar hat der Compliance Officer

---

231 Vgl. BGH wistra 1982, 34f. m. Anm. *Möhrenschlager*.

232 *Freiling* ZfbF 40 (1988) 191, 192f.; *Scheffler* SzU 56 (1995) 79, 95ff.; *ders.* SzU 56 (1995) 147, 161f.

233 Entgegen *Götz* ZGR 1998, 524, 537 ist die Prüfung der Wirtschaftlichkeit von Unternehmensbereichen eher eine Aufgabe des an betriebswirtschaftlichen Kriterien ausgerichteten Konzern-Controlling, als der internen Revision.

bzw. die Compliance-Abteilung ebenso wie die interne Revision die Interessen des eigenen Unternehmens im Blick. Das aber ist lediglich ein Reflex des eigentlichen Compliance-Zieles, nämlich primär die Interessen der Anleger und die Integrität des Kapitalmarktes zu wahren.[234] Aufgrund dessen ist oben die Schaffung einer speziell mit Compliance betrauten Stelle im Unternehmen vertreten worden. Weil im Konzernverhältnis nichts anderes gelten kann, ist im Wertpapierdientsleistungskonzern ein Group Compliance Officer einzusetzen.

III. Group Compliance Officer

Zur Erinnerung: Die Schaffung eines Compliance Officers eigens für den Konzern – Group Compliance Officer – ist weder gesetzlich noch in der Compliance-Richtlinie der BAFin vorgesehen. Anders der österreichische *Standard Compliance Code* (SCC): Nach § 5.3 SCC liegt die Hauptaufgabe des für Umsetzung und laufende Überwachung der Compliance-Regeln verantwortlichen Compliance Officers auch in der Prüfung und Kontrolle von Insidergeschäften durch Vorstandsmitglieder, Mandatsträger und Mitarbeiter von Tochterunternehmen. Auch das Compliance Institute of South Africa (CISA), eine Vereinigung hauptsächlich für Compliance Officer, geht in seinem Members Handbook von der notwendigen Existenz eines Group Compliance Officers aus.[235]

Wenn es auch nach der deutschen Rechtslage keine explizite gesetzliche Pflicht zur Schaffung einer Konzern-Compliance-Stelle gibt, so besteht doch kein vernünftiger Zweifel, dass angesichts der oben herausgearbeiteten Pflicht des herrschenden Unternehmens und seines Geschäftsleitungsorgans zur Konzernleitung und angesichts der aufgezeigten unterschiedlichen Zielrichtungen von interner Revision und Compliance, die Einsetzung einer konzernweit verantwortlichen Compliance-Stelle für eine ordnungsgemäße Konzernleitung unumgänglich ist. Ungeachtet der Tatsache, dass es in der Praxis vielfach zu Überschneidungen kommt, ist der danach im herrschenden Unternehmen einzusetzende Group Compliance Officer von der – auf einer Auslagerung der Compliance-Funktionen beruhenden – Wahrnehmung der Compliance-Pflichten des Tochterunternehmens durch die Compliance Abteilung der Muttergesellschaft zu unterscheiden. Denn in letzterem Fall

234 Vgl. *Koller* in: Assmann/Uwe H. Schneider, WpHG, § 33 Rn. 32.
235 Vgl. etwa Section C 3.2 CISA Members Handbook. Das Handbook ist abrufbar auf der CISA homepage unter http://www.compliancesa.com.

tritt das Mutterunternehmen den Konzernunternehmen als externer Dienstleister gegenüber, der gemäß den aufsichtsrechtlichen Anforderungen des § 33 Abs. 2 WpHG deren Compliance-Pflichten erfüllt.

Davon unterscheidet sich der Group Compliance Officer durch seine Funktion, die Konzernleitung zu unterstützen. Dem Group Compliance Officer obliegt die Überwachung der Konzernunternehmen im Hinblick auf die ordnungsgemäße Compliance-Organisation der Tochterunternehmen, nicht hingegen die Wahrnehmung der damit verbundenen Aufgaben und Pflichten für die Tochterunternehmen.

Wie für das Einheitsunternehmen gilt auch hier – salopp formuliert –: Compliance ist Chefsache. Es ist die primäre Aufgabe der Konzernleitung, die Tochtergesellschaften hinsichtlich der Einhaltung der oben beschriebenen kapitalmarktrechtlichen Organisationspflichten zu überwachen bzw. ihre Überwachung zu organisieren. Diese Überwachungsaufgabe kann und muss im Regelfall auf eine nachgeordnete Stelle, hier den Group Compliance Officer, delegiert werden. Das hat die Untersuchung zum Einheitsunternehmen ergeben.[236] In der Konzernobergesellschaft gilt insoweit nichts anderes.

Entsprechend dieser Funktion zählt zu den Aufgaben des Group Compliance Officers der Aufbau und die Sicherstellung eines konzernweiten Überwachungssystems, mittels dessen er die compliancegerechte Organisation und Tätigkeit in den Konzernunternehmen feststellen kann. Dazu gehört die Einrichtung eines konzernweiten Berichtssystems (reporting lines), in dessen Rahmen die jeweiligen Compliance Officer der einzelnen Konzernunternehmen regelmäßig an den Group Compliance Officer berichten. Wie der Compliance Officer des Einheitsunternehmens berichtet der Group Compliance Officer seinerseits regelmäßig an die primär überwachungspflichtige Konzernleitung, also das Leitungsorgan des herrschenden Unternehmens. Es bietet sich an, auch die in den einzelnen Unternehmen verwendeten Compliance- Handbücher konzernweit auszugestalten, umso einen konzernweit einheitlich hohen Compliance-Standard sicherzustellen.[237]

Von besonderer Bedeutung ist die Umsetzung und Überwachung eines einheitlichen internationalen Mindeststandards für Wertpapierdienstleistungsunternehmen, die an ausländischen Börsen gelistet sind und für die das Recht des Börsenlandes einen konzernweiten Compliance-Standard verlangt. In diesem Fall ist ein den Anforderungen des Börsenstaates entsprechender Mindeststandard zu garantieren. Einrichtung und Durchsetzung

---

236 Zum Grundsatz der Gesamtverantwortung und zur Delegation von Compliance vgl. S. 171ff., 183ff.

237 Vgl. schon *Uwe H. Schneider* ZGR 1996, 225, 245.

der Standards obliegt hier dem Group Compliance Officer. So hat zum Beispiel ein deutsches Kreditinstitut, welches an der NYSE notiert ist und so weit es das internationale Geschäft betrifft, einen konzernweiten Compliance-Standard zu garantieren, wie ihn das US-amerikanische Kapitalmarktrecht und die SEC verlangen. Aufgabe des Group Compliance Officers ist es dabei, entsprechend den verschiedenen kapitalmarktrechtlichen Anforderungen einen konzernweiten Gesamt-Compliance-Standard zu etablieren.

Problematischer ist die Frage nach den Kompetenzen. Auch der Group Compliance Officer ist eine neutrale Stabsstelle im herrschenden Unternehmen, das heißt ohne eigene Weisungsbefugnisse. Er hat sich damit grundsätzlich auf die Information der Unternehmensleitung bzw. der Konzernleitung zu beschränken. Dieser obliegt dann die Abstellung aufgezeigter Mängel, wobei allerdings die konzernrechtlichen Regeln der Einwirkungsmöglichkeit auf abhängige Unternehmen zu beachten sind. Sinnvollerweise wird der Group Compliance Officer, wie der Compliance Officer des Einheitsunternehmens, mit eigenen Kompetenzen ausgestattet. Da der Group Compliance Officer aus Sicht der Konzernunternehmen ein externer und kein interner Mitarbeiter ist, kann ihm das für seine Arbeit erforderliche jederzeitige Einsichts-, Auskunfts- und Zugangsrecht, allerdings nur durch das Leitungsorgan der einzelnen Konzerngesellschaft eingeräumt werden. Im Vertragskonzern kann dies auch über die partielle, das heißt compliance-spezifische, Delegation der Weisungsbefugnis auf den Group Compliance Officer erreicht werden. Hierarchische Stellung, Rechtsstatus und rechtliche Verantwortlichkeit des Group Compliance Officers in Bezug auf seine Gesellschaft, also das herrschende Unternehmen, entsprechen den oben für den Compliance Officer eines Einheitsunternehmens herausgearbeiteten Regeln.

IV. Bestellung und Überwachung der Führungspersonen

Von ähnlicher Bedeutung wie die Konzernkontrolle ist die Bestellung sorgfältig ausgewählter Organmitglieder bei den Tochtergesellschaften und deren Überwachung. Zunächst ist festzuhalten, dass die Besetzung von Führungsstellen durch Entscheid des herrschenden Unternehmens im Vertragskonzern uneingeschränkt zulässig ist. Auch im faktischen Konzern liegt in der Besetzung keine nachteilige Maßnahme, solange die Personen nach ihrer Qualifikation sowie nach dem bestehenden Personalbedarf ausgewählt werden.[238]

---

238 MünchHdb.AG/*Krieger* § 69 Rn. 28; *Semler* Leitung und Überwachung der Aktiengesellschaft, Rn. 315 und 331.

Die Auswahl des Führungspersonals des Tochterunternehmens richtet sich im Prinzip nach den oben für das Einheitsunternehmen herausgearbeiteten Regeln. Bei der Auswahl des Führungspersonals haben das herrschende Unternehmen und sein Geschäftsleitungsorgan darauf zu achten, dass nur fachlich geeignete Personen für die vorgesehene Aufgabe ausgewählt werden. So kann etwa zum Vorstand eines Kreditinstitutes nur ernannt werden, wer die aufsichtsrechtlich vorgeschriebende Qualifikation nach § 33 Abs. 2 KWG besitzt. Aber auch unabhängig von solcherart gesetzlich vorgeschriebenen Befähigungsvoraussetzungen muss sich das herrschende Unternehmen über die fachliche und persönliche Eignung für die zu übernehmende Aufgabe vergewissern.

Hinsichtlich der Überwachung der Organmitglieder des Konzernunternehmens ist festzuhalten, dass diese größtenteils in der Konzernkontrolle enthalten ist. Denn wenn die Konzernkontrolle keine Anhaltspunkte für Fehlentwicklungen in den subordinierten Unternehmen zu Tage fördert, kann regelmäßig auch von einer ordnungsgemäßen Arbeit des Führungspersonals ausgegangen werden.

Sechster Teil:

Schluss

I. Zusammenfassung

Die Untersuchung hat gezeigt, dass ein ordnungsgemäß eingerichtetes und sorgfältig überwachtes Compliance-System, die unabdingbare Voraussetzung für eine den Anforderungen des Kapitalmarkts und des Kapitalmarktrechts entsprechende Unternehmensorganisation ist. Ein kapitalmarktgerechtes Verhalten liegt im ureigenen Interesse der Unternehmen und ihrer Anteilseigner sowie der Leitungsorgane und Mitarbeiter. Im Einzelnen sollen die Ergebnisse der Untersuchung nachfolgend kurz zusammengefasst werden.

Im ersten Teil sind die Grundlagen von Compliance untersucht worden. Die europäische und deutsche Entwicklung und das heutige Regelungskonzept der Compliance-Pflichten beim Wertpapiergeschäft sind stark geprägt von den schon seit Anfang des 20. Jahrhunderts in den USA gemachten Erfahrungen. Die in § 33 Abs. 1 WpHG gesetzlich nur sehr allgemein statuierten Organisationspflichten bedürfen in der Praxis des Wertpapiergeschäfts der inhaltlichen Konkretisierung. Dabei ist die gemeinschaftsrechtliche Herkunft der Norm im Rahmen ihrer richtlinienkonformen Auslegung zu beachten. Eine Konkretisierung erfahren die Organisationspflichten in besonderem Maße durch die in der Praxis starke Beachtung der von der BAFin aufgestellten Compliance-Richtlinie. Entgegen der herrschenden Ansicht handelt es sich bei dieser Richtlinie um eine normkonkretisierende Verwaltungsvorschrift. Die Unternehmen können damit sicher sein, die gesetzlichen Organisationspflichten ordnungsgemäß umgesetzt zu haben, wenn sie ihre Unternehmensorganisation entsprechend den Vorgaben der Compliance-Richtlinie gestalten.

Ein wesentlicher Bestandteil eines funktionierenden Compliance-Systems ist die Trennung der in einem Wertpapierdienstleistungsunternehmen betriebenen Geschäftssparten zur Verhinderung verbotenen Insiderhandels und zur Vermeidung von Interessenkonflikten. Die organisatorischen Maßnahmen hierfür sind die Installation von Chinese Walls und ihre Absicherung durch Watch List und Restricted List. Chinese Walls als Kernelement jedes Compliance-Systems, können im Bereich des Strafrechts, das heißt bei der Verfolgung von Insiderhandel, die Beweissituation des betroffenen Mitarbeiters verbessern. Wesentlich stärkere Rechtswirkungen entfalten Chinese Walls zivilrechtlich. Hier bewirkt eine ordnungsgemäß installierte und überwachte Chinese Wall, dass das Wissen eines abgeschotteten Geschäftsbereichs nicht einem anderen Bereich oder dem Unternehmen insgesamt zugerechnet werden kann. Dies hat die Untersuchung auf der Grundlage der modernen Auffassung zur Wissenszurechnung ergeben.

Im zweiten Teil ist die Frage nach einer Rechtspflicht zur Installation eines Compliance-Systems in die Unternehmensorganisation untersucht worden. Eine solche Pflicht lässt sich zunächst aus § 33 Abs. 1 WpHG begründen. Obwohl die Vorschrift nicht explizit von Compliance-Maßnahmen spricht, ergibt eine am Willen des Gesetzgebers orientierte Auslegung, dass die nur sehr allgemein formulierte Vorschrift die Vornahme von Compliance-Maßnahmen vorschreibt. Weil § 33 Abs. 1 WpHG nur an Wertpapierdienstleistungsunternehmen adressiert, ist darüber hinaus die Frage untersucht worden, ob auch für Nicht-Wertpapierdienstleistungsunternehmen eine Rechtspflicht zur Installation eines Compliance-Systems besteht. Die Untersuchung hat ergeben, dass eine solche jedenfalls nicht aus einer analogen Anwendung von § 33 Abs. 1 WpHG zu begründen ist. Nur für den Fall, dass eine juristische Person über die Wissenzurechnung als Insider im Sinne von §§ 13 Abs. 1, 14 Abs. 2 WpHG zu qualifizieren ist, kommt es unabhängig von § 33 Abs. 1 WpHG zu einer kapitalmarktrechtlichen Verpflichtung, Compliance-Maßnahmen zu ergreifen. Untersucht wurde ferner, ob sich aus § 130 Abs. 1 OWiG eine Compliance-Pflicht ableiten lässt. Dem steht jedoch entgegen, dass eine präventiv wirkende Organisationspflicht aus dem Recht der Ordnungswidrigkeiten, das auf die Sanktion von eingetretenen Rechtsverstößen angelegt ist, nicht abgeleitet werden kann. Allerdings erhöht sich das Risiko der Bebußung, wenn in Unternehmen, in denen die Gefahr von Verstößen gegen das Insiderhandelsverbot besteht, keine präventiv wirkenden organisatorischen Maßnahmen ergriffen werden.

Diese Erkenntnis leitete über zum dritten Teil, der sich der gesellschaftsrechtlichen Pflichtenlage mit Blick auf ein kapitalmarktgerechtes Verhalten des Unternehmens am Beispiel des Vorstands einer Aktiengesellschaft widmete. Zunächst ergab die Untersuchung, dass aus den einzelnen Teilpflichten der allgemeinen Sorgfaltspflicht des Vorstands gemäß § 93 Abs. 1 AktG keine Rechtspflicht zur Ergreifung spezieller Compliance-Maßnahmen abgeleitet werden kann. Vielmehr steht es im gesellschaftsrechtlich weiten unternehmerischen Ermessen des Vorstands, wie er die von ihm unter eigener Verantwortung geleitete Gesellschaft organisiert. Lediglich für den Fall der auf einer Wissenszurechnung basierenden Insidereigenschaft der Gesellschaft verdichtet sich das aus § 93 Abs. 1 Satz 1 AktG abgeleitete Gebot, für ein rechtmäßiges Verhalten der Gesellschaft nach außen zu sorgen, zu einer Rechtspflicht zur Ergreifung von Compliance-Maßnahmen.

Untersucht worden sind ferner Inhalt und Wahrnehmungsverantwortung mit Blick auf die Compliance-Pflichten. Inhaltlich werden die Organisationspflichten in der Praxis vor allem durch die von der BAFin in ihrer Compliance-Richtlinie vorgegebenen Standards konkretisiert. Von besonderem Interesse ist die von der BAFin für bestimmte Wertpapierdienstleistungsunternehmen verlangte Compliance-Abteilung, die speziell der Wahrnehmung der Compliance-Pflichten dient. Diese wird im Gesetz an keiner Stelle erwähnt, obwohl etwa aus dem GeldwäscheG oder auch aus zahlreichen anderen öffentlich-rechtlichen Regelungsbereichen durchaus besonders zu bestellende Unternehmensverantwortliche und Betriebsbeauftragte bekannt sind. Die Untersuchung hat ergeben, dass die Einhaltung der Compliance-Pflichten grundsätzlich in die Verantwortung des Leitungsorgans, bei der Aktiengesellschaft also des Vorstands, fällt. Pointiert formuliert: Compliance ist Chefsache. Es gilt der Grundsatz der Gesamtverantwortung. Eine Zuweisung der Verantwortung für Compliance im Rahmen einer Geschäftsverteilung ist zulässig. Auch die Delegation der Compliance-Funktionen ist zulässig. Die in allen großen Wertpapierdienstleistungsunternehmen eingerichtete Compliance-Abteilung nimmt damit die Compliance-Funktionen aufgrund einer Delegation wahr. Die Compliance-Abteilung ist insbesondere kein Aufsichtsorgan oder verlängerter unternehmensinterner Arm der BAFin. Sie dient der unternehmensinternen Überwachung und Gewährleistung einer compliance-konformen Organisation bzw. eines compliance-gerechten Verhaltens. Als hierarchisch nachgeordnete Stelle ist die Compliance-Abteilung weisungsabhängig. Die Letztentscheidungskompetenz verbleibt auch in Compliance-Fragen bei dem letztverantwortlichen Leitungsorgan. Die Verantwortung der Mitarbeiter einer Compliance-Abteilung unterscheidet sich im Grundsatz nicht von der Verantwortung eines jeden Mitarbeiters in nicht leitender Position.

Im vierten Teil sind die gesellschafts- und konzernrechtlichen Probleme einer Auslagerung (Outsourcing) der Compliance-Funktion gemäß § 33 Abs. 2 WpHG untersucht worden. Zunächst ist herausgearbeitet worden, dass es sich bei Compliance um eine aufsichtsrechtlich auslagerungsfähige Funktion im Sinne von § 33 Abs. 2 WpHG handelt. Gesellschaftsrechtliche Grundsätze oder das konzernrechtliche Ausgleichssystem der §§ 311 ff. AktG stehen einer Auslagerung nicht entgegen. Ferner steht die Entscheidung über eine Auslagerung von Compliance-Funktionen im unternehmerischen Ermessen des Leitungsorgans. Die Grundsätze der „Holzmüller"-Entscheidung finden keine Anwendung. Problematisch ist, dass nach den Vorgaben des Aufsichtsrechts zwingend ein Weisungsrecht des auslagernden Unternehmens gegenüber dem Auslagerungsunternehmen zu vereinbaren ist. Ein statutarisches Weisungsrecht oder ein Weisungsrecht im Rahmen eines Beherrschungsvertrages ist nur in eng begrenzten Fällen möglich. Grundsätzlich kann ein Weisungsrecht im Sinne von § 33 Abs. 2 WpHG nur im Wege einer schuldrechtlichen Abrede vereinbart werden. Gesellschafts- und konzernrechtliche Bedenken dagegen bestehen nicht. Insbesondere liegt in einer solchen Vereinbarung kein atypischer Beherrschungsvertrag. Da die Auslagerung von Compliance-Funktionen auch nicht zu einer Abhängigkeit des auslagernden Unternehmens von dem Funktionsübernehmer führt, bestehen hinsichtlich der Entscheidung über die Auslagerung auch keine besonderen Zustimmungserfordernisse. Schließlich führt die Auslagerung von Compliance mit einer schuldrechtlichen Vereinbarung des Weisungsrechts gemäß § 33 Abs. 2 WpHG auch nicht zu einer Konzernhaftung des Outsourcers.

Schließlich sind im fünften Teil die Rechtsfolgen untersucht worden, die sich aus der Einbindung eines Wertpapierdienstleistungsunternehmens in einen Konzern ergeben. Fraglich war die Verantwortung eines herrschenden Unternehmens für die Einhaltung der Compliance-Pflichten im konzernierten Wertpapierdienstleistungsunternehmen. Hier hat zunächst eine kapitalmarktrechtlich-systematische Untersuchung ergeben, dass eine konzerndimensionale Auslegung der Organisationspflichten aus § 33 Abs. 1 WpHG nicht in Betracht kommt. Allerdings lassen sich aus dem allgemeinen Konzernrecht Leitungs-, Legalitäts- und Organisationspflichten des herrschenden Unternehmens gegenüber einem Tochterunternehmen ableiten. Diese ergeben sich aus der Konzernleitungspflicht des herrschenden Unternehmens gegenüber dem konzernierten Unternehmen. Ausgangspunkt ist dabei, dass es sich bei einem Konzern um eine organisatorische Einheit handelt, in welcher sich alle die Fragen und Probleme stellen, die sich auch im Einheitsunternehmen stellen. Die rechtliche Ordnung und Verfassung dieser Einheit ist Aufgabe eines Konzernorganisationsrechts, wobei die Konzernleitungspflicht eine zentrale Pflicht des herrschenden Unternehmens ist. Die Erfüllung dieser Leitungsverantwortung liegt nicht in der Wahrnehmung der Pflichten der Tochtergesellschaft durch die Muttergesellschaft. Vielmehr wird der nach wie vor eigenverantwortliche Tochtervorstand von seiner eigenen kapitalmarktrechtlichen Verantwortung nicht frei. Allerdings obliegt es der Muttergesellschaft, im Rahmen der ordnungsgemäßen Konzernleitung dafür Sorge zu tragen, dass die Tochtergesellschaft ihren Verpflichtungen nachkommt. Dies hat sie im Rahmen der Konzernkontrolle regelmäßig zu prüfen. Hierzu gehört auch die sorgfältige Auswahl und Überwachung des Führungspersonals des Tochterunternehmens. Als sinnvoll und angezeigt hat sich dabei die Einsetzung eines bei dem herrschenden Unternehmen eingerichteten, konzernweit verantwortlichen Compliance Officers erwiesen, der die Compliance-Aufgaben konzernweit organisiert und für einheitliche Standards in der Unternehmensgruppe Sorge trägt.

II. Zusammenfassende Thesen

1. Aus § 33 Abs. 1 WpHG folgen allgemeine Organisationspflichten für die Vermeidung von Interessenkonflikten und die Steuerung des unternehmensinternen Informationsflusses zur Vermeidung verbotenen Insiderhandels – Compliance-Pflichten.
2. Die Compliance-Richtlinie der BAFin ist eine normkonkretisierende Verwaltungsvorschrift mit einer aus dem behördeninternen Bereich hinausreichenden Bindungswirkung.

3. Die allgemeinen gesetzlichen Organisationspflichten und die Vorgaben der Compliance-Richtlinie der BAFin beeinflussen die interne organisatorische Ausgestaltung eines Wertpapierdienstleistungsunternehmens und seines Geschäftsbetriebes.
4. Die Unternehmensleitung kann die aus ihrer Sicht erforderlichen und effektiven Compliance-Maßnahmen weitgehend nach eigenem Ermessen ergreifen, solange sie ihrer grundsätzlichen Organisationspflicht zur Vermeidung verbotener Insidergeschäfte nachkommt.
5. Zum Kern einer funktionierenden Compliance-Organisation gehört die Einrichtung voneinander separierter Vertraulichkeitsbereiche durch die Errichtung unternehmensinterner Chinese Walls.
6. Eine Separierung auf der Leitungsebene ist unzulässig. Die Mitglieder des Leitungsorgans stehen supra Chinese Walls.
7. Ordnungsgemäß eingerichtete und sorgfältig überwachte Chinese Walls bewirken de lege lata eine Unterbrechung der Zurechnung des in den separierten Bereichen vorhandenen Wissens.
8. Auch juristische Personen sind Normadressaten des Insiderrechts, können damit selbst Insider sein und sind zur Einhaltung des Insiderhandelsverbots verpflichtet.
9. „Compliance ist Chefsache.“: Es liegt in der primären Verantwortung des Leitungsorgans, die aus Gesetz und Compliance-Richtlinie folgenden Organisationspflichten zu erfüllen.
10. Im WpHG ist weder die Bestellung eines Compliance-Beauftragten noch eines Unternehmensverantwortlichen für Compliance vorgesehen.
11. Das mehrgliedrige Leitungsorgan kann in Wahrnehmung seiner Organisationsfreiheit im Rahmen der Geschäftsverteilung eines seiner Mitglieder mit der Verantwortung für die Erfüllung der Compliance-Pflichten betrauen. Am Grundsatz der Gesamtverantwortung ändert sich dadurch nichts.
12. Um die effektive Wahrnehmung der Compliance-Pflichten zu gewährleisten, muss deren Überwachung notwendigerweise auf eine besondere nachgeordnete Stelle delegiert werden – Compliance Officer. An der Letztverantwortung der Unternehmensleitung ändert sich dadurch nichts.
13. Der Compliance Officer ist eine unternehmensinterne, zwar weisungsabhängige, dennoch weitgehend unabhängige sowie hierarchisch direkt unter dem Leitungsorgan angesiedelte Stelle.
14. Unternehmensfunktionen sind auslagerungsfähig so weit sie unternehmensintern auch delegiert werden können.
15. Die Auslagerung von Compliance-Funktionen auf ein anderes Unternehmen ist sowohl aufsichtsrechtlich als auch nach den Grundsätzen des Gesellschafts- und Konzernrechts zulässig.

16. Die Entscheidung, die Überwachungspflichten nach § 33 Abs. 1 WpHG nicht mit eigenen Mitarbeitern durchzuführen, sondern damit ein anderes Unternehmen zu beauftragen, liegt im unternehmerischen Ermessen des Leitungsorgans.
17. Das gemäß § 33 Abs. 2 Satz 2 WpHG zwingend erforderliche Weisungsrecht des auslagernden Unternehmens kann nur mittels einer schuldrechtlichen Vereinbarung und nur gegenüber dem Rechtsträger des Auslagerungsunternehmens begründet werden.
18. In Konzernverhältnissen bestehen Leitungs-, Legalitäts- und Organisationspflichten des herrschenden Unternehmens gegenüber den abhängigen Unternehmen.
19. Im Konzern bleibt das Leitungsorgan des abhängigen Unternehmens für die Erfüllung der kapitalmarktrechtlichen Organisationspflichten verantwortlich.
20. Aus der Konzernleitungspflicht des herrschenden Unternehmens folgt die Pflicht zur konzernweiten Überwachung der Beachtung der Compliance-Pflichten. Im Konzern ist bei dem herrschenden Unternehmen ein konzernweit verantwortlicher Compliance Officer zu installieren.

Sachregister

(Hauptfundstellen)